단어를 통해 배우는
영어의 원리

초판 인쇄일 2017년 8월 28일
초판 발행일 2017년 9월 4일

지은이 홍석화
발행인 박정모
등록번호 제9-295호
발행처 도서출판 **혜지원**
주소 (10881) 경기도 파주시 회동길 445-4(문발동 638) 302호
전화 031) 955-9221~5 **팩스** 031) 955-9220
홈페이지 www.hyejiwon.co.kr

기획 김형진
진행 엄진영
표지 디자인 김성혜
본문 디자인 김보라
영업마케팅 김남권, 황대일, 서지영
ISBN 978-89-8379-942-5
정가 14,000원

Copyright © 2017 by 홍석화 All rights reserved.
No Part of this book may be reproduced or transmitted in any form,
by any means without the prior written permission on the publisher.

이 책은 저작권법에 의해 보호를 받는 저작물이므로 어떠한 형태의 무단 전재나 복제도 금합니다.
본문 중에 인용한 제품명은 각 개발사의 등록상표이며, 특허법과 저작권법 등에 의해 보호를 받고 있습니다.

이 도서의 국립중앙도서관 출판예정도서목록(CIP)은 서지정보유통지원시스템 홈페이지(http://seoji.nl.go.kr)와
국가자료공동목록시스템(http://www.nl.go.kr/kolisnet)에서 이용하실 수 있습니다.(CIP제어번호: 2017017162)

단어를 통해 배우는
영어의 원리

홍석화 지음

Preface

영어 학습에 뛰어드는 사람에 비해서 정작 목적을 달성하는 사람은 드물게 현실입니다. 그래서일까요? 한국에서의 영어 학습은 긴 학습 시간에 비해 형편없는 영어 구사 능력으로 전 세계적으로 정평이 나 있습니다. 그렇다면, 영어를 10년 이상 공부하고도 말하기와 쓰기는 커녕 읽기와 듣기조차 제대로 하지 못하는 이유는 무엇일까요? 이 책은 바로 그런 문제에 대한 답을 찾는 과정에서 만들어진 산물이라 할 수 있습니다.

이 땅에서의 영어 교육은 과거는 물론, 지금 이 순간까지도 잘못된 방식으로 이루어지고 있으며, 그 결과 이런저런 고정관념을 사람들의 머리에 주입시켜 놓았습니다. '영어는 암기과목 내지 어려운 언어'라는 인식 말입니다. 정말 영어는 죽을 힘을 다해 공부해도 정복할 수 없는 난공불락의 성이라도 되는 걸까요? 그렇다면, 학습에 들어가기 전에 이 자리를 빌려 많은 사람들이 갖고 있는 잘못된 고정관념을 몇 가지 짚어보도록 하겠습니다.

첫째, 영어는 암기과목이다.
흔히들 영어단어는 다의어라고 해서 각기 다른 여러 가지 뜻을 가지고 있다고 생각하지만, 사실은 한 가지의 의미가 여러 가지 상황에서 다르게 이해되는 것뿐입니다. 예를 들어, '억센'이란 말만 해도 상황에 따라 '질긴', '엄한', '힘든', '굳센', '거친' 등으로 이해될 수 있지 않나요? 바로 이것이 'tough'라는 단어의 본질적 의미라고 보면 됩니다. 영국인이나 미국인들이 한국인보다 월등히 머리가 좋지 않은 다음에야 그들이 무슨 재주로 많게는 열 개도 넘는 의미를 일일이 다 외우고 다닌단 말입니까? 게다가 전치사와 결합되기라도 하면 기하급수적으로 의미가 불어나는 데 말이죠.

둘째, 머리가 나쁘거나 나이가 많아서 영어를 잘할 수 없다.
머리가 나쁘다거나 나이가 많다는 이유로 영어를 포기하는 사람들도 많습니다. 저 역시 한때는 이것이 진실이라고 생각했으니까요. 불과 얼마 전까지만 하더라도 말이죠. 하지만 다시 한 번 잘 생각해보세요. 여러분들의 지인들 중에서 머리가 나쁘거나 나이가 많다고 해서 한국어를 잘 구사하지 못하는 사람이 있습니까? 공부를 잘하건 못하건 나이가 많건 어리건 간에 모국어를 구사하는 데 있어서는 별 차이가 없지 않나요? 즉 언어를 익히는 데 있어서 두뇌나 연령 따위는 상관이 없습니다.

셋째, 영어를 이해하려면 문법이나 구문은 필수다.

저 역시 얼마 전까지만 해도 이 명제가 '참'이라고 믿었고, 번역시험을 준비하는 과정에서 적지 않은 시간을 들여 문법공부를 했었지요. 하지만, 그러면서도 내심 어딘가 부족하다는 느낌을 지울 길이 없었습니다. 그래서 '빠르고 정확하게 해석할 수 있는 방법', 즉 직독직해 방법을 찾아 끊임없이 헤매고 다녔습니다. 번역시험은 시간과의 전쟁이었으니까요. 그렇게 여러 차례 고배를 마셔가며 조금씩 실력을 쌓아나가던 어느 날, '영어문장은 생각나는 대로 내뱉은 단어의 연결일 뿐'이라는 내용이 담겨있는 책을 접하게 되었고, 자그마치 10번이나 독파했습니다. 그 책의 내용은 한 마디로 충격 이상이었습니다. 지금까지 알고 있던 모든 것들이 산산이 부서져나갔을 뿐만 아니라, 평소에 이해가 잘 안 되던 모든 매듭들 또한 명쾌하게 풀려 나갔습니다. 이제는 여러분들이 경험할 차례입니다.

넷째, 영어는 언어다.
자유자재로 구사하는 정도는 아니더라도 서바이벌 수준이나마 구사할 수 있는 외국어를 꼽자면 영어 외에도 중국어와 일본어가 있는데요. 이들에겐 한 가지 공통점이 있습니다. 그건 바로 이들 모두가 머리에서 생각나는 대로 구사할 수 있다는 겁니다. 그렇다면, 과연 이들만 그런 걸까요? 다른 언어들은 머릿속으로 한참동안 어떤 문법을 구사하고 어떤 표현방식을 사용할지를 고민한 다음에야 비로소 말을 할 수 있는데, 이들 언어만 생각나는 대로 바로 구사할 수 있는 걸까요?
아마도 그렇지는 않을 겁니다. 제 생각이 틀림없다면 지구상의 모든 언어는 머릿속에 생각이 떠오르는 즉시 바로바로 표현할 수 있습니다. 그래서 우리들은 대화를 할 때 상대방의 말이 끝나거나 심지어는 끝나기도 전에 말을 끊고 자신의 주장을 펼칠 수 있는 것이죠. 다시 말해, 모든 언어는 복잡한 것 같아도 결국 생각나는 순서대로 단어를 내뱉는 것에 불과합니다. 이것이야말로 궁극적인 언어의 원리이며, 영어의 원리입니다.

지금까지 살펴본 것처럼 영어는 배우기 어려운 언어가 아니며, 아무나 익히지 못할 언어는 더욱 아닙니다. 다만 하나의 언어에 불과한 영어를 그동안 잘못된 방법으로 배워왔던 겁니다. 그러니 영어가 어떤 언어인지, 즉 영어의 원리에 대해서 정확하게 알고 제대로 접근을 한다면 누구든지 고등학교를 졸업할 즈음에 마음껏 원서를 읽고 작문을 할 수 있습니다. 이제는 달라져야 합니다. 원어민들도 잘 모르는 문법이나 구문을 익히느라 시간을 낭비하지 말고 단순하고 쉬운 '영어의 원리'에 따라 공부를 해야 합니다. 본서가 시험점수를 올리는 비결은 알려드리지 못하겠지만, 실생활에서의 영어구사 능력만큼은 높여줄 것입니다.
부디 이 책을 통해 쉽고 재미있게 공부하며 영어의 참맛을 만끽하길 바랍니다.

2017년 6월 12일
나만의 공간에서 홍석화

How to...

같은 내용의 책이라도 어떻게 활용하느냐에 따라 100% 자신의 것으로 만드는 사람이 있는가 하면 시간이 지나면서 그 내용들을 거의 다 잊어버리는 사람들도 있습니다. 그렇다면, 기왕 귀한 시간을 내어 공부를 할 바에야 그 안의 내용을 완전히 자기 것으로 만드는 것이 바람직하겠지요.
어떻게 해야 책의 내용을 100% 소화할 수 있는가가 관건인데 여기에서 그 방법론에 대해 말씀드리고자 합니다. 다만, 염두에 두셔야 할 점은 결코 서두르지 말고 꾸준히 공부하라는 겁니다. 어학공부에 있어서는 늘 공부하는 한결같음과 반복해서 공부하는 꾸준함이 가장 중요한 법이니까요.

그럼, 살펴보겠습니다.

첫째, 처음에는 가벼운 마음으로 모든 내용을 읽어나가세요.
모르거나 이해가 안 가는 부분이 있더라도 넘어가기 바랍니다.

둘째, 2회독부터는 모든 예문의 설명은 가린 채,
스스로 해석을 해보고 밑에 있는 설명과 맞추어보세요.
역시 모르거나 이해가 안 가는 부분이 있더라도 넘어가면 됩니다.

셋째, 한 문장이라도 자신의 해석이 틀렸다면 끝까지 읽고 나서 한 번 더 읽어보세요.
예를 들어, 6회독일 때 단 한 문장만 틀렸다 하더라도 끝까지 다 읽고 난 뒤에 처음부터 끝까지 다시 읽어야 합니다. 틀린 예문만이 아니라 책 전체의 내용을 다시 한 번 더 보세요. 그리고 이런 식으로 모든 문장을 자신의 힘으로 정확하게 파악할 수 있을 때까지 반복해서 읽기 바랍니다. 때로는 느린 길이 더 빨리 갈 수 있는 법입니다.

넷째, 가급적이면 10번 읽기 바랍니다.

다섯째, 이해가 안 가는 부분이 많다고 느껴지면 독서와 병행하세요.
독서량이 적은 사람들은 같은 내용이라도 이해하는 데 있어 남들보다 어려울 수 있습니다. 최소한 일주일에 1권 정도의 인문·교양서적은 읽을 것을 권합니다. 독서량이 늘어남에 따라 예전에는 어렵던 내용들이 이해되는 경험을 하게 될 것입니다. 영어 역시 한국어의 실력이 탄탄한 상태에서만 쌓아올릴 수 있다는 점을 명심하세요. 그만큼 탄탄한 모국어의 실력은 모든 외국어 학습에 있어서 기본소양 그 자체입니다.

이상이 이 책을 제대로 활용할 수 있는 방법이며, 필자 역시 이런 식으로 공부를 해서 효과를 톡톡히 보았습니다. 아무리 좋은 교재라 하더라도 겨우 한두 번 정도 읽는 것으로는 자기 것으로 만들 수 없으며, 이 책 역시 마찬가지입니다. 영어교재 활용법이야 무수히 많겠지만, 다독만큼 좋은 방법은 없다고 생각합니다. 비록 영어전공자나 전문가는 아니지만, 먼저 길을 떠나 목표지점에 도달해 본 선배로서 자신 있게 말씀드립니다. 이 책을 10번 정도 읽고 나면 굳이 비싼 돈 내고 영어를 배워야 할 필요가 없어질 것입니다. 이후에는 여러분들 혼자서도 다양한 영어 텍스트의 읽기를 통해서 실력을 쌓아나갈 수 있으니까요.

Contents

Chapter
01 한정사

a(n)	13
all	15
any	16
both	17
some	18
the	19

Chapter
02 조동사

can	22
could	23
may	25
might	26
must	28
shall	29
should	30
will	32
would	33

Chapter
03 접속사

after	36
and	38
because	40
before	41
but	43
either	45
however	46
if	47
meanwhile	49
neither	50
nor	51
once	52
or	54
since	56
though	58
unless	60
whether	61
while	62

Chapter
04 전치사

about	65
above	67
across	68
against	69
along	71
among	72
around	73
as	75
at	77
behind	79
below	80
between	81
beyond	82
by	83
down	85
during	87
for	88
from	90
in	92
into	93
of	94
off	96
on	98
onto	100
over	101
than	103

through	104
throughout	105
to	106
toward	108
under	109
up	111
with	113
within	115
without	116

Chapter 05 동사

appeal	119
apply	120
appreciate	121
ask	122
ascribe	124
attend	125
break	126
bring	128
call	130
carry	132
charge	133
close	135
come	137
command	139
commit	140
count	141
deal	143
develop	145
do	147
end	149
engage	150
feature	152
find	153
fire	154
get	156
go	158
hear	160
help	161
lack	162
learn	163
live	164
make	165
manage	167
mind	168
miss	170
note	171
object	173
observe	174
pass	175
place	176
plant	178
please	179
post	180
point	182
put	184
refer	186
reserve	187
screen	188
see	190
serve	192
set	193
settle	194
share	196
stand	197
strike	199
study	200
subject	201
take	203
treat	205
turn	206
wear	208
work	210

Contents

Chapter 06 명사

account	213
art	215
amount	216
bar	217
base	219
bed	221
bill	222
box	224
business	225
case	226
cause	228
cell	230
character	231
check	233
concern	234
condition	235
credit	236
date	238
drill	240
effect	241
energy	243
executive	245
favor	246
force	247
grade	248
hand	250
home	252
interest	253
issue	254
level	256
line	258
lot	259
matter	261
net	263
operation	264
order	266
passage	268
patch	270
performance	271
pool	273
power	274
problem	276
provision	278
quality	280
race	281
rate	282
rest	283
sale	285
scale	287
sense	289
sign	291
sport	293
stress	294
system	295
term	297
trouble	299
vision	301
way	303

Chapter 07 형용사

aggressive	306
another	307
anxious	308
available	309
bad	310
bold	311
bright	312
capital	313
casual	314
certain	315

classic	316
common	317
dead	318
direct	319
due	320
fair	321
fast	322
fine	323
flat	325
formal	327
foul	328
general	329
good	331
hard	333
hot	335
innocent	337
light	338
modest	339
no	340
odd	342
open	343
past	344
poor	346
present	347
public	349
right	350
short	352
sick	353
smart	354
solid	355
thick	356
thin	357
tough	358
true	360
ultimate	361
upset	362
wild	363
yes	364

Chapter 08 부사

ahead	366
already	367
altogether	368
apart	370
away	371
back	372
barely	374
else	375
even	376
ever	378
further	379
hardly	380
just	381
never	383
not	384
often	386
only	387
otherwise	389
out	390
quite	392
rather	393
seldom	395
so	396
soon	398
still	399
then	400
too	402
usually	403
very	404
well	405
yet	407

Chapter 01

한정사

a(n) / all / any / both / some / the

★★★ a(n)
하나의

1 It is said that a dog is man's best friend.

「그건 있잖아(It is), 생각을 말한 상태(said), 그건(that), 하나의 개(a dog), 있어(is), 사람의 (man's), 최고의 친구(best friend)로」

- 「그거 있잖아. (다들) 뭐라고 하더군. 그러니까, 개가 사람의 최고의 친구라고」와 같이 파악할 수 있네요. a dog = '하나의 개'
- 특정한 한 마리의 개가 아니라 '전체 중에서 불특정한 한 마리'
- 어떤 개든 해당될 수 있기 때문에 '종족 전체'를 의미하게 되는 것이죠.

해석 사람들은 '개는 인간의 가장 좋은 친구'라고 말한다.

2 He had promised to write to his mother at least once a week.

「그(He)는 가지고 있게 했다(had), 약속한 상태(promised), 무엇을 쓰기로 되어 있는(to write), 그의 어머니에게(to his mother), 가장 작은 것을 콕 찔러서(=적어도, at least) 한 번(once), 일주일(a week)에,」라고 파악할 수 있겠네요. 여기서 once a week는 '한 번/하나의/주'로 '일주일에 한 번'이란 뜻이 됩니다.

해석 그는 적어도 일주일에 한 번은 어머니께 편지를 쓰겠다고 약속을 한 상태였다.

3 I want to be a Einstein.

「나는 무엇을 원한다(I want), 있기로 되어 있는(to be), 하나의(a) 아인슈타인(Einstein),」

- '나는 있기를 원한다. 한 명의 아인슈타인으로.'
- '나는 한 명의 아인슈타인이 되고자 한다.'는 의미입니다. 하지만 여기서 이야기하는 아인슈타인 박사는 세상에 한 분밖에 없기 때문에, '하나의 아인슈타인'
- '(한 명의) 아인슈타인 박사와 같은 사람'이 됩니다.

해석 나는 아인슈타인 박사처럼 되고 싶어.

4 ▶ What a beautiful flower Jane has!

「무엇!(What!), 하나의(a), 아름다운 꽃(beautiful flower), 제인(Jane), 가지고 있게 하는(has)」

✓ 「뭐냐! 한 송이 꽃이, 제인이 가지고 있는.」과 같이 해석할 수 있겠네요. '무엇(what)이랴'와 같이 의문사가 감탄문의 제일 앞에 나와서 자신의 감정을 강조하고 있네요. 즉, 제인이 가진 한 송이 꽃의 아름다움을 보고 감탄한 거죠.

해석 제인이 가지고 있는 꽃이 얼마나 아름다운가!

5 ▶ A few days ago, he taught us a song by Beatles.

「하나의(A), (수가) 얼마 안 되는(few) 날들(days) 전에(ago), 그(he)는 가르쳤지(taught), 우리들(us), 하나의 노래(a sone), 무엇을 바탕으로(by), 비틀즈(Beatles)」

✓ '얼마 안 되는 날들(=며칠) 전에, 그는 우리에게 노래 한 곡을 가르쳐주었지, 비틀즈가 만든.'으로 해석할 수 있겠네요.

해석 며칠 전에 그는 우리에게 비틀즈의 노래 한 곡을 가르쳐주었다.

6 ▶ A man walked into the restroom.

「하나의(A) 남자(man)가 걷게 했다(walked), 어떤 공간 안으로(into), 다른 것들과 구분되는(the), 화장실(restroom)」

✓ '남자 한 명이 걸어서 어떤 공간 안으로 들어갔다. 화장실.'과 같이 해석하면 되겠네요.

해석 어떤 남자가 화장실에 들어갔다.

all
모든

1. My plan was, after all, a failure.

「나의 계획(My plan)은 있었어(was), 무엇을 따라서(after), 모든 것(all), 하나의(a) 실패(failure).」

- '내 계획은 있었어, 별짓을 다 해봤지만, 하나의 실패로.'와 같이 해석할 수 있겠네요. after all은 결국 '모든 것을 해본 이후에'
- '결국', '어쨌든'과 같은 의미를 가지는 것이죠. 단어의 뜻만 정확히 알면, 이런 식으로 의미를 연결하면 됩니다.

해석 내 계획은 결국 실패로 돌아갔다.

2. Tom think about her all the time.

「톰(Tom)은 생각한다(think), 무엇의 주변에(about), 그녀(her), 모든(all), 다른 것들과 구분되는(the) 시간(time).」

- 「톰은 무엇에 대해 생각하지, 그녀, 모든 시간동안(=내내).」
- '톰은 내내 그녀에 대해 생각하지.'라는 의미네요.

해석 톰의 머리에는 온통 그녀생각뿐이지.

3. I don't like it at all.

「난(I) 어찌하지 않아(don't), 좋아하는 것(like), 그것(it), 모든 것을 콕 찍어서(at all).」

- '난 그거, 어떤 면에서든 좋아하지 않아.'라는 의미가 됩니다. '어딜 봐도 마음에 들지 않는다.'
- '전혀 좋아하지 않는다.'는 말인 거죠.

해석 나 그거 전혀 좋아하지 않아.

★★★ any
어떤 종류의

1️⃣ Do you have any question?

「무엇을 어찌하니(Do)? 너(you), 가지고 있게 하는(have), 어떤 종류의(any) 의문(=질문, question).」

- ✅ '넌 어떤 종류의 질문을 가지고 있니?'라는 의미가 되네요.
- **해석** 무슨 질문이 있습니까?

2️⃣ My father earnestly devotes himself to any work given to him.

「나의 아버지는(My father) 진정으로(earnestly) 헌신하게 한다(devote), 그 자신(himself), 어디에 도착하기로 되어 있는(to), 어떤 종류의 일(to any work), 무엇을 준 상태(given), 그에게(to him).」

- ✅ '아버지께서는 자신을 내던지신다(=몰두하신다), 어떤 일이든, 주어진, 그에게.'
- **해석** 아버지께서는 자신에게 주어진 어떤 일에도 전념합니다.

3️⃣ If any of you are interested in doing, call Tom.

「어떤 조건이냐 하면(If), 어떤 종류의 것(any), 너희들의 일부로(of you), 흥미를 불러일으킨 (상태)(interested), 어떤 공간 안에(in), 무엇을 어찌하는 중(doing), 무엇을 불러라(call), Tom(톰).」

- ✅ '너희들 중 어떤 사람이든, 관심이 있다면, 무엇을 하는 데에, 톰에게 연락해.'
- ✅ '너희들 중에 하고자 하는 사람이 있으면 톰에게 연락해.'
- **해석** 하고 싶은 사람 있으면 톰에게 말해.

both
둘 다

1. **Both men are German.**

「둘 다(Both), 남자들(men), 있다(are), 독일인(German)으로.」와 같이 해석할 수 있겠네요. 아주 간단하죠?

> **해석** 두 남자 다 독일인이다.

2. **Exercise is good for both body and mind.**

「무엇을 시험하는 것(=운동, exercise)은 있다(is), 훌륭한(good), 무엇을 떠올리면서(for), 둘 다(both), 몸과 마음(body and mind).」

> 「운동은 훌륭하다. 무엇에? 몸과 마음 모두에.」와 같이 이해할 수 있겠네요. 여기서는 exercise가 '(자신을) 시험하는 것' 즉, '운동', '훈련' 등으로 볼 수 있습니다.
> **해석** 운동을 하면 몸과 마음에 좋다.

3. **We both want to play video games.**

「우리(We) 둘 다(both) 원하게 한다(want). (주어진 상황에서) 자기 역할을 하기로 되어 있는(to play), 이런저런 비디오게임(video games).」

> '우리 둘 다 원한다. 비디오게임에서 각자 역할을 하기를(=비디오게임을 하기를).'
> **해석** 우리 둘 다 비디오게임을 하고 싶다.

# ★★★ some
어떤 정도의

1. Let me give you some advice.

「하게 해주어라(Let), 나(me), 무엇을 주는 것(give), 너(you), 어떤 정도의(=어떤, some) 조언(advice).」

> 「하게 해주세요. 내가 주는 것. 너에게. 어떤 조언.」의 순으로 파악하면 됩니다. 어떤 내용을 담고 있는지를 말하기 때문에 주로 긍정문에서 쓰입니다.
>
> **해석** 너한테 충고 하나 해줄게.

2. We will take them some water and some food to eat.

「우리(We)는 할 거야(will), 마음먹으면 가질 수 있는 것을 가지게 하는 것(take), 그것들(them), 어떤 정도의 물(some water), 그것에 이어(and), 어떤 정도의 음식(some food), 먹기로 되어 있는(to eat).」

> '우리는 준비되어 있는 것을 가지게 할 거야. 그것들(=그들). 어느 정도의 물과 음식.'
> '우리는 그들이 어느 정도의 물과 음식을 가지도록 할 거야.'라는 의미네요.
>
> **해석** 우리는 그들에게 물과 음식을 좀 가져다 줄 거야.

3. I'm not a somebody.

「난(I) 있잖아(am), 아니야(not), 하나의(a), 어떤 정도의 사람(=상당한 인물, somebody).」이라는 의미입니다. somebody는 'some + body'의 합성어로 '어떤 정도의 사람', '상당한 인물' 혹은 '누군가'라는 의미를 가집니다.

> **해석** 난 대단한 사람이 아니야.

★★★ the
다른 것들과 구분되는

1 ▶ Don't forget to invite the Hans.

「어찌하지 마세요(Don't), 무엇을 잊는 것(forget), 초대하기로 되어 있는(to invite), 다른 것들과 구분되는(the), '한 씨(氏)' 성을 가진 사람들(Hans).」

- ✅ '다른 사람이 아닌, 한 씨 성을 가진 사람들(=한 씨 가족) 초대하는 걸 잊지 마.'라는 의미네요. the Hans는 다른 사람들과 구분되는, 한 씨라는 성을 가진 사람
- ✅ '한 씨 가족' 혹은 '한 씨 부부', '한 씨 가문전체'의 의미를 가지는 것이죠.
- ✅ 영어권 국가에서는 부인이 남편의 성을 따른다는 점을 참고하세요.
- **해석** 한 씨 부부[가족] 초대하는 걸 잊지 마세요.

2 ▶ With her, we should always expect the unexpected.

「무엇과 함께하는(With), 그녀(her), 우리(we)는 하기로 되어있었지(should), 언제나(always), 무엇을 기대하는 것(=예상하다, expect), 다른 것들과 구분되는 예상하지 못한 (것)(=이외의 상황들, the unexpected).」

- ✅ '그녀와 함께 있으면, (우리는) 늘 예상해야만 하지, 이외의 상황을.'
- **해석** 그 여자와 함께 있을 때면 언제나 의외의 상황을 예상해야 한다.

3 ▶ The man is in the pool.

「다른 것들과 구분되는(=그, The) 남자(man)가 있어(is), 어떤 공간 안에(in), 다른 것들과 구분되는, 고여 있게 하는 것(=풀장, the pool).」

- ✅ '(그) 남자가 (그) 풀장 안에 있어.'라는 말이 됩니다. 단, 한정해주지 않아도 정확히 이해할 수 있는 경우에는 굳이 우리말로 옮길 필요가 없습니다.
- **해석** 남자가 풀장에 있다.

4. The dolphin is a intelligent animal.

「다른 것들과 구분되는 돌고래(=다른 동물이 아닌 돌고래, The dolphin)는 있잖아(is), 하나의(a) 두뇌를 움직이는(=영리한, intelligent) 동물(animal)」로 파악할 수 있겠네요. 여기서, the dolphin은 '다른 것들과 구분되는/돌고래' 즉 '돌고래 종족 전체'를 가리키고 있네요.

> **해석** 돌고래는 영리한 동물이다.

5. The earth moves round the sun.

「다른 것들과 구분되는 발을 딛고 살게 해주는 것(=지구, The earth)은 (무엇을) 다른 공간으로 이동하게 한다(=이동한다, move). 둥글게(round), 다른 것들과 구분되는 밝게 빛나는 것(=태양, the sun).」

- '지구는 움직인다(=돈다). 둥글게. 태양.'
- '지구는 돈다. 태양 (주위를) 둥글게'라는 말이네요.

> **해석** 지구는 태양 주위를 돈다.

6. I have to finish it by the end of the month.

「난(I) 가지고 있게 하지(have). 무언가를 끝내기로 되어 있는(to finish). 그것(it). 무엇을 바탕으로(by). 다른 것들과 구분되는, 막다른 곳에 이르게 하는 것(=마지막, the end). 무엇의 일부로(of). 다른 것들과 구분되는 달(=이번 달, the month).」

- '난 그것을 끝내기로 되어 있어. 무엇을 바탕으로? 마지막. 이번 달의 일부로.'
- '난 이번 달의 마지막을 바탕으로(=까지) 그것을 끝내기로 되어 있어.'

> **해석** 월말까지 그걸 끝내야 해.

Chapter 02

조동사

can / could / may / might / must / shall / should / will / would

★★★ can
~을 할 수 있다

1. **Can you believe that there is a picture in the picture?**

「할 수 있다/당신/~을 믿는 것/그건/거기에 있다/한 장의 사진/그 사진 안에/?」

- 마지막에 가서 「응?」하고 뒤를 올리게 되면, 앞의 내용을 물어보는 의문문이 되는 겁니다. 하지만 의문문이라는 것을 이미 알고 있기에 처음부터 '(무엇을)할 수 있어?/당신/~을 믿는 것/…'과 같이 파악해나가도 됩니다.
- **해석** 그 사진 안에 사진이 한 장 들어있다는 것을 믿을 수 있겠어?

2. **Jack cannot be an artist.**

「잭(Jack)은 할 수 없어(cannot), 있는 것(be), 하나의 예술가(an artist)로서.」

- '잭은 있을 수 없어, 하나의 예술가로서.'라는 의미죠? cannot이 되어 '~을 할 수 있다/아니게', '할 수 없다'가 되며, 동사원형은 행위 그 자체를 의미하는 것으로서 '~하는 것'의 의미를 가집니다.
- 그래서 be는 '있는 것(=존재하는 것)'이라는 의미가 되지요.
- **해석** 잭은 예술가 일리 없어.

3. **That guy can run at a speed of about 10 meters per second!**

「저(That) 사내(guy)는 할 수 있어(can), 달리게 하는 것(run), 무엇을 콕 찍어서(at), 하나의 속도(a speed), 무엇의 일부로(of), 무엇의 주변에(about), 10미터, 1초당(per second)」이라고 파악할 수 있네요.

- 참고로, at a speed of about '~을 콕 찍어서/하나의/속도/~의 일부로/~의 주변'
- '~주변의 속도로' 즉 '대략 ~의 속도로'가 됩니다.
- **해석** 저 사내는 초속 10미터 정도로 달릴 수 있어!

could
~을 할 수 있었다
조건문 '~을 할 수 있었을 텐데(=할 수 있었으면)'

1. **Could** you take a picture for us, please?

「할 수 있었으면(하는데요)(Could)? 당신(you). 마음먹으면 가질 수 있는 것을 가지게 하는 것(take). 하나의 사진(a picture). 우리를 떠올리면서(for us). 원하는 대로 하게 하세요(please).」

- ✓ '당신이 우리를 생각하면서 사진 한 장을 가지게 해줄 수 있다면 좋겠는데요, 그렇게 해주실 거죠?'라는 의미가 되네요.
- **해석** 저희들 사진 좀 찍어주실 수 있나요?

2. He **could** help you some other time.

「그(He)는 할 수 있었다(could). 어떤 상황에서 빼내는 것(help). 당신(you). 어떤 정도의(some). 다른 시간(other time).」

- ✓ '그는 당신을 어떤 상황으로부터 빼낼 수 있었을 텐데. 지금이 아닌 다른 때에.'라는 내용입니다. 단순한 과거사실이 아닌 조건문이라서 could를 '~할 수 있었을 텐데'로 해석했으며, 좀 더 자연스러운 해석을 위해 '~할 수 있을 텐데'로 바꾸어줄 수 있습니다. 다만, 엄밀히 말하자면 전자의 경우가 정확한 표현입니다.
- **해석** 다른 때 같으면 그가 도와줄 수 있었을 텐데.

3. I **could**n't decide whether to do my homework or go to bed.

「나는(I) 할 수 없었어(couldn't). 무엇을 결정하는 것(decide). 무엇인지 (아닌지)(whether). 어디에 도착하기로 되어 있는(to). 어찌하는 것(do). 내 숙제(my homework). 아니면(or) 잠자리에 드는 것(go to bed).」

- ✓ '난 무엇인지를 결정할 수 없었지. 내 숙제를 어찌하기로 되어 있는지 잠자리에 들기로 되어 있는지.'라는 내용이네요.
- **해석** 숙제를 할지, 잠을 잘지 결정할 수 없었어.

4 Could you show me something more expensive?

「무엇을 할 수 있었으면 (좋겠는데요)(Could)? 당신(you). 보여주는 것(show). 나(me). 무언가(something). 더 많이(more) 비싼(expensive).」

- '당신이 제게 더 비싼 것을 보여줄 수 있었으면 좋겠는데요?'라는 말이네요. 이 또한 조건문이기 때문에, could '~을 할 수 있었을 텐데'
- '~할 수 있었으면 (좋겠다)'로 해석할 수 있는 것은 아시겠죠?

해석 좀 더 비싼 것을 보여주시겠어요?

5 They could not eat, drink, or breathe by themselves.

「그것들(They)은 할 수 있었다(could). 아니야(not). 먹는 것(eat). 마시는 것(drink). 아니면(or) 숨 쉬는 것(breathe). 무엇을 바탕으로(by). 그들 자신(themselves).」

- '그들은 할 수 없었다. 먹는 것, 마시는 것, 아니면 숨 쉬는 것. 그들 자신을 바탕으로(=그들 자신이).'

해석 그들은 스스로 먹을 수도, 마실 수도, 숨을 쉴 수도 없었습니다.

6 Tom could have done it but that he lacked the courage.

「톰(Tom)은 할 수 있었을 텐데(could). 가지고 있게 하는 것(have). 어찌한 상태(done). 그것(it). 그것과 다르게(but). 그건(that). 그(he)는. 필요한 만큼 가지고 있지 않았다(=부족했다, lacked). 다른 것들과 구분되는 용기(the courage).」

- 「톰은 그것을 (어찌)한 상태를 가지고 있을 수 있었을 텐데. 그것과 다르게. 그건. 그에게는 부족했다. 다른 것이 아닌 용기가.」

해석 용기가 부족하지 않았더라면 톰은 그것을 할 수 있었을 텐데.

★★★ may
~을 할 수도 있다

1. You may as well go at once.

「당신(You)은 할 수도 있다(may). 무엇과 같은(as). 좋게(well). 있던 곳에서 멀어지는 것(go). 무엇을 콕 찍어서(at). 한 번(once).」

- '당신은 한 번에(=당장) 어딘가로 멀어지는 것(=가는 것)이 좋을 수도 있다.'는 의미가 되네요. 결국 may as well '~을 할 수도 있다/~와 같은/좋게'
- '~이 좋을 수도 있다(=~하는 것이 낫겠다)'는 의미가 되는 겁니다.
- **해석** 너는 즉시 가는 것이 좋겠다.

2. You may keep my comics as long as you need it.

「너(You)는 할 수도 있다(may). (현 상황을) 유지하게 하는 것(keep). 내(my) 만화책(comics). 무엇과 같은(as). 긴 (상태)(long). 무엇과 같은(as). 네가 필요로 하는 것(you need). 그것(it).」

- 「너는 내 만화책을 유지하게 할(=가지고 있을) 수도 있다. 그렇게 길게(=오래). 네가 필요로 하는 것과 같은(=만큼).」으로 파악할 수 있네요.
- **해석** 네가 원하는 동안 내 만화책을 가지고 있어도 좋아.

3. May I come in?

「할 수도 있나요(May)? 내(I). 함께하는 공간에 나타나는 것(come). 어떤 공간 안에(in).」

- '제가 함께하는 공간(=당신이 있는 공간)에 들어갈 수도 있나요?'라는 의미가 됩니다. 여기서도 '허락'인지, '가능'인지를 구분할 필요는 없으며, 원어민들도 그런 구분은 하지 않습니다. 결국, 하나의 이미지가 상황에 맞게 변하는 것이지, 다양한 의미를 가지는 것은 아닙니다.
- **해석** 들어가도 될까요?

might
~을 할 수도 있었다
조건문 '~할 수도 있었을 텐데'

1 He **might** be brought to trial and sent to Alcatraz.

「그(He)는 할 수도 있었다(might), 있는 것(be), 무언가를 가져다 놓은 상태(brought), 재판에(to trial), 그것에 이어서(and), 무엇을 보낸 상태(sent), 알카트라즈로(to Alcatraz).」

- '그는 재판에 가져다 놓은 상태에 이어 알카트라즈로 보내진 상태일 수도 있었지.'
- '그는 재판에 넘겨진 다음 알카트라즈로 갈 수도 있었어.'라는 의미입니다.

해석 그 사람, 재판받고 알카트라즈에 갈 뻔 했지.

2 Although I **might** understand her beliefs, I could not accept them.

「무엇에도 불구하고(Although), 난(I) 할 수도 있었지(might), 이해하는 것(understand), 그녀의(her) 이런저런 신념(beliefs), 내(I)는 할 수 없었을 텐데(couldn't), 무엇을 받아들이는 것(accept), 그것들(=여러 가지 신념, them).」

- '내가 그녀의 여러 가지 신념들을 이해할 수 있었을지는 모르겠지만 그것들을 받아들일 수는 없을 거야.'란 의미가 되네요.

해석 그녀의 신념을 이해할 순 있었을지라도 받아들이지는 못했을 거야.

3 This **might** be hard to believe, but it is true!

「이건(This) 할 수도 있었어(might), 있는 것(be), 힘들게 하는(hard), 믿기로 되어 있는(to believe), 그것과 다르게(but) 그건 사실이야(it is true).」

- '이건 믿기 힘들 수도 있었을 테지만(=있었겠지만), 그건 사실이야'라는 의미인 거죠? 단순한 과거 사실이 아니기에 '~할 수도 있었을 텐데'
- '~할 수 있을 텐데'라고 해석할 수 있는 것이죠.

해석 이건 믿기 어려울 지도 모르지만 사실이에요!

4. It might not cost as much as you think.

「그건(It) 할 수도 있었을 텐데(might), 아니게(not), 대가를 치르게 하는 것(cost), 무엇과 같은(as), 많이(much), 무엇과 같은(as), 당신이 생각하는 것(you think).」

- ✓ '(그건) 당신이 생각하는 것만큼 비용이 많이 들지는 않을 수도 있었을 텐데.'라는 내용입니다. 여기서, '않았을 텐데'
- ✓ '않을 텐데'로 해석할 수 있는 것은 아시죠? 다만, 완전히 같은 표현은 아니며, 전자가 정확한 표현이라는 것 정도는 알아두세요.

해석 당신이 생각하는 것만큼 돈이 안 들 수도 있어요.

5. You might as well mail your letter, too.

「당신(You)은 할 수도 있었다(might), 무엇과 같은(as), 좋게(well), 우편물을 보내는 것(mail), 당신의 편지(your letter), 역시(too).」

- ✓ '당신도 좋게끔 할 수도 있었을 텐데요. 편지를 (우편물로) 보내는 것'
- ✓ '당신도 편지를 보내는 것이 좋을 수도 있었을 텐데요.'라는 의미가 되네요. '좋을 수도 있었을 텐데요'
- ✓ '좋을 텐데요'라고 해석할 수도 있습니다.

해석 당신도 편지를 보내는 것이 좋겠어요.

6. I wouldn't do it even if I might.

「나(I)는 했을 것이다(would), 아니게(not), 무엇을 어찌하는 것(do), 그것(it), 당연하게(even), 어떤 조건이냐 하면(if), 나(I), 무엇을 할 수도 있었다(might).」

- ✓ 「나는 (그것을) 어찌하지 않았을 텐데. 당연히 어떤 조건에서도, 내가 할 수도 있었던」
- ✓ '(내가) 할 수 있었다 해도 하지 않았을 것이다.'라는 말이네요. 역시 '않았을 것이다'
- ✓ '않을 것이다'로 해석이 가능합니다.

해석 할 수 있다 하더라도 하지 않겠다.

must
반드시 ~해야 하는

1 You must be out of your senses to think to marry such a guy.

「당신(You)은 반드시 해야 한다(must). 있는 것(be). 어떤 공간 밖에(out). 무엇의 일부로(of). 너의(your). 알아차리게 하는 것들(=분별, senses). 생각하기로 되어 있는(to think). 결혼하기로 되어 있는(to marry). 그런 한 명의 사내(such a guy).」

- 「너는 반드시 어떤 공간 밖에 있다. 당신의 분별. 생각하다니. 그런 사내와 결혼하려고.」
- '그런 남자와 결혼할 생각을 하다니 분별이 없는 것이(=제정신이 아닌 것이) 틀림없구나.'

해석 그런 남자와 결혼을 하려 생각하다니 제정신이 아니구나.

2 You must remember that it is I who must decide what to do.

「당신(You)은 반드시 해야 한다(must). (무엇을) 기억하는 것(remember). 그건(that). 그것 있잖아(it is). 나(I). 그게 누구냐 하면(who). 반드시 해야 하는(must). 결정하는 것(decide). 무엇(what). 어찌하기로 되어 있는(to do).」

- 「(당신은) 반드시 기억해야 한다. 그건 '나'라는 것을. 그게 누구냐면. (반드시) 결정해야 하는. 무엇을 할지.」

해석 무엇을 할지 결정해야 하는 사람은 나라는 것을 명심해.

3 I decide what you must do and must not.

「내(I)는 무엇을 결정한다(decide). 무엇(what). 당신(you). 반드시 해야 하는(must). 어찌하는 것(do). 그것에 이어(and). 반드시 해야 하는(must). 아니게(=어찌하지 않는 것, not).」

- '난 당신이 해야 하는 것과 하지 말아야 하는 것을 결정하지.'라는 말이네요. 참고로, you의 의미 '말을 듣는 상대방'
- '당신 또는 당신들'의 의미를 가지는 겁니다.

해석 당신이 해야 할 일과 하지 말아야 할 일은 내가 결정해.

★★★ shall
~을 하기로 정해져 있다

1. All life shall one day be extinct.

「모든(All) 생명(life), 무엇을 하기로 정해져 있다(shall), 하나의 날(=언젠가, one day), 있는 것(be), 소멸한(extinct).」

- '모든 생명은 언젠가 소멸하기로(=죽기로) 정해져 있다'는 의미가 됩니다. 여기서, '하나의 날(one day)'
- 수많은 날들 중 불특정한 하루를 의미하는 것이기 때문에 '불특정한 미래'라고 볼 수 있습니다.

해석 모든 생명체는 언젠가 죽는다.

2. Give the book to me, or you shall go punished.

「무엇을 줘라(Give), 그 책(the book), 나에게(to me), 아니면(or) 너(you)는 하기로 정해져 있다(shall), 있던 곳에서 멀어지는 것(=어떤 상태로 변해가는 것, go), 처벌을 한 상태(punished).」

- '그 책을 내게 줘, 아니면(=주지 않으면) 너는 어딘가로 가더니 처벌을 받은 상태가 되기로 정해져 있어.'라는 의미가 되네요. go punished
- '있던 장소에서 어딘가로 가더니 처벌받은 상태' 즉 '처벌받다'가 되는 것이죠.

해석 그 책을 내게 주렴, 안 그러면 벌 받게 될 거야.

3. The one who is unwilling to work shall not rest.

「다른 것들과 구분되는(The) 하나(=한 사람, one), 그게 누구냐면(who), 있어(is), 하지 않으려고 하는 중인(unwilling), 무엇이 돌아가게 하기로 되어 있는(to work), 하기로 정해져 있다(shall), 아니게(not), 쉬게 하는 것(rest).」

- 「그 한 사람(=그 사람), 그게 누구냐면, 일하려고 하지 않는, 쉬게 하기로 정해져 있지 않아.」
- '일하려고 하지 않는 사람은 쉬기로 되어있지 않아.'라는 말입니다.

해석 누구든 일하기 싫어하는 사람은 쉬지도 말아야 해.

★★★ should
~을 하기로 정해져 있었다

조건문 '~을 하기로 정해져 있었을 텐데'
(=있었으면 좋겠는데)

1 ▶ Do you think I should change my socks?

「어찌하니(Do)? 너(you). 생각하는 것(think). 내(I). 무엇을 하기로 정해져 있었어(should). 무엇을 바꾸어주는 것(change). 내 양말(socks).」

- 「넌 생각하니? 내가 하기로 되어있다고. 양말을 바꾸어주는 것(=갈아 신는 것).」
- '넌 내가 양말을 갈아 신기로 되어있다고 생각해?'와 같이 이해할 수 있겠죠.

해석 양말 갈아 신어야 할까?

2 ▶ I should expect to live no longer than three to six months.

「나(I)는 하기로 정해져 있었다(should). 무언가를 기대하는 것(expect). 살기로 되어 있는(to live). 부정하는(no). 더 긴(longer). 무엇보다는(than). 3(three). 어디에 도착하기로 되어 있는(to). 6개월(six months).」

- 「나는 살기로 예정되어 있었다. 부정하는. 더 긴 상태. 3에서 6개월보다.」
- '나는 3~6개월보다 길게 살지는 못할 것으로 예정되어 있었다.'

해석 길어야 3~6개월 밖에 살지 못한다는 말을 들었습니다.

3 ▶ Tom asked her if he should call a taxi.

「톰(Tom)은 무엇을 요청했다(asked). 그녀(her). 어떤 조건이냐면(if). 그(he)가 하기로 정해져 있었다(should). 무엇을 부르는 것(call). 하나의(a) 택시(taxi).」

- '톰은 그녀에게 자신이 택시를 부르기로 되어 있는지를 물어보았다.'는 의미가 되네요.

해석 톰은 그 여자에게 택시를 잡을지를 물어보았다.

4. A necklace like that should cost about 100,000 won.

「하나의(A) 목걸이(necklace), 그것과 같은(like that), 하기로 정해져 있었다(should), 대가를 치르게 하는 것(=돈을 지불하게 하는 것, cost), 무엇의 주변에(about), 십만 원(100,000 won).」

- '그런 목걸이는 돈을 치르게 하도록 정해져 있었다. 10만 원 주변(=대략 10만 원)에.'
- '그런 목걸이는 10만 원 정도 주도록 되어 있다.'

해석 그런 목걸이는 10만 원 정도는 할 것이다.

5. I think farmers and miners should be respected for their hard work.

「난 생각해(I think), 농부들과 광부들(farmers and miners), 하기로 정해져 있었다(should), 있는 것(be), 누구를 존경한 상태(respected), 무엇을 떠올리면서(for), 그들의(their), 힘든 일(hard work).」

- '난 농부들과 광부들이 (자신들이 하는) 고된 일로 인해 존경받기로 정해져 있다고 생각해.'라는 의미가 되네요.

해석 그들의 고된 일을 생각하면, 농부들과 광부들이 존경받아 마땅하다고 생각해.

6. I think you should have seen a doctor.

「난 생각해(I think), 네(you)가 하기로 정해져 있었다고(should), 가지고 있게 한다(have), 무언가를 알아본 상태(seen), 하나의(a) 의사(doctor).」

- '난 네가 의사를 알아본 상태를 가지고 있기로 정해져 있었다고 생각해.'
- '난 네가 의사를 만났어야(=의사에게 진찰을 받았어야) 했다고 생각해.'라는 의미가 되네요. 여기서 '의사를 알아보다'
- '(만나서) 진찰을 받다'는 의미입니다.

해석 넌 의사에게 진찰을 받았어야 했어.

will
~을 할 것이다
(하고자 한다)

1. **Drinking will kill you some day.**

「무엇을 마시게 하는 중(인 상태)(Drinking), 할 거야(will), 죽이는 것(kill), 너(you), 어느 정도의 날(=언젠가, some day).」

- '너 그렇게 (술) 마시다가 언젠가 죽게 될 거야.'라는 의미가 되네요. 언제고 술 때문에 죽게 될 거라는 이야기는, 결국, 제 명대로 못 살고 일찍 죽을 거라는 말인 거죠.

해석 술 때문에 제 명에 못 살 거야.

2. **My grandfather left me some money in his will.**

「나의 할아버지(My grandfather)께서는 무엇을 떠나셨어(=남겨주셨어, left), 나(=내게, me), 얼마간의 돈(some money)을, 어떤 공간 안에(in), 그의(his) 무엇을 하고자 하는 것(=의지가 담겨있는 것, will).」

- '할아버지께서는 내게 남겨주셨지, 얼마간의 돈을, 하고자 하는 의지가 담겨있는 것(=유언장) 안에.'
- '할아버지께서는 내게 돈을 좀 물려주셨어, 유언장 속에서.'

해석 할아버지께서 남기신 유언에 따라 유산을 조금 물려받았지.

3. **Will you take me back to the guesthouse?**

「할 건가요(Will)? 당신(you), 마음먹으면 가질 수 있는 것을 가지게 하는 것(take), 나(me), 뒤로 향하게 하는(=되돌리는, back), 어디에 도착하기로 되어있는(to), 다른 것들과 구분되는(=그, the) 게스트하우스(guesthouse).」

- '당신은 가지게 할 건가요? 내가 다시 돌아간 상태를, 그 게스트하우스로.'
- '제가 게스트하우스로 돌아간 상태를 가지게 할 건가요?'

해석 다시 게스트하우스로 데려다줄 수 있나요?

★★★ would
'~을 했을 것이다'

조건문 '~을 했을 텐데(=했더라면)'

1 I would often take a walk early.

「나는(I) 무엇을 했을 것이다(=하곤 했다, would), 자주(often), 마음먹으면 가질 수 있는 것을 가지게 하는 것(take), 하나의(a) 걷게 하는 것(walk), 일찍(early).」

- 「나는 하곤 했다. 자주. 걷는 것. 일찍.」
- '(나는) 이른 시간에 산책하는 일이 종종 있었다.'는 의미가 됩니다.

해석 종종 아침 일찍 일어나 산책을 하곤 했다.

2 I would be happy if I had a girlfriend.

「내(I)는 했을 것이다(=했을 텐데, would), 있는 것(be), 행복한 (상태)(happy), 어떤 조건이냐면(if), 내(I)가 가지고 있게 했다(had), 하나의(a) 여자친구(girlfriend).」

- '(난) 행복했을 것이다. 여자 친구가 있었다면.'이란 의미인데, 이것을 '행복할 것이다. 여자친구가 있다면.'으로 해석할 수도 있습니다. 다만, 전자 쪽이 화자의 정확한 심경이 담겨있는 정확한 표현이라는 점을 알아두세요. 두 가지 표현에는 확실한 어감의 차이가 있습니다.

해석 여자 친구가 있었으면 행복했을 텐데.

3 You could do it, if you would.

「너(You)는 할 수 있었다(could), 무엇을 어찌하는 것(do), 그것(it), 어떤 조건이냐면(if) 네(you)가 했을 것이다(would).」와 같이 파악할 수 있는데, 이 역시 조건문임을 알 수 있습니다. 그러니 could는 '~할 수 있었을 텐데'로, would는 '~했을 텐데'로 해석할 수 있는 것이죠. 그래서 'if you would'

- '어떤 조건이냐면/당신이/무엇을 했을 텐데'
- '당신이 무엇을 했더라면'이 되는 겁니다.

해석 할 마음만 있다면 할 수 있지요.

4 ▶ Would somebody give me a hand?

「무엇을 했더라면 (좋을 텐데요)(Would)?, 어떤 사람(=누군가, somebody), 무엇을 주는 것 (give), 나(me), 하나의(a), 손이 가지고 있게 하는 것(=도움의 손길, hand).」

> 💬 '누군가 나에게 도움을 주었더라면 좋을 텐데요?'라는 의미입니다. 그리고 이것을 '누군가 나에게 도움을 준다면 좋겠는데요?'라고 해석할 수도 있겠지요?
>
> **해석** 누구 나 좀 도와줄래요?

5 ▶ I would like you to give me a present.

「나(I)는 무엇을 했을 것이다(would), 좋아하는 것(like), 당신(you), 무엇을 주기로 되어 있는(to give), 나(me), 하나의(a), 존재하게 하는 것(=선물, present).」

> 💬 '나는 좋아했을 텐데, 당신이 무엇을 주는 것, 나에게, 하나의 선물.'의 순서대로 해석하면 됩니다. 절대로 어렵지 않아요. 영어는 언어일 뿐이고, 언어는 결국 단어의 나열에 불과하니까요.
>
> **해석** 나에게 선물을 주면 좋을 텐데.

6 ▶ I would ask your boss for help, if I were you.

「난(I) 했을 것이다(would), 무엇을 요청하는 것(ask), 당신의 상사(your boss), 도움을 떠올리면서(for help), 어떤 조건이냐면(If), 내가 있었지(I were), 당신(you)으로.」

> 💬 「난 요청했을 텐데, 당신의 상사에게, 도움을, 내가 당신이었다면.」
> 💬 '난 당신의 상사에게 도움을 요청했을 텐데, (내가) 당신이었다면.'
>
> **해석** 나 같으면 너희 상사에게 도움을 요청할 텐데.

Chapter 03

접속사

after / and / because / before /
but / either / however / if / meanwhile /
neither / nor / once / or / since / though /
unless / whether / while

★★★ after
~을 따라서

1. I'll come and talk to you after I've finished my homework.

난 할 거야(I will), 함께하는 공간에 나타나는 것(come), 그것에 이어(and), 이야기를 주고받는 것(talk), 어디에 도착하기로 되어있는(to), 너(you), 무엇을 따라서(after), 나는 가지고 있게 한다(I have), 무엇을 끝마친 상태(finished), 내 숙제(my homework).」

- 「너와 이야기할 거야. 무엇을 따라서(=무엇 이후에), 내가 끝마친 상태, 내 숙제.」
- **해석** 숙제를 끝내고 나서 이야기하자.

2. My friends and I wanted to play baseball after school.

「내 친구들과 나(My friends and I)는 무엇을 원하게 했다(wanted), (주어진 상황에서) 자신의 역할을 하기로 되어 있는(to play), 야구(baseball), 학교 수업을 따라서(after school).」

- '나와 친구들은 원했다. 야구라는 게임에서 각자의 역할을 하기를(=야구를 하는 것을), 학교 수업을 마친 뒤에.'라는 의미네요.
- **해석** 나와 친구들은 방과 후에 야구를 하고 싶었지.

3. The children went after the thief.

「다른 것들과 구분되는(The) 아이들(children)은 있던 곳에서 멀어졌지(went), 무엇을 따라서(=쫓아서, after), 그 도둑(the thief).」

- '그 아이들은 그 도둑을 쫓아서 멀어졌지(=쫓아갔지).'라는 의미가 되네요.
- **해석** 아이들이 도둑을 쫓아갔다.

4 After the typhoon, the restoration work began at once.

「무엇을 따라서(After), 다른 것들과 구분되는 태풍(the typhoon), 다른 것들과 구분되는 (the) 복구 작업(restoration work), 무엇을 시작했지(began), 한 번을 콕 찍어서(=즉시, at once).」

- '그 태풍에 이어서(=태풍이 지나가고), (그) 복구 작업이 시작됐다. 즉시.'라는 의미입니다.
- **해석** 복구 작업은 태풍이 지나가자마자 시작되었다.

5 It's a quarter after five.

「그거(It) 있잖아(is), 하나의(a) 1/4(quarter), 무엇을 따라서(=무엇을 뒤따라, after), 5(시)(five).」

- '그건 1/4(15분)이야. 5(시)를 지나서.'
- '5시를 지난 15분이야.'의 의미입니다. it은 '(서로가 알고 있는)그것'이란 의미로서 여기서는 상황(시간)을 가리키고 있네요. 우리들도 가끔 '거(그거), 있잖아.'하면서 말을 하기도 하죠? 같은 표현이라고 보면 됩니다.
- **해석** 5시 15분이야.

6 After work, he turns into a batman.

「무엇을 따라서(After), (무엇이) 돌아가게 하는 것(=업무, work), 그(he)는 무엇을 돌린다(turn), 어떤 공간 안으로(into), 하나의 배트맨(a batman).」

- 「업무를 따라서(=마치고), 그는 무엇을 돌린 다음에 어떤 공간 안으로 들어간다(=무언가로 바뀐다), 한 명의 배트맨으로.」
- '업무를 마치고 나면 그는 한 명의 배트맨으로 바뀐다(=변신한다).'
- **해석** 그는 직장에서 일을 마치고 나면 배트맨으로 변신한다.

and
그것에 이어서

1 **Why are more and more people waiting longer to get a job?**

「왜(Why)? 있지(are). 더 많은(more). 그것에 이어서 더 많은(and more). 사람들(people). 기다리고 있는 중(waiting). 더 긴 (상태)(longer). 어떤 과정을 거쳐 없던 것을 가지게 하기로 되어 있는(to get). 하나의(a) 일자리(job).」

- 「어째서? 점점 더 많은 사람들이 기다리는 중인거지. 더 오랫동안. 일자리를 구하려고.」
- '왜 점점 더 많은 사람들이 일자리를 얻으려고 더 오랜 기간을 기다리고 있는 걸까?'
- **해석** 갈수록 구직을 미루는 사람들이 늘어나는 이유는 무엇일까?

2 **Alice took up the fan and gloves, and, as the hall was very hot.**

「앨리스(Alice)는 (앞에 놓여있는 것을) 가지게 했다(=집었다. took). 무엇의 위쪽을 향하도록(↑). 다른 것들과 구분되는(the) 부채와 장갑(fan and gloves). 그것에 이어(=그리고, and). 무엇과 같은(as). 그 홀(the hall). 있었다(was). 바로 그렇게(=아주, very) 후끈 달아오르게 하는(hot).」

- 「앨리스는 부채와 장갑을 집어 들었다. 그리고, 무엇과 같은(=같은 시간에). 홀은 아주 더웠다.」
- **해석** 앨리스가 부채와 장갑을 집어 들었을 때, 홀은 매우 더웠다.

3 **Come and see me tomorrow night.**

「함께하는 공간에 나타나는 것(=모습을 드러내라, Come). 그것에 이어(and) 무엇을 알아보는 것(see). 나(me). 내일(tomorrow) 밤(night).」

- '함께하는 공간에 나타나서 무엇을 알아봐라. 나. 내일 밤에.'
- '(내가 있는 곳에)와서 봐라, 나를. 내일 밤에.'라고 파악할 수 있겠네요.
- **해석** 내일 밤에 나한테 와라.

38 | 단어를 통해 배우는 영어의 원리

4 How was Tom able to do it **and** become who he is today?

「어떻게(How)? 있었지(was). 톰(Tom)이 할 수 있는(able). 어찌하기로 되어 있는(to do). 그 것(it). 그것에 이어(and). 무엇이 되는 것(become). 그게 누구냐면(who). 그(he)가 있다(is). 오늘날(today).」

- '어떻게 톰이 그것을 어찌할 수 있었고, 무엇이 될 수 있었지? 오늘날의 그.'라는 의미네요.
- **해석** 어떻게 톰은 그것을 해내고 오늘날처럼 될 수 있었을까?

5 Take care of the garden **and** I'll pay you 10 dollars.

「마음먹으면 가질 수 있는 것을 가지게 하는 것(=집어라, Take). 무엇을 신경 쓰는 것 (care). 무엇의 일부로(of). 그 정원(the garden). 그것에 이어(=그러면, and). 난(I) 할 거야 (will). 대가를 지불하는 것(pay). 말을 듣는 상대(=너, you). 10달러(10 dollars).」

- 「신경 써라. 그 정원에 대해. 그러면 난 대가를 지불하겠다. 너에게. 10달러.」의 순으로 파악하면 되겠네요. 이런 식으로, 동사가 문장의 제일 앞에 오면, 행동을 하는 이미지가 가장 먼저 떠오르면서 그 행동을 하라는 말로 들리기 때문에 '명령문'이 되는 겁니다.
- **해석** 정원을 돌보는 대가로 10달러를 줄게.

6 Tom thinks of Jane day **and** night.

「톰(Tom)은 생각한다(think). 무엇의 일부로(of). 제인(Jane). 낮(day). 그것에 이어(서) 밤 (and night).」

- '톰은 제인에 대해 생각한다. 낮에 이어서 밤에까지(=쉬지 않고).'라는 의미네요.
- **해석** 톰은 밤낮없이 제인 생각을 하고 있다.

because
그 이유는(또는 왜냐하면)

1 Tom left the party early because he felt ill.

「톰(Tom)은 무엇을 떠났다(left). 다른 것들과 구분되는(the) 파티(party). 일찍(early). 왜냐하면(because). 그(he)는 무엇을 느꼈지(felt). 상태가 안 좋은(ill).」

- 「톰은 (그) 파티를 떠났어. 일찍. 왜냐하면, 자신의 상태가 안 좋다는 것을 느꼈으니까.」
- **해석** 톰은 몸이 안 좋아서 일찍이 파티장소에서 나왔어.

2 Because we've got the only water for a hundred kilometers.

「그 이유는(Because). 우리(we)는 가지고 있게 한다(have). 어떤 과정을 거쳐 없던 것을 가지게 한(got). 다른 것들과 구분되는(the). 무엇만인(=유일한, only). 물(water). 무엇을 떠올리면서(for). 하나의(a) 백 킬로미터(hundred kilometers).」

- 「그 이유는, 우리는 손에 넣은 상태다. 유일한 물. 백 킬로미터 반경 내에.」라고 파악할 수 있겠네요.
- **해석** 100 킬로를 가야 그나마 물이 있는 곳이 한 군데 있기 때문이지.

3 We do not study because we want to, but we study because we must.

「우리(We)는 어찌하지 않는다(don't). 탐구하게 하는 것(=공부하는 것, study). 그 이유는(because). 우리(we)는 원하게 하지(want). 어디에 도착하기로 되어 있는(=뭔가를 하려는, to). 그것과 다르게(but) 우리는 탐구하게 한다(we study). 그 이유는(because). 우리(we)가 반드시 해야 하니까(must).」

- 「우리는 공부하지 않는다. 그러기를 원해서. 그것이 아니라 우리는 공부한다. 해야 하니까.」
- **해석** 원해서 공부하는 것이 아니라 하지 않으면 안 되기 때문에 하는 거야.

before
~에 앞서

1. My wife comes before my job.

「내 아내(My wife)는 함께하는 공간에 나타난다(come). 무엇에 앞서(before). 나의 직업(= 내 일, my job).」

- ✓ '내 아내는 나의 일에 앞서 함께하는 공간(=현실)에 나타나지.'라는 의미네요. come before ▶ '함께하는 공간에 나타나는 것/~에 앞서'
- ✓ '무엇보다 앞서 함께하는 공간(=현실)에 나타난다.'
- ✓ '~보다 중요하다'는 의미가 됩니다.

해석 일보다는 아내가 우선이지.

2. Do your homework before you play video games.

「무언가를 어찌하는 것(Do). 네(your) 숙제(homework). 무엇에 앞서(before). 너(you). 주어진 역할을 하는 것(play) 비디오 게임(video game).」

- ✓ '비디오 게임을 하는 것에 앞서 네 숙제를 어찌하라.'는 말입니다. 무엇을 하는 행위가 제일 먼저 들리면
- ✓ '그 행동을 하는 장면'이 가장 먼저 떠오르면서
- ✓ '그것을 하라'는 말, 즉 명령문으로 인식됩니다.

해석 비디오 게임하기 전에 숙제부터 먼저 해라.

3. That's before Florida's 10% sales tax.

「그것(That) 있잖아(is). 무엇에 앞서(before). 플로리다 주의(Florida's) 10퍼센트(10%) 판매세(sales tax).」

- ✓ '그건 플로리다 주의 10% 판매세에 앞서 있지.'
- ✓ '그건 플로리다 주의 10% 판매세 이전의 이야기야.'

해석 그건 플로리다 주의 판매세(10%)가 붙기 전의 금액이지.

4 ▶ We had a ride of an hour before ourselves.

「우리(We)는 가지고 있게 했지(had), 하나의(a) 타고가게 하는 것(ride), 무엇의 일부로(of), 한 시간(an hour), 무엇에 앞서(before), 우리들 자신(ourselves),」

- ✓ '우리는 우리들 앞에 한 시간이나 (차를) 타고가야 하는 것을 가지고(=남겨두고) 있었지.'라는 의미입니다. 다시 말해, 차를 타고 한 시간을 가야하는 것이 남겨진 상황
- ✓ '차를 타고 한 시간이나 더 가야 하는 상황'인 거죠.
- **해석** 우리는 한 시간 더 차를 타고 가야 했다.

5 ▶ But that is not what you told me before!

「그것과 다르게(=하지만, But) 그건(that) 있잖아(is)! 아니게(not), 무엇(what), 네(you)가 내용을 말했지(told), 내게(me), 무엇에 앞서(=이전에, before),」

- ✓ 「하지만, 그건 아니잖아! 무엇이, 네가 앞서 나에게 말했던,」
- ✓ '하지만, 그건 네가 앞서 나에게 말했던 무엇이 아니잖아!'라는 의미입니다.
- **해석** 하지만 그건 전에 했던 말이랑 다르잖아!

6 ▶ I wanted to bring the matter before you before everyone knew it.

「나(I)는 원하게 했지(wanted), 무엇을 가져다 놓기로 되어 있는(to bring), 그 문제(the matter), 너에 앞서(=네 앞에, before you), 무엇에 앞서(=~하기 전에, before), 모든 사람(everyone)이 알고 있었지(knew), 그것(it)을,」

- ✓ '나는 그 문제를 네 앞에 가져다 놓기를 원했지, 모든 사람이 그것을 알기 전에.'라는 의미네요.
- **해석** 모두들(가) 알기 전에 너에게 알려주고 싶었어.

★★★ but
그것과 다르게

1. we are always getting ready to live but never living.

「우리(We)는 있잖아(are). 언제나(always). 어떤 과정을 거쳐 없던 것을 가지게 하는 중(getting)이야. 준비한 상태(ready). 살기로 되어 있는(to live). 그것과 다르게(but) 언제든 없지(never). 살고 있는 중(인 상태)(living).」

- '우리는 늘 살기 위한 준비를 하는 중일 뿐, 정작 단 한 순간도 (삶을) 살고 있지는 않아.'라는 의미입니다.
- **해석** 우리는 언제나 인생을 살아갈 준비만 할 뿐 진정 살지는 않는다.

2. It is not you but he who is to credit.

「그거 있잖아(It is). 아니야(not). 당신(you). 그것과 다르게(but) 그(he). 그게 누구냐면(who). 있잖아(is). 인정해주기로 되어 있는(=인정받아야 할, to credit).」

- 「그건 당신이 아니고, 그 남자야. 그게 누구냐 하면, 인정을 받아야 할(사람).」
- '당신이 아니라 그 남자야말로 인정을 받아야 할 사람이지.'란 의미가 되네요.
- **해석** 공을 차지해야 할 사람은 네가 아니라 그 남자야.

3. It is odd-looking but it is a symbol of Korea.

「그거(It) 있잖아(is). 이상하게 생긴(odd-looking). 그것과 다르게(but) 그건(it) 있잖아(is). 하나의(a) 상징(symbol). 한국의 일부로(of Korea).」

- '그게 이상하게 생기긴 했지만, 그것과 달리 한국의 상징이야.'라는 의미입니다. it이나 that이 의미 없이 쓰인다는 말은 잘못된 설명입니다. 굳이 말할 필요가 없는 단어는 생략하는 것이 영어의 특징이거든요. It은 '(서로가 알고 있는)그것'이란 의미를 가집니다.
- **해석** 그건 이상하게 생겼지만 한국의 상징이야.

4 ▶ He was very tired, but he still enjoyed the party.

「그는 있었어(He was), 바로 그렇게(=매우, very), 피곤한(tired), 그것과 다르게(but), 그(he)는 변함없이(=여전히, still), 무엇을 즐겼지(enjoyed), 다른 것들과 구분되는 파티(the party).」

✅ 「그는 엄청 피곤했어. 하지만, 그런데도 불구하고 즐겼지, 그 파티를.」
해석 그는 너무 피곤했지만 여전히 파티를 즐겼다.

5 ▶ But they all jumped into the sea bravely to find the treasure.

「그것과 다르게(But) 그것들(they) 모두(all) 점프했다(jumped), 어떤 공간 안으로(into), 바다(the sea), 용감하게(bravely), 무엇을 찾아내기로 되어 있는(to find), 다른 것들과 구분되는 보물(the treasure).」

✅ '그것과 다르게(=하지만), 그들 모두 용감하게 바다 속으로 뛰어들었다. 보물을 찾아내려고.'라는 의미입니다. 마치 영화의 한 장면 같지요?
해석 하지만 그들 모두 보물을 찾아 용감하게 바다로 뛰어들었다.

6 ▶ It wasn't the black one but the white one.

「그건(It) 아니었어(wasn't), 다른 것들과 구분되는(=다른 색이 아닌, the) 검은색의 하나(=검은색 물체, black one), 그것과 다르게(but), 다른 것들과 구분되는(the) 흰 색의 하나(white one),」라고 파악할 수 있겠네요. 아시다시피, one은 '하나'라는 의미를 가지고 있지요? 여기서는 어떤 사물을 받아주는, 즉 대명사로 사용되고 있네요.

해석 그건 검은색이 아니라 흰색이었어.

either
어느 쪽이든

1. Is there a table in either room?

「있어(Is)? 거기에(there), 하나의(a) 테이블(table), 어떤 공간 안에(in), 어느 쪽이든(either) 방(room),」라고 파악할 수 있겠네요. in either room은 '~이라는 공간 안에/어느 쪽이든/방'

📝 '어느 쪽이든 방안에'라는 의미가 됩니다. 당연히 두 개의 방을 놓고 이야기할 때 하는 말이지요.

해석 어느 쪽 방에 탁자가 있습니까?

2. He is very smart and is not arrogant either.

「그(He)는 있잖아(is), 바로 그렇게(=아주, very) 톡 쏘게 하는(=기민한, smart), 그것에 이어 (and), 있잖아(is), 아니야(not), 거만한(arrogant), 어느 쪽이든(either),」

📝 '그는 그렇게나 영리하지만, 어떻든 거만한 편은 아니야.'라는 의미네요.

해석 그는 아주 영리하지만, 거만하지는 않습니다.

3. We won't talk about cats or dogs either, if you don't like them!

「우리(We)는 하지 않을 거야(won't), 대화를 나누는 것(talk), 무엇의 주변에(about), 고양이들(cats) 아니면(or) 개들(dogs) 어느 쪽이든(either), 어떤 조건이냐면(if), 네(you)가 어찌하지 않는 것(don't), 좋아하는 것(like), 그들(them)을!」

📝 '우리는 개나 고양이에 대해서 이야기를 나누지 않을 거야, 네가 걔네들을 좋아하지 않는다면!'이라는 의미입니다.

해석 네가 싫다면 개나 고양이에 관한 이야기를 꺼내지 않을게!

however
어떻게든
합성어 **how**(어떻게)+**ever**(언제든)

1 However, everything is queer today.

「어떻게든(However), 모든 것(everything)이 있잖아(is), 이상한(queer), 오늘(today),」정도로 파악할 수 있겠네요.

> 해석 어쨌거나, 오늘은 모든 것이 이상해.

2 However, the race was over at last, and they sat down again in a ring.

「어떻게든(However), 그 경주(the race)는 있었어(was), 무엇을 뒤덮은 상태(=끝난, over), 마지막을 콕 찍어서(=마침내, at last), 그것에 이어(and) 그것들은(they) 앉아있게 했다(sat), 무엇의 아래쪽을 향하도록(↓), 다시(again), 어떤 공간 안에(in), 하나의(a) 원을 이루게 하는 것(ring).」

> '어찌되었건, 경주는 마침내 끝났고, (그리고) 그들은 다시 앉았지. 원을 그리면서.'라는 의미가 되네요.
>
> 해석 어쨌거나, 경주는 마침내 끝났고, 그들은 원을 그리며 다시 앉았다.

3 In fact, however, literature plays a huge role in our lives.

「사실이라는 공간 안에서(In fact), 어떻게든(however), 문학(literature)은 (주어진 상황에서) 자신의 역할을 하는 것(play), 하나의(a) 거대한(huge) 역할(role), 어떤 공간 안에(in), 우리들의 삶(our lives).」

> '사실, 어떻게든(=하지만), 문학은 우리의 삶에서 커다란 (자신의) 역할을 하지.'란 의미가 되네요.
>
> 해석 하지만, 문학은 사실 우리 삶에서 커다란 역할을 하고 있지.

if 조건

해석 어떤 조건이냐면(=하면)

1 I asked her if she wanted to go out with me and she nodded.

「난(I) 무엇을 요청했지(asked). 그녀(her). 어떤 조건이냐면(if). 그녀가 원했다(she wanted). 어떤 공간 밖으로 멀어지기로 되어 있는(to go out). 나와 함께(with me). 그것에 이어(and). 그녀는 고개를 끄덕였다(she nodded).」

- '난 그녀에게 나와 함께 어떤 공간 밖으로 나가길(=데이트하길) 원하는지 물어보았고, 그녀는 고개를 끄덕였지(=승낙했지).'란 의미가 되네요.

해석 그녀에게 나와 데이트하는 것이 어떻겠냐고 묻자 좋다고 했다.

2 He asked if he should help to cook for me.

「그(He)는 무엇을 요청했다(=물었다, asked). 어떤 조건이냐면(if). 그(he)가 무엇을 하기로 정해져 있었다(should). 어떤 상황에서 빼내는 것(=도와주는 것, help). 요리하기로 되어 있는(to cook). 나를 떠올리면서(=위해서, for me).」

- '그는 (자신이) 내가 요리하는 것을 도와주기로 되어 있는지를(=도와주어야 할지를) 물었다.'는 의미가 됩니다.

해석 그가 요리하는 것을 도와야 할지를 내게 물어보더군.

3 If you are to achieve your goal, you must work hard.

「어떤 조건이냐면(If). 당신(you)은 있다(are). 이루어내기로 되어 있는(to achieve). 당신의 목표(your goal). 당신(you)은 반드시 해야 한다(must). 무엇이 돌아가게 하는 것(=노력하는 것, work). 힘들게 하는(=힘껏, hard).」

- '당신이 목표를 성취하기로 되어 있는 조건이라면, 당신은 반드시 힘껏 노력해야 한다.'
- '목표를 성취하기로 되어있고자 한다면, 힘껏(=열심히) 노력해야 한다.'는 말이 되네요.

해석 목표를 달성하고자 한다면 열심히 노력해야지.

4 ▶ My day would've been wonderful **if** it wasn't for David.

「나의 날(My day)은 했을 것이다(would), 가지고 있게 하는 것(have), 있던 상태(been), 근사한 (상태)(wonderful), 어떤 조건이냐면(if), 그건(it) 아니었지(wasn't), 데이비드를 떠올리면서(for David).」

- ● '나의 날은 근사한 상태였을 텐데, 어떤 조건이냐면, 데이비드만 떠올리지 않았더라면(=아니었더라면).'
- ● '데이비드만 없었다면 근사한 날이었을 텐데.'
- **해석** 데이비드만 아니었다면 멋진 하루였을 텐데.

5 ▶ But **If** I'm not the same, the next question is, "Who in the world am I?"

「그것과 다르게(But), 어떤 조건이냐면(if), 난 있잖아(I am), 아니야(not), 다른 것들과 구분되는 같은 것(the same), 다른 것들과 구분되는(the) 다음 물음(next question)은 있지(is), "누구(Who)지, 세상에(in the world), 있잖아(am) 나(I)?"」

- ● '하지만, 만일 내가 같지 않다면(=이전과 다르다면), 다음 질문은, "누구지? 세상에, 나 말이야."」
- **해석** 하지만, 예전의 내가 아니라면, "도대체 나는 누구지?"

6 ▶ **If** you enjoy too much video games, you will become an idiot.

「어떤 조건이냐면(If), 당신(you)이 즐기는 것(enjoy), 역시(=지나치게, too) 많이(much), 비디오 게임(video game), 당신(you)은 할 거야(will), 무엇이 되는 것(become), 하나의(an) 멍청이(idiot).」

- ● '당신이 비디오게임을 지나치게 즐긴다면, 멍청이가 될 거야.'란 의미입니다.
- **해석** 비디오게임을 지나치게 많이 하면 바보가 된다.

★★★ meanwhile 그런 와중에

합성어 mean(~을 의미하는 것)
+while(~하면서 보내는 것)'
=~하면서 보내는 것을 의미하는 것

1. Meanwhile, a lot of children are suffering from child abuse in the world.

「그런 와중에(Meanwhile), 많은(a lot of) 아이들(children)은 있다(are). 고통을 겪는 중(suffering). 무엇으로부터(from). 아동학대(child abuse). 세상 속에서(in the world).」

- '그러는 동안, 많은 아이들이 아동학대로부터 고통을 겪고 있다. 이 세상에는.'과 같이 파악할 수 있겠네요.
- **해석** 그러는 동안, 전 세계의 수많은 아이들이 아동 학대를 겪고 있지.

2. Meanwhile, there is another fascinating story.

「그런 와중에(Meanwhile), 거기에 있다(there is). 하나의 다른(another). 누군가를 사로잡는(=매력적인, fascinating) 이야기(story).」

- '그런 한편으로, 하나의 매력적인 이야기가 더 있다.'는 의미입니다.
- **해석** 한편으로, 또 다른 매혹적인 이야기가 있다.

3. Meanwhile, they heard the news that Korean claimed Daemado belonged to Korea.

「그런 와중에(Meanwhile), 그것들(they)은 무엇을 알아들었다(heard). 그 뉴스(the news). 그건(that). 한국인들(Korean)이 주장했다(claimed). 대마도(Daemado)가 어디에 속해있었다고(belonged). 한국에(to Korea).」

- '그러던 중에, 그들은 한국인들이 대마도는 한국의 영토라고 주장하는 뉴스를 들었다.'는 의미입니다.
- **해석** 그러던 중, 그들은 한국인들이 대마도를 자신의 영토라고 주장하는 뉴스를 들었습니다.

neither
어느 쪽이든 아닌

1 ▶ I've never seen dinosaur actually, and neither have any of my friends.

「난(I), 가지고 있게 한다(have), 언제든 없게(never), 무엇을 알아본 상태(seen), 공룡(dinosaur), 실제로(actually), 그것에 이어(and) 어느 쪽이든 아닌(neither), 가지고 있게 한다(have), 어떤 종류의 것(any), 내 친구들의 일부로(of my friends).」

- 「난 가지고 있다. 한 번도 없게. 공룡을 본 적. 실제로. 그것에 이어. 어느 쪽도 가지고 있지 않다. 어떤 친구든. 내 친구들 중에서.」
- '나는 실제로 공룡을 본 적이 한 번도 없고, 내 친구들 중에서도 아무도 본 적이 없다.'

해석 난 공룡을 실제로 본 일이 없는데 내 친구들도 마찬가지다.

2 ▶ Dogs neither act like wolves nor think like them.

「개들(Dogs), 어느 쪽이든 아닌(neither), 행동하다(act), 늑대들처럼(like wolves), 역시 아닌(nor), 무엇을 생각하다(think), 그들처럼(=늑대처럼, like them).」

- '개는 늑대처럼 행동하지 않으며, 또한 그들처럼 생각하지도 않는다.'는 의미입니다.

해석 개들은 늑대처럼 행동하지도 생각하지도 않습니다.

3 ▶ Neither of us had been there before, so we had a wonderful time.

「어느 쪽이든 아닌(Neither), 우리들의 일부로(of us), 가지고 있게 했다(had), 있던 (상태)(been), 거기에(there), 무엇에 앞서(before), 그렇게(so) 우리(we)는 가지고 있게 했다(had), 하나의 근사한(a wonderful), 시간이 지나가는 것(time).」

- 「우리들 중 어느 누구도 가지고 있지 않았다. 거기에 있던 상태를. 이전에. 그렇게(=그래서) 우리는 근사한 시간을 보냈다.」

해석 아무도 가본 적이 없었기에, 우리들은 그곳에서 멋진 시간을 보냈다.

★★★ nor 역시 아닌
합성어 not(아니게)+or(아니면)

1 ▶ It's neither German nor French, I guess.

「그건 있잖아(It is), 어느 쪽이든 아닌(neither) 독일에 관한 (것)(=독일어, German), 역시 아닌(nor), 프랑스에 관한 (것)(=불어, French), 내가 추측하건대(I guess).」

✓ 「그건 있잖아. 어느 쪽도 아니야. 독일어, 역시 아니지. 불어. 내가 보기엔.」과 같이 파악할 수 있겠네요.

해석 내가 보기에 그건 독일어도 불어도 아닌 거 같아.

2 ▶ Tom doesn't like the movie. Nor do I.

「톰(Tom)은 무엇을 어찌하지 않는다(doesn't), 좋아하는 것(like), 그 영화(the movie). 역시 아니야(nor), 무엇을 어찌하는 것(=좋아하는 것, do), 나(I).」

✓ 「톰은 좋아하지 않아. 그 영화를. 역시 아니지. 좋아하는 것. 나.」라는 의미입니다. 자신 또한 그 영화를 좋아하지 않는다는 말을 하고 있네요.

해석 톰은 그 영화를 좋아하지 않아. 나도 마찬가지고.

3 ▶ I have never prepared for an exam since then, nor do I expect to prepare for it again.

「난(I) 가지고 있게 하지(have), 언제든 없게(never), 무엇을 준비한 상태(prepared), 한 번의 시험을 생각하면서(for an exam), 그 때 이후로(since then), 역시 아니야(nor), 무엇을 어찌하는 것(do), 내가 기대하는 것(I expect), 준비하기로 되어 있는(=준비할, to prepare), 그것(=시험)을 떠올리면서(for it), 다시 한 번(again).」

✓ '난 그 때 이후로 시험을 준비한 적이 한 번도 없고, 다시 시험을 준비할 생각도 없어.'

해석 그 이후로 시험을 준비한 적이 없고, 다신 준비할 일도 없을 거야.

★★★ once
한 번

1 ▶ Once you've made your goal, write it down.

「한 번(Once), 네(you)가 가지고 있게 한다(have), 무엇을 만들어 낸 (상태)(made), 너의 목표(your goal), 적어라(write), 그것(it), 무엇의 아래쪽을 향하도록(down).」

- ✓ '한 번 네 목표를 만들어낸 상태라면(=정했다면), 그것을 아래쪽에다(=종이에) 적어라.'는 의미입니다.
- **해석** 일단 목표를 정했으면 그것을 (종이에) 적어라.

2 ▶ I have read 《The story of stuff(물건이야기)》 once.

「난(I) 가지고 있게 하지(have), 무엇을 읽은 상태(read), 《다른 것들과 구분되는(The), 이야기(story), 물건의 일부로(of stuff)》 한 번(once).」

- ✓ 「난 읽은 상태를 가지고 있지(=읽은 적이 있지), 《물건 이야기》, 한 번.」
- **해석** 「물건이야기」라는 책을 읽은 적이 있지.

3 ▶ The test of a great movie is whether we want to watch it only once or more than once.

「그 테스트(=구별법, The test), 무엇의 일부로(of), 하나의(a) 굉장한 영화(=훌륭한 영화, great movie), 있잖아(is), 무엇인지 (아닌지)(whether), 우리는 원하지(we want), 무엇을 주시하기로 되어 있는(to watch), 그것(it), 무엇만으로(=딱, only) 한 번(once), 아니면(or) 더 많이(more), 무엇보다는(than), 한 번(once).」

- ✓ 「훌륭한 영화의 구별법은 있지, 인지 아닌지에, 우리가 단 한 번만 보기를 원하는지 아니면 그 이상 보고 싶어 하는지.」
- **해석** 한 번만 보고 싶은지, 아니면 두 번 이상 보고 싶은지에 따라 훌륭한 영화를 구분할 수 있지.

4 If once you find him, let me know as soon as possible.

「어떤 조건이냐면(If), 한 번(once), 네(you)가 찾아내는 것(find), 그(him)를, 하게 해주어라(let), 나(me), 알고 있는 것(know), 가능한 빨리(as soon as possible).」

- '한 번(=일단) 네가 그를 찾아내면, 내가 알게 해주어라, 가능한 빨리.'라는 의미이네요.
- **해석** 그를 발견하면 가능한 한 빨리 내게 알려줘.

5 Ten students at once were called before the principal.

「열 명의 학생들(Ten students), 한 번에 콕 찍어서(=한꺼번에, at once), 있었지(was), 무엇을 부른 상태(called)로, 무엇에 앞서(before), 다른 사람이 아닌(the), 교장선생님(principal).」

- '열 명의 학생들이 동시에 불린 상태였지, 무엇의 앞에, 교장선생님.'이라는 내용이죠? at once
- '무엇을 콕 찍어서/한 번'
- '동시에', '한 번에'라는 의미가 되네요.
- **해석** 열 명의 학생들이 한꺼번에 교장선생님에게 불려갔어.

6 Once you start it, you need to keep doing it.

「한 번(=일단, Once) 당신(you), 무엇을 튀어나가게 하는 것(=시작하는 것), 그것(it), 당신(you)은 필요로 하지(need), (무엇을) 유지하게 하기로 되어 있는(to keep), 무엇을 어찌하는 중(doing), 그것(it).」

- '일단 그것을 시작하면, (당신은) 그것을 하는 중인 상태를 유지해야 할 필요가 있지.'라는 의미이네요.
- **해석** 일단 시작하면 계속 해야 해.

or
아니면

1. Hurry up, or you will miss the train.

「서두르는 것(Hurry), 무엇의 위쪽을 향하도록(=바짝, up), 아니면(or) 넌 할 거야(you will), 무엇을 비껴가게 하는 것(miss), 그 열차(the train),」

- '(바짝) 서둘러, 그렇지 않으면 넌 그 열차가 비껴가게 할 거야(=열차를 놓치게 될 거야).'라는 의미네요.
- **해석** 서둘러라, 그렇지 않으면 열차를 놓치게 될 거야.

2. The children drink a glass of orange juice or more every day.

「다른 것들과 구분되는(The), 아이들(children)은 마시게 한다(drink), 하나의 잔(a glass), 오렌지주스의 일부로(of orange juice), 아니면(or) 더 많이(more), 매일(every day),」

- 「(그) 아이들은 마신다, 한 잔 또는 그 이상의 오렌지주스를, 매일.」의 순으로 파악할 수 있겠네요.
- **해석** 아이들은 매일 오렌지주스를 한 잔 이상 마신다.

3. Believe it or not, I take a shower before doing my homework.

「무엇을 믿는 것(Believe), 그것(it), 아니면(or) 아니게끔(not), 난(I) 마음먹으면 가질 수 있는 것을 가지게 한다(take), 하나의 샤워(a shower), 무엇에 앞서(before), 내 숙제를 하는 중(doing my homework),」

- '그것을 믿거나 믿지 않거나, 난 한 차례 샤워를 하지, 숙제를 하는 중에 앞서(=숙제를 하기 전에).'
- **해석** 믿거나 말거나, 난 숙제하기 전에 샤워를 해.

4 ▶ There are two forms or aspects of art.

「거기(There) 있잖아(are), 두 가지(two) 형태(form), 아니면(or) 양상(aspect), 무엇의 일부로(of), 예술(art).」

🔵 '거기에 예술의 두 가지 형태, 아니면(=다른 표현으로) 양상이 있다.'는 의미입니다. 그런데 잘 보면 form과 aspect라는 두 단어는 일맥상통하는, 즉 같은 의미임을 알 수 있죠? 결국 뒤에 나온 단어가 앞의 단어를 설명해주고 있는 것이죠.

해석 예술에는 두 가지 형태, 즉 양상이 있지.

5 ▶ You may go to the heaven, or you may go to the hell.

「넌(You) 할 수도 있어(may), 있던 곳에서 멀어지는 것(=어디론가 가는 것, go), 어디에 도착하기로 되어 있는(to), 다른 것이 아닌 낙원(=천국, the heaven), 아니면(or) 넌(you) 할 수도 있지(may), 가는 것(go), 어디에 도착하기로 되어 있는(to), 다른 곳이 아닌 진저리치게 만드는 곳(=지옥, the hell).」

해석 넌 천국에 갈 수도 있고 지옥에 갈 수도 있지.

6 ▶ Since then many people have debated on whether hunting is cruel or not.

「무엇 이후로(Since), 그 때(then), 많은 사람들(many people)이 가지고 있게 한다(have), 토론을 한 상태(debated), 어디에 붙은(on), 무엇인지(whether) 사냥하는 중(=사냥, hunting)은 있지(is), 잔인한(cruel), 아니면(or) 아닌(=잔인하지 않은, not).」

🔵 '그 때 이후로, 많은 사람들은 토론을 한 상태를 가지고 있지(=토론을 해왔지). 사냥이 잔인한지 아닌지에 대해.'

해석 그 때 이후로 사냥이 잔인한지에 대해 많은 사람들이 토론을 벌여왔지.

~이후로

1. He hasn't eaten anything since yesterday.

「그(He)는 가지고 있게 하지 않아(hasn't), 무엇을 먹은 상태(eaten), 어떤 것이든(anything), 무엇 이후로(since), 어제(yesterday).」

- 「그는 먹은 상태를 가지고 있지 않아, 어떤 것이든, 어제 이후로.」와 같이 되네요.
- **해석** 그는 어제 이후로 아무것도 못 먹었지.

2. Tom at first refused, but has since agreed.

「톰(Tom), 처음을 콕 찍어서(at first), 거절했다(refused), 그것과 다르게(but) 가지고 있게 한다(has), 무엇 이후로(since), 동의한 상태(agreed).」

- '톰이 처음에는 거절했지만, 그것과 다르게 그 이후론(=나중에는) 동의한 상태를 가지고 있다(=동의한 상태다).'는 의미입니다. '동의한 상태다'라는 말은 당연히, '동의했다'는 말이 되는 것이죠.
- **해석** 톰이 처음엔 거절했지만 나중엔 동의했지.

3. The exports of Korea has decreased by 10% since 2010.

「다른 것들과 구분되는(The) 수출(export), 한국의 일부로(of Korea), 가지고 있게 한다(has), 감소한 상태(decreased), 무엇을 바탕으로(by), 10퍼센트(10%), 무엇 이후로(since), 2010(년).」

- '한국의 수출은 감소한 상태를 가지고 있다, 10퍼센트 정도, 2010년 이후.'라고 이해하면 되겠네요.
- **해석** 한국의 수출은 2010년과 비교해서 10퍼센트 감소한 상황이다.

4 He was elected in 1960 and has been a lawmaker ever since.

「그는 있었다(He was), 무엇을 선출한 상태(elected), 1960년에(in 1960), 그것에 이어 (and), 가지고 있게 한다(has), 있던(been), 하나의 법을 만드는 사람(=한 명의 국회의원, a lawmaker), 언제든(ever), 무엇 이후로(=그 이후로, since).」

> 「그는 선출한 상태에 있었다(=선출되었다). 1960년에. 그리고 국회의원이던 상태를 가지고 있다. 이후로 줄곧.」
>
> **해석** 그는 1960년에 선출된 이후 지금까지 줄곧 국회의원으로 활동하고 있다.

5 It's been ages since we've watched the movie together last.

「그건(It) 가지고 있게 하지(has), 있던 상태(been) 나이를 먹게 하는 것들(=오랜 시간, ages), 무엇 이후로(since), 우리(we)는 가지고 있게 한다(have), 무엇을 주시한 상태 (watched), 그 영화(the movie), 함께(together), 마지막으로(last).」

> 「그건 오랜 시간이 지난 상태를 가지고 있지(=시간이 꽤 흘렀어). 무엇 이후로, 우리가 가지고 있는 것. 함께 영화를 본 상태, 마지막으로.」
>
> **해석** 지난번에 그 영화를 함께 본 이후로 너무나 오랜만에 보는군.

6 Since he arrived in Germany, Tom has been staying with friends.

「무엇 이후로(Since), 그는 도착했어(he arrived), 무엇이라는 공간 안에(in), 독일(Germany), 톰(Tom)은 가지고 있게 하지(has), 있던 상태(been), 머물게 하는 중(staying), 친구들과 함께 (with friends).」

> 「그가 도착한 이후로, 독일에. 톰은 가지고 있어. 머무는 중으로 있던 상태. 친구들과 함께.」
>
> **해석** 독일에 온 이후, 톰은 줄곧 친구들과 함께 있어.

★★★ though
~에도 불구하고
동의어 although

1 He is strong though he is a child.

「그는 있어(He is), 강한 (상태)(strong), 무엇에도 불구하고(though), 그는 있다(he is), 하나의(=한 명의, a) 어린아이(child)로.」

> 「그는 강하다, 무엇에도 불구하고, 그는 한 명의 어린아이.」라고 해석할 수 있겠네요. 무슨 말인지 알겠죠?
> **해석** 그는 어린아이지만 힘이 세다.

2 Even though you don't like him, you must be nice to him.

「당연하게 무엇에도 불구하고(=무엇일지라도, Even though), 당신(you)은 좋아하지 않는다(don't like), 그(him), 당신(you)은 반드시 해야 한다(must), 있는 것(be), 근사한(nice), 그에게(to him).」

> '(당신이) 그를 좋아하지 않을지라도(=않더라도), (당신은) 반드시 그에게 잘해주어야 한다'는 의미가 됩니다.
> **해석** 그를 싫어하더라도 잘해야 한다.

3 It is heavy, though.

「그건(It) 있잖아(is), 무거운(heavy), 무엇에도 불구하고(=하지만, though).」

> '그건 무겁잖아, 하지만.'이라는 말이죠?
> **해석** 하지만 그건 무겁잖아.

4 He lied to me again though I warned him not to.

「그(He)는 거짓말을 했어(lied), 나에게(to me), 다시 한 번(again), 무엇에도 불구하고(though), 내가 경고했는데(I warned), 그(him), 하지 말라고(not to).」

- ✓ '그는 다시 한 번 나에게 거짓말을 했어. 무엇에도 불구하고, 내가 하지 말라고 그에게 경고했는데..'라는 의미인 거죠.
- **해석** 내가 경고했는데도 불구하고 그는 다시 나에게 거짓말을 했어.

5 You may win the lottery, though I think not.

「당신(You)은 할 수도 있다(may), 무엇을 차지하는 것(win), 다른 것들과 구분되는(the) 복권당첨(금)(lottery), 무엇에도 불구하고(though), 내(I)는 생각하지 않지만(=그러지 않으리라 생각하지만, think not).」

- ✓ '그럴 거라 생각하진 않지만, 당신이 복권에 당첨될 수도 있는 거지.'
- **해석** 안될 거라 생각은 하지만, 복권에 당첨될지도 모르지.

6 He looked up the sky, although there wasn't much to see.

「그(He)는 무엇을 보게 했다(looked), 무엇의 위쪽을 향하도록(↑), 다른 것들과 구분되는 하늘(the sky), 무엇에도 불구하고(although), 거기엔 없었다(there wasn't), 많은 것(much), 알아보기로 되어 있는(to see).」

- ✓ '그는 하늘 위를 올려다보았다, 무엇에도 불구하고, 거기에 많은 것이 없었다, 보기로 되어 있는(=볼만한).'이란 의미입니다.
- **해석** 그는 하늘 위를 올려다보았지만 눈에 들어오는 것은 거의 없었다.

unless
~하지 않는 한

1 Don't start do it unless I tell you to.

「어찌하지 마라(Don't). 무엇을 튀어나가게 하는 것(=시작하는 것, start). 어찌하는 것(do). 그것(it). 무엇하지 않는 한(unless). 내(I)가 내용을 이야기하는 것(tell). 너(you). 어디에 도착하기로 되어 있는(=어찌하라고, to).」

🔘 「시작하지 마라. 그것을 하는 것. 무엇하지 않는 한. 내가 내용을 이야기하는 것. 너에게. (어찌)하라고.」
해석 시작하라는 말이 없으면 (그것을) 하지 마라.

2 Unless you make mistakes and have them corrected, you can't expect to improve your Korean ability.

「무엇하지 않는 한(Unless). 네(you)가 만들어내는 것(make). 실수들(mistakes). 그것에 이어(and). 가지고 있게 한다(have). 그것들(them) 바로잡은 상태(corrected). 넌 할 수 없다(you can't). 무엇을 기대하는 것(expect). 향상시키기로 되어 있는(to improve). 너의 한국어 능력(=실력, your Korean ability).」

🔘 '네가 실수를 한 뒤에 그것들을 바로잡지 않는 한, 넌 향상되길 기대할 수 없다. 네 한국어 실력이.'
해석 실수를 통해서 배워나가지 않는다면, 한국어 실력이 나아지길 바랄 순 없어.

3 We don't take back a sold computer unless it has a problem.

「우리(We)는 어찌하지 않아(take). 마음먹으면 가질 수 있는 것을 가지게 하는 것(take). 뒤로(back). 하나의(a) 판매한(sold) 컴퓨터(computer). 무엇하지 않는 한(unless). 그것(it)이 가지고 있게 한다(has). 하나의(a) 해결해야 할 것(=문제점, problem).」

🔘 '우리는 뒤로 가지지 않아(=돌려받지 않아). 팔았던 컴퓨터를. 그것에 문제가 있지 않는 한.'
해석 제품에 결함이 없는 한, 일단 판매된 컴퓨터는 교환 내지 환불이 안 됩니다.

★★★ whether
~인지 (아닌지)

1. I asked him whether he was a German or a Swiss.

「난(I) 무엇을 요청했지(=물었지, asked). 그(him)(에게). 무엇인지(whether). 그가 있었다 (he was). 하나의 독일사람(a German), 아니면(or) 하나의 스위스사람(a Swiss).」

- '난 그에게 물었지. 그가 독일 사람이었는지, 아니면 스위스 사람이었는지.'
- **해석** 나는 그가 독일 사람인지 스위스 사람인지 물어보았다.

2. I don't know whether he will come or not.

「난(I) 모르겠다(don't know). 무엇인지(whether). 그는 할 것이다(he will). 함께하는 공간에(=사람들이 모여 있는 곳에) 나타나는 것(come), 아니면(or) 아니게(=나타나지 않는 것, not).」

- '난 무엇인지 아닌지 모르겠다. 그가 사람들이 있는 장소에 나타날지(=올지) 어떨지를.'
- **해석** 그가 올지 안 올지 모르겠어.

3. Please see whether they are ready to start their work.

「원하는 대로 하게 하세요(Please). 무엇을 알아보는 것(see). 무엇인지 아닌지(whether). 그것들이 있다(they are). 준비 한 상태(ready). 무엇을 튀어나가게 하기로 되어 있는(=시작하기로 되어 있는, to start). 그들의 일(their work).」

- '무엇인지를 알아봐주세요. 그들이 자신들의 일을 시작할 준비가 되어 있는지.'라는 의미네요.
- **해석** 그들이 일을 시작할 준비가 되었는지를 좀 봐주세요.

★★★ while
~하면서 보내는 것

1 Life is what happens while you're making other plans.

「삶(Life)은 있잖아(is), 무엇(what), 어떤 일이 발생하는 것(happen), 무엇하면서 보내는 것(동안)(while), 당신 있잖아(you are), 무언가를 만들어내는 중(making), 다른(other) 계획들(plans).」

- '삶은 벌어지는 무언가야(=일들이야). 당신이 다른 계획들을 만들어내는 동안에.'란 의미인 거죠?
- **해석** 삶이란 다른 계획들을 세우는 동안 벌어지는 일들이다.

2 We whiled away several weeks doing nothing.

「우리(We)는 무엇을 하면서 보냈다(whiled), 떨어져 있게(away), 몇 주(several weeks), 어찌하지 않는 중(doing), 아무것도 없는 것(nothing).」

- '우리는 몇 주를 흘려보냈다. 아무것도 하지 않으면서.'라는 의미가 되네요.
- **해석** 우리는 아무것도 하지 않고 몇 주를 보냈다.

3 He came to himself after a while.

「그(He)는 함께하는 공간(=현실)에 나타났다(came), 어디에 도착하기로 되어 있는(to), 그 자신(himself), 무엇을 따라서(after), 하나의(a) 무엇을 하며 보내는 것(=어느 정도의 시간, while).」

- 「그는 현실로 돌아왔고, 자기 자신에게로 갔다(=제정신을 차렸다). 무엇을 따라서. 한동안..」
- '그는 제정신을 차렸다. 한동안 있다가.'라는 의미네요.
- **해석** 그는 얼마 있다 제정신으로 돌아왔지.

4 **While it is possible to make a lot of money from writing, it's not easy.**

「무엇하면서 보내는 것(While), 그것 있잖아(it is), 가능한(possible), 만들어내기로 되어있는(to make), 많은 돈(a lot of money), 무엇으로부터(from), 무엇을 쓰는 중인 (상태)=쓰는 것, writing), 그건 아니야(it's not), 쉬운(easy).」

> 「무엇하면서 보내는 동안, 그것이 가능한, 많은 돈을 만들어내는 것, 돈을 쓰는 것으로부터, 그건 쉽지 않아.」
>
> [해석] 글을 써서 큰돈을 버는 것이 가능하긴 하나 쉽진 않지.

5 **One read a book, another sang a song, while a third played the guitar.**

「하나는(=한 명은, One) 읽었다(read), 한 권의 책(a book), 하나의 다른 것은(=또 한 명은, another) 노래를 불렀다(sang) 한 곡(a song), 무엇을 하면서 보내는 동안(=그러는 동안, while), 하나의(a) 세 번째(=세 번째 사람, third)는 자신의 역할을 수행했다(=연주했다, played), 다른 것들과 구분되는 기타(the guitar).」

> '한 명은 책을 읽었고, 다른 한 사람은 노래를 불렀고, 그러는 동안 세 번째가 기타를 쳤다.'
>
> [해석] 책을 읽거나 노래를 부르는 사람 외에 기타를 연주하는 사람도 있었지.

6 **While Tom wanted to marry Jane, her parents were against it.**

「무엇하면서 보내는 것(While), 톰은 원했지(Tom wanted), 결혼을 하기로 되어 있는(to marry), 제인(Jane), 그녀의 부모님(her parents)은 있었어(were), 무엇에 맞서는(=반대하는, against) 그것(=결혼, it).」

> '톰이 제인과 결혼하기를 원하는 동안(=반면), 그녀의 부모님은 결혼에 반대하셨지.'
>
> [해석] 톰은 제인과 결혼하고 싶었지만 그녀의 부모님께선 반대하셨지.

Chapter 04

전치사

about / above / across / against /
along / among / around / as / at /
behind / below / between / beyond /
by / down / during / for / from / in / into /
of / off / on / onto / over / than / through /
throughout / to / toward / under / up /
with / within / without

★★★ about
~의 주변에

1. Tom bet everything he had about him.

「톰(Tom)은 내기를 걸었다(bet). 모든 것(everything). 그(he)가 가지고 있게 했던(had). 그의 주변에(about him).」

- '톰은 자신의 주변에 가지고 있던 모든 것을 내기에 걸었지.'라는 의미네요.
- **해석** 톰은 가진 것을 전부 걸었다.

2. I'm not about to meet you any more.

「난(I) 있잖아(am). 아니야(not). 무엇의 주변에(about). 무언가를 만나기로 되어 있는(to meet). 당신(you). 어떤 종류의(any) 더 많은 것(more).」

- '난 무엇의 주변에 있지 않아. 만나기로 되어 있는. 당신을. 더 이상.」
- '나는 (누구를) 만나기로 되어 있는 주변에 있지 않아(=만나지 않을 거야). 당신을. 더 이상.'으로 이해할 수 있겠네요.
- **해석** 더 이상 너랑 만날 마음이 없어.

3. He is about my age.

「그(He)는 있잖아(is). 무엇의 주변에(=근처에. about). 내 나이(my age).」라고 파악할 수 있겠네요. 너무 간단하죠? about my age

- '~의 주변에/나의/나이를 먹는 것(=나이)'
- '내 나이와 비슷한(=내 나이 또래의)'의 의미가 되네요.
- **해석** 그는 내 나이 정도지.

Chapter 04. 전치사

4 ▶ **Is anybody about?**

「있나(Is)? 어떤 사람(=누군가, anybody). 무엇의 주변에(about).」

- '있어요?/누군가/~의 주변에'와 같이 이해하셔도 되고, '있다/누구/~의 주변에/?(응)'과 같이 단어와 문장부호를 하나씩 순서대로 파악하면서 마지막의 물음표에서 끝을 올려도 됩니다. 그리고 anybody는 any(어떤 종류의)+body(사람)
- '어떤 사람', '누(군)가' 정도로 해석됩니다.

해석 근처에 누구 있어요?

5 ▶ **"No doubt about it."**

「부정하는(No). 무엇을 의심하는(doubt). 무엇의 주변에(about). 그것(it).」

- 「의심할 수 없는. 그것의 주변에.」
- '그것의 주변에 관해서는 의심할 수 없다.'는 의미입니다. 그리고 it은 (서로가 알고 있는) '그것'이라는 것입니다.

해석 그것에 대해서는 의심의 여지가 없지.

6 ▶ **I am about to call you.**

「나는 있다(I am). 무엇의 주변에(about). 무엇을 부르기로 되어 있는(=연락을 하기로 되어 있는, to call). 너(you).」

- '(나는) 널 부르기로 되어 있는 주변에 있다(=막 부르려던 참이다).'는 의미입니다. 다시 말해, '무엇을 하기로 되어 있는 주변에 있다'
- '무엇을 하려던 참이다'라는 말인 거죠.

해석 너한테 전화하려던 참이었어.

★★★ above
~의 위에
반의어 below

1. Tom is above suspicion.

'톰(Tom)은 있어(is), 무엇의 위에(above), 의심이 가는 것(suspicion).'

🔵 '톰은 의심할 수 있는 영역의 위에 있지(=에서 벗어나있지).'란 말이 되는 군요. 아주 간단하지요?

해석 톰을 의심할 순 없어.

2. Her office is on the floor above.

「그녀의 사무실(Her office)은 있어(is), 어디에 붙은(on), 다른 것들과 구분되는(the), 층(floor), 무엇의 위에(above).」

🔵 「그녀의 사무실은 어디에 붙은 상태지, 다른 것들과 구분되는, 위층.」
🔵 '그녀의 사무실은 위층에 (붙어) 있는 상태야.'

해석 그녀의 사무실은 위층에 있어.

3. Don't you think he is above you?

「무엇을 어찌하지 않니(Don't)? 너(you), 생각하는 것(think), 그(he)가 있잖아(is), 무엇의 위에(above), 너(you).」

🔵 '그가 너의 위에 있다고 생각하지 않니?'란 의미네요. 측정값 이외에도 직위 혹은 능력이 상대방보다 높을 때에도 above를 쓸 수 있는데, 상대방의 의견을 묻고 있는 것을 보니 아마도 능력에 대한 이야기인 것 같습니다.

해석 그가 너보다 한 수 위라고 생각하지 않니?

★★★ across
~을 가로질러

1 ▶ I couldn't get my message across to the president.

「난(I) 할 수 없었어(couldn't). 어떤 과정을 거쳐 없던 것을 가지게 하는 것(get). 나의 메시지(my message). 무엇을 가로질러(across). 도착하기로 되어 있는(to). 다른 것들과 구분되는(=현직, the) 대통령(the president).」

- '난 나의 메시지가 무언가를 가로질러(=이해하지 못하게 하던 것을 지나서) 대통령에게 도착하게 할 수 없었어.'
- '난 내 메시지를 대통령께서 이해하시게 할 수 없었지.'

해석 대통령이 내 말을 도통 못 알아들으시더군.

2 ▶ I came across this book at a nearby used bookstore.

「난(I) 함께하는 공간에 나타났지(came). 무엇을 가로질러(across). 이 책(this book). 무엇을 콕 찍어서(at). 하나의(a) 근처에 있는(nearby) 중고서점(used bookstore).」

- '내가 이 책을 가로질러 함께하는 공간에 나타났지(=지나가다가 이 책을 발견했지. 근처의 중고서점을 콕 찍어서(=중고서점에서).'라는 의미입니다.

해석 이 책을 근처 중고서점에서 발견했지.

3 ▶ Our company is building a bridge across the river.

「우리 회사(Our company)는 있어(is). 무엇을 쌓아올리는 중(=짓고 있는 중, building). 하나의 다리(a bridge). 무엇을 가로질러(across). 다른 것들과 구분되는 강(=그 강, the river).」

- 「우리 회사는 하나의 다리를 짓고 있는 중이야. 무엇을 가로질러서. 그 강..」

해석 우리 회사는 (그) 강을 가로지르는 다리를 건설하고 있어.

★★★ against
~에 맞서는

1. He did it alone against my advice.

「그(He)는 (무엇을) 어찌했다(did). 그것(it). 홀로(alone). 어디에 맞서는(against). 나의 충고(my advice).」

- ✔ 「그는 어찌했다. 그것을. 홀로. 어디에 맞서. 나의 충고.」의 순으로 해석을 하면 되겠네요.
- **해석** 그는 내 충고에도 불구하고 그 일을 혼자 했지.

2. Don't lean against the wall.

「(무엇을) 어찌하지 마라(Don't). 기울게 하는 것(lean). 어디에 맞서(는)(against). 다른 것들과 구분되는 벽(the wall).」

- ✔ '벽에 맞서 기울게 하지 마라.'의 의미네요. 그리고 벽에 맞서 기울게 한다는 말은 '벽에 기댄다.'는 말인 거죠.
- **해석** 벽에 기대지 마라.

3. Put the desk there, against the wall.

「무엇을 놓아라(Put). 그 책상(the desk). 거기(에)(there). 어디에 맞서는(against). 다른 것들과 구분되는(the) 벽(wall).」

- ✔ '그 책상을 벽에 맞서게끔 거기에 놓아라.'라는 말입니다. 그리고 책상을 벽에 맞서게끔 놓는다는 말은 '책상을 벽에 갖다 붙인다.'는 말인 겁니다.
- **해석** 책상을 거기 벽에다 갖다 붙이세요.

4 I will be ready against he comes.

「나(I)는 할 것이다(will). 있는 것(be). 준비한 상태(ready). 무엇에 맞서는(against). 그(he)가 함께하는 공간에 나타나는 것(come).」

- ✓ '나는 준비한 상태일 것이다. 그가 이곳에 오는 것에 맞추어서.'라는 말이네요. ready는 '~을 준비한 (상태)'라는 의미
- ✓ be ready 즉, '준비한 상태로 있다'는 뜻이 되는 겁니다.
- **해석** 그가 올 때쯤이면 준비가 되어 있을 거야.

5 I'm against your opinion.

「난 있잖아(I am). 어디에 맞서는(against). 너의 의견(your opinion).」

- ✓ '난 너의 의견에 맞서는 상태야.'란 뜻인데, 상대방의 의견에 맞선다는 것
- ✓ '상대방 의견에 반대한다.' 말이죠?
- **해석** 난 네 의견에 반대야.

6 Korea will play in the final against Brazil.

「한국(Korea)은 할 것이다(will). 어디 안에서 주어진 역할을 하는 것(=경기를 하는 것, play). 어떤 공간 안에(in). 다른 것들과 구분되는(the). 결승전(final)에서. 브라질에 맞서는(=브라질을 맞이해, against Brazil).」

- ✓ 「한국은 경기를 펼칠 것이다. 결승전에서. 브라질을 맞이해.」
- **해석** 한국이 결승전에서 브라질과 맞붙게 되는군.

★★★ along
~을 쭉 따라가며

1. They walked slowly along the river.

「그것들(They)은 걷게 했다(walked). 천천히(slowly) 무엇을 쭉 따라가며(along). 다른 것들과 구분되는 강(=그 강, the river).」

- '그들은 그 강을 죽 따라가며 천천히 걸었다.'는 말이네요. along은 무언가를 졸졸 따라다니는 이미지를 가지고 있어서, along the river라고 하면 '옆에 있는 (그) 강을 끼고 따라가는 것'을 말합니다.
- **해석** 그들은 강을 따라 천천히 걸었다.

2. I was just walking along talking to myself.

「나(I)는 있었다(was). 딱 맞게(=마침, just). 무엇을 걷게 하는 중(walking)으로, 무엇을 쭉 따라가며(along). 말을 주고받는 중(talking). 나 자신에게(to myself).」

- 「나는 마침 걷고 있던 중이었다. (길을) 따라가며. 나 자신에게 말을 주고받으며(=혼자 중얼거리며).」
- **해석** 혼자서 중얼거리면서 길을 따라 걷고 있었지.

3. I hope the matter is going along well.

「난(I) 희망하지(hope). 그 일(the matter)이 있어(is). 있던 곳에서 멀어지는 중(going). 무엇을 쭉 따라가며(=앞으로 계속, along). 좋게(well).」

- '난 그 일이 앞으로 계속 좋은 쪽으로 진행되길 희망해.'라는 의미네요. 다시 말해, 그 일(the matter)이 멀어지는데(is going), 무언가를 쭉 따라가면서(along), 잘 되는(well)쪽으로 갈 바란다는 말인 거죠.
- **해석** 그 일이 잘됐으면 좋겠는데.

among
~중에서

1 They divided the money up among the students.

「그것들(They)은 무엇을 나누었다(divided). 그 돈(the money). 무엇의 위쪽을 향하도록(=최대한, up). 무엇 중에서(among). 그 학생들(the students).」

- ✓ '그들은 그 돈을 학생들 사이에서 최대한(=잘게) 나눴다.'는 말이 되네요. 'divided/the money/up/among/the students'
- ✓ 돈을 잘게 쪼개어 그 학생들에게 골고루 나누어 주는 이미지입니다.
- **해석** 그들은 돈을 학생들에게 골고루 나누어주었다.

2 Bicycle use is increasing among the students.

「자전거 사용(Bicycle use)은 있다(is). 증가하는 중(increasing). 무엇 중에서(among). 다른 것들과 구분되는(the) 학생들(students).」

- ✓ '(그) 학생들 중에서(=학생들 사이에서) 자전거 사용은 증가하는 중이다.'라는 말이네요. 다시 말해, 자전거를 이용하는 학생의 수가 늘고 있다는 말인 거죠.
- **해석** 자전거를 타고 등교하는 학생들이 늘고 있다.

3 We had to choose only two people among them.

「우린(We) 가지고 있게 했다(had). 무엇을 선택하기로 되어 있는(to choose). 무엇만으로(only) 두 사람(two people). 무엇 중에서(among). 그들(them).」

- ✓ '우리는 선택하기로 되어있었다. 그들 중에서 단 두 사람(만).'이라는 의미네요. them은 사람과 사물을 아우르는 모든 객체를 받아주는 대명사
- ✓ '그들' 보다는 '그것들'로 받아들여야 합니다. 영어에서는 사람도 하나의 객체에 불과하다는 점을 알아두세요.
- **해석** 그들 중에서 딱 두 사람만 뽑아야 했어.

★★★ around
~의 둘레에

1. People crowded around to look at the movie star.

「사람들(People)이 모여들었다(crowded), 무엇의 둘레에(around), 무엇을 보게 하기로 되어 있는(to look), 무엇을 콕 찍어서(at), 그(the) 무비스타(=영화배우, movie star)」와 같이 파악할 수 있겠네요. about은 그냥 '주변'이라는 의미일 뿐이지만 around의 경우에는 둥글게 주위를 둘러싸고 있는, 즉 '~의 둘레'라는 의미를 가지고 있습니다.

> **해석** 그 영화배우를 보려고 사람들이 주위에 모여들었다.

2. I can't read anything with children around.

「난 할 수 없어(I can't), 무엇을 읽는 것(read), 어떤 종류의 것(anything), 무엇과 함께하는(with), 아이들(children), 무엇의 둘레에(around).」

- ✓ '난 어떤 것이든 읽을 수가 없어. 아이들이 둘레에(=주위에) 있는 상태로는.'으로 파악할 수 있겠네요. with children around는 '아이들이 주위에 있는 것을 함께하는 (상태)'
- ✓ '아이들이 주위에 있는'

> **해석** 아이들이 주위에 있으면 아무것도 못 읽겠어.

3. The television set has been around for more than a century.

「다른 것들과 구분되는 텔레비전 세트(The television set)는 가지고 있게 한다(has), 있던 상태(been), 무엇의 둘레에(around), 무엇을 떠올리면서(for), 더 많은 것(more), 무엇보다는(than), 한 세기(=100년, a century).」

- ✓ '텔레비전(세트)은 둘레에(=우리 주변에) 있던 상태를 가지고 있다. 100년도 넘게.'라고 이해하면 되겠네요.

> **해석** 텔레비전은 100년 넘게 사람들이 쓰고 있어.

4 ▶ She told me she didn't want me around her.

「그녀(She)가 내용을 말했다(told). 나(me). 그녀(she)는 원하지 않았다(didn't want). 나(me). 그녀의 둘레에(=주위에, around her).」

- '그녀가 (내용을) 내게 말했다. (그녀는) 내가 자신의 주위에 있는 것을 원하지 않는다고.'라는 내용이네요. 안타까운 이야기죠?
- **해석** 그녀가 나더러 자기 주위에서 얼쩡대지 말라고 하더군.

5 ▶ My family was sitting around the table.

「나의 가족(=우리 가족, My family)은 있었어(was). 앉아있게 하는 중(sitting). 무엇의 둘레에(around). 다른 것들과 구분되는(the) 테이블(=식탁, table).」

- 「우리 가족은 앉아있는 중이었지. 무엇의 둘레에. 식탁.」
- **해석** 우리 가족은 식탁을 빙 둘러싸고 앉아있었지.

6 ▶ It also explained how to travel around Korea.

「그것(It). 또한(also). 무엇을 설명했다(explained). 어떻게(how). 여행하기로 되어 있는(to travel). 무엇의 둘레에(around). 한국(Korea).」

- '그것은 설명을 해주기도 했다. 여행하는 법에 관한. 한국을 두루두루.'라고 이해하면 좋겠네요.
- **해석** 그것은 한국 각지를 돌아다니면서 여행하는 법에 대한 설명이기도 했다.

★★★ as
~와 같은

1 You can have as many as you want.

「당신(You)은 할 수 있다(can). 가지고 있게 하는 것(have). 무엇과 같은(as). 많이(many). 무엇과 같은(as). 당신(you)이 원하는(want).」

- '당신은 가질 수 있다. (당신이) 원하는 정도로 많게끔.'이란 의미입니다. 이런 식으로 단어를 하나씩 해석해 나가면 자연스레 정확한 의미에 도달할 수 있습니다. 원래 언어는 생각나는 순서대로 말하는 것이니까요.
- **해석** 당신이 원하는 만큼 가질 수 있습니다.

2 "As with all matters of the heart, you'll know when you find it."

「무엇과 같은(As). (무엇과) 함께하는(with). 모든(all). 의미를 부여하게 하는 것들(=이런 저런 일들, matters). 무엇의 일부로(of). 다른 것이 아닌 심장이 나타내는 것(=마음, the heart). 당신(you)은 알게 될 겁니다(will know). 언제냐 하면(when). 당신(you)이 무엇을 찾아내는 것(find). 그것(it).」

- 「어떤 식으로. 모든 일들에 대해. 마음을 담아서. 당신을 알게 될 것이다. 그것을 발견하는 순간에.」와 같이 파악할 수 있겠네요.
- **해석** "모든 일에 최선을 다한다면, 그것(진정으로 좋아하는 일)을 발견할 때 알아볼 겁니다."

3 Do as I told you, or you'll be criticized.

「무엇을 어찌하라(Do). 무엇과 같은(as). 내(I)가 내용을 말했다(told). 너(you). 아니면(=그렇지 않으면, or) 넌(you) 할 것이다(will). 있는 것(be). 무엇을 비난한 상태(criticized).」

- '내가 (너에게) (내용을) 말한 것과 같이 (어찌)하라, 그렇지 않으면 넌 비난한 상태에 있을 것이다(=비난받을 것이다).'
- **해석** 내가 하라는 대로 하지 않으면 비난받게 될 거야.

4 ▸ **As** of all other things, one can have too much even of sleeping.

「무엇과 같은(As), 모든 다른 것들의 일부로(of all other things), 하나(one)는 할 수 있다(can), 가지고 있게 하는 것(have), 역시 많이(=지나치게 많이, too much), 당연하게(even), 잠을 자는 중의 일부로(of sleeping).」

- 「다른 모든 것들과 같이, 하나는 가지고 있을 수 있다. 당연하게. 너무나 많이. 잠을 자는 중의 일부로.」
- '다른 모든 것들처럼, 잠을 자는 것도 당연히 지나칠 수가 있다.'는 의미입니다.
- **해석** 다른 모든 일과 마찬가지로, 수면 역시 지나칠 수가 있다.

5 ▸ And that is **as** true for your work **as** it is for your lovers.

「그것에 이어(And), 그것(that) 있잖아(is), 무엇과 같은(as), 속이지 않는(true), 무엇을 떠올리면서(for), 말을 듣는 상대방의(=당신들의, your), 일(work), 무엇과 같은(as), 그거 있잖아(it is), 무엇을 떠올리면서(for), 당신들의(your) 연인들(lovers).」

- '그리고 그것은, 여러분의 연인들에게 있어서와 마찬가지로, 일에 있어서도 진실입니다.'
- **해석** 그리고, 그것은 여러분의 연인에게 있어서 진실인 만큼 일에 있어서도 진실입니다.

6 ▸ This bill is entered into **as** of December 25, 2017.

「이 법안(This bill)은 있다(is), 어디에 들어간 상태(entered), 어떤 공간 안으로(into), 무엇과 같은(as), 무엇의 일부로(of), 2017년 12월 25일(December 25, 2017).」

- '이 법안은 어떤 공간(=효력이 발생되는 것) 안으로 들어간 상태다. 2017년 12월 25일과 같은 것으로서.'
- '이 법안은 2017년 2월 25일과 같은 것으로서 효력이 발생되는 공간에 들어간 상태다.'
- **해석** 이 법안은 2017년 12월 25일부로 발효된다.

★★★ at
~을 콕 찍어서

1️⃣ What are you getting at?

「무엇(What) 있냐(are)? 당신(you). 어떤 과정을 거쳐 없던 것을 가지게 하는 중(getting). 무엇을 콕 찍어서(at).」

- '무엇인가? 당신이 콕 찍어서 가지려고 하는 것은?'이라는 말이네요. 상대방이 무언가 횡설수설하고 있을 때, '도대체 핵심이 뭐야?'라는 식으로 물어보는 겁니다.

해석 뭘 말하려고 하는 거야?

2️⃣ They left at 3 o'clock.

「그것들(They)은 (어디를) 떠났지(left). 무엇을 콕 찍어서(at). 3시(3 o'clock).」라는 말인 거죠? at 3 o'clock은 '~을 콕 찍어서/3시'

- '정확히 3시'를 가리키는 겁니다. at은 시계바늘이 눈금을 콕 찍어주는 이미지라고 생각하면 됩니다.

해석 그들은 3시에 떠났어.

3️⃣ He got married at 40.

「그(He)는 어떤 과정을 거쳐 없던 것을 가지게 했어(=우여곡절 끝에 얻었어, got). 결혼한 상태(married). 무엇을 콕 찍어서(at). 40(세).」

- '그는 40이 되어서 결혼한 상태를 가지게 했어.'란 의미가 되네요. get은 어떤 과정을 거쳐 없던 것을 가지게 한다는 의미
- '어떤 과정을 거쳐야만 얻을 수 있는 것'을 말하는 겁니다.

해석 그는 40세가 되어서야 결혼을 했지.

4 ▶ **The cat came at the mouse.**

「그 고양이(The cat)가 함께하는 공간에 나타났다(came). 무엇을 콕 찍어서(at). 그 쥐(the mouse).」의 순서로 파악할 수 있겠네요. 이것이 무슨 이야기인가 하면, 고양이가 함께 하는 공간(현실)에 나타났는데, '쥐'를 콕 찍고 있죠? 결국 '쥐'를 한 점으로 보고 덮쳤다는 말인 겁니다. 머릿속에서 그 장면이 떠오르나요? 이렇듯 전치사는 굉장히 중요한 단어라서, 정확한 의미를 모르면 문장을 제대로 해석할 수가 없는 것이죠.

> **해석** 고양이가 쥐를 덮쳤다.

5 ▶ **At his advice my heart grew light.**

「무엇을 콕 찍어서(At). 그의 충고(his advice). 내 마음(my heart)이 자라게 했다(grew). 가볍게 하는(light).」

> 💡 '그의 충고에 나의 마음이 자라났다(=변해갔다). 가볍게.'라고 파악할 수 있겠네요. 여기서는 '그의 충고'를 콕 찍어주고 있습니다.
> **해석** 그의 충고에 마음이 가벼워졌다.

6 ▶ **You can reach me at 555-5555, extension 555.**

「당신(You)은 할 수 있다(can). 어디에 닿게 하는 것(=접촉하는 것, reach). 나(me). 무엇을 콕 찍어서(at). 555-5555. 확장시키는 것(=내선 번호, extension) 555.」

> 💡 '(당신은) 나에게 (연락이) 닿게 할 수 있습니다. 555-5555번으로. 그리고 내선 번호 555로.'
> **해석** 제게 연락하려면 555-5555번에 내선 번호 555로 걸면 됩니다.

★★★ behind
~의 뒤에 있는

1. Who's the man standing behind Tom?

「누구(Who)? 있나(is). 그 남자(the man). 서있게 하는 중(standing). 톰의 뒤에 있는 (behind Tom).」

- 「누구지? 그 남자. 톰의 뒤에 서있게 하는(=서있는).」이란 말이네요.
- **해석** 톰 뒤에 서있는 남자는 누구니?

2. What's behind huge success like that?

「무엇(What)이? 있나(is). 무엇의 뒤에 있는(behind). 거대한 성공(huge success). 무엇을 좋아하는(like). 그것(that).」

- 「무엇이 있나? 거대한 성공 뒤에. 그것을 좋아하는(=그것과 닮아있는).」
- 「그것과 닮은 엄청난 성공 뒤에는 무엇이 있나?」라는 의미입니다.
- **해석** 그처럼 엄청난 성공의 배경은 무엇일까?

3. I told Tom to stay behind after school.

「난(I) 내용을 이야기했지(told). 톰(Tom). 머물게 하기로 되어 있는(to stay). 무엇의 뒤에 있는(=남아있는, behind). 무엇을 따라서(=마치고, after). 수업(school).」

- 「난 톰에게 이야기했지. 남아있으라고. 수업이 끝난 후에.」라는 내용이네요.
- **해석** 톰에게 수업 마치고 남아있으라고 말했다.

below
~의 아래에

1 It's 5 degrees below zero.

「그건(It) 있잖아(is), 5도(5 degrees), 무엇의 아래에(below), 0(zero).」의 순으로 해석하면 됩니다. 5 degrees below zero는 '5도/~의 아래에/0(제로)'

- 0 아래로 5도, 즉 '영하 5도'를 가리키는 것이죠. below는 above와 상반되는 개념으로 단순히 무엇의 아래에 위치한다는 의미입니다.
- **해석** 영하 5도입니다.

2 The police called a warning down to the students below.

「다른 것들과 구분되는(The) 경찰(police)이 무엇을 불렀다(called), 하나의(a) 주의하게 하는 중(인 것)(=경고, warning), 무엇의 아래쪽을 향하도록(down), 그 학생들에게 도착하기로 되어 있는(to the students), 무엇의 아래에(=밑에 있는, below).」

- 「경찰이 아래쪽을 향해 주의를 주었다. 그 학생들에게. 밑에 있는.」
- **해석** 경찰이 밑에 있는 학생들에게 조심하라며 주의를 줬다.

3 The cruise sunk below the surface of the sea.

「다른 것들과 구분되는(The) 유람선(cruise)은 가라앉았다(sank), 무엇의 아래에(below), 다른 것들과 구분되는(the), 표면(surface), 무엇의 일부로(of), 다른 것이 아닌 바다(the sea).」

- '(그) 유람선은 무엇의 아래로 가라앉았다. 바다의 표면.'이라고 이해하면 되겠네요.
- **해석** 유람선이 바다 밑으로 가라앉았다.

★★★ between
~의 사이에

1 ▸ Nothing can come between Tom and Jane.

「아무것도 없는 것(Nothing)은 할 수 있다(can), 함께하는 공간에 나타나는 것(come), 무엇의 사이에(between), 톰과 제인(Tom and Jane).」

- '아무것도 함께하는 공간(현실)에 나타날 수 없다. 톰과 제인의 사이에.'
- '누구도 톰과 제인 사이에 있을 순 없지.'라는 말이죠? 결국, 이는 톰과 제인의 사이에 끼어들 수 있는 건 아무것도 없다는 말입니다.

해석 그 무엇도 톰과 제인을 갈라놓을 순 없지.

2 ▸ Between 1950 and 1953, The Korean War broke out in the Korean Peninsula and an astronomical number of people were dead.

「무엇의 사이에(Between), 1950(년), 그것에 이어(and) 1953(년), 한국전쟁(The Korean War)이 (무엇을) 깨뜨리고 밖으로 나왔다(=발발했다, broke out), 어떤 공간 안에(in), 한반도(the Korean Peninsula), 그것에 이어(and), 하나의(an) 천문학적인 숫자(astronomical number), 사람들의 일부로(of people), 있었다(were), 죽은 상태(dead).」

해석 1950년에서 1953년 사이에 한반도에서 '한국전쟁'이 발발했고, 셀 수 없이 많은 사람들이 목숨을 잃었다.

3 ▸ Between doing his homework, preparing an exam and writing an essay, he was always busy.

「무엇의 사이에(Between), (어찌)하는 중(doing), 그의 숙제(his homework), 준비하는 중(preparing), 하나의 시험(an exam), 그것에 이어(and), 무엇을 쓰는 중(writing), 하나의(an) 에세이(=논문, essay), 그는 있었다(he was), 언제나(always), 바쁜(busy).」

- '숙제 하는 것, 시험 준비하는 것 그리고 논문 쓰는 것 사이에서, 그는 늘 바빴다.'는 말이네요.

해석 그는 숙제와 시험 준비 및 논문작성으로 인해 늘 바빴다.

beyond
~을 넘어서

1. **No one is beyond my record.**

「부정하는(No), 하나(=한 사람, one)는 있다(is), 무엇을 넘어서(beyond), 나의 기록(my record).」

> 「한 사람도 없다. 넘어서는, 나의 기록을.」과 같이 파악할 수 있겠네요. 결국, 자신의 기록을 넘어설 사람이 한 사람도 없다는 이야기네요. 어쨌든 대단한 사람입니다.

해석 누구도 내 기록을 깰 순 없지.

2. **The project will continue beyond August.**

「다른 것들과 구분되는(=그, The) 계획(project)은 할 거야(will), 계속하는 것(continue), 무엇을 넘어서(beyond), 8월(August).」

> 「그 계획은 계속될 거야. 8월을 넘어서.」

해석 그 계획은 8월이 지나서도 계속 진행될 거야.

3. **Your notebook computer is beyond repair.**

「너의(Your) 노트북 컴퓨터(notebook computer)는 있잖아(is), 무엇을 넘어서(=어떤 영역을 벗어난, beyond), 무엇을 고치는 것(repair).」

> '네 노트북 컴퓨터는 넘어서 있는 상태야. 고칠 수 있는 영역을.'과 같이 이해하면 되겠습니다. 고칠 수 있는 영역을 넘어섰다는 것은 '더 이상 손을 쓸 수 없다'는 말이지요.

해석 네 노트북 컴퓨터는 완전히 맛이 갔어.

★★★ by ~을 바탕으로

1 We have to finish this report by the end of the week.

「우리(We)는 가지고 있게 하지(have). 무엇을 끝내기로 되어 있는(to finish). 이 보고서(this report). 무엇을 바탕으로(by). 마지막(the end). 무엇의 일부로(of). 다른 것들과 구분되는 주(=이번 주, the week).」

- 「우리는 이 보고서를 끝내기로 되어있지. 무엇을 바탕으로. 마지막. 이번 주의.」
- '(우리는) 이번 주 주말을 바탕으로(=주말까지) 이 보고서를 끝내야 해.'

해석 이 보고서는 이번 주말까지 끝내야 해.

2 I might go there by bus.

「난(I) 할 수도 있었지(might). (있던 곳에서) 멀어지는 것(go). 거기에(there). 버스를 바탕으로(=버스를 타고, by bus).」와 같이 됩니다. 그런데 단순한 과거사실이 아닌 조건문이기에 might는 '할 수도 있었을 텐데'로 해석

- '난 버스를 타고 거기에 갈 수도 있었을 텐데.'가 되는 것이죠. 그리고 자연스러운 해석을 위해 '있었을 텐데'
- '있을 텐데'로 바꾸어줄 수 있는데, 전자 쪽이 정확한 표현이라는 것을 알아두기 바랍니다.

해석 버스타고 갈지도 몰라.

3 The President passed by me.

「그(The) 대통령(President)이 지나가게 했다(passed). 무엇을 바탕으로(by). 나(me).」

- '대통령이 나를 바탕으로(=내 옆으로) 지나갔어.'라는 말이 됩니다. 대통령이 지나갔지요? 무엇을 바탕으로 말입니다. 그리고 그 대상은 바로 '나'였군요. 즉, 나를 두고 옆으로 지나갔다는 말이 되는 겁니다.

해석 대통령께서 내 옆을 지나가시더군.

4 I have to stop by the drug store in the evening.

「난(I) 가지고 있게 한다(have), 멈추기로 되어 있는(to stop), 무엇을 바탕으로(by), 그 약국(the drug store), 저녁에(in the evening).」

- ✓ 「난 멈추기로 되어 있어, 그 약국을 바탕으로, 저녁에.」라는 내용이죠? 그리고 약국을 바탕으로 멈춘다는 말, '그 약국 앞에서 멈추다'
- ✓ '그 약국에 들르다'의 의미가 됩니다.
- **해석** 저녁때 그 약국에 들러야 해.

5 The book is by that famous author Paulo Coelho.

「그 책(The book) 있잖아(is), 무엇을 바탕으로(by), 그것(that), 유명한 작가(famous author), 파울로 코엘료(Paulo Coelho).」

- ✓ 「그 책은 있다, 무엇을 바탕으로(=무엇에 의한), 그 유명작가 파울로 코엘료.」라고 이해하면 되겠네요. that famous author Paulo Coelho는 명사가 나란히 놓여서 '그 유명작가 파울로 코엘료'라는 하나의 단어처럼 쓰이고 있네요. 동격이나 수식관계 따위는 생각할 필요 없이 그냥 순서대로 해석을 하면 됩니다.
- **해석** 그것은 유명작가 파울로 코엘료가 쓴 책입니다.

6 You know that girl standing by the door?

「너(You) 알고 있어(know)? 저(that) 여자(girl), 서있게 하는 중(standing), 무엇을 바탕으로(=옆에, by), 다른 것들과 구분되는 문(=저 문, the door).」

- ✓ 「넌 알고 있어? 저 여자, 서있는 중인, (저) 문을 바탕으로(=문 옆에).」와 같이 해석할 수 있겠네요. the door는 특정한 하나의 문으로 '저(쪽에 있는) 문' 정도의 의미로 보면 됩니다.
- **해석** 문 옆에 서 있는 저 여자 알아?

★★★ down
~의 아래쪽으로 향하도록

1. **He jumped down off the desk.**

「그(He)는 점프했다(jumped). 무엇의 아래쪽으로 향하도록(down). 어디에서 떨어져(off). 그 책상(the desk).」과 같이 파악할 수 있겠네요. 다시 말해, 그가 점프를 해서 아래쪽으로 내려가는데, 그러면서 책상에서 떨어졌다는 말이 됩니다. 이렇게 전치사는 지도위의 나침반과 같이 정확한 의미를 모르면 영어를 제대로 이해할 수 없습니다. 전치사 역시 중요한 품사인 만큼 확실히 공부하는 것이 좋습니다.

> **해석** 그는 책상에서 뛰어 내렸다.

2. **Everyone will be there, from the president down.**

「모든 사람(Everyone)은 할 것이다(will). 있는 것(be). 거기에(=그곳에, there). 무엇으로부터(from). 그 대통령(the president). 무엇의 아래쪽으로 향하도록(=밑으로, down).」

> '모든 사람이 그곳에 있을 것이다, 대통령부터 시작해서 그 밑으로.'라는 의미네요. 머릿속에 '대통령부터 시작해서 (직책이) 그 밑으로 쭉 내려가는' 그림이 그려지나요?
>
> **해석** 대통령 이하 모두가 그 자리에 참석할 겁니다.

3. **At the end of the day we were 1,000,000 won down.**

「무엇을 콕 찍어서(At). 마지막(the end). 그 날의 일부로(of the day). 우리는 있었지(we were). 100만 원(1,000,000 won). 아래쪽으로 향하도록(=내려간, down).」

> '그 날의 마지막에, 우리는 있었다. 100만 원이 내려간(=줄어든) 상태로.'
>
> **해석** 그 날 마감할 때보니 100만 원이 줄어 있었다.

Chapter 04. 전치사 | **85**

4 I'm just going down to the district office.

「난 있잖아(I am), 딱 맞게(=마침, just), 있던 곳에서 멀어지는 중(going), 무엇의 아래쪽으로 향하도록(down), 어디에 도착하기로 되어 있는(to), 다른 것들과 구분되는(the), 구역 사무실(=구청, district office).」

- '난 마침 어딘가로 가는 중이야. 아래쪽으로 가서 구청에 도착하기로 되어 있는(=가려고).'의 의미입니다. 자신이 있던 곳을 위쪽으로 인식하다보니, 다른 장소는 자연스레 아래쪽(down)이 되는 것이죠.
- **해석** 마침 구청에 가던 참이야.

5 He came down with a bad cold.

「그(He)는 함께하는 공간에 나타났어(=모습을 드러냈지, came), 아래쪽으로 향하도록(=상태가 나빠진, down), 무엇과 함께하는(with), 하나의(a) 형편없는 감기(=고약한 감기, bad cold).」

- '그는 몸이 말이 아니야, 고약한 감기로 인해.' 정도로 이해하면 되겠네요. 여기에서 down이 나오니까 뭔가 '축 처지는' 느낌이 들지요? 몸 상태가 안 좋아진 것을 이렇게 표현한 겁니다. 앓아서 누웠다고 생각하셔도 되겠네요.
- **해석** 심한 감기에 걸렸어.

6 We downed our beers and left.

「우리(We)는 아래쪽으로 향하도록 했지(downed), 우리 맥주(our beer), 그것에 이어(and), (그곳을) 떠났지(left).」

- '우리는 맥주를 아래쪽으로 향하도록 한(=들이부은) 다음, 그곳을 떠났지.'라는 내용이네요. 즉, 맥주를 급하게 들이붓고 나서 그곳을 떠났다는 말인데, 다들 어지간히 급했던 모양이네요.
- **해석** 맥주를 급하게 마신 뒤에 자리에서 일어났지.

*** during
~동안

1 **During the winter, the average temperature is 2 degrees below zero.**

during은 사실 어려운 단어는 아니지만, 한 번 넣어봤습니다. 이해하는 데는 어렵지 않으실 겁니다. '~동안/겨울'이 되어 '겨울 동안'이란 말이니까요.

> **해석** 겨울의 평균기온은 영하 2도 정도야.

2 **During the dictatorial government, a lot of people was sent to prison just because they were against the government.**

「무엇동안(During), 그(the) 독재정권(dictatorial government), 많은(a lot of) 사람들(people)은 있었지(was), 무엇을 보낸 상태(sent), 어디에 도착하기로 되어 있는(to), 감옥(prison), 딱 맞게(just), 그 이유는(because), 그들이 있었어(they were), 어디에 맞서는(against), 그 정부(=독재정권, the government).」

> '독재정권하에 많은 사람들이 감옥에 갔는데, 그 이유는 바로, 그들이 정부에 반대했다는 것이었지.'
> **해석** 그 독재정권 하에서 정부에 반대한다는 이유만으로 감옥에 간 사람이 한둘이 아니야.

3 **Where was she during her working hours?**

「어디(Where)? 있었지(was), 그녀(she), 무엇동안(during), 그녀의(her), 일하는 중인 시간들(=근무시간, working hours).」이라고 이해할 수 있겠네요. 여기서, working hours는 무엇이 돌아가게 하는 시간(들)로 즉, '일하는 시간(=근무시간)'이 되는 거죠? 어렵게 생각할 필요는 없습니다.

> **해석** 그 여자, 근무시간에 어디 있었던 거야?

★★★ for
~을 떠올리며

1 Go for it!

「(지금)있는 곳에서 멀어져(Go)! 무엇을 떠올리면서(for), 그것(it),」이라는 말입니다. it은 '(서로가 알고 있는)그것'이란 의미

> '마음속에 품고 있는 것을 향해서 가라!'고 외치는 겁니다. 그러니 it이 '마음에 드는 이성'을 가리킨다면 한 번 가서 말을 걸어보라는 뜻이 되는 것이죠. 즉, (생각하고 있는 그것에 대해) 한 번 부딪혀 보라는 말을 하는 겁니다.
>
> **해석** 한 번 해봐!

2 What are friends for?

「무엇(What)? 이지(are). 친구들(friends). 그것을 떠올리며(for)」

> '그러니까 친구라는 게 대체 뭐야?'라는 의미입니다. 형식은 의문문이지만, 상대방에게 의견을 물어보는 것은 아니네요. 왠지 우리말과 비슷하다는 생각이 들지 않나요?
>
> **해석** 친구 좋다는 게 뭔가?

3 How does the weather look for tomorrow?

「어떻게(How)? 무엇을 어찌하는 것(does). 다른 것이 아닌 날씨(the weather). 무엇을 보게 하는 것(look). 내일을 떠올리면서(for tomorrow).」

> '어떻게 날씨가 보는가? 내일을.'이라고 이해할 수 있겠네요. 영어에서는 무엇이든 자유롭게 주체가 될 수 있다는 점을 알아두세요.
>
> **해석** 내일 날씨는 어떨 것 같아?

4 **She is too smart for a child.**

「그녀(=그 여자애, She)는 있잖아(is), 역시(=정말, too) 톡 쏘게 하는(=영민한, smart), 무엇을 떠올리면서(for), 한 명의(a) 어린아이(child).」

- '그 여자애는 정말 영리해. 어린아이라는 점을 감안하면.'이란 말이네요.
- **해석** 그 여자애는 어린아이치고는 너무 영리해.

5 **I bought this computer for 1,000,000 won.**

'내(I)가 무엇을 샀지(bought), 이 컴퓨터(this computer), 무엇을 떠올리면서(for), 100만 원(1,000,000 won)'

- '내가 이 컴퓨터를 샀지, 100만 원을 주고'라는 말이네요. 어렵지 않죠?
- **해석** 이 컴퓨터 사는데 100만 원 들었지.

6 **I called at a liquor store for some wine.**

「난(I) 무엇을 불렀지(called), 무엇을 콕 찍어서(at), 하나의(a) 주류 판매점(liquor store), 무엇을 떠올리면서(for), 어느 정도의 와인(=와인을 좀, some wine).」

- '난 주류 판매점에서 불렀지. 와인을 좀 사려고.' 여기서 call at은 '~을 부르다/~을 콕 찍어서', 즉 '어딘가에 도착해서(at) 누군가를 부르는(call)'
- 어떤 장소를 방문한다는 의미입니다.
- **해석** 주류 판매점에 들러 와인 좀 샀지.

★★★ from
~로부터

1 Five from ten leaves five.

「5(Five), 무엇으로부터(from), 10(ten), 무엇을 떠난다(leave), 5(five).」

- '10으로부터 5는 5를 떠난다.'
- '10에서 5를 빼는 것은 5를 남긴다.'와 같이 되는 겁니다.

해석 10빼기 5는 5다.

2 He is far from being a nice guy.

「그(He)가 있다(is), 멀리(far), 어디로부터(from), 있는 중(being), 하나의(a) 근사한 사내(nice guy).」

- '그는 어디로부터 멀리 떨어져 있다. 한 명의 멋진 사내로 있는 것.'
- '그는 지금 멋진 사내와는 너무 다른 모습이다.'란 말이 됩니다. being은 '지금 있는 중(인 상태)' 즉, '(평소가 아닌) 지금의 모습'을 의미합니다.

해석 그의 지금 모습을 보면 결코 멋진 사내라고 할 수 없지.

3 When you pass the exam, you'll find an array of men to choose from.

「언제(When), 당신(you)이 지나가게 하는 것(=통과하는 것, pass), 그 시험(the exam), 당신(you)은 찾아낼 것이다(will find), 하나의(an) 죽 늘어서 있는 것(array), 무엇의 일부로(of), 남자들(men), 선택하기로 되어 있는(to choose), 무엇으로부터(from).」

- '그 시험을 통과할 때, 당신은 죽 늘어서 있는(=수많은) 남자들을 보게 될 것이다. 그 중에서 선택할 수 있는.'

해석 그 시험에 합격하면 마음대로 남자를 골라잡을 수 있을 걸.

4 **Get away from her!**

「어떤 과정을 거쳐 없던 것(=상황)을 가지게 해(Get)! 떨어져 있게(away). 무엇으로부터(from). 그녀(her).」

- ✓ '그녀로부터 떨어진 상태를 가져!'라는 말이네요. 동사 편에서 다루겠지만, 이 get이란 동사는 (어떤 과정을 거쳐서) 없던 무엇을 가진다는 의미이며, get의 뒤에 나오는 내용은 그렇게 해서 얻어지는 결과라고 보면 됩니다. 즉, '그녀에게서 떨어진 상태를(없던 상태)' 가지라는 말인 거죠.
- **해석** 그 여자에게서 떨어져!

5 **Today I want to tell you three stories from my life.**

「오늘(Today). 난 원한다(I want). 내용을 말하기로 되어 있는(to tell). 말을 듣는 대상(=당신들, you). 세 가지 이야기(three stories). 무엇으로부터(from). 나의 인생(my life).」

- ✓ '오늘 저는 (내용을) 말하고자 합니다. 여러분에게. 세 가지 이야기. 저의 인생으로부터.'라는 내용이네요.
- **해석** 오늘 제 인생에 관한 세 가지 이야기를 여러분들에게 들려주고자 합니다.

6 **Keep him from coming to my party.**

「(현재의 상태를) 유지하게 해(Keep)! 그(him). 무엇으로부터(from). 함께하는 공간으로 나타나는 것(=사람들이 모여 있는 곳에 오는 것). 내 파티에(to my party).」

- ✓ '그가 오지 못하도록 해! 내 파티에!'라는 의미입니다. 그가 오는 것으로부터 지금의 상황을 유지하라는 말
- ✓ '그가 오지 못하게 막으라는 말'인 거죠.
- **해석** 그 사람, 내 파티에 못 오게 해.

★★★ in
~라는 공간 안에

1 **He dipped his spoon in the soup.**

「그(He)는 살짝 담갔다(dipped). 그의 숟가락(his spoon). 어떤 공간 안에(in). (그) 수프(the soup).」라고 파악할 수 있겠네요. 앞에 수프가 놓여 있고 숟가락을 들어 '수프(the soup)'라는 공간 안에(in) 살짝 담그는(dip) 장면입니다.

> **해석** 그는 숟가락을 수프에 살짝 집어넣었다.

2 **My boss really has it in for me!**

「나의(My) 상사(boss)는 실제로(=정말로, really). 무엇을 가지고 있게 하지(has). 그것(it). 무엇이라는 공간 안에(in). 무엇을 떠올리면서(for). 나(me)」

- 내 상사는 정말로 무언가를 가지고 있어. 그것(=앙심). 어딘가(=자신의 마음) 안에. 나를 생각하면서(=나를 향해).
- 「내 상사는 앙심을 품고 있어. 자신의 마음속에. 나를 향한.」

> **해석** 상사가 나를 잡아먹지 못해 안달이야!

3 **He was dressed in white.**

「그(He)는 있었다(was). 제대로 차려입은(dressed). 어떤 공간 안에(in). 흰 (상태)(in white).」

- '그는 제대로 옷을 차려입었다. 하얗게 휩싸인(=흰 옷으로 두른) 상태로.'의 의미네요. 혹시 영화 〈맨 인 블랙(Men in Black)〉 기억하나요? 그 영화에는 검은 색 정장을 입은 두 명의 남자가 나오지요? 다시 말해, men in black은 '검은 상태 속에 있는 남자들'
- '검은 색 옷을 입은 남자들'이란 뜻입니다.

> **해석** 그는 흰색 옷을 입고 있었다.

★★★ into
~라는 공간 안에 도착하기로 되어 있는
(~라는 공간 안으로)

1 ▶ Water is being put into a bathtub.

「물(Water)은 있다(is), 있는 중(=존재하는 중, being), 무엇을 놓은 상태(put), 어떤 공간 속으로(into), 하나의(a) 욕조(bathtub).」

- ✅ '물은 놓는 중으로 있다. 욕조 안으로.'라는 말이네요. 다시 말해, 물을 욕조 안에다 놓아두고(=받고) 있는 상태인 것이죠.
- **해석** 욕조에 물을 받고 있는 중이다.

2 ▶ He is five feet tall into two inches.

「그(he)는 있다(is), 5피트(five feet) 큰 (상태)(tall), 어떤 공간에 도착하기로 되어 있는(into), 2인치(2 inches).」

- ✅ '그는 5피트 정도이다. 2인치를 더 들어가야 하는(=2인치가 부족한).' 정도로 이해할 수 있겠네요. five feet tall into two inches를 '5피트 큰/어떤 공간 안으로/2인치'라고 해석
- ✅ '5피트에서 2인치가 부족한'의 의미가 됩니다.
- **해석** 그의 신장은 5피트에서 2인치가 모자라.

3 ▶ You'll grow into your sister's clothes before long.

「넌(You) 자라게 할 거야(will grow), 어떤 공간 안으로(into), 네 언니의(your sister's) 옷(clothes), 무엇에 앞서(before), 긴(=오랜) 상태(long).」

- ✅ '네가 자라서 네 언니의 옷이 맞을 거야. 오래지 않아서.'라는 말이 되네요. 지금은 옷이 좀 크지만 머지않아 체격이 커지면 언니 옷을 입을 수 있을 거란 이야기죠?
- **해석** 멀지 않아 언니의 옷을 입을 수 있겠구나.

of
~의 일부로

1 ▶ Of course.

course라는 말은 '골프 코스'나 '코스 요리'처럼 정해진 길대로 따라가게 하는 것을 말합니다. 그래서 of course는 '무엇의 일부로/정해진 길대로 따라가게 하는 것'

- '정해진 길로 따라가는 것의 일부로' ▶ '당연히 그런 식으로' ▶ '물론'이라는 의미를 가지는 겁니다.

해석 물론이지.

2 ▶ It's nice of you to say so.

「그것 있잖아(It is), 근사한(=멋진, nice), 무엇의 일부로(of), 당신(you), (생각을) 말하기로 되어 있는(to say), 그렇게(so).」

- '거(=그거) 있잖아, 멋진데, 당신, 그렇게 말하다니..와 같이 해석하면 되겠네요. 영어에서도 의미 없는 단어는 굳이 쓰지 않기 때문에, 나와 있는 단어는 모두 순서대로 해석을 해야 합니다.

해석 그렇게 말씀하시니 멋지십니다.

3 ▶ He is a rock of a guy.

「그(He)는 있잖아(is), 하나의(a), 바위(rock), 무엇의 일부로(of), 한 명의 사내(a guy).」

- '그는 바위야, 한 명의 사내로서,'라는 의미네요. 이해가 잘 안 될 땐 일단 넘어가신 뒤에 이 책을 반복해서 공부하기 바랍니다. 그리고 독서를 꾸준히 하면 이해력이 좋아지니 참고하기 바랍니다.

해석 그는 바위 같은 사내다.

4. I'll have a cup of coffee.

「난(I), 할 거야(will), 가지고 있게 하는 것(have), 하나의 컵(a cup), 무엇의 일부로(of), 커피(coffee).」와 같이 파악할 수 있습니다. 'a cup of coffee'

- '하나의/컵/~의 일부로/커피'
- '커피 한 잔'이 되는 것을 알 수 있죠?

해석 커피 한 잔 마실래.

5. Who's the President of Republic of Korea?

「누구(Who)? 있지, 다른 것들과 구분되는 대통령(=현직 대통령, the President), 무엇의 일부로(of), 한국 공화국(=한국, Republic of Korea).」

- 「누구냐? 지금의 대통령. 한국의.」

해석 한국의 대통령이 누구지?

6. What do you make of his fast?

「무엇(What)? (무엇을) 어찌하는 것(do), 당신(you), 만들어내는 것(make), 무엇의 일부로(of), 그의(his), 거칠게 없도록 하는 것(=단식, fast).」

- 「당신은 무엇을 만들어내는가? 무엇의 일부로, 그의 단식.」
- 「당신은 무엇을 만들어내는가? 그의 단식을 가지고서.」라는 의미입니다. fast는 '거칠게 없도록 하는 것',
- '아무것도 입에 대지 않는 것'으로 '단식'이란 의미를 가지고 있습니다. 그야말로 모든 것을 내려놓은 마음가짐이라고나 할까요?

해석 그의 단식에 대해 어떻게 생각하세요?

★★★ off
~에서 떨어져

1. Kick off

「(발로) 차는 것(Kick), 어디에서 떨어져(off).」

- '(공을) 차면서 어디로부터 떨어지는 것'이라는 의미인데, 축구시합이 시작될 때 '킥 오프(kick off)' 선언을 하는 것을 본 적이 있으실 겁니다. 다시 말하자면, 발로 공을 차면서(kick)
- 경기 전의 상태에서 떨어져(off)
- 시합이 시작되는 걸 말하는 것이죠.

해석 시합 개시

2. The performance has been called off.

「다른 것들과 구분되는(The), 자신의 역량을 모두 내보이게 하는 것(=공연, performance)은 가지고 있게 한다(has), 있던 상태(been), 무엇을 부른 (상태)(called), 어디에서 떨어져(off).」

- 「그 공연은 가지고 있다. 불린 상태. 어디에서 떨어져.」
- '그 공연이 불린 다음에, 있던 장소로부터 떨어졌다.'
- '공연을 하기로 되어있었는데, 누군가가 불러서 (원래의 위치에서) 떨어져나갔다(=취소되었다).'는 의미인 거죠.

해석 공연이 취소됐지.

3. Keep off the green.

「지금 상태를 유지해(Keep), 어디서 떨어져(off), 잔디밭(the green).」

- '잔디밭에서 떨어진 상태를 유지해(=떨어져 있어).'라는 말이 됩니다. the green
- '다른 것들과 구분되는/녹색의 것(=풀)' 즉 '잔디밭'이 되는 것이죠. 결국 keep off라고 하면 '어딘가에서 떨어진 상태를 유지하라'
- '어디에서 떨어져 있어'라는 말이 되네요.

해석 잔디밭에 들어가지 마세요.

4. **Please call your kids off of me!**

「원하는 대로 하게 하세요(=해주세요, Please)! 무엇을 부르는 것(call). 당신의 아이들(your kids). 어디에서 떨어져(off). 나의 일부로(of me).」

- '당신의 애들을 불러서 나에게서 떨어지게 해주세요.'라는 말이네요. off of me는 '어디에서 떨어져/무엇의 일부로/나'
- 나에게서 떨어져'가 되는 거죠.

해석 애들 좀 떨어지게 해줘요.

5. **Are you off tomorrow?**

「있어(Are)? 너(you). 어디에서 떨어진(off). 내일(tomorrow).」

- '내일은 (근무에서) 떨어진 상태야(=비번이야)?'라는 말입니다. on과 off는 '접촉'의 개념을 가진 서로 상반되는 단어입니다. 생략된 목적어를 찾을 필요는 없지만, 굳이 따지자면 '근무'라고 볼 수 있겠네요. 즉, 근무에 붙어있으면(on) 출근을 하는 날이고 떨어져 있으면(off) 비번이 되는 거죠.

해석 내일 비번이야?

6. **Get off!**

「어떤 과정을 거쳐 없던 것(=상황)을 가지게 해(Get)! 어디에서 떨어져(off).」

- '(어떤 과정을 통해) (여기에서) 떨어진 상태를 가져!'
- '내 눈앞에서 사라져!'라는 말이네요. 아주 간단하죠? 일전에 말씀드렸다시피, get의 다음에 나오는 내용이야말로 어떤 과정을 거친 결과물이라고 보면 됩니다. 즉, '이전의 상황에서 get을 통해 새로운 상황'이 되는 것이죠.

해석 꺼져!

on
~에 붙은

1. Did you make any money on your corn crop this year?

「(무엇을) 어찌했니(Did)? 너(you). 만들어내는 것(make). 어떤 종류의 돈(=어떤 돈이든, any money). 어디에 붙은(on). 너의 옥수수 수확물(your corn crop). 올해(this year).」

- '돈 좀 만들어냈어? 올해 옥수수 수확한 것에 붙어(=수확한 걸 가지고)'라는 의미예요. 다시 말해, 옥수수 수확한 걸로 돈 좀 벌었냐고 묻고 있는 겁니다.

해석 올해 옥수수 농사로 돈 좀 벌었나?

2. We are running low on milk and cocoa.

「우리(We)는 있잖아(are). 달리게 하고 있는(=소모하고 있는) 중(running). 낮은(상태)(low). 어디에 붙은(on). 우유와 코코아(milk and cocoa).」

- 「우리는 소모하고 있는 중이지. 낮은 상태(=얼마 안 남은). 우유와 코코아에 붙은.」
- '우유와 코코아가 거의 떨어져가고 있는 중이야.'라는 의미입니다. 즉, 우유와 코코아를 먹다보니 얼마 안 남은 거죠.

해석 우유와 코코아가 바닥을 드러내고 있어.

3. Soon her eye fell on a little glass box that was lying under the table.

「빠르게 다가오는(soon). 그녀의 시선(her eye)이 떨어졌습니다(fell). 그리고는 어딘가에 달라붙죠(on). 그것이 하나의(a) 작은 유리 상자(little glass box)인데, that이 나와서 '그건 (말이야)'하면서 설명을 이어나갑니다. '놓여있었지(was lying). 테이블 아래에(under the table).'라고 말이죠.

해석 곧 그녀의 시선이 테이블 아래 놓여 있는 작은 유리 상자로 떨어졌다.

4 I didn't have a dorm room, so I slept **on** the floor in friend's rooms.

「난(I) 어찌하지 않았어(didn't), 가지고 있게 하는 것(have), 하나의 기숙사 방(a dorm room), 그렇게(=그래서, so) 난(I) 잠을 잤지(slept), 바닥에 붙은 상태로(=바닥에 누워, on the floor) 어떤 공간 안에(in) 여기저기에 있는 친구들의 방(friend's rooms).」

- '나에겐 기숙사 방이 없어서 바닥에 누워 잠을 잤지. 친구들이 사는 방을 전전하면서.'
- **해석** 기숙사에 살지 않았기에 친구들이 사는 방을 전전하면서 바닥에서 잤지.

5 **On** seeing me, my son burst into laugh.

「어디에 붙은(On), 무엇을 알아보는 중(seeing) 나(me), 내 아들(my son)은 터뜨렸다(burst), 어떤 공간 속으로(into), 웃음(laugh).」

- 「나를 알아보자마자, 내 아들은 터져 나오게 했다. 웃음을..,이라는 의미입니다. on seeing me은 '어디에 붙은/무엇을 알아보는 중/나'
- '나를 알아보는 것에 붙어' 즉 '나를 알아보자마자'가 되는 겁니다.
- **해석** 아들은 나를 보자 웃음을 터뜨렸다.

6 Some of us held **on** to the belief that jealousy is an unattractive emotion.

「어떤 정도의 것(=일부, Some), 우리들의 일부로(=우리들 중, of us), 무엇을 움켜쥐었다(held), 어디에 붙은(on), 어디에 도착하기로 되어 있는(to), 그 믿음(the belief), 그건(that), 질투는 있잖아(jealousy is), 하나의(an) 매력적이지 않은(unattractive) 감정(emotion).」

- '우리들 중 일부는 그 믿음에 매달렸다. 질투는 좋지 않은 감정이라는.'
- **해석** (우리들 중에는) 질투심이 좋지 못한 감정이라고 믿는 사람들도 있었지.

★★★ onto
~에 붙기로 되어 있는 (~에 붙도록)

합성어 **on**(~에 붙은)
         +to(~에 도착하기로 되어 있는)

1. The dog jumped onto the table.

「그(The) 개(dog)는 점프했다(jumped). 어디에 붙도록(onto). 그(the) 테이블(table).」

- '그 개가 점프해서 테이블에 붙은 상태가 되었다(=테이블 위로 올라갔다).'는 말입니다. 잘 안 쓰이는 단어이긴 하지만, on과 to의 의미만 알면 무리 없이 이해할 수 있습니다.
- **해석** 개가 테이블 위로 뛰어올랐다.

2. Tom dropped two coins onto the table.

「톰(Tom)은 무엇을 떨어뜨렸어(dropped). 두 개의 동전(two coins). 어디에 붙도록(onto). 다른 것들과 구분되는(the). 테이블(table).」

- 「톰은 두 개의 동전을 떨어뜨렸어. 그 테이블에 붙도록.」과 같이 되네요. 동전이 떨어지더니 테이블에 닿는 장면이 떠오르시나요? 바로 그것이 onto의 이미지입니다.
- **해석** 톰이 동전 두 개를 탁자 위에 떨어뜨렸지.

3. I had to cling onto the door-handle until the pain passed.

「나(I)는 무엇을 가지고 있게 했지(had). 어디에 들러붙기로 되어있는(=꽉 쥐기로 되어있는, to cling). 어디에 붙도록(onto). 다른 것들과 구분되는(the) 문손잡이(door-handle). 언제까지(until). 다른 것들과 구분되는(the) 통증(pain)이 지나가게 했다(passed).」

- 「나는 어디에 꽉 쥐고 있어야 했지. 어디에 붙도록. 그 (문)손잡이. 통증이 지나갈 때까지.」
- **해석** 통증이 가실 때까지 문손잡이를 꼭 붙잡고 있어야 했어.

★★★ over
~을 뒤덮은

1. **The game is over.**

「다른 것들과 구분되는(=그, the) 게임(game)은 있잖아(is). 무엇을 뒤덮은 상태(over)야.」

- '게임은 무엇을 뒤덮은(=끝난) 상태야.'라는 의미가 되네요. 어릴 적에 오락실에서 게임을 해본 사람들은 잘 알겠지만, 게임이 끝나면 늘 이 문구가 화면에 나타나곤 했죠.
- **해석** 게임은 끝났어.

2. **That was over two hundreds years ago.**

「그건(That) 있었어(was). 무엇을 뒤덮은(over). 200년(two hundred years). 전에(ago)」

- '그건 200년 전의 상태를 뒤덮은 상태였어.'라는 의미네요. 즉, 200년 전이 아닌, 그보다 더 오래전에 있었던 일임을 말하는 것이죠?
- **해석** 그건 200년도 더 된 이야기다.

3. **We were sad when the holiday was over.**

「우리(We)는 있었어(were). 슬픈 (상태)(sad). 언제(when)냐 하면. 다른 것들과 구분되는 (the) 휴일(holiday)이 있었어(was). 무엇을 뒤덮은(=끝난, over)상태.」

- 「우리는 슬펐지. 언제냐 하면. 휴일이 끝났을 때.」
- **해석** 휴일이 끝나서 슬펐어.

4 ▸ The man is looking over the treasure map.

「그 남자(The man)는 있다(is). 무엇을 보게 하는 중(looking). 무엇을 뒤덮은(over). 그(the) 보물지도(treasure map).」

- '그 남자는 무엇을 보는 중이다. 보물지도를 뒤덮게 하는(=전체를 훑는).'
- '그 남자는 보물지도의 전체를 훑어보는 중이다.'라는 의미네요. 즉, 남자가 무언가를 보고 있는데, 그 시선이 이동하면서 보물 지도의 전체를 뒤덮는 겁니다.

해석 그 남자는 보물지도를 쭉 훑어보고 있다.

5 ▸ Thanks for having me over for dinner.

「고맙게 생각하는 것(Thank). 무엇을 떠올리면서(for). 가지고 있게 하는 중(having). 나(me). 무엇을 뒤덮은(=다른 것들은 치워두고, over). 무엇을 떠올리면서(for). 제대로 차려 먹는 것(=저녁식사, dinner).」

- 「고맙게 생각해요. 나를 가지고 있는 중인(=초대해 준) 것에 대해. 열일 제쳐두고, 저녁식사에.」라는 의미가 됩니다. 다시 말해, (이런저런 일을 제쳐두고), (나를) 저녁식사에 초대해줘서 고맙다는 말을 하는 겁니다.

해석 저녁식사에 초대해줘서 고마워요.

6 ▸ I will take the task over from now.

「나(I)는 할 거야(will). 마음먹으면 가질 수 있는 것을 가지게 하는 것(take). 그 업무(the task). 무엇을 뒤덮은(=현재 상황 그대로, over). 무엇으로부터(from). 지금(now).」

- '나는 그 업무를 집을 거야. 현재 상태 그대로. 지금부터.'라는 말입니다. 즉, 다른 누군가가 맡아서 해오던 일을, 그 상태 그대로 자신이 맡겠다는 말인 거죠.

해석 지금부터는 내가 그 일을 담당하겠어.

than
~보다는

1. The food is more tasteless than untasty.

「그 음식(The food)은 있잖아(is), 더 많이(more) 맛이 느껴지지 않는(tasteless), 무엇보다는(than), 맛이 형편없는(untasty).」

- '그 음식은 더 많아, 맛이 형편없다기보다는 맛이 느껴지지 않는 것.'
- '더 맛이 느껴지지 않는, 무엇보다는, 맛이 형편없는' 즉 '맛이 형편없다기보다는 맛이 느껴지지 않는 편에 가깝다'는 말입니다.

해석 그 음식은 맛이 나쁘다기보다는 아무 맛도 느껴지지 않는다.

2. These pants are more expensive than the other ones.

「이 바지(These pants)는 있어(are), 더 많은(more), 비싼(expensive), 무엇보다는(than), 다른 것들과 구분되는 다른 것들(=그 외의 다른 바지들, other ones).」

- 「이 바지는 더 비싸. 무엇보다는, 그 외의 다른 바지들.」

해석 이 바지는 다른 것들보다 더 비싸.

3. I should know better than to behave like that.

「나(I)는 하기로 정해져 있었지(should), 무엇을 알고 있는 것(know), 더 나은 것(better), 무엇보다는(than), 처신하기로 되어 있는(to behave), 무엇을 좋아하는(=닮아있는, like), 그것(that).」

- '(나는) 더 나은 것을 알고 있기로 되어있었지(=알았어야 했는데), 그렇게 처신(=행동)하기로 되어 있는 것 보다는.'
- '더 나은 것을 알았어야 했는데, 그렇게 행동하는 것보다는'의 의미네요.

해석 그렇게 행동하지 말았어야 했는데.

★★★ through
~을 관통하는

1 The baseball broke through the window.

「그 야구공(The baseball)은 무엇을 깨뜨렸다(broke). 무엇을 관통하는(through) 그 유리창(the window).」의 순으로 해석하면 되겠네요. 'break through'

- ✓ '무언가를 깨뜨리는 것/관통하는' 즉 '무엇을 깨뜨리고 지나가는 것'의 의미입니다. 그리고 그 대상은 the window(그 유리창)인 거죠.
- 해석 야구공이 유리창을 깨고 지나갔어.

2 We had a hard time getting home through the snow.

「우리(We)는 가지고 있게 했다(had). 하나의(a) 힘들게 하는(hard) 시간(time). 어떤 과정을 거쳐 없던 것을 가지게 하는 중(=어떤 상태를 가지려는 중, getting). 집으로(home). 무엇을 관통하는(=헤치는, through), 다른 것들과 구분되는(the) 눈(snow).」

- ✓ 「우리는 힘든 시간을 보내고 있었지(=애를 먹고 있었지). 어떻게든 집에 가려고, 눈을 헤치면서.」
- 해석 눈길을 헤치면서 집에 가느라 애를 먹었지.

3 I helped her through her work.

「나(I)는 어떤 상황에서 빼냈지(=도와주었지, helped). 그녀(her). 무엇을 관통하는(=처음부터 끝까지, through). 그녀의 일(her work).」

- ✓ '내가 그녀를 도와줌으로써 그녀의 일이 끝나버렸지.'라는 의미입니다. 그러니까, 내가 그녀를 처음부터 끝까지 도와주어 그 일을 끝낼 수 있게 되었다는 말인 거죠.
- 해석 그녀가 일을 끝낼 수 있도록 도와주었지.

★★★ throughout
~ 전부에 걸쳐서

1. When the exam ended, there was joy throughout the school.

「언제(When), 그 시험(the exam), 막다른 곳에 이르게 했다(=끝났다, ended), 거기에 있었지(there was), 기쁨(joy), 전부에 걸쳐서(throughout) 그 학교(the school).」

- '시험이 끝났을 때, 학교 전부에 걸쳐서 기쁨이 있었지.'라는 의미네요. 다시 말해, (그) 학교 전체가 기쁨으로 술렁거렸다는 말인 거죠.
- **해석** 시험이 끝나자 학교 전체가 기쁨의 도가니로 변했다.

2. The snow persisted throughout the night.

「다른 것들과 구분되는(The) 눈(snow)이 끊이지 않게 했다(=계속 내렸다, persisted), 무엇 전부에 걸쳐서(throughout), 그날 밤(the night).」

- '눈이 그날 밤 전부에 걸쳐서(=밤새도록) 내렸다'는 이야기죠?
- **해석** 그날 밤에는 밤새도록 눈이 내렸지.

3. Mother Teresa gave the world the greatest love throughout her life.

「마더 테레사(Mother Teresa)는 무엇을 주었다(gave), 다른 것들과 구분되는 세상(the world), 다른 것들과 구분되는(the) 가장 굉장한(=가장 커다란, greatest) 사랑(love), 무엇에 걸쳐서(throughout), 그녀의 삶(her life).」

- '마더 테레사는 주었다. 세상에, (가장) 커다란 사랑을, 그녀의 삶 전체를 통해서.'라는 말이네요.
- **해석** 마더 테레사는 생전에 (가장) 커다란 사랑을 세상에 나누어주었습니다.

~에 도착하기로 되어 있는

1 **To tell the truth, she is my girl friend.**

「어디에 도착하기로 되어 있는(To), (내용을) 말하는 것(tell), 다른 것들과 구분되는 진실(the truth), 그녀는 있어(she is), 나의(my) 여자친구(girl friend).」

- 「내용을 말하자면, 진실을, 그녀는 있잖아. 내 여자친구야.」라고 파악할 수 있겠네요. 보다시피, 'to do'는 '어디에 도착하기로 되어 있는/무엇을 어찌하는 것'
- '무엇을 어찌하기로 되어 있는 (상태)'가 됩니다.

해석 사실, 그녀는 내 여자 친구다.

2 **Thank you for inviting me to lunch.**

「고맙게 생각해(=고마워, Thank), 너(you), 무엇을 떠올리면서(for), 초대하는 중(inviting), 나(me), 점심식사에(to lunch).」라고 파악하면 됩니다. 여기서, 'to lunch'

- '~에 도착하기로 되어 있는/점심식사'
- '점심식사에'가 되는 거죠? to가 눈에 띄면 (오른쪽에 있는) 목적어를 향해 넘어가는 이미지를 그려보세요.

해석 점심식사에 초대해줘서 고마워.

3 **The moon is to be seen at night.**

「다른 것들과 구분되는(The) 달(moon)은 있다(is), 어디에 도착하기로 되어 있는(to), 있는 것(be), 무엇을 알아본 상태(seen), 밤을 콕 찍어서(=밤에, at night).」

- '달은 알아본 상태이기로 되어 있다. 밤에.' 즉 '달은 밤에 알아보기로 되어 있다(=밤에 볼 수 있다).'는 말입니다.

해석 밤이 돼야 달을 볼 수 있지.

4 ▸ The atomic bomb is a threat **to** world peace.

「다른 것들과 구분되는(The), 원자폭탄(atomic bomb)은 있다(is), 하나의 위협(a threat), 어디에 도착하기로 되어 있는(to), 세계평화(world peace).」

- '(다른 것이 아닌) 원자폭탄은 하나의 위협이다. 세계평화에 도착하기로 되어 있는(=세계평화에 의).'의 의미입니다.
- **해석** 원자폭탄은 세계평화를 위협한다.

5 ▸ My dream is **to** become the President of Republic of Korea.

「내 꿈(My dream)은 있잖아(is), 무엇이 되기로 되어 있는(to become), 다른 것들과 구분되는(the) 대통령(President), 한국의 일부로(of Republic of Korea).」

- 「내 꿈은 무엇이 되는 것이다. 다른 것이 아닌 대통령, 한국의.」
- **해석** 대한민국의 대통령이 되는 것이 나의 꿈이다.

6 ▸ They popped open bottles of coke **to** celebrate.

「그것들(They)은 펑하고 터뜨렸다(popped), 열려있게 하는(open), 병들(bottles), 무엇의 일부로(of), 코카콜라(coke), 어디에 도착하기로 되어 있는(to), 축하하는 것(celebrate).」

- 「그들은 뻥! 하고 열었다(=땄다), 코카콜라병을, 축하하려고.」와 같이 해석하면 되겠네요. 콜라병을 따는 것과 축하를 하는 것 사이에 시차가 거의 없기 때문에, 콜라병을 딴 다음에(=따고나서) 축하했다는 의미로 보면 됩니다.
- **해석** 그들은 콜라병을 (펑하고) 터뜨리듯이 따면서 축하했다.

toward
~을 향해서

1. He is leaning toward buying a new house.

「그(He)는 있어(is), 한 쪽으로 기울어지게 하는 중(leaning), 어디를 향해서(toward), 무엇을 구입하는 중(buying), 하나의(a) 새 집(new house).」

- ✅ '그는 어디를 향해서 기울어지고 있어. 새 집을 장만하는 것.'으로 이해할 수 있겠네요.
- **해석** 그는 새 집을 장만하는 쪽으로 마음이 기울고 있다.

2. The whole family is moving toward the ground.

「다른 것들과 구분되는(=그, The), 전부의(whole), 가족(family), 있다(is), 이동하게 하는 중(moving), 무엇을 향해서(toward), 다른 것들과 구분되는 그라운드(=운동장, the ground).」

- ✅ '가족 전체가 이동하는 중이다. 운동장을 향해.'라는 의미이네요.
- **해석** 온 가족이 운동장 쪽으로 가고 있다.

3. The tendency of the world situation is toward peace.

「다른 것들과 구분되는(The), (분위기나 마음이)한쪽으로 기우는 것(=흐름, tendency), 무엇의 일부로(of), 다른 것들과 구분되는(the), 세계정세(world situation), 있다(is), 무엇을 향해서(toward), 평화(peace).」

- ✅ 「다른 것이 아닌 흐름, 세계정세의 일부로, 있지, 평화를 향해서.」 즉 '세계정세의 흐름은 있다, 평화를 향해서'
- **해석** 세계정세의 흐름으로 보아 평화가 찾아올 것 같다.

★★★ under
~라는 영향 아래

1. His knees gave under him.

「그의 무릎(His knees)이 무언가를 주었습니다(gave). 무엇이라는 영향 아래(under). 그 (him).」

- '그라는 영향 아래(=그의 무게로 인해) 무릎이 무언가를 내주었습니다(=무너졌습니다).'라는 말이 됩니다. 다시 말하자면, 무릎이 가진 것을 내주었다
- '무릎이 정상적으로 작동하지 못하게 되었다'는 의미인 것이죠.

해석 그의 무릎이 고장 났어.

2. Under no circumstances can we accept credit cards.

「무엇이라는 영향 아래(Under). 부정하는(no). 이런저런 상황(circumstances). 할 수 있어 (can). 우리(we)는. 받아들이는 것(accept). 이런저런 신용카드(credit cards).」

- 「어떤 상황에서도 할 수 없다. 우리는. 받아들이는 것. 이런저런 신용카드.」라는 말이네요. under no circumstances는 '뭐라는 영향 아래/부정하는/상황들'
- '어떤 상황에서도 하지 않는'

해석 신용카드는 받지 않습니다.

3. Jane keeps her shoes under her bed.

「제인(Jane)은 (현재의 상황)을 유지하게 한다(keeps). 그녀의 구두를(her shoes). 무엇이라는 영향 아래(under). 그녀의(her) 침대(bed).」

- 「제인은 유지하게 하지. 그녀의 구두를. 무엇의 아래에 있도록. 그녀의 침대(=자기 침대).」와 같이 되네요. 구두를 늘 침대 밑에 놔둔다는 이야기죠? 다소 별난 취향을 가지고 있네요.

해석 제인은 자기 구두를 침대 밑에 놔두지.

4. **Nature could be cruel even under good conditions.**

「자연(Nature)은 할 수 있었다(could), 있는 것(be), 잔인한(cruel), 당연하게(even), 뭐라는 영향 아래(under), 훌륭한(good) 조건들(conditions).」

- ✓ '자연은 잔인할 수 있었을 텐데, 당연하게 훌륭한 조건들 하에서도.'
- ✓ '자연은 좋은 여러 가지 여건 하에서도 잔인할 수 있을 텐데(=잔인할 수 있어).'
- **해석** 심지어 좋을 때에도 자연은 우리에게 가혹할 수 있다.

5. **I want to stay under 20,000 won.**

「난 원해(I want), 머물게 하기로 되어 있는(to stay), 무엇이라는 영향 아래(under), 2만 원(20,000 won).」

- ✓ '난 2만 원이라는 영향 아래 머물게 하기를 원해.'
- ✓ '2만 원으로 합의를 보자'는 말이 됩니다.
- **해석** 2만 원에 합시다.

6. **My son's health put me under lots of stress.**

「나의 아들의(My son's) 건강은(health), 무엇을 놓았다(put), 나(를)(me), 뭐라는 영향 아래(under), 많은 것(lots) 무엇의 일부로(of), 스트레스(stress).」

- ✓ '아들의 건강으로 인해 많은 스트레스의 영향 아래에 놓이게 되었다.'는 말이 되는 거죠? 영어식 사고방식을 엿볼 수 있는 좋은 문장이네요.
- **해석** 아들의 건강으로 인해 많은 스트레스를 받았다.

★★★ up
~의 위쪽으로 향하도록

1 ▶ This bicycle is up to grade.

「이것(This) 자전거(bicycle)는 있다(is). 무엇의 위쪽으로 향하도록(up). 어디에 도착하기로 되어 있는(to). 차등을 두는 것(grade).」

- '이 자전거는 위쪽으로 향하더니 차등을 두는 것(=등급을 매기는 것)에 도착한다. 그리고 등급을 매길 수 있는 수준에 이르렀다.
- (최소한 갖추어야 할 품질조건인) '규격에 맞다'는 말이네요.
- **해석** 이 자전거는 규격에 맞다.

2 ▶ Load up your luggage into my car.

「어디에 실리게 하라(Load). 무엇의 위쪽으로 향하도록(up). 너의 짐(your luggage). 어떤 공간 안으로(into). 내 차(my car).」

- '너의 짐을, 부하가 걸리도록 위쪽으로 들어 올린 다음 내 차 안에 집어넣어라.'는 말이 되네요. 아무래도 짐을 실어놓으면 무게가 있으니 어느 정도 부하가 걸리겠지요?
- **해석** 당신 짐을 제 차에 실으세요.

3 ▶ He's up to his ears in work.

「그(He)는 있다(is). 무엇의 위쪽으로 향하도록(up). 어디에 도착하기로 되어 있는(to). 그의 양쪽 귀(his ears). 어떤 공간 안에(in). 무엇이 돌아가게 하는 것(=일, work).」

- '그는 위쪽으로 가더니 양쪽 귀에 도달한다(=신경을 양쪽 귀에 쏟는다). 일이라는 공간 안에서.'라는 의미네요. 일에 몰두해있는 그의 모습이 그려지지 않나요?
- **해석** 그는 일에 몰두해 있다.

4 "Sorry, I can't come to the party. Something came **up**."

「미안(Sorry), 난(I) 할 수 없어(can't). 함께하는 공간(=너와 함께하는 공간)에 나타나는 것 (come). 파티에(to the party). 어떤 것(=무언가, Something)이 함께하는 공간(=현실)에 나타났거든(came). 무엇의 위쪽으로 향하도록(=불쑥, up).」

- ✅ '미안, 난 파티에 갈 수 없을 것 같아. 무언가가 (불쑥 위로) 나타났거든(=뭔가 일이 생겼어).'
- **해석** "미안해, 파티에 못갈 것 같아. 일이 생겼거든."

5 Tom will hang **up** his boots **up** at the age of 50 years.

「톰(Tom)은 할 거야(will). 걸려 있게 하는 것(hang). 위쪽을 향하도록(=위에다, up). 자신의 부츠(his boots). 무엇의 위쪽으로 향하도록(up). 콕 찍어서(at). 다른 것이 아닌 나이(the age). 무엇의 일부로(of). 50년(=50세, 50 years).」

- ✅ '톰은 자신의 부츠를 위쪽에 걸어둘 거야(=은퇴할 거야). 무엇의 위쪽으로 향하더니 50세라는 나이를 콕 찍어서.'라는 의미입니다. 결국 50세가 되면 자신의 부츠를 위쪽에 걸어두겠다
- ✅ '50세가 될 때까지는 일을 하겠다.'는 말인 거죠.
- **해석** 톰은 50세가 되면 은퇴할 생각이다.

6 Time's **up**.

「시간이 지나가는 것(=시간이 흐르는 것, Time)은 있다(is). 무엇의 위쪽으로 향하도록(=완전히 다 쓴, up).」

- ✅ '시간을 완전히 다 쓴 상태가 되었다(=시간이 다 되었다).'는 말이네요.
- **해석** 시간 다 됐어.

*** with
~와 함께하는

1. I study Spanish with the view of traveling around South America.

「난(I) 무엇을 탐구한다(=공부한다, study). 스페인어(Spanish). 무엇과 함께하는(with). 다른 것들과 구분되는(the). 무엇을 바라보게 하는 것(=관점, view). 여행을 하는 중의 일부로(of traveling). 무엇의 둘레에(around). 남미(South America).」

- '난 스페인어를 공부한다. 남미를 둘러보면서 여행할 생각으로.'
- **해석** 남미를 돌아다니면서 여행할 생각으로 스페인어를 배우고 있지.

2. With regard to sleep and health there are two opinions.

「무엇과 함께하는(With). 생각을 가지게 하는 것(regard). 어디에 도착하기로 되어 있는(to). 잠을 자는 것(=수면, sleep). 그것에 이어(and). 건강(health). 거기에 있다(there are). 두 가지(two) 의견(opinion).」

- '수면과 건강에 관해 생각을 하는 것에는, 두 가지 의견이 있어.'라는 말입니다.
- **해석** 수면과 건강에 관한 두 가지 견해가 있다.

3. Are you still with me?

「있나요(Are)? 당신(you). 변함없이(still). 무엇과 함께하는(with). 나(me).」

- '당신 여전히 저와 함께 있나요?'
- '나와 함께 있는 거 맞지?(=내 말 알아듣고 있는 거지?)'라는 의미입니다. 즉, 상대방이 처음에는 알아듣는 것 같다가 점점 반응이 신통치 않아서 물어보는 겁니다. '잘 따라오고 있냐?'는 식으로 말이죠.
- **해석** 이해하고 있는 거지?

4 I hope that things are going well with me.

「난(I) 희망하지(hope). 그건(that). 이런 저런 일들(things)이 있지(are). 있던 곳에서 멀어지는 중(going). 좋게(=좋은 쪽으로, well). 무엇과 함께하는(with). 나(me).」

- '난 희망해. 그러니까, 이런저런 일들이 좋은 쪽으로 흘러가길. 나와 함께.'란 뜻이죠? 결국, 여러 가지 일들이 잘 되기를 바란다는 말이네요.
- **해석** 하는 일이 잘 됐으면 좋겠어.

5 I think I'll just do with the notebook computer I have.

「난(I) 생각해(think). 난 할 거야(I will). 딱 맞게(just). 무엇을 어찌하는 것(do). 무엇과 함께하는(with). 다른 것들과 구분되는(=그, the) 노트북 컴퓨터(notebook computer). 내(I)가 가지고 있게 하는(=가지고 있는, have).」

- '내 생각에, 난 어떻게든 해볼 거야(=버텨볼 거야). 내가 가지고 있는 노트북 컴퓨터를 가지고.'라는 의미네요.
- **해석** 지금 있는 노트북 컴퓨터 그냥 써야겠어.

6 She killed the murderer who did her parents with a knife.

「그녀(She)는 죽였다(killed). 그 살인범(the murderer). 그게 누구냐 하면(who). 무엇을 어찌했지(=죽였지, did). 그녀의 부모님(her parents). 무엇과 함께하는(=무엇을 가지고서, with). 한 자루 칼(a knife).」

- '그녀는 살인범을 죽였는데, 그게 누구냐면 자신의 부모님을 어찌한(=죽인) 놈이었어. 칼을 가지고서.'라는 말이네요.
- **해석** 그 여자는 자신의 부모님을 칼로 찔러 죽인 살인범을 죽였지.

★★★ within
~라는 범위 안에

1. Once within hear, we are safe.

「한 번(=일단, Once), 뭐라는 범위 안에(within), 을 알아듣는 것(hear), 우리는 있잖아(we are), 안전한(safe).」

- '일단 무엇을 알아들을 수 있는 범위 안에 들어가면, 우리는 안전해.'라는 의미네요. 다시 말해, 지금은 주변에 인적이 없어 조용하고 불안하지만, 사람의 말소리가 들리는 곳, 즉 사람들이 있는 곳으로 가면 안전하다는 내용입니다.
- **해석** 일단 사람들 말소리가 들리는 곳까지 가면 안전해.

2. Bring your blood pressure within the normal range.

「무엇을 가져다 놓으세요(Bring), 당신의(your) 혈압(blood pressure), 뭐라는 범위 안에(within), 다른 것들과 구분되는(the) 정상의 범위(normal range).」

- '당신의 혈압을 정상적인 범위 안에 가져다 놓으세요.'라는 말입니다. 그러니까, 혈압이 정상 범위 내에서 머물게 하라는 말이지요?
- **해석** 혈압을 정상 수준으로 유지하세요.

3. He was within an inch of being kicked out of the company.

「그는 있었지(He was), 어떤 범위 안에(within), 1인치(an inch), 무엇의 일부로(of), 있는 중(being), 발로 찬 상태(kicked), 어떤 공간으로부터 벗어난(out of), 그 회사(the company).」

- '그는 1인치 범위 안에 있었지. 발로 걷어차이는 중인 상태의 일부로, 회사로부터..'라는 내용입니다. 결국, 회사로부터 (뻥하고) 걷어차이는 상황의 1인치 안에 있었다.
- '쫓겨나기 직전의 (아슬아슬한) 상황에 있었다.'는 말이네요.
- **해석** 그는 회사에서 거의 짤릴 뻔 했지.

~이 없는

1 What could I do without her?

「무엇(What)? 할 수 있었나(could). 나(I). 무엇을 어찌하는 것(do). 무엇이 없는(without). 그녀(her).」

- 「무엇? 할 수 있었을 텐데. 내가 어찌하는 것. 그녀 없이.」
- '그녀 없이 내가 무엇을 할 수 있었을까(=할 수 있을까)?'란 의미입니다. 굳이 조건문을 생각하지 않더라도 '무엇을 할 수 있었나? 내가 어찌하는 것. 그녀 없이.'
- '내가 무엇을 할 수 있겠어? 그녀 없이.'라는 내용임을 알 수 있네요.

해석 그녀 없이 내가 뭘 할 수 있겠어?

2 There is no rule without exceptions.

「거기에 있어(There is). 부정하는(no). 규칙(rule). 무엇이 없는(without) 이런저런 예외(exceptions).」

- '거기엔 규칙이 없어. 예외 없는'이란 뜻이죠? 다시 한 번 보면, no rule은 '부정하는/규칙' 즉 '규칙이 없다'는 말이 되고, without exceptions은 '무엇이 없는/이런저런 예외' 즉 '예외가 없다'는 말이 됩니다.

해석 예외 없는 규칙은 없다.

3 The woman loves man without art.

「그(The) 여성(woman)은 무엇을 사랑한다(love). 남성(man). 무엇이 없는(without). 사람의 힘으로 무언가를 빚어내는 것(=꾸미는 것, art).」

- '그 여성은 남성을 사랑한다. 꾸밈이 없는.'으로 이해하면 되겠네요.

해석 그 여자는 있는 그대로의 남자를 사랑한다.

4. He died without knowing that he had made a great invention.

「그(He)는 죽었어(died), 무엇이 없는(without), (무엇을) 알고 있는 중(knowing), 그건(that), 그(he)는 가지고 있게 했어(had), 만들어 낸 상태(made), 하나의 굉장한(a great) 발명(invention).」

- 「그는 죽었지, 알고 있지 못한 채로(=모르는 채로), 그건, 그가 만들어 낸 상태를 가지고 있었다는 것(=만들어냈다는 것), 굉장한 발명.」

해석 그는 (자신이) 위대한 발명을 했다는 것도 모르고 죽었다.

5. No citizen can be happy without justice in the society.

「부정하는(No) 시민(citizen), 할 수 있다(can), 있는 것(be), 행복한 (상태)(happy), 무엇이 없는(without), 정의(justice), 어떤 공간 안에(in), 다른 것들과 구분되는 사회(the society).」

- 「어떤 시민도 할 수 없다, 행복한 상태로 있는 것, 정의가 없이는, 사회에, 라고 이해하면 되겠네요.

해석 정의가 없는 사회에서는 어떤 시민도 행복할 수 없다.

6. You shouldn't have done it without asking me!

「너(You)는 하기로 정해져 있지 않았어(shouldn't), 가지고 있게 하는 것(have), 무엇을 어찌한 상태(done), 그것(it), 무엇이 없는(without), 무엇을 요청하는(=물어보는) 중(asking), 나(me).」

- 「너는 그것을 어찌한 상태를 가지고 있기로 되어있지 않았어, 무엇이 없이, 나에게 물어보는 중.」
- '넌 그것을 어찌하기로 되어있지 않았지, 나에게 물어보지 않고는.'

해석 그 일을 하기 전에 나한테 물어봤어야지.

Chapter 05

동사

appeal / apply / appreciate / ask /
ascribe / attend / break / bring / call /
carry / charge / close / come / command /
commit / count / deal / develop / do / end /
engage / feature / find / fire / get / go / hear /
help / lack / learn / live / make / manage /
mind / miss / note / object / observe / pass /
place / plant / please / post / point / put /
refer / reserve / screen / see / serve / set /
settle / share / stand / strike / study / subject /
take / treat / turn / wear / work

★★★ appeal
~에 대해 호소하다

1 My lawyer told me that we'd better appeal this case to the Supreme Court.

「내 변호사(My lawyer)는 내용을 말했지(told), 내게(me), 그건(that), 우리(we)가 무언가 했으면(would) 더 낫겠다고(better)고, 무엇에 대해 호소하는 것(appeal), 이번 사건(this case), 대법원에(to the Supreme Court).」

- ✅ '내 변호사는 (내게) 말했지. 우리가 이번 사건에 대해 호소하는(=상고하는) 것이 더 낫겠다고. 대법원에다가.'라는 의미가 되네요.
- **해석** 내 변호사는 이 사건을 대법원에 상고하는 게 낫겠다고 하더군.

2 Apple appealed the court ruling but its appeal was rejected.

「애플(Apple)은 무엇에 대해 호소했다(appealed), 다른 것들과 구분되는(=그, the) 법정판결(court ruling), 그것과 다르게(but), 그것의 호소(=애플의 항소, its appeal)는, 있었다(was), 거절한 상태로(rejected).」

- ✅ '애플은 그 법정판결에 대해 호소했지만(=항소했지만) 거절한 상태에 있었다(=거절당했다).'는 의미입니다.
- **해석** 애플은 법정판결에 불복해 항소를 제기했지만 기각되었다.

3 Music is an international language, appealing directly to the senses.

「음악(Music)은 있잖아(is), 하나의(an) 국제적인 언어(international language), 무엇에 대해 호소하는 중인 상태(appealing), 똑바로 이끌어주며(=직접적으로, directly), 어디에 도착하기로 되어 있는(to), 다른 것들과 구분되는(the), 알아차리게 하는 것(=감성, sense).」

- ✅ 「음악은 하나의 국제적 언어다. 호소하는 중으로, 똑바로 이끌어주는, 감성으로.」
- **해석** 음악은 우리의 감성에 직접 호소하는 국제적 언어다.

apply
~을 적용하게 하다

1. Special conditions apply if you introduce to me an attractive woman.

「특별한(Special), 어떤 상황에 처하게 하는 것들(=대우, conditions)이 무엇을 적용하게 하지(=적용되지, apply), 어떤 조건이냐면(if), 네(you)가 소개를 해주는 것(introduce), 나에게(to me), 하나의(an) 매력적인 여성을(attractive woman).」

- 「특별한 대우가 적용되지, 네가 소개해준다면, 나에게, 매력적인 여성을.」
- 해석 근사한 여성을 소개시켜준다면 특별대우를 해주지.

2. I think he would pass his exam if he applied himself.

「난 생각해(I think), 그(he)는 했을 거야(would), 지나가게 하는 것(=통과하는 것, pass), 그의 시험(=자기 시험, his exam), 어떤 조건이냐면(if), 그(he)가 무엇을 적용하게 했을 때(applied), 그 자신을(himself).」

- 「내 생각에, 그는 통과했을 거야. (자기) 시험을. 그가 적용하게 했다면(=집어넣었다면), 그 자신을.」
- '내 생각엔 그가 시험을 통과했을 거야. 자기 자신을 집어넣었다면(=전념했다면).'
- 해석 그가 시험에 전념하면 합격할 거라고 생각해.

3. Thousands of students from all parts of the country applied for the show.

「수천(Thousands), 무엇의 일부로(of), 학생들(students), 어디로부터(from) 모든 부분(=모든 지역, all parts), 무엇의 일부로(of), 그 나라(the country), 무엇을 적용하게 했지(=신청했지, applied), 무엇을 떠올리면서(for), 그(the) 쇼(show).」

- 「수천 명의 학생들, 그 나라의 전국에서 온, 신청했지, 그 쇼(에 참가하는 것).」
- 해석 전국에서 모인 수천 명의 학생들이 그 쇼에 참가신청을 했다.

★★★ appreciate
~의 가치를 알아보다

1 ▶ I would appreciate your candid opinion of my English study book.

「난(I) 무엇을 했을 텐데(=했으면 좋겠는데, would), 무엇의 가치를 알아보는 것(appreciate), 당신의(your) 솔직한(candid) 의견(opinion), 무엇의 일부로(of), 나의(my), 영어 학습서(English study book).」

> 「난 무엇의 가치를 알아보았을 텐데(=알아보았으면 좋겠는데), 당신의 솔직한 의견, 내 영어 학습서에 대한.」
>
> **해석** 제 영어 학습서에 대한 솔직한 의견을 듣고 싶습니다.

2 ▶ Korean have to appreciate their history, but they don't even know what the true history is.

「한국인(Korean)은 가지고 있게 한다(have), 무엇의 가치를 알아보기로 되어 있는(to appreciate), 그들의 역사(their history), 그것과 다르게(but), 그들은(they) 어찌하지 않는다(don't), 당연하게(even), 알고 있는 것(know), 무엇(what), 다른 것들과 구분되는(the), 진실한 역사(true history), 있다(is).」

> '한국인은 자신들의 역사를 알아야 하는데, 무엇이 진실한 역사인지도 알지 못하고 있다.'
>
> **해석** 자신들의 역사를 알고 있어야 함에도 불구하고 한국인들은 무엇이 올바른 역사인지 조차도 모르고 있다.

3 ▶ I think there are many people don't appreciate good art when they see it.

「내(I) 생각에는(think), 거기에 있어(there are), 많은 사람들(many people)이, 무엇을 어찌하지 않는 것(don't), 가치를 알아보는 것(=감상하는 것, appreciate), 훌륭한(good) 예술작품(art), 언제냐 하면(when), 그들(they)이 무엇을 알아보는 것(see) 그것(it).」

> 「내 생각엔, 사람들이 많아, 훌륭한 예술작품을 알아보지 못하는, 언제냐 하면 그들이 보고 있을 때.」
>
> **해석** 좋은 예술작품을 보고 있으면서도 감상할 줄 모르는 사람이 많은 것 같아.

★★★ ask
~을 요청하다

1. The president asked his friend to correct the president's inaugural address.

「다른 것들과 구분되는(The) 대통령(president)은 무엇을 요청했다(=부탁했다, asked). 그의 친구(his friend). 잘못을 바로잡기로 되어 있는(=고치라고, to correct). 다른 것이 아닌(the). 대통령의(president's) 취임연설(inaugural address).」

- ✓ 「(그) 대통령은 자신의 친구에게 부탁했다. 고쳐달라고. 대통령 취임연설을.」
- **해석** 대통령은 친구에게 대통령 취임연설을 고쳐달라고 말했다.

2. Not knowing where to go, I was determined to ask the way.

「아니게끔(Not). 무엇을 알고 있는 중(knowing). 어디(where). 가기로 되어 있는(to go). 난 있었지(I was). 무엇을 결정한(determined). 요청하기로 되어 있는(=물어보기로, to ask). 다른 것들과 구분되는(the). 어딘가로 통하게 하는 것(=길, way).」

- ✓ 「어디에 가기로 되어 있는지를(=어디로 가야할지) 모르는 중으로, 난 있었지. 결정한 상태. 물어보기로. 길을.」
- ✓ '어디로 가야할지 모르는 상태에서, 난 결정했지. 길을 물어보기로.'
- **해석** 어디로 가야할지 몰라서 길을 물어보기로 했다.

3. Don't you think you are asking a great deal?

「무엇을 어찌하지 않니(Don't)? 너(you). 생각하는 것(think). 너(you) 있잖아(are). 무엇을 요청하는 중(=요구하는 중, asking)이라고. 하나의(a) 굉장한(=커다란, great). 일이 이루어지게 하는 것(deal).」

- ✓ 「너는 생각하지 않니? 너 있잖아(=말이야). 요구하고 있다고. 거창한 것을.」
- **해석** 네 요구가 너무 크다고 생각하지 않니?

4. **Having asked a few questions, he figured out what was going on and let me free.**

「가지고 있게 하는 중(Having), 무엇을 요청한 상태(asked), 몇 가지 질문들(a few questions), 그(he)는 형체가 드러나게 해주었다(figured), 바깥으로(out), 무엇(what)이 있었지(was), 어딘가로 멀어지는 중(going), 어디에 붙은(on), 그것에 이어(and), 무엇을 하게 했지(let), 나(me), 자유롭게 하는(free).」

✅ 「몇 가지 질문을 하더니, 그는 바깥으로 형체가 드러나게 했다. 무엇이 어떻게 돌아가고 있는지. 그리고 나를 자유롭게 해주었지.」

해석 그는 몇 가지 질문을 통해 돌아가는 정황을 파악한 뒤에 나를 풀어주었지.

5. **The librarian asked me some questions, and told me to fill out the application first.**

「그(The) 도서관 사서(librarian)는 무엇을 요청했지(=물어보았지, asked), 내게(me), 몇 가지 질문(some questions), 그것에 이어(and), 내용을 말했지(told), 내게(me), 무언가를 꽉 채우기로 되어 있는(to fill) 어떤 공간 밖에 있는(=일을 끝마친, out), 다른 것들과 구분되는(the), 신청서(application), 첫 번째로(=먼저, first).」

✅ 「도서관 직원이 내게 물어보더군. 몇 가지 질문. 그러고 나서 말하더군. 꽉 채워서 완성하라고. 그 신청서를.」

해석 도서관 직원이 나에게 몇 가지 질문을 하더니 먼저 신청서를 작성하라고 하더군.

6. **All the people in the country were asked to complete the questionnaire.**

「모든(All), 다른 것들과 구분되는(the) 사람들(people), 그 나라 안에 있는(in the country), 있었지(was), 무엇을 요청한 상태(=요구한, asked), 완전하게 하기로 되어 있는(=완성하라고, to complete), 다른 것들과 구분되는(the), 설문지(questionnaire).」

✅ '그 나라의 모든 사람들은 요구받은 상황이었지. 그 설문지 작성을 완성하라고.'

해석 그 나라에서는 모든 국민들에게 설문지 작성을 강요했지.

ascribe
~의 바탕을 두다

1. It is said that Chinese character is ascribed to China, but it's wrong.

「그거(It) 있잖아(is), 생각을 말한 상태(said), 그건(that), 한자(Chinese character)는 있다(is), 무엇의 바탕을 둔 상태(ascribed), 중국에(to China), 그것과 달리(=하지만, but), 그거 있잖아(it is), 잘못하게 하는(=틀린, wrong).」

- '한자가 중국의 글자라고들 말하긴 하지만, 그건 틀렸어.'라는 말입니다.
- **해석** 한자가 중국글자라고들 하지만 잘못 알고 있는 거야.

2. His poverty is not to be ascribed to want of trying.

「그의 가난(His poverty)은 있다(is), 아니야(not), 있기로 되어 있는(to be), 무엇의 바탕을 둔(상태)(ascribed), 어디에 도착하기로 되어 있는(to), 원하게끔 되어 있는(=부족한 상태, to want), 무엇의 일부로(of), 무엇을 시험하는 중(trying).」

- '그의 가난은 아니야, 무엇의 바탕을 둔 상태, 부족한 상태에, 시험(=시도)하는 것의.'
- '그는 마음껏 시험해보지 못해서 가난한 것이 아니다.'
- **해석** 그의 가난은 노력이 부족했던 결과가 아니다.

3. It is wrong to ascribe all that has happened simply to me.

「그거 있잖아(It is), 잘못하게 하는(wrong), 바탕을 두기로 되어 있는(=책임을 지우는, to ascribe), 모든 것(all), 그건(that), 가지고 있게 한다(have), (어떤 일이) 발생한(happened), 그저(simply), 나에게(to me).」

- '그건 잘못이야, 모든 것의 책임을 지우는 것, 그러니까 발생한 것들, 단지 나에게.'
- '발생한 모든 것의 책임을 나에게만 지우는 것은 잘못이야.'
- **해석** 모든 일이 그저 나 때문이라고 말하는 것은 옳지 않아.

★★★ attend
~에 자리하게 하다

1. He is not attending during the history lesson.

「그(He)는 있다(is). 아니야(not). 어디에 자리하게 하는 중(attending). 무엇동안(during). 다른 것들과 구분되는(the). 역사수업(history lesson).」

- ✅ '그는 자리하게 하는(=수업에 참여하는) 중이 아니다. 역사수업 시간에.'
- ✅ '그는 수업에 참여하는(=집중하는) 중이 아니다. 역사수업 시간에.'

해석 그는 역사수업에 집중하지 않고 있다.

2. The prime minister was attended by several members of his staff in the City Hall square yesterday.

「그(The) 총리는(prime minister) 있었다(was). 어디에 자리하게 한(=참석한, attended) (상태). 무엇을 바탕으로(by). 몇 명의 멤버(several members). 무엇의 일부로(of). 그의 스태프(his staff). 어떤 공간 안에(in). 다른 것들과 구분되는(the). 시청 광장(City Hall square). 어제(yesterday).」

- ✅ '그 총리는 참석한 상태였다(=나타났다). 몇 명의 멤버를 바탕으로(=거느리고). 그의 스태프의 일부인. 시청광장에서. 어제.'

해석 어제 부하직원 몇 명이 시청 앞 광장에서 총리를 수행하고 있었다.

3. He couldn't accept the loss of privacy that attends idol star.

「그(He)는 할 수 없었다(couldn't). 무언가를 받아들이는 것(accept). 다른 것이 아닌(the). 무언가를 놓치는 것(loss). 사생활의 일부로(of privacy). 그건(that). 어디에 자리하게 하는 것(attends). 아이돌스타(idol star).」

- ✅ '그는 받아들일 수 없었다. 사생활을 빼앗기는 것. 아이돌스타라면 피할 수 없는.'
- ✅ '그는 사생활이 없어지는 것을 받아들일 수가 없었는데, 아이돌스타가 되려면 감수해야 하는 것이었다.'

해석 그는 아이돌 스타가 되어 사생활이 없어지는 것을 받아들일 수 없었다.

break
~을 깨뜨리다

1. Please, give me a break. I can do it.

「원하는 대로 하게 하세요(Please), 무엇을 주세요(give), 나(me), 하나의(a) 무엇을 깨뜨리는 것(=규정이나 원칙을 깨는 것, break), 난(I) 할 수 있어(can), 무엇을 어찌하는 것(do), 그 거(it).」

- 「부디 나에게 주세요, 한 번의 규정이나 원칙을 깨뜨리는 것(=봐주는 것). 난 할 수 있어요, 그것을 (어찌)하는 것.」
- **해석** 한 번만 봐줘. 내가 할 수 있다니까.

2. Can you break this $ 100 bill?

「할 수 있어(Can)? 당신(you), 깨뜨리는 것(=잔돈으로 바꾸는 것, break), 이것(=이, this) 100달러($100) 지폐(bill).」

- 「이 100달러 지폐를 (잔돈으로) 바꿔줄 수 있나요?'라는 말이 됩니다. 우리도 "만 원짜리 깰 수 있어?"라고 식으로, 고액권을 잔돈으로 바꿔달라는 말을 하지요? 언어는 달라도 사람들의 생각은 비슷하다는 것을 알 수가 있네요.
- **해석** 이 100달러짜리 (잔돈으로) 바꿔줄 수 있어?

3. The day was breaking when they finally left.

「다른 것들과 구분되는 날(=그 날, The day)은 있었지(was), 무엇을 깨뜨리는 중(=어둠을 깨뜨리는 중, breaking), 언제(when), 그들이(they)이 마침내(finally) 떠났지(left).」

- 「날이 밝아오고 있었지. 언제(=그 때). 그들이 마침내 떠났어.,라고 파악할 수 있겠네요. break는 '(어두운 상태)를 깨뜨리고 밝아지는 것'을 말하는 거죠. daybreak의 의미가 '새벽, 동틀 녘'인 것도 이런 이유에서입니다.
- **해석** 마침내 그들이 떠날 때 동이 트고 있었다.

4 The news broke that a mass rally broke out last Saturday in Seoul.

「그 뉴스(The news)는 무엇을 깨뜨렸지(=터졌지, broke). 그건(that). 하나의(a) 대규모 집회(mass rally). 무언가를 깨뜨리고(broke) 밖으로 나왔어(out). 지난주 토요일(last Saturday). 서울에서(in Seoul).」

- 「그 뉴스가 터져 나왔어. 그건(=그러니까 그 내용은). 대규모 집회가 깨뜨리고 나왔지(=벌어졌지). 지난주 토요일. 서울에서.」
- **해석** 지난주 토요일에 서울에서 대규모 집회가 열렸다는 보도가 있었다.

5 I'm not going to break the sad news to her.

「난(I) 있잖아(am). 아니야(not). 어딘가로 멀어지는 중(going). 무언가를 깨뜨리기로 되어 있는(to break). 그(the) 슬픈 소식(sad news). 그녀에게(to her).」

- 「난 아니야. 어딘가로 멀어져가는 중. 그 슬픈 소식을 깨뜨리려고(=알려주려고). 그녀에게.」
- '나는 그녀에게 그 슬픈 소식을 알려주려고 하는 중이 아니야.'라는 말이죠?
- **해석** 그녀에게 그 슬픈 소식을 전할 순 없어.

6 We need to make a complete break with the vestiges of Japanese imperialism.

「우리(We)는 무엇을 필요로 하지(need). 만들어내기로 되어 있는(to make). 하나의(a) 완전하게 하는(=완전한, complete). 무언가를 깨뜨리는 것(break). 무엇과 함께하는(with). 다른 것들과 구분되는(the). 자취들(vestiges). 무엇의 일부로(of). 일본 제국주의(Japanese imperialism).」

- 「우리는 만들어낼 필요가 있지. 완전히 깨뜨리는 것. 무엇에 대한. 다름 아닌 일본제국주의의 잔재.」
- '일제의 잔재와의 완전한 단절을 만들어낼 필요가 있어.'
- **해석** 일제의 잔재를 완전히 청산해야 해.

bring
~을 가져다 놓다

1. **Bring it on!**

「가져다 놔봐(Bring), 그거(it), 어디에 붙은(on).」

- '그거, 올려나 봐(=한 번 해보자)!'라는 의미입니다. 여기에서 it은 서로가 알고 있는 '그것'
- '가지고 있는 기량' 정도가 되겠네요. 그러니까 상대방더러 가지고 있는 기량을 보여 달라며 도발하는 겁니다. 쉽게 말하면, 한 번 해보자는 말인 거죠.

해석 덤벼봐!

2. **Don't forget to bring your notebook computer with you.**

「어찌하지 마라(Don't), 잊는 것(forget), 가져다 놓기로 되어 있는(to bring), 너의(your) 노트북 컴퓨터(notebook computer), 무엇과 함께(with), 너(you).」

- '가져다 놓는 것(=가져오는 것) 잊지 마라. 너의 노트북 컴퓨터. 네가 올 때.'와 같이 파악하면 되겠네요. 참고로, to 부정사
- '무엇을 어찌하기로 되어 있는'
- 자체로 '미래'의 의미를 가지고 있습니다. 앞에 어떤 동사가 오는지는 상관없습니다.

해석 올 때 노트북 컴퓨터 가져 오는 거 잊지 말구.

3. **The chairperson brought the gavel down on the table.**

「그(The) 의장(chairperson)이 무엇을 가져다 놓았다(brought), 그(the), 의사봉(gavel), 무엇의 아래쪽으로 향하도록(down), 어디에 붙은(on), 그(the) 테이블(table).」

- '의장이 의사봉을 가져다 놓았지. 아래쪽으로 내려가더니 테이블에 붙도록(=놓이도록).'
- '의장이 의사봉을 가지고 아래쪽으로 가져가더니 테이블에 내려놓았지.'라는 말이네요.

해석 의장은 의사봉을 탁자 위에 내려놓았다.

4. The news of the president's death brought people to their feet.

「그(The) 소식(news), 무엇의 일부로(of), 그 대통령의(the president's) 죽음(death), 가져다 놓았지(brought), 사람들(people)을, 어디에 도착하기로 되어 있는(to), 그들의 발(their feet).」의 순으로 이해하면 되겠네요. 사람들을 가져다 놓는데 그 도착지점이 '발'이지요? 이는 사람들이 벌떡 일어서는 모습을 표현하고 있는 겁니다.

해석 대통령의 서거소식을 듣고 사람들이 벌떡 일어섰다.

5. I could not bring myself to tell him her death.

「난(I) 할 수 없었어(could not), 무엇을 가져다 놓는 것(bring), 나 자신(myself), 내용을 말하기로 되어 있는(to tell), 그(him), 그녀의 죽음(her death).」

- '난 가져다 놓을 수 없었지, 나 자신, 말하기로 되어 있는, 그(에게), 그녀의 죽음.'
- '난 말할 수가 없었지, 그에게, 그녀의 죽음을.'

해석 그녀의 죽음을 그에게 전할 수 없었지.

6. Such a policy will bring about awful results.

「그런(Such) 하나의(a) 정책(policy)은 할 것이다(will), 가져다 놓는 것(bring), 무엇의 주변에(about), 끔찍한 결과들(awful results).」

- '그런 정책은 끔찍한 결과들을 주변에 가져다(=끌어다) 놓을 거야.'라는 의미입니다. bring about 은 '주변에 무엇을 가져다 놓는 것'
- '무엇이 곧 일어나게 만드는 것'
- '(무엇을) 야기하다'라는 의미를 가집니다.

해석 그런 정책은 끔찍한 결과들을 야기할 거야.

call
~을 부르다

1 He was called Tom after his grandfather.

「그(He)는 있었어(was), 무엇을 부른 상태(called), 톰(Tom), 무엇을 따라서(after), 그의 할아버지(his grandfather).」

- ✓ '그는 있었어, 톰이라고 부른 상태에, 그의 할아버지를 따라서.'
- ✓ '그는 톰이라고 불렸지, 그의 할아버지를 따라서(=할아버지의 이름을 따서).'
- ✓ '그를 톰이라고 불렀지(=그의 이름을 톰이라고 지었지), 할아버지의 이름을 따서.'

해석 할아버지의 이름을 따서 그를 톰이라고 불렀지.

2 He will call for you at seven o'clock.

「그(He)는 할 거야(will), 부르는 것(call), 무엇을 떠올리면서(for) 너(you), 무엇을 콕 찍어서(at) 7시(seven o'clock).」

- ✓ '그는 부를 거야. 너를 떠올리면서, 7시에.'
- ✓ '너를 생각하면서 불러댈 거야(=불러낼 거야), 7시에.'라는 의미네요. 그리고 '누군가를 떠올리면서 부르는 것(call for)'
- ✓ '그 사람이 있는 곳으로 가서 이름을 불러대는 것'을 말하는 겁니다. 그래서 '(누구를) 방문하다'는 의미를 가지는 겁니다.

해석 그가 7시에 널 데리러 갈 거야.

3 An aerialist act calls for extreme care in execution.

「하나의(An) 공중곡예(aerialist act)는 부르지(call), 무엇을 떠올리면서(for), 엄청나게 신경 쓰는 것(extreme care), 어떤 공간 안에서(in), 무엇을 처리하는 것(execution).」

- ✓ '공중곡예는 무엇을 떠올리면서 부르지(=요구하지), 엄청 신경 쓰는 것, 실제로 할 때.'
- ✓ '공중곡예는 엄청나게 신경 쓰는 것을 요구하지, 할 때에.'

해석 공중곡예를 하려면 엄청나게 신경 써야 하지.

4. I'd like to **call** off the reservation for the hotel room.

「난(I) 했으면 하는데요(would like). 무엇을 부르기로 되어 있는(to call). 어디에서 떨어지고(off). 그(the) 예약(reservations). 무엇을 떠올리면서(for). 그(the) 호텔방(hotel room).」

- ✔ '전 무언가를 불러서 예약에서 떨어져나가게 했으면(=취소했으면) 하는데요. 무엇을 떠올리면서. 그. 호텔방.'
- ✔ '예약을 취소했으면 하는데요. 그 호텔방.'
- **해석** 호텔에 방 예약한 것을 취소하고 싶은데요.

5. I **called** at his office in a very angry and violent mood.

「나(I)는 무엇을 불렀다(called). 콕 찍어서(at). 그의 사무실(his office). 어떤 공간 안에서(in) 하나의(a) 바로 그렇게(=아주, very). 화가 나고 폭력적인(angry and violent) 분위기(mood).」

- ✔ '나는 그의 사무실에서(=사무실 앞에서) 무엇을 불렀지. 엄청 씩씩거리면서.'
- ✔ '화를 엄청 내면서 그의 사무실에 (쳐)들어갔지.'라는 의미네요. 특정 장소에서 사람의 이름을 불러 대는 것은 들여보내달라는 말
- ✔ '(어디에) 들리다'의 의미가 생겨난 것이죠.
- **해석** 엄청나게 화를 내면서 그 사람 사무실에 쳐들어갔지.

6. The doctor was **called** to see the truck driver about to die.

「그 의사(The doctor)는 있었지(was). 무엇을 부른 상태(called). 알아보기로 되어 있는(=알아봐달라고, to see). 그(the) 트럭운전사(truck driver). 무엇의 주변에(about). 죽기로 되어 있는(to die).」

- ✔ '그 의사를 불렀지. (살펴)봐달라고. 그 트럭운전사. 죽기로 되어 있는 상태의 주변에 있는(=다 죽어가는).'
- **해석** 다 죽어가는 트럭 운전사를 봐달라고 의사를 불렀지.

★★★ carry
~을 지니게 하다

1 **The bike store on the corner carries a variety of bicycle and accessory.**

「그(=저, The) 자전거가게(bike store), 그 코너에 붙어있는(on the corner), 무엇을 지니게 하지(carries), 하나의(a) 다양하게 하는 것(variety), 무엇의 일부로(of), 자전거에 이어 장신구(bicycle and accessory).」

「저기 코너(=모퉁이)에 붙어있는 자전거가게는 지니게 하지(=갖추고 있지), 다양한 것, 자전거와 장신구의 일부로.」

해석 저기 모퉁이에 있는 자전거매장에는 온갖 종류의 자전거와 장신구가 있지.

2 **Bedbugs can carry a dangerous disease which affects humans.**

「빈대들(Bedbugs)은 할 수 있다(can), 지니게 하는 것(=옮기는 것, carry), 하나의(a) 위험한 질병(dangerous disease), 그게 어떤 거냐하면(which), 어디에 영향을 미치는 것(affect), 인간들(humans).」

「빈대는 옮길 수 있지, (하나의) 위험한 질병, 그게 어떤 거냐 하면, 사람(들)에게 영향을 미치는.」이라고 이해하면 되겠네요.

해석 빈대는 사람에게 영향을 미치는 위험한 질병을 옮길 수 있다.

3 **Her moving speech was enough to carry most of the people on the street.**

「그녀의(Her) 다른 공간으로 이동시키는(=마음을 움직이는, moving) 연설(speech)은 있었어(was), 충분하게(enough), 무엇을 지니게 하기로(=사로잡기로) 되어 있는(to carry), 대부분(most), 무엇의 일부로(of), 그 사람들(the people), 어디에 붙은(on), 다른 것들과 구분되는(the) 거리(street).」

「그녀의 감동적인 연설은 충분했지, 사로잡기에, 대부분의 사람들, 거리에 있는.」

해석 그녀의 감동적인 연설은 거리에 있던 사람들 대부분의 마음을 움직이기에 충분했다.

★★★ charge
~을 채워 넣게 하다

1️⃣ The italian restaurant charges expensive prices, but the food is terrible!

「그(The) 이탈리아 레스토랑(italian restaurant)은 무엇을 채워 넣게 하지(=물리지, charge), 비싼 가격(expensive prices), 그것과 다르게(but) 다른 것들과 구분되는(the) 음식(food)은 있잖아(is), 끔찍한(terrible)」

- 「그 이탈리아 레스토랑은 비싼 가격을 물리지만 음식은 끔찍해!」라는 말이네요. 어떤 가격을 채워 넣게 하는 것
- '그 가격을 (손님에게) 물린다.'는 말인 거죠.
- **해석** 그 이탈리아 레스토랑은 가격은 비싼데 음식은 거지같아!

2️⃣ Please charge your glasses and drink a toast to the president-elect!

「부디(Please) 무엇을 채워 넣게 하세요(charge), 여러분의 잔들(your glasses), 그것에 이어(and) 건배합시다(drink a toast), 어디에 도착하기로 되어 있는(to), 다른 것들과 구분되는(the), 대통령 당선자(president-elect)」

- 「자, 다들 잔을 채워 넣으세요(=채우세요), 그리고 건배합시다. 대통령 당선자를 위하여!」
- **해석** 술잔을 채우고 대통령 당선자를 위해 축배를 듭시다!

3️⃣ The committee has been charged with the crime prevention.

「그(The) 위원회(committee)는 가지고 있게 한다(have), 있던 상태(been), 무언가를 채워 넣게 한(charged), 무엇과 함께하는(with), 다른 것이 아닌(the), 범죄 예방(crime prevention)」

- '그 위원회는 채워 넣은 상태를 가지고 있다. 범죄예방과 함께.'
- '(그) 위원회는 범죄 예방으로 채워진 상태를 지금까지 가지고 있다.'는 의미가 되네요.
- **해석** 위원회에는 범죄 예방이라는 임무가 부여되어 있다.

4 ▶ The police officer arrested Tom on a charge of urinating on the street.

「다른 것들과 구분되는(=그, The) 경찰관(police officer)은 체포했다(arrested), 톰(Tom), 어디에 붙은(=무엇을 이유로, on), 하나의(a) 무엇을 채워 넣게 하는 것(=책임지게 하는 것, charge), 무엇의 일부로(of), 노상방뇨(urinating on the street).」

> ✓ 「그 경찰관은 체포했지, 톰을, 무슨 이유로, 하나의 죄목, 노상방뇨라는.」
>
> **해석** 톰은 노상방뇨를 하다가 경찰관에게 체포됐어.

5 ▶ On hearing his voice, the cats and dogs charged down the stairs.

「어디에 붙은(On), 무엇을 알아듣는 중(hearing) 그의 목소리(his voice), 개와 고양이(the cats and dogs), 무엇을 채워 넣게 했다(charged), 무엇의 아래쪽을 향하도록(down), 다른 것들과 구분되는(the) 계단(stairs).」

> ✓ 「그의 목소리를 듣자마자, 개와 고양이들이 계단 아래쪽으로 채워 넣게 했다(=달려 내려왔다)」는 말이네요.
>
> **해석** 그의 목소리를 듣자마자 개와 고양이들이 계단을 달려 내려왔다.

6 ▶ Tom was in charge of preparing food and water at her party last night.

「톰(Tom)은 있었어(was), 어떤 공간 안에(in), 무엇을 채워 넣게 하는 것(=책임을 지는 것, charge), 무엇의 일부로(of) 준비하는 중(preparing), 음식과 물(food and water), 무엇을 콕 찍어서(at), 그녀의 파티(her party), 어젯밤에(last night).」

> ✓ 「톰은 있었지, 음식과 물을 준비할 책임을 가진 자리에, 그녀의 파티에서, 어젯밤에.」
>
> **해석** 톰은 어젯밤 그 여자의 파티에서 음식과 물을 준비하기로 되어있었지.

★★★ close
여지가 없게 하다

1. I was sitting on a bus seat with my eyes closed on my way home.

「난(I) 있었어(was), 앉아있게 하는 중(sitting), 어디에 붙은(on), 하나의(a), 버스좌석(bus seat), 무엇과 함께하는(with), 내 두 눈(my eyes)이 여지가 없게 한 상태(=눈을 감은 상태, closed), 어디에 붙은(on), 나의 길(my way), 집으로(home).」

- ✓ 「난 앉아있었지, 버스좌석에, 두 눈을 감은 채, 집으로 오는 길에.」
- **해석** 나는 집으로 오는 버스 안에서 눈을 감은 채로 앉아있었어.

2. We named the ostrich after our close friend Jim Carrey.

「우리(We)는 이름을 붙였지(named), 그(the) 타조(ostrich), 무엇을 따라서(after), 우리의(our) 여지가 없게 하는(=가까운, close) 친구(friend) 짐 캐리(Jim Carrey).」

- ✓ '우리는 그 타조에게 이름을 붙여주었지, (우리의) 친한 친구 짐 캐리(의 이름)를 따라서.'라는 말이네요.
- **해석** 우리는 타조에게 친한 친구의 이름을 따서 '짐 캐리'라고 붙여주었지.

3. I know it's still 5 years away, but I feel so close.

「난(I) 알고 있지(know), 그것(it) 있잖아(is), 변함없이(still) 5년(5 years) 떨어져 있게(away), 그것과 다르게(but) 난(I) 무엇을 느끼지(feel), 그렇게(=아주, so) 여지가 없게 하는(=가까운, close).」

- ✓ '(난) 여전히 5년이 떨어져 있다는(=남아있다는) 것을 알지만, 아주 가깝다고 느끼고 있어.'라는 내용이네요.
- **해석** 아직도 5년이 남아있다는 것은 알지만 왠지 아주 가깝게 느껴져.

4 ▶ As the murderer had been coming closer, so I was frightened to death.

「무엇과 같은(As), 그(the) 살인범(murderer)이 가지고 있게 했지(had), 있던(상태)(been), 함께 하는 공간에 나타나는 중(=다가오는 중, coming), 더욱 여지가 없게 하는(=더 가까이, closer), 그렇게(=그래서, so) 난(I) 있었어(was), 무서운(frightened), 죽음에 이르기로 되어 있는(to death).」

- ✓ '살인범이 점점 더 가까이 다가오면서, (그것 때문에) 무서워서 죽을 뻔 했어.'
- 해석 살인마가 점점 가까이 다가오는 바람에 무서워 죽는 줄 알았어.

5 ▶ The stores in the city close their doors at night and on Fridays.

「다른 것들과 구분되는(The) 상점들(stores), 어떤 공간 안에(in) 그 도시(the city), 여지가 없게 한다(=닫는다, close), 그들의 문(=가게 문, their doors), 어디를 콕 찍어서(at), 밤(night), 그것에 이어(and), 금요일에 붙은(=금요일에, on Fridays).」

- ✓ '그 도시에 있는 가게들은 문을 닫지. 밤과 매주 금요일에.'
- 해석 그 도시에 있는 가게는 밤이나 금요일에는 문을 닫지.

6 ▶ The opening in the fence was closed up last weekends.

「다른 것들과 구분되는(The) 열려있게 하는 중인 것(=구멍, opening), 펜스 안에 있는(in the fence), 있었지(was), 여지가 없게 한(=틈을 메운, closed)(상태), 무엇의 위쪽을 향하도록(=바짝, up), 지난 주말(last weekends).」

- ✓ 「그 구멍, 펜스에 있는, 틈을 메운 상태였지, 완전히, 지난 주말에.」와 같이 파악해 나가면 됩니다.
- 해석 울타리에 난 구멍을 지난 주말에 메웠지.

★★★ come
함께하는 공간에 나타나다

1. When it comes to getting things completed, she's useless.

「언제(When), 그것(it), 함께하는 공간에 나타나는 것(come), 어디에 도착하기로 되어 있는 (to), 어떤 과정을 거쳐 없던 것을 가지게 하는 중(getting), 이런저런 것들(things), 완전하게 한 (상태)(completed), 그녀는 있잖아(she is), 쓸모없어(useless).」

- '그것이 (현실 속에 나타나) 이런저런 것들을 완전하게 하려는 때에, 그녀는 쓸모없지.'
- '이런저런 것들을 완전하게 하는 데 있어서 그 여자는 쓸모없어.'

해석 일을 마무리 짓는 것에 관한 한 그녀는 쓸모가 없다.

2. How did you come to break your arm?

「어떻게(How)? 무엇을 어찌한 거야(did), 너(you), 함께하는 공간(=현실)에 나타나는 것 (come), 무언가를 깨뜨리기로 되어 있는(=부러뜨리게 되는, to break), 너의 팔(your arm).」

- 「어떻게 (어찌)한 거야, 너? 팔을 부러뜨린 상태가 되다니.」
- '어쩌다가 너의 팔을 부러뜨린 상태가 된 거야?'

해석 어쩌다 팔을 부러뜨린 거야?

3. "We are going to see a baseball game tonight." "Are you coming with us?"

「"우리(We) 있잖아(are), 어디론가 멀어지는 중(going)이야, 알아보기로 되어 있는(=볼려고, to see), 하나의(a) 야구 경기(baseball game), 오늘밤(tonight)." "있어(Are)? 너(you), 함께하는 공간에 나타나는 중(=같이 가는 중, coming), 무엇과 함께(with), 우리(us)."」

- "우리는 오늘밤 야구경기를 보려는 중이야(=볼 계획이야)." "너도 그곳에 갈 거니? 우리와 함께"

해석 "우린 오늘밤 야구 보러갈 거야." "너도 같이 안 갈래?"

4 With the coming of modern technology, lots of jobs were disappeared.

「무엇과 함께하는(With). 다른 것들과 구분되는(the). 함께하는 공간에 나타나는 중(인 상태)(=등장, coming). 무엇의 일부로(of). 현대 과학기술(modern technology). 많은 것(lots). 무엇의 일부로(of). 이런저런 일자리(jobs) 있었지(were). 모습을 감춘 상태(disappeared).」

- ✓ '현대 과학기술이 모습을 드러내면서, 많은 일자리가 모습을 감추었지.'
- **해석** 현대 과학기술의 등장으로 적지 않은 일자리가 사라졌지.

5 He would have been writing his novel for 10 years come this May.

「그(He)는 했을 텐데(would). 가지고 있게 한다(have). 있던 (상태)(been). 무엇을 쓰는 중(writing). 자신의 소설(his novel). 무엇을 떠올리면서(for). 10년(10 years). 함께하는 공간에 나타나는 것(=다가오는 것, come). 이번 5월(this May)에.」

- ✓ '그는 가지고 있었을 텐데. 자신의 소설을 쓰는 중이던 상태를. 10년 간. 이번 5월이 되면.'
- ✓ '그는 10년 동안 자신의 소설을 쓰고 있는 중이었을 텐데(→일 텐데), 올해 5월이 되면.'
- **해석** 올해 5월이 되면 그는 자신의 신작소설을 10년째 쓰고 있는 셈이 된다.

6 How come you didn't order a pizza earlier?

「어떻게(How). 함께하는 공간에 나타나는 것(=현실 속에서 벌어지는 것, come). 너(you). (무엇을) 어찌하지 않았지(didn't)? 질서 있게 만드는 것(=주문하는 것, order). 하나의 피자(=피자 한 판, a pizza). 더 일찍(earlier).」

- ✓ '어떻게 그렇게 된 거야? 네가 주문하지 않은 것, 피자 한 판. 좀 더 일찍.'
- **해석** 어째서 좀 더 일찍 피자를 주문하지 않았던 거야?

★★★ command
마음대로 되게 하다

1 One of my dreams is that I can command a tremendous amount of money.

「하나(One), 무엇의 일부로(of), 내 꿈들(my dreams), 있잖아(is), 그건(that), 난(I) 할 수 있지(can), 마음대로 되게 하는 것(command), 하나의(a) 엄청난(tremendous) 액수(amount), 돈의 일부로(of money).」

- 「내가 가진 꿈 중의 하나는 말이지, 내가 마음대로 할 수 있는 거야. 엄청난 액수의 돈을.」
- **해석** 엄청난 액수의 돈을 마음대로 써보는 것도 내가 가진 꿈이지.

2 His art work commands a good price around the world.

「그의(His) 예술작품(art work)은 마음대로 되게 하지(command), 하나의(a) 훌륭한(=높은, good) 가격(price), 무엇의 둘레에(around), 이 세상(the world).」

- 「그의 예술작품은 마음대로 부르지, 높은 가격을. 이 세상 어디서나.」
- '그의 예술품은 높은 가격을 마음대로 불러대지, 세계 어디서나.'
- **해석** 그의 예술품은 세계 어디서나 엄청난 고가에 팔린다.

3 Applicants for the company will be expected to have good command of Finnish.

「지원자들(Applicants), 무엇을 생각하는(for), 그 회사(the company), 있을 것이다(will be), 무엇을 예상한(expected), 가지고 있게 하기로 되어 있는(to have), 훌륭한(good), 마음대로 되게 하는 것(=구사능력, command), 무엇의 일부로(of), 핀란드에 관한 것(=핀란드어, Finnish).」

- '그 회사에 지원한 사람들은 예상한 상태에 놓여있을 것이다, 무언가를 가지고 있으리라고, 훌륭한 핀란드어 구사능력.'
- **해석** 그 회사에 입사지원하려면 핀란드어 실력이 출중해야겠지.

★★★ commit
~을 책임지게 하다

1. The evidence prevents Japan from continuing to commit fallacious arguments.

「그(The) 증거(evidence), 미연에 방지하지(prevent), 일본(Japan), 무엇으로부터(from), 계속해서 무언가를 하는 중(continuing), 책임지게 하기로 되어 있는(to commit), 잘못된(fallacious) 주장들(arguments).」

- 「그 증거는 미연에 방지하지, 일본이 계속해서 무엇을 하는 것, 잘못된 주장을 (책임지게) 하는 것.」
- **해석** 그 증거로 인해 일본은 잘못된 주장을 계속하지 못하는 거지.

2. All the candidate for presidency have not committed themselves on that issue.

「모든(All) 다른 것들과 구분되는(the) 후보(candidate), 대통령직을 생각하고 있는(for presidency), 가지고 있게 한다(have), 아니야(not), 무엇을 책임지게 한 상태(committed), 그들 자신(themselves), 어디에 붙은(on), 그것(that) 수면위로 떠오른 것(=문제, issue).」

- 「대선에 출마한 모든 후보들은 가지고 있지 않다, 자신들이 책임지게 한 상태를, 그 문제에 대해.」
- **해석** 대선에 출마한 후보들 모두 그 문제에 관해서는 아직 입장을 표명하지 않았다.

3. I think you have to commit to your goal until you achieve it if you really want to.

「난 생각해(I think), 넌(you) 가지고 있게 하지(have), 무엇을 책임지게 하기로 되어 있는(=책임져야 하는, to commit), 어디에 도착하기로 되어 있는(to), 네 목표(your goal), 언제까지(until), 네(you)가 이루어내는 것(achieve), 그것(it), 어떤 조건이냐면(if), 네(you)가 정말로(really) 원하는 것(want), 어디에 도착하기로 되어 있는(to) (achieve it).」

- 「내 생각엔, 목표를 도달하도록 최선을 다해야 해, 그것을 이룰 때까지, 정말로 원한다면.」
- **해석** 진정으로 원한다면 목표를 이룰 때까지 전념해야 한다고 봐.

★★★ count
~을 셈에 넣다

1 ▶ He has invited 100 people at his birthday party, not counting the adults.

「그(He)는 가지고 있게 한다(has), 초대한 상태(invited), 100명(100 people), 무엇을 콕 찍어서(at), 그의 생일파티(his birthday party), 아니게끔(not), 셈에 넣는 중(counting), 다른 것들과 구분되는(the) 어른들(adults).」

- 「그는 100명을 초대한 상태이다. 자신의 생일파티에. 셈에 넣지 않으면서. 어른들은.」
  '그는 생일파티에 100명을 초대했다. 어른은 빼고.'
- **해석** 그는 생일파티에 100명을 초대했는데, 어른은 한 명도 없었다.

2 ▶ I am writing to say what counts is what we have in our minds.

「나는(I) 있어(I am), 무엇을 쓰는 중(writing), 생각을 말하기로 되어 있는(to say), 무엇(what), 셈에 넣는 것(=중요한 것, count), 있잖아(is), 무엇(what), 우리(we)가 가지고 있게 하는(have), 어떤 공간 안에(in), 우리의(our) 마음(mind).」

- 「나는 글을 쓰고 있어. 내 생각을 전하려고. 중요한 무엇(=것)은 있잖아. 무엇이지. 우리가 마음속에 가지고 있는 것.」
- **해석** 무슨 생각을 하는지가 중요하다는 말을 하려고 글을 쓰고 있지.

3 ▶ I have a hundred books, counting this new one.

「나(I)는 무엇을 가지고 있게 하지(have), 하나의(a) 백 권의 책(hundred books), 셈에 넣는 중(=세면서, counting), 이(this) 새로운 것(=새 책, new one).」

- 「나는 백 권의 책을 가지고 있지. 무엇을 세면서(=포함하면서). 여기 있는, 새 책.」
- **해석** 새로 산 이 책까지 합쳐서 100권의 장서를 가지고 있지.

4 ▶ Tom is only three, but he can already count to 100.

「톰(Tom)은 있잖아(is), 무엇만으로(=겨우, only), 세 살(three), 그것과 다르게(=하지만, but), 그(he)는 할 수 있어(can), 어느새(=벌써, already), 셈에 넣는 것(=세는 것, count), 어디에 도착하기로 되어있는(to), 100.」

- ✅ 「톰은 겨우 세 살이야. 하지만, 그 아이는 셀 수 있어, 100까지.」
- 해석 톰은 세 살밖에 안됐는데도 (벌써) 100까지 셀 수 있어.

5 ▶ Monkeys are born with the ability to count up to ten.

「원숭이들(Monkeys)은 있어(are), 태어난(born), 무엇과 함께(with), 다른 것들과 구분되는(the), 능력(ability), 셈에 넣기로 되어 있는(=수를 세는, to count), 무엇의 위쪽을 향하도록(최대한, up), 10에 도착하기로 되어 있는(=10까지, to ten).」의 순으로 해석하면 되겠네요. 셀 수 있는 능력이 10까지 닿는다.

- ✅ '10까지 셀 수 있다'는 말이 되는 거죠.
- 해석 원숭이는 10까지 셀 수 있는 능력을 가지고 태어난다.

6 ▶ Two children under the age of 8 years count as one person.

「두 명의 아이들(Two children), 뭐라는 영향 아래(=미만, under), 다른 것들과 구분되는(the) 나이를 먹게 하는 것(=나이, age), 무엇의 일부로(of), 8살(8 years), 셈에 넣는다(count), 무엇과 같은(as), 한 사람(one person).」

- ✅ 「두 명의 아이들, 아래인(=미만인), 나이가 8살, 셈에 넣는다, 한 사람으로.」
- 해석 8세 미만인 아이들은 두 명을 한 사람으로 칩니다.

★★★ deal
일이 성사되게 하다

1 ▶ I don't like the way my parents deal with me.

「난(I) 좋아하지 않아(don't like), 그 방법(the way), 내 부모님들(my parents), 일이 성사되게 하는(deal), 무엇과 함께(with) 나(me).」

- ✅ '난 그 방법을 좋아하지 않아, 나의 부모님께서 나를 가지고 일을 처리하시는.'
- ✅ '난 부모님께서 나를 가지고 일을 처리하시는(=대하는) 방법을 좋아하지 않아.'
- **해석** 부모님께서 나를 대하는 방식이 마음에 안 들어.

2 ▶ I wish if I was lucky enough to get a good deal on a new notebook computer!

「난 바래(I wish), 어떤 조건이냐면(if), 내가 운이 좋았어(I was lucky), 충분하게(enough), 어떤 과정을 거쳐 없던 것을 가지기로 되어 있는(to get), 하나의 훌륭한(a good) 성사되게 하는 것(=조건, deal), 어디에 붙은(on), 하나의(a) 새(new) 노트북 컴퓨터(notebook computer)!」

- ✅ 「나는 바라지, 내가 운이 충분하게 좋아서 좋은 조건으로 얻었으면 하는 것, 좋은 노트북 컴퓨터를!」
- **해석** 새 노트북 컴퓨터를 운 좋게 좋은 가격에 살 수 있었으면!

3 ▶ The police believe the men were dealing in stolen cars.

「다른 것들과 구분되는(The) 경찰(police)은 무엇을 믿는다(believe), 다른 것들과 구분되는 남자들(=그 남자들, the men)이 있었다고(were), 일이 성사되게 하는 중(=거래하는 중, dealing), 어떤 공간 안에(in), 훔친 자동차들(stolen cars).」

- ✅ 「경찰은 믿고 있어, 그 남자들이 거래하는 중이었다고, 훔친 자동차들을.」
- **해석** 경찰은 그들이 훔친 자동차를 거래하는 중이었다고 생각하지.

Chapter 05. 동사 | 143

4 ▶ If elected, the opposition party has promised a new **deal** for farmers.

「어떤 조건이냐면(If), 무엇을 선출한 상태(elected), 다른 것과 구분되는(the), 야당(opposition party)은 가지고 있게 한다(has), 무엇을 약속한(상태)(promised), 하나의(a) 새로운(new), 일이 성사되게 하는 것(=처우, deal), 농부들을 떠올리면서(for farmers).」

- 「선출한 상태라면(=선출된다면), 야당은 약속한 상태. 새로운 처우. 농부들을 위한.」
- **해석** 야당은 당선되면 농부들의 처우를 개선하겠다는 약속을 했다.

5 ▶ However, it is not a big **deal** in Tom's family in Korea.

「어쨌든(=하지만, However), 그건 있잖아(it is), 아니야(not), 하나의(a) 커다란(big), 일이 성사되게 하는 것(=일, deal), 어떤 공간 안에(in), 톰의 가족(Tom's family), 어떤 공간 안에(in), 한국(Korea).」

- 「하지만, 그건 아니야. 하나의 커다란 일이. 톰의 가족에게. 한국에 있는.」
- '하지만, 그건 커다란 일이 아니야. 한국에 있는 톰의 가족에게는.'
- **해석** 하지만, 그건 한국에 있는 톰의 가족에게는 별 일 아니지.

6 ▶ There is a great **deal** of difference among the candidates for the Presidency.

「거기에 있잖아(There is), 하나의(a) 굉장한(great), 일이 성사되게 하는 것(deal), 무엇의 일부로(of), 차이점(difference), 무엇 중에서(among), 그 후보들(the candidates), 무엇을 떠올리면서(=노리는, for), 다른 것들과 구분되는 대통령자리(the Presidency).」

- '거기에 있잖아. 굉장한(=많은) 차이점. 대통령자리를 노리는 사람들 중에서.'라는 의미입니다.
- **해석** 대선후보들 사이에는 많은 차이점이 있지.

★★★ develop
한쪽으로 펼쳐지게 하다

1▶ The company went to great lengths to develop a new bicycle.

「그 회사(The company)는 있던 곳에서 멀어졌지(went), 어디에 도착하기로 되어 있는(to), 사방팔방으로 엄청 멀리 돌아다니는 것(great lengths), 어디에 도착하기로 되어 있는(to), 한쪽으로 펼쳐지게 하는 것(=만들어내는 것, develop), 하나의(a) 새로운(new) 자전거(bicycle),」

🌐 「그 회사는 엄청 고생했지, 만들어내려고, 새 자전거를.」

해석 그 회사, 새 자전거 개발하느라 엄청 고생했지.

2▶ I used to spend hours in the darkroom to develop photos in my school years.

「난(I) 무엇을 사용했지(used), 시간을 보내기로 되어 있는(to spend), 몇 시간(hours)이고, 암실에서(in the darkroom), 어디에 도착하기로 되어 있는(to), 한쪽으로 펼쳐지게 하는 것(=차츰 모습을 드러내게 하는 것, develop), 사진들(photos), 학창시절에(in my school years),」

🌐 「난 몇 시간이고 보냈지, 암실에서, 사진을 현상하느라, 학창시절에.」

해석 학창시절엔 암실에서 몇 시간이고 사진을 현상하면서 보내곤 했지.

6▶ His son developed pneumonia when he was four.

「그의(His) 아들(son)은 한쪽으로 펼쳐지게 했다(=생겨나게 했다, developed), 폐렴(pneumonia), 언제냐 하면(=그 때는, when), 그는(he) 있었다(he was), 네 살(four)로,」

🌐 「그의 아들에게 폐렴이 생겨났다(=그의 아들이 폐렴에 걸렸다), 그 때는 그 아이가 있었지, 네 살로,」
'그의 아들이 폐렴에 걸렸는데, 그 때 나이는 네 살이었다.'

해석 그의 아들은 네 살 때 폐렴에 걸렸다.

4. Signs developed pointing to social reform.

「의미를 전달하는 것들(=여러 가지 조짐, Signs), 한쪽으로 펼쳐지게 했다(=점차 나타났다, developed). 무엇을 가리키게 하는 중(pointing). 어디에 도착하기로 되어 있는(to). 사회적 개혁(social reform).」

- 💭 '여러 가지 조짐이 모습을 드러내기 시작했다. 무엇을 가리키는 중(=가리키면서). 사회적 개혁에 도달하기로 되어 있는.,'
- 💭 '사회적 개혁 쪽을 향하는 여러 가지 조짐이 나타나기 시작했다.'
- **해석** 사회 개혁으로 나아가는 조짐이 보이기 시작했다.

5. It is important for a principal to develop a rapport with teachers.

「그거 있잖아(It is). 중요해(important). 무엇을 생각하면서(for). 한 분의(a) 교장 선생님(principal) 어디에 도착하기로 되어 있는(to). 한쪽으로 펼쳐지게 하는 것(=쌓아나가는 것, develop). 하나의 좋은 관계(a rapport). 무엇과 함께하는(with) 선생님들(teachers).」

- 💭 '그건 중요하지. 교장선생님께서 선생님들과의 좋은 관계를 쌓아나가는 것 말이야.'
- **해석** 선생님들과 좋은 관계를 쌓아나가는 것은 교장선생님에게 있어 중요한 일이지.

3. In the past Dr. U Jang-chun developed seedless watermelon to make people easier to eat.

「옛날에(=과거에, In the past) 우장춘 박사님(Dr U Jang-chun)께서 한쪽으로 펼쳐지게 하셨지(=만들어내셨지, developed). 씨 없는(seedless) 수박(watermelon). 만들어내기로 되어 있는(to make). 사람들(people). 더 쉬운 상태(easier). 먹기에(to eat).」

- 💭 '과거에 우장춘 박사님께서는 씨 없는 수박을 만들어내셨지. 만들어내려고. 사람들이 더 쉽게 먹는 상태를.'
- **해석** 과거엔 우장춘 박사님께서 쉽게 먹을 수 있는, 씨 없는 수박을 만드셨지.

★★★ do
~을 어찌하다
(=거시기하다)

1 I'm doing some data collection for my new book.

「나(I)는 있잖아(am), 무엇을 어찌하는 중(doing), 어떤 정도의(some) 데이터 수집(data collection), 무엇을 생각하면서(for) 나의(my) 새 책(new book).」

- 「나는 어찌하는 중이야. 데이터 수집을 좀. 새 책을 생각하면서(=을 쓰기 위해).」라는 내용입니다.
- **해석** 책을 쓰려고 자료 수집을 좀 하고 있지.

2 If you do not like it, you don't have to do it.

「어떤 조건이냐면(If), 당신(you)이 무엇을 어찌하지 않는 것(do not), 좋아하는 것(like), 그것(it), 넌(you) 무엇을 어찌하지 않는다(don't), 가지고 있게 한다(have), 무엇을 어찌하기로 되어 있는(to do), 그것(it).」

- 「어떤 조건이냐면, 당신이 그것을 좋아하지 않는, 넌 가지고 있지 않아, 하기로 되어 있는, 그것을.」
- '네가 그것을 좋아하지 않는다면, (넌) 그것을 하지 않아도 된다.'
- **해석** 하기 싫다면 안 해도 상관없어.

3 Please give me back it as soon as you're done with it.

「원하는 대로 하게 하세요(Please), 무엇을 주는 것(give), 나(me), 뒤로 향하게 하는(back), 그것(it), 무엇과 같은(as), 빠르게 다가오는(soon), 무엇과 같은(as), 당신이 있다(you are), (무엇을) 거시기한 상태(done), 함께하는(with), 그것(it).」

- 「나에게 돌려주세요, 그것을, 무엇처럼 신속하게, 무엇과 같게, 당신이 끝낸 상태, 그것을 가지고.」
- '나에게 신속히 그것을 돌려주세요, 당신이 그것을 다 쓰고 나는 것과 동시에'
- **해석** 다 쓰고 나면 돌려주세요.

4 ▶ You do spaghetti here?

「당신(You)이 무엇을 어찌하는 것(do), 스파게티(spaghetti), 여기서(here)?」

- '(당신,) 여기서 스파게티를 어찌(=거시기)하나요?'
- '여기서 스파게티를 파나요?'라는 말이죠? '(무엇을) 거시기하다'라는 포괄적인 의미를 담고 있어서 굉장히 다양하게 사용되는 전천후 동사입니다. 거시기하는 것의 대상이 머리(헤어)라면 '머리를 자르는 것'이 되고, 사람이라면 '(사람을) 해치우는 것'을 의미하기도 합니다.
- **해석** 여기 스파게티 (주문)됩니까?

5 ▶ Even the most experienced cyclist can't do Korea within a week.

「당연하게(Even), 다른 것들과 구분되는(the) 가장 많은(most), 무엇을 경험한(=경험이 있는, experienced) 자전거 주행자(cyclist)도 할 수 없지(can't), 무엇을 거시기하는 것(=해치우는 것, do), 한국(Korea), 뭐라는 범위 안에(within) 일주일(a week)로」

- 「당연히 가장 경험이 풍부한 자전거 주행자라도 할 수 없지. 한국을 해치울 수는(=다 돌 수는) 없지. 일주일 안에」
- **해석** 가장 노련한 자전거 주행자조차도 일주일 안에 한국을 다 돌 수는 없어.

6 ▶ The bicycle was doing 60 kilometers an hour in the race.

「그(The) 자전거(bicycle)는 있었지(was), 무엇을 어찌하는 중(doing), 60킬로미터(60 kilometers), 한 시간(an hour)에, 어떤 공간 안에(in) 다른 것들과 구분되는(the) 경주(race)」

- 「그 자전거는 60킬로미터를 어찌하는(=기록하는) 중이었지, 한 시간에, 경주에서」
- **해석** 그 자전거는 경주에서 시속 60킬로미터를 주파하고 있었지.

★★★ end
~을 막다른 곳에 이르게 하다

1 **How could he answer the phone in a situation there was no one at the other end?**

「어떻게(How) 할 수 있었지(could)? 그(he)가 대답을 하는 것(answer). 그(the) 전화(phone)에. 어떤 공간 안에(in) 하나의 상황(a situation). 거기에 있었지(there was). 아무도 없는 것(no one). 무엇을 콕 찍어서(at). 다른 것들과 구분되는 다른(=반대편의, the other). 막다른 곳에 이르게 하는 것(=끝부분, end).」

✅ 「어떻게 그는 전화를 받을 수 있었지? 아무도 없었던 상황에서. 반대편 (끝)에.」
해석 (그쪽에는) 아무도 없었는데 그가 어떻게 전화를 받은 거지?

2 **We need someone to handle the finance end of our company.**

「우리(We). 필요로 하지(need). 누군가(someone). 손에 쥐게 하기로 되어 있는(=담당하기로 되어 있는, to handle). 다른 것들과 구분되는(the). 돈을 관장하게 하는 것(finance). 막다른 곳에 이르게 하는 것(=부서, end). 무엇의 일부로(of). 우리 회사(our company).」

✅ 「우리는 필요로 하지. 무엇을 담당해줄. 다른 곳이 아니라. 돈을 관장하는 부서. 우리 회사 내부의.」
해석 회사의 재무 부서를 맡아줄 사람이 필요합니다.

3 **They are prepared to start the project in pursuit of their ends.**

「그것들(They)은 있지(are). 무언가를 준비한(prepared). 무언가를 튀어나가게 하기로 되어 있는(to start). 그(the) 프로젝트(project). 어떤 공간 안에(in) 무언가를 추구하는 것(pursuit). 무엇의 일부로(of). 그들의(their). 막다른 곳에 이르게 하는 것(=목표, end).」

✅ 「그들은 준비한 상태야. 시작하기로. 그 프로젝트를. 무엇을 추구하는 속에서. 자신들의 목표.」
해석 자신의 목적을 위해서 그들은 프로젝트를 시작할 준비를 해놓았다.

★★★ engage
~을 엮이게 하다

1. I'm afraid I can't come to your party because I have a prior engagement.

「난 있잖아(I am), 걱정스러운(afraid), 내가 하지 못할까봐(I can't), 너의 파티에 나타나는 것(come to your party), 그 이유는(=왜냐하면, because), 난 가지고 있게 하거든(I have), 하나의(a) 이전의 무언가를 엮이게 하는 것(=선약, prior engagement).」

- 「난 걱정스러워. 너의 파티에 가지 못할까봐. 왜냐하면, (난) 선약을 가지고 있거든.」
  '난 너의 파티에 가지 못할 것 같아. 왜냐하면 선약을 가지고 있거든.'
- **해석** 선약이 있어서 네 파티에는 가지 못할 것 같아.

2. He always writes novels that engages both the eye and the mind.

「그(He)는 늘(always) 무엇을 쓰지(write), 이런저런 소설(novels), 그건(that), 무엇을 엮이게 하지(=사로잡지, engages), 둘 다(both), 다른 것들과 구분되는 눈(the eye), 그것에 이어(and), 다른 것들과 구분되는 마음(the mind).」

- 「그는 늘 소설을 쓰지. 무언가를 사로잡는. 둘 다. 눈과 마음..」
- **해석** 그의 소설은 언제나 사람들의 눈과 마음을 사로잡지.

3. I had my time fully engaged in high school years.

「나(I)는 가지고 있게 했다(had), 나의(my) 시간(time), 가득하게(fully), 무엇을 엮이게 한 상태(engaged), 어떤 공간 안에(in), 고등학교 시절(high school years).」

- 「나는 내 시간을 가지고 있었다. 가득 엮여있도록. 고교시절에.」
- '고교시절에는 내 시간을 가득 엮이게 한(=빈틈이 없는) 상태를 가지고 있었다.'
- **해석** 고교시절엔 눈코 뜰 새 없이 바빴다.

4 ▸ She finally decided to engage herself in politics.

「그녀(She)는 마침내(finally) 결정했다(decided). 무엇을 엮이게 하기로(to engage). 그녀 자신(herself). 어떤 공간 안에(in). 정치(politics).」

✅ '그녀는 마침내 자기 자신을 엮이게 하도록 결정했다. 정치라는 영역 안에서.'
해석 그녀는 마침내 정계에 뛰어들기로 결심했다.

5 ▸ He seems to have the ability to engage with teenagers.

「그(He)는 무엇인 것 같아(seem). 가지고 있게 하기로 되어 있는(to have). 다른 것들과 구분되는(the). 능력(ability). 무엇을 엮이게 하기로 되어 있는(to engage). 무엇과 함께하는(with). 십대들(teenagers).」

✅ '그는 다른 것들과 구분되는 능력을 가지고 있는 것 같아. 십대들과 함께 엮이게 하는(=어울리는).'
해석 그는 10대 청소년들과 어울릴 줄 아는 것 같아.

6 ▸ What I am saying is that I can't engage for such a thing.

「무엇(What). 내가(I) 있잖아(am). 생각을 말하고 있는 중(saying). 있잖아(is). 그건(that). 난 할 수 없다고(I can't). 엮이게 하는 것(=얽매이게 하는 것, engage). 무엇을 떠올리면서(for). 그런 것(such a thing).」

✅ 「내가 말하는 것은. 있잖아. 그건. 난 할 수 없다고. 그런 것에 얽매이는 것(=그런 것을 약속하는 것).」
해석 그런 것은 약속할 수 없다는 말을 하고 있잖아.

feature
~을 특징으로 내세우다

1. The company did not accept that the tracking **features** of GPS can cause some problems.

「그(The) 회사(company)는 어찌하지 않았지(did not). 무엇을 받아들이는 것(accept). 그건(that). 다른 것들과 구분되는(the), 쫓아가게 만드는 중(=추적하는, tracking) 특징으로 내세우는 것(=기능, features). 무엇의 일부로(of). GPS. 할 수 있지(can). 무엇을 야기하는 것(cause). 어떤 문제들(some problems).」

- '그 회사는 받아들이지 않았는데, 그게 뭐냐 하면, GPS의 추적기능들이 할 수 있다는 거지. 여러 가지 문제를 야기하는 것.'
- **해석** 그 회사는 GPS의 추적기능이 이런저런 문제를 야기할 수 있다는 점을 인정하지 않았지.

2. Her eyes are her best **feature**.

「그녀의(Her) 두 눈은(eyes) 있잖아(are). 그녀의(=그녀가 가진, her) 최고의(best). 특징으로 내세우는 것(=특징, feature).」

- '그녀의 눈은 있잖아. 그녀가 가진 최고의 특징이지.'
- '그녀는 눈이 가장 매력적이지.'라는 의미입니다. 신체부위 중에서도 최고로 치는 특징이라면 '매력 포인트'라고 할 수 있겠죠?
- **해석** 그녀는 눈이 가장 아름답다.

3. The restaurant has been **featured** in numerous Spielberg movies.

「그(The) 식당(restaurant)은 가지고 있게 하지(has). 있던 (상태)(been). 특징으로 내세운 상태(featured). 어떤 공간 안에(in). 셀 수 없는(numerous). 스필버그 영화(Spielberg movies).」

- 「그 식당은 있던 상태를 가지고 있지. 특징으로 한. 셀 수 없는 스필버그 영화 안에서.」
- '그 식당은 수많은 스필버그 영화 속에서 특징으로 내세워져 왔지'
- **해석** 스필버그 감독의 영화에는 걸핏하면 그 식당이 등장하지.

★★★ find
~을 찾아내다

1 I **found** out that I was completely mistaken about Tom.

「나(I)는 무엇을 찾아냈어(found). 어떤 공간 밖에(out). 그건(that). 난(I) 있었지(was). 완전하도록(=완전히, completely). 실수를 한(mistaken). 톰에 대해서(about Tom).」

- 「나는 무엇을 찾아서 밖으로 끄집어냈지(=알아냈지). 그러니까 그건. 내가 완전히 실수를 한 상태였어. 톰에 대해서.」
- 「난 알아냈어. 내가 완전히 실수했다는 것을. 톰에 대해서.」

해석 톰에 대해 완전히 잘못 알고 있다는 것을 깨달았다.

2 Tomorrow morning will **find** me in Africa.

「내일 아침(Tomorrow morning)은 할 것이다(will). (무엇을) 찾아내는 것(find). 나(me). 어떤 공간 안에(in). 아프리카(Africa).」

- 「내일 아침은 찾아낼 것이다(=보게 될 것이다). 나를. 아프리카에서.」
- '내일 아침은 나를 보게 될(=맞이할) 것이다. 아프리카에서.'

해석 내일 아침이면 아프리카에 도착할 것이다.

3 On hearing his mother's words, he hurried into his room and **found** a dreadful mess.

「어디에 붙은(On). 무엇을 알아듣는 중(hearing). 그의 어머님의(his mother's) 말씀(words). 그(he)는 서둘렀다(hurried). 어떤 공간 안으로(into). 그의 방(his room). 그것에 이어(and). 무엇을 찾아냈다(=알게 됐다. found). 하나의(a) 끔찍한(dreadful). 어질러져있는 것(=난장판, mess).」

- 「알아듣자마자. 어머니의 말씀을. 그는 서둘러 자신의 방으로 들어갔다. 그리고 알게 되었다. 하나의 난장판임을.」

해석 어머니의 말씀을 듣는 즉시 서둘러 자기 방에 가보니, 방안이 난장판이었다.

★★★ fire
불을 뿜어내게 하다

1 You're fired!

「넌(You) 있어(are), 불을 뿜어내게 한 (상태)(fired)」

- '넌 불을 뿜어내게 한 상태에 있어!'
- '넌 발사됐어!'
- '당장 꺼져!'라는 의미가 됩니다. 대포나 총이 불을 내뿜은 모습을 떠올려보세요. 총알이나 포탄을 날려 보낼 때 불을 내뿜지요? 그러니 '불을 뿜어내게 한 상태에 있다'
- '총알이나 포탄처럼 어딘가로 날아간 상태에 있다'는 말이 되는 것이죠.

해석 넌 해고야!

2 Oh my god! My house is on fire.

「오, 하느님(=하느님 맙소사, Oh my god)! 내 집(My house)이 있어(is), 어디에 붙은(on), 불을 뿜어내게 하는 것(=불, fire).」

- '오, 하느님(=이럴 수가)! 내 집에 불이 붙었어.'라는 말이네요. a fire는 '하나의 불을 뿜어내게 하는 것'
- '화재' 라는 의미입니다.

해석 이럴 수가! 우리 집이 불타고 있어.

3 His eyes seemed to be full of fire after he heard the news.

「그의 (두) 눈(His eyes)은 무엇인 것 같았다(seemed), 있기로 되어 있는(to be), 가득한(full), 무엇의 일부로(of), 불을 뿜어내게 하는 것(fire), 무엇을 따라서(after), 그(he)가 무엇을 알아들었다(heard) 그 뉴스(the news).」

- '그의 눈은 두 눈 가득히 불을 뿜어내는 것 같았어, 그 뉴스를 들은 뒤에.'라는 내용이네요.

해석 그 소식을 듣고 나서, 그의 눈은 온통 불타오르는 것 같았다.

4 ▶ The archer **fired** an arrow at the enemy soldier.

「그(The) 궁수(archer)는 불을 뿜어내게 했지(=발사했지, fired), 한 발의(an) 화살(arrow), 무엇을 콕 찍어서(at), 다른 것들과 구분되는(the), 적군의 병사(=적병, enemy soldier).」

- ✅ 「그 궁수는 발사했지, 한 발의 화살을, 그 적병을 향해서.」라는 내용이네요. 불을 뿜는 대상이 '화살'
- ✅ '화살을 쏘다'라는 의미가 되네요.
- **해석** 궁수는 적병(賊兵)을 향해 화살을 한 발 쏘았다.

5 ▶ His speech had **fired** many people with enthusiasm for the policy.

「그의(His) 연설(speech)은 가지고 있게 했지(had), 불을 뿜어내게 한(상태)(fired), 많은 사람들(many people), 무엇과 함께(with), 열정(enthusiasm), 무엇을 떠올리면서(for), 그(the) 정책(policy).」

- ✅ 「그의 연설은 많은 사람들로 하여금 불을 뿜어내게 했지(=많은 사람들의 가슴에 불을 질렀지), 열정으로, 그 정책에 대하여.」
- **해석** 그의 연설로 인해 많은 사람들이 그 정책에 대해 열의를 불태웠다.

6 ▶ The newspaper reported correction article about the corruption case under **fire**.

「그(The) 신문사(newspaper), 무엇을 보고했다(reported), 바로잡는 기사(=정정기사, correction article), 무엇의 주변에(about), 다른 것들과 구분되는(the), 부정부패(corruption) 사건(case), 무엇이라는 영향아래(under), 불을 뿜어내게 하는 것(=빗발치는 비난, fire).」

- ✅ 「그 신문사는 정정기사를 실었다. 그 부정부패 사건에 관해. 빗발치는 비난 아래.」
- **해석** 그 신문사는 비난을 받고서 부정부패 사건에 관한 정정기사를 실었다.

★★★ get
어떤 과정을 거쳐 없던 것을 가지게 하다

1 You got me wrong.

'당신(You). 어떤 과정을 거쳐 없던 것을 가지게 했지(got). 나를(me). 잘못되게 하는(wrong)'

- ✓ 「당신은 (어떤 과정을 거쳐서) 가지게 되었다. 나를. 잘못되게(=틀리게).」
- ✓ '당신은 나를 잘못되게 가졌대(=잘못 알고 있다).'는 말이 됩니다.

해석 절 오해하셨군요.

2 How can you get fired from a company you started?

「어떻게(How)? 할 수 있지(can). 당신(you)이. 어떤 과정을 거쳐 없던 것을 가지게 하는 것(get). 불을 뿜어내게 한(상태)(=쫓겨난, fired). 어디로부터(from). 한 회사(a company). 당신(you)이 무엇을 튀어나가게 한(=시작했던, started).」

- ✓ 「어떻게, 당신이 가질 수 있지? 쫓겨난 상태를. 한 회사로부터. 자신이 세운.」의 순으로 이해하면 되겠네요.

해석 어떻게 자신이 세운 회사에서 쫓겨날 수 있지요?

3 I got a 'D' in mathematics and an 'A' in history.

「나는(I) (원래 없던 상태인)무엇을 가지게 했어(got). 하나의(a) 'D'. 어떤 공간 안에(in). 수학(mathematics). 그것에 이어(and). 하나의(an) 'A'. 역사에서(in history).」

- ✓ '난 D를 수학에서 가지게 했고(=받았고), 역사에서 A를 가지게 했지(=받았지).'라는 말이네요. 시험을 보기 전에는 존재하지 않던 성적을 '시험'이라는 과정을 통해서 가지는 겁니다. 즉, 어떤 과정을 거쳐서 갖게 된 결과물이 A와 D라는 성적인 거죠.

해석 수학은 'D'를, 역사는 'A'를 받았지.

4 ▸ After a time you **get** to realize that these problems are not a big deal.

「무엇을 따라서(After), 하나의(a) 시간이 지나가는 것(time), 넌(you) 어떤 과정을 거쳐 없던 것을 가지게 한다(get), 무엇을 깨닫기로 되어 있는(to realize), 그건(that), 이러한 문제들(these problems)이 있잖아(are), 아니라고(not), 하나의(a) 큰(big) 일(deal).」

- ✅ '시간이 지나감에 따라 넌 깨닫는 것을 가진다. 그건, 이러한 문제들이 큰 일이 아니라는 (것을).'
- **해석** 시간이 지나면 이 문제들이 별일 아니라는 것을 깨닫게 된다.

5 ▸ It would be more difficult to **get** about in the city by bus.

「그건(It) 했을 거야(would), 있는 것(be), 더(more) 어려운(difficult), 어떤 과정을 거쳐 없던 것을 가지게 하기로 되어 있는(to get), 무엇의 주변에(about)(있는 상황), 어떤 공간 안에(in), 다른 것들과 구분되는 도시(the city), 버스를 타고(by bus).」

- ✅ 「그건 더 어려웠을 거야. 주변을 가지기로(=돌아다니기로) 되어 있는. 도시 안에. 버스로.」
  '버스를 타고 도시 안에서 주변을 돌아다니는 것은 더 어려울 거야.'
- **해석** 도시를 돌아다니기엔 버스가 더 불편할 거야.

6 ▸ I tried to **get** this stain out, but it didn't come out.

「난(I) 무엇을 시험했지(tried), (어떤 과정을 거쳐) 없던 것을 가지게 하기로 되어 있는(to get), 이 얼룩(this stain), 어떤 공간 밖에(=얼룩이 빠진, out), 그것과 달리(but), 그건(it) 어찌하지 않았지(didn't), 현실 속에 나타나는 것(come), 어떤 공간 밖에 있는(out).」

- ✅ 「난 시험했어. 이 얼룩이 빠진 상태를 가지기로. 하지만. 그건 실제로 어떠하지 않았지. 얼룩이 빠진.」
- **해석** 얼룩을 지우려고 했는데 안 빠지더군.

★★★ go
있던 곳에서 멀어지다

1▶ I always wanted to have a go at baseball.

「나(I)는 늘(always) 무엇을 원하게 했지(=원했지, wanted). 가지고 있게 하기로 되어있는(to have). 하나의(a) 있던 곳에서 멀어지는 것(=시도, go). 무엇을 콕 찍어서(at). 야구(baseball).」

- 「나는 늘 원했지. 가지려는. 하나의 시도를. 야구에 대해.」
- **해석** 늘 야구를 해보려는 마음을 먹고 있었지.

2▶ If you go back to 1970s, you'll find that very few jobs were being created.

「어떤 조건이냐면(If). 네(you)가 있던 곳에서 멀어지는 것(go). 뒤로 향하게 하는(=과거로 거슬러가는, back). 1970년대에 도착하기로 되어있는(to 1970s). 넌(you) 하게 될 거야(will). 찾아내는 것(find). 그건(that). 바로 그렇게(=너무나, very). 얼마 안 되는(few). 일자리들(jobs). 있었지(were). 있는 중(being)으로. 생겨나게 한 상태(created).」

- 「네가 1970년대로 돌아간다면. 보게 될 거야. 일자리가 거의 생겨나지 않는 상황을.」
- **해석** 1970년대로 돌아간다면, 새로운 직업은 좀처럼 생겨나지 않는 상황을 보게 될 거야.

3▶ I am going to write about some experiences in my hard times.

「난(I) 있다(am). 있던 곳에서 멀어지는 중(going). 글을 쓰기로 되어 있는(to write). 무엇의 주변에(about). 어떤 정도의(some) 경험들(experiences). 어떤 공간 안에(in). 나의(my). 힘들었던 시절(hard times).」

- 「나는 글을 쓰기로 되어 있는 쪽으로 멀어지는 중(=쓸 예정)이야. 무엇에 관한. 몇 가지 경험. 힘든 시절에.」
- **해석** 힘든 시기에 겪었던 경험들에 대해 쓸 계획이야.

4 ▶ I appreciate your offer but you don't have to go to the trouble.

「난(I) 가치를 알아봅니다(=감사하다, appreciate). 당신의(your) 제안(offer). 그것과 다르게(but) 당신(you)은 어찌하지 않는다(don't). 가지고 있게 하는 것(have). 있던 곳에서 멀어지기로 되어 있는(to go). 어디에 도착하기로 되어 있는(to). 다른 것들과 구분되는(the). 번거롭게 하는 것(trouble).」

- '제안은 감사하지만, 번거롭게 그러실 필요는 없습니다.'
- **해석** 말씀은 감사하지만 일부러 그러실 필요까지는 없습니다.

5 ▶ Many small businesses went broke because the conglomerate brought about IMF crisis.

「많은(Many) 중소기업들(small businesses). 있던 곳에서 멀어졌다(went). 빈털터리의(broke). 그 이유는(because). 다른 것들과 구분되는(the). 대기업(conglomerate). 가져다 놓았지(brought). 무엇의 주변에(about). IMF위기(IMF crisis).」

- 「많은 중소기업들이 어디론가 멀어지더니 빈털터리가 됐지(=부도났지). 왜냐고? 대기업이 IMF위기란 것을 우리들 근처로 가지고 왔거든(=야기했거든).」
- **해석** 대기업이 초래한 IMF 위기로 인해 많은 중소기업이 도산했다.

6 ▶ "You can't have your cake and eat it," as the saying goes.

「"넌(You) 할 수 없어(can't). 가지고 있게 하는 것(have). 너의(your) 케이크(cake). 그것에 이어(and). 무엇을 먹는 것(eat) 그것(it)." 무엇과 같은(=알다시피, as). 다른 것들과 구분되는(the). 생각을 말하는 중인 것(=속담, saying). 어디론가 멀어지는 것(=말을 전하는 것, goes).」

- "(너는) 케이크를 먹는 것과 가지고 있는 것을 동시에 할 수 없지."라며 속담은 말을 하지(=라는 속담이 있지).
- **해석** "두 마리의 토끼를 잡을 수는 없다"는 속담이 있다.

hear
~을 알아듣다

1 - How did Tom come to hear about her news?

「어떻게(How)? 무엇을 어찌했다(did). 톰(Tom). 함께하는 공간에 나타나는 것(=일이 일어나는 것, come). 무엇을 알아듣기로 되어 있는(to hear). 무엇의 주변에(about). 그녀의 소식(her news).」

- 「어떻게 톰이 한 거지? 어떤 일이 일어나더니 (알아)듣게 되는 것. 그녀의 소식에 관해..라고 파악할 수 있겠네요. hear는 그저 어떤 소리가 귀에 들어오는 것이 아니라, '누구의 목소리인지 또는 어떤 내용인지 알아듣는 것'을 말합니다.
- **해석** 어쩌다가 톰이 그녀의 소식을 듣게 된 거야?

2 - I will not hear of your criticizing your parents.

「난(I) 할 거야(will). 아니게(not). 무엇을 알아듣는 것(hear). 무엇의 일부로(of). 당신의(your). 무엇을 비평하는 중(인 상태)(criticizing). 당신의(your) 부모님(parents).」

- 「난 (알아)듣지 않을 거야. 당신이 비평을 하는 것. (당신의) 부모님을..」
- '난 당신이 비판하는 것을 듣지 않을 거야. 당신의 부모님을.'
- **해석** 부모님을 비판하실 거라면 듣지 않겠습니다.

3 - I had to shout to make myself heard to someone on the opposite side.

「난(I) 가지고 있게 했어(had). 고함지르기로 되어 있는(to shout). 무엇을 만들어내기로 되어 있는(to make). 나 자신(myself). 알아듣은 상태(heard). 누군가에게(to someone). 어디에 붙어있는(on). 다른 것들과 구분되는(the). 반대편(opposite side).」

- '난 고함을 지르기로 되어있었지(=질러야 했지). 내 말을 알아듣게 하도록. 반대편에 있는 사람에게.'
- **해석** 건너편에 있는 사람에게 말을 전달하느라 고함을 질러야 했지.

★★★ help
어떤 상황에서 빼내다

1. He couldn't help himself, so he burst out laughing in the theater.

「그(He)는 할 수 없었어(couldn't), 어떤 상황에서 빼내는 것(help), 그 자신(himself), 그렇게(=그래서, so) 그(he)는 터뜨렸지(burst), 어떤 공간 밖에(out), 웃는 중인 상태(laughing), 극장 안에서(in the theater).」

- '그는 자신을 어떤 상황으로부터 빼낼 수가 없었고, 결국 바깥으로 터뜨렸지, 웃는 것을. 극장에서.'라는 의미입니다.

해석 그는 참지 못하고 그만 극장 안에서 웃음을 터뜨렸다.

2. If you want another wine, just help yourself.

「어떤 조건이냐면(If), 네(you)가 원하게 하는 것(want), 하나의 다른(another) 와인(wine), 딱 맞게(just), 어떤 상황에서 빼내는 것(help), 당신 자신(yourself).」

- '와인 한 잔을 더 원하는 조건이라면, 딱 맞게(=그에 맞게) 자신을 어떤(와인을 더 마시고 싶어 하는) 상황에서 빼내주어라(=와인을 마셔라).'는 의미입니다. 무엇을 먹고 싶어 하는 사람에게 '그 상황에서 자신을 빼내주어라'
- '알아서 챙겨먹으라'는 말인 거죠.

해석 와인 한 잔 더하고 싶으시면 가져다 드세요.

3. "Shall I put these plates away?" "That would be a help."

「"무엇을 하기로 정해져 있나요(Shall)?" "제(I)가, 무엇을 놓는 것(put), 이 접시들(these plates), 떨어져 있게(away). 그건(That) 했을 텐데요(=할 텐데요, would), 있는 것(be), 하나의(a) 어떤 상황에서 빼내는 것(=도움, help)."」

해석 "이 접시들 치워드릴까요?" "그래주시면 도움이 되지요(=감사합니다)."

Chapter 05. 동사 | 161

★★★ lack
필요한 만큼 가지고 있지 않다

1. When people are weak from lack of food, they are more likely to die from disease.

「언제(When), 사람들(people)은 있다(are), 허약한(weak), 무엇으로부터(from), 필요한 만큼 가지고 있지 않은 것(=부족, lack), 무엇의 일부로(of), 식량(food), 그들(they)은 있다(are), 더 많이(more), 할 것 같은(=가능성이 있는, likely), 죽기로 되어 있는(to die), 질병으로부터(from disease).」

✓ 「언제냐면, 사람들이 허약할 때, 식량부족으로 인해, 그들은 더 가능성이 높아, 죽을, 질병 때문에.」
해석 식량부족으로 인해 허약해진 사람들은 질병으로부터 사망할 확률이 더 높다.

2. The new model lacks a handle bar and a rear brake pedal.

「그(The) 새 모델(new model)은 필요한 만큼 가지고 있지 않다(=없다, lack), 하나의(a) 핸들 바(handle bar), 그것에 이어(and) 하나의(a) 뒤 브레이크(rear brake) 페달(pedal).」

✓ '그 새 모델은 필요한 만큼을 가지고 있지 않다. 핸들 바와 뒤 브레이크 페달.'
해석 새로 나온 모델에는 핸들 바와 뒤 브레이크 페달이 없다.

3. A woman looks as if she lack confidence if she asks a man if he likes her.

「하나의(A) 여성(woman)은 무엇을 보게 한다(=보인다, look), 무엇과 같은(as) 어떤 조건(if), 그녀(she)가 필요한 만큼 가지고 있지 않다(lack), 자신감(confidence), 어떤 조건이냐면(if), 그녀(she)가 요청하는 것(=물어보는 것, ask), 한 남자(a man), 어떤 조건이냐면(=인지 아닌지, if), 그가 그녀를(=자신을) 좋아하는 것(he likes her).」

✓ 「여성은 보인다. 자신감이 없는 것 같은. 어떤 조건이냐면, 남자에게 물어볼 때, 자신을 좋아하는지를.」
해석 자신을 좋아하는지 남자에게 묻는 여성은 자신감이 부족해 보인다.

★★★ learn
~을 알게 하다

1 A man of learning is not always a man of wealth.

「하나의(A) 남자(man), 무엇의 일부로(of), 무언가를 알게 하는 중(=배우는, learning), 아니야(is not), 언제나(always), 하나의(a) 남자(man), 무엇의 일부로(of), 부(富)(wealth).」

- 「무언가를 (늘) 배우는 사람이 언제나 무엇인 것은 아니다. (한 명의) 남자. 부를 가진.」
- '끊임없이 배우는 사람(=학식 있는 사람)이 언제나 부유한 것은 아니지.'

해석 학식 있는 사람이 언제나 부유한 것은 아니다.

2 Monkeys learn and store information in the same way to humans.

「원숭이들(Monkeys)은 무엇을 알게 하고(=익히고, learn), 그것에 이어 저장한다(and store), 정보(information)를, 어떤 공간 안에(in) 다른 것들과 구분되는(the), 같은 방법(same way), 어디에 도착하기로 되어 있는(to), 인간(humans).」

- 「원숭이(들)는 익히고(=습득하고) 저장한다. 정보를. 같은 방식으로. 인간과.」의 순으로 파악하면 되겠네요.

해석 원숭이들은 인간과 같은 방식으로 정보를 습득하고 저장한다.

3 Whatever their parents do, the children will learn from them.

「무엇이든(Whatever), 그들의(their) 부모(parents)가 무엇을 어찌하는 것(do), 그 아이들은(the children) 할 것이다(will), 무엇을 알게 하는 것(=배우는 것, learn), 무엇으로부터(from), 그들(them).」

- 「무엇이든 그들의 부모가 하는 것, 그 아이들은 배울 것이다. 부모로부터.」
- '부모가 어찌하는 것은 무엇이든, 아이들은 배울 것이다(=따라할 것이다). 부모로부터.'

해석 아이들은 부모의 행동을 따라 하기 마련이다.

★★★ live
삶을 살다

1 **When asked, the doctor said Tom only had three months to live.**

「언제(When), 무엇을 요청한 상태(=물어본 상태, asked), 그(the) 의사(doctor)는 생각을 말했다(said). 톰(Tom)이 무엇만으로(=단지, only) 가지고 있게 했다(had), 3개월(three months), 삶을 살기로 되어 있는(to live).」

- 「물어보았을 때, 그 의사는 자신의 생각을 털어놓았다. 톰이 단지 3개월을 가지고 있다고, 살아갈 수 있는.」
- **해석** 의사에게 물어보았더니 톰은 3개월밖에 살 수 없다고 했다.

2 **The moment that I brought out my first book will live in my memory for ever.**

「그(The) 순간(moment), 그건(that), 내(I)가 무엇을 가져다놓았지(brought), 어떤 공간밖에(out), 나의(my) 첫 번째 책(first book), 할 거야(will), 삶을 사는 것(=살아있는 것, live), 어떤 공간 안에(in), 내 기억(my memory), '언제든'을 떠올리면서(=영원히, for ever).」

- 「그 순간, 그러니까, 내가 첫 번째 책을 바깥세상에 내놓은 것(=출간한 것), 할 거야, 살아있는 것, 내 기억 속에서, 영원히.,라고 이해하면 되겠네요.
- **해석** 첫 번째 책이 출판되던 순간은 영원히 잊지 못할 거야.

3 **Let us live while we may.**

「무엇을 하게 하자(Let), 우리(us), 삶을 사는 것(live), 무엇하면서 보내는 동안(while), 우리(we), 무엇을 할 수도 있어(may).」

- 「우리 자신으로 하여금 삶을 살게 하자(=만끽하게 하자), 무얼 하는 동안, 우리가 할 수도 있는.」 '우리가 삶을 만끽하게 하자, 할 수 있는 동안에.'라는 의미가 되네요.
- **해석** 살아있는 동안 재미나게 살자.

★★★ make
~을 만들어내다

1 We made it!

「우리(We), 무엇을 만들어냈지(made), 그것(it)」

- '우리가 그 상황을 만들어냈지'라는 말입니다. 서로 간에 알고 있는 그것(it)을 놓고, 해냈다고 말하고 있는 겁니다. make는 사물만이 아니라 상황도 만들어 낼 수 있다는 점을 명심하세요. 예를 들어, 천신만고 끝에 정해진 시간 안에 도착했을 때, '제시간에 도착한 상황(=그것)을 만들어냈어!'라고 말할 수 있는 것이죠.
- **해석** 우린 해냈어!

2 I think that he'll make it in 20 minutes.

「난(I) 생각해(think), 그건(that), 그(he)는 할 거야(will), 무언가 만들어내는 것(make), 그것(it), 어떤 공간 안에(in), 20분(20 minutes)」

- 「내 생각에는, 그는 만들어낼 거야. 그것(을), 20분이라는 공간 안에.」
- '내가 보기에 그는 20분이면 그걸 만들어낼 거야.'라는 말이네요. 여기서의 it은 '서로 간에 알고 있는 그것'
- '시간에 맞게 도착하는 것'이라는 의미를 가지고 있네요.
- **해석** 20분 있으면 (그 사람) 올 거 같은데.

3 Her contribution made the expansion of the museum possible.

「그녀의(Her) 기부금(contribution)은 무엇을 만들어냈지(made), 다른 것들과 구분되는(the), 확장(expansion), 무엇의 일부로(of), 그(the), 박물관(museum), 가능한(possible)」

- 「그녀의 기부금이 만들어냈지, 확장, 그 박물관의, 가능하게.」의 순으로 해석해 나가면 됩니다.
- **해석** 그녀의 기부금 덕분에 박물관을 확장할 수 있었지.

Chapter 05. 동사

4 What **makes** you think you can break up with your boyfriend?

「무엇(What)이 만들어내지(make)? 네(you)가 무엇을 생각하는 것(think), 네(you)가 할 수 있다고(can), 무언가를 깨뜨리고(break), 그것도 무엇의 위쪽으로 향하도록(=완전히, up), 무엇과 함께(with) 너의 남자친구(your boyfriend).」

- 「무엇이 네가 생각하도록 만드는 거지? 네가 완전히 깨뜨릴 수 있다고, 남자친구와(의 관계).」
- **해석** 어째서 남자친구와 헤어질 수 있다고 생각하는 거지?

5 Alice swam nearer to **make** out what it was.

「앨리스(Alice)는 헤엄쳤다(swam), 더 가까이(nearer), 만들어내기로 되어 있는(to make), 어떤 공간 밖에(out), 무엇(what), 그것(it)이 있었다(was).」

- 「앨리스는 더 가까이 헤엄쳐갔다. 바깥 공간으로 나오게끔 만들어내려고(=정체를 알아내려고), 그것이 무엇이었는지.」라는 내용입니다.
- **해석** 앨리스는 그게 무엇인지 알아보려고 더 가까이 헤엄쳐갔다.

6 I **made** myself a cup of Citrus tea for a change.

「난(I) 무엇을 만들어냈지(made), 나 자신(myself), 한 잔(a cup), 무엇의 일부로(of), 유자차(Citrus tea), 무엇을 떠올리면서(for), 하나의(a) 무엇을 바꾸어주는 것(=기분전환, change).」

- 「난 만들어냈지, 나 자신이 한 잔을 가지도록, 유자차의 일부로, 기분전환을 위해.」
- 「난 내 자신이 유자차 한 잔을 가지도록 만들었지, 기분전환으로」가 되네요. 여기서 made가 '자신이 유자차를 가지는(=마시는) 상황'을 만들어낸 겁니다.
- **해석** 기분 전환으로 유자차 한 잔 마셨지.

★★★ manage
~을 관리하다

1 **The prosecution interrogated the former President for twelve hours before they managed to get any information out of him.**

「검찰(The prosecution)은 심문했다(interrogated), 다른 것들과 구분되는(the), 전직대통령(former President), 무엇을 떠올리면서(for), 12시간(twelve hours), 무엇에 앞서는(before), 그들(they)이 무엇을 관리했지(=해냈지, managed), 어떤 과정을 거쳐 없던 것을 가지기로 되어 있는(to get), 어떤 정보(any information), 어떤 공간에서 벗어난(out of) 그(him).」

- 「검찰은 전직대통령을 12시간 동안 심문했지. 무엇하기 전에, 그들이 어떤 정보를 얻어냈다. 그에게서.」
- **해석** 검찰은 전직대통령을 12시간에 걸쳐 심문한 끝에 정보를 얻어냈지.

2 **I have to manage on less than £300 a month.**

「난(I) 가지고 있게 하지(have), 무엇을 관리하기로 되어 있는(to manage), 어디에 붙은(on), 더 적은(less), 무엇보다도(than), 300파운드(£300), 하나의 달(=한 달, a month).」

- 「(난) 관리해야 하지. 어디에 붙은. 300파운드보다 더 적은 (돈). 한 달에.」
- '한 달에 300파운드도 안 되는 돈에 붙은 상태로 관리해야(=살아야) 해.'
- **해석** 300파운드도 안 되는 돈으로 한 달을 살아야 해.

3 **"Would you like some help?" "No, it's all right, I can manage."**

"했으면 하는 데요(=Would)? 당신(you), 좋아하는 것(like), 어떤 정도의 도움(some help)." "부정하는(=아니에요, No), 그것 있잖아요(it is), 모두(all), 바르게 하는(=괜찮은, right), 난(I) 할 수 있어요(can), 무엇을 관리하는 것(=처리하는 것, manage)."」

- **해석** "좀 도와줄까?" "아니, 괜찮아, 내가 처리할 수 있어."

mind
마음을 쓰게 하다

1. "So, are you married?" "Mind your own business."

「"그렇게(=그래서, So), 있잖아(is), 당신(you), 결혼한 상태(married)?" "마음을 쓰게 하세요(Mind), 당신의(your) 자신의 것으로 만드는(=자신의, own) 일거리가 있게 하는 것(=일, business)."」

- "그래서 당신은 결혼한 상태인가요?" "신경 쓰세요. 당신 자신의 일이나."
- **해석** "그래서 당신은 결혼했나요?" "남의 일은 신경 끄시죠."

2. Since I know my lecture can often be boring, so I don't mind if you look at your mobile phones during class.

「무엇 이후로(Since), 나(I)는 알고 있지(know), 내 강의(my lecture)는 할 수 있다(can), 자주(often), 있는 것(be), 지루하게 하는(boring), 그렇게(=그래서, so), 난(I) 어찌하지 않아(don't), 마음을 쓰는 것(mind), 어떤 조건이냐면(if), 당신들(you)이 보게 하지(look), 어디를 콕 찍어서(at), 당신들의 핸드폰(your mobile phones), 수업 도중에(during class)」

- 「내 강의가 대체로 지루할 수 있다는 것을 알기에, 신경 쓰지 않습니다. 여러분들이 핸드폰을 들여다보더라도, 수업 중에.」
- **해석** 강의가 대체로 지루하기 때문에, 수업시간에 핸드폰을 들여다봐도 개의치 않습니다.

3. Mind that pool!

「마음을 쓰게 해(=조심해, Mind)! 저것(=그것, that) 고여 있게 하는 것(=웅덩이, pool).」

- '저기 고여 있는 것(=웅덩이)에 마음 써!'
- '저 웅덩이에 신경 써'라는 말이죠? 고여 있는 물(=웅덩이)에 마음을 쓰라는 말은 결국, '그것을 조심하라'는 말인 것이죠.
- **해석** (저) 웅덩이 조심해!

4 ▶ Do you mind if I turn off the air conditioner?

「무엇을 어찌하니(Do)? 당신(you). 마음을 쓰게 하는 것(mind). 어떤 조건이냐면(if). 내(I)가 무엇을 돌려서(turn) 떨어뜨려놓더라도(off). 다른 것들과 구분되는(=저, the) 에어컨(air conditioner).」

- 「당신은 마음을 쓰요(=신경 쓰이나요)? 내가 돌려서 떨어뜨린다면(=전기를 차단한다면). (저) 에어컨을.」
- 「제가 (저) 에어컨의 전기를 차단시킨다면(=에어컨을 끈다면), 신경 쓰이나요?」

해석 (저) 에어컨 꺼도 될까요?

5 ▶ I don't mind helping if you can't find a job you want.

「난(I) 어찌하지 않아(don't). 마음을 쓰게 하는 것(mind). 어떤 상황에서 빼내는 중(=돕는 것, helping). 어떤 조건이냐면(if). 넌(you) 할 수 없어(can't) 찾아내는 것(find). 하나의(a) 일자리(job). 네가 원하는(you want).」

- 「난 도와주는 것에 마음 쓰지 않아(=기꺼이 도와줄게). 네가 원하는 일자리를 찾아내지 못하면.」

해석 원하는 직장을 못 찾으면 내가 기꺼이 도와줄게.

6 ▶ When I saw the audience in the square my mind just went blank.

「언제(When). 난(I) 알아보았지(saw). 다른 것들과 구분되는(the) 청중(audience). 어떤 공간 안에(in). 그(the) 광장(square). 나의(my) 마음을 쓰게 하는 것(=머리, mind)이 딱 맞게(just) 어디론가 멀어졌지(went). 텅 비어있는(blank).」

- 「청중을 보았을 때. 광장에 있는. 나의 머리는. 마침. 어디론가 멀어지더니 텅 비어버렸지.」라고 이해하면 되겠네요.

해석 광장에 모인 청중들을 보는 순간 머릿속이 하얗게 되어버렸다.

miss
~을 비껴가게 하다

1. You'll miss the true intention of many laws if you stick to the literal meaning of every word.

「넌(You) 할 거야(will) 무엇을 비껴가게 하는 것(=놓치는 것, miss). 다른 것이 아닌(the). 참된 의도(true intention). 무엇의 일부로(of). 많은 법률(many laws). 어떤 조건이냐면(if). 네(you)가 딱 달라붙게 하는 것(stick). 어디에 도착하기로 되어 있는(to). 다른 것이 아닌(the). 글자그대로의 의미(literal meaning). 무엇의 일부로(of). 모든 단어(every word).」

- 「넌 놓칠 거야. 많은 법률의 참된 의미를. 어떤 조건이냐면. 네가 어디에 집착하는 것. 글자 그대로의 의미. 모든 단어의.」
- **해석** 모든 단어를 글자그대로만 해석하다보면 법률의 참뜻을 놓치는 일이 많지.

2. Tom received the message saying that his son was missing.

「톰(Tom)은 무엇을 받았다(received). 그 전갈(the message). 생각을 말하는 중(saying)인. 그건(that). 그의 아들(his son)은 있었지(was). 무엇을 비껴가게 하는 중(=못 찾고 있는 중, missing).」

- 「톰이 전갈을 받았다. 그 내용은. 그의 아들을 찾지 못하고 있는 중(=실종되었다는)이라는.」
- **해석** 톰은 자기 아들이 실종되었다는 전갈을 받았지.

3. He wouldn't miss a money envelope if he lost it.

「그(He)는 하지 않았을 텐데(wouldn't). 무엇을 비껴가게 하는 것(=아쉬워하는 것, miss). 하나의(a) 돈 봉투(money envelop). 어떤 조건이냐면(if). 그(he)는 무엇을 잃었다(lost). 그것(it).」

- 「그는 아쉬워하지 않았을 텐데. 돈 봉투 하나를. 어떤 조건이냐면. 그가 그것을 잃었다는.」
- '그가 돈 봉투 하나를 아쉬워하진 않았을 텐데. 잃어버렸다 해도.'
- **해석** 그는 돈 봉투 하나쯤 잃어버린다 해도 아쉬워하지 않을 걸.

★★★ note
~을 알게 해주는 것

1. Tom used to anger his teacher by passing notes and making flippant remarks during class.

「톰(Tom)은 무엇을 사용했다(used). 화나게 만들기로 되어 있는(to anger). 그의(his) 선생님(teacher). 무엇을 바탕으로(by). 지나가게 하는 중(=돌리면서, passing). 무엇을 알게 해주는 것들(=쪽지, notes). 그것에 이어(and). 만들어내는 중(=내뱉는 중, making). 건방진 말(flippant remarks). 수업 동안(during class).」

- 「톰은 화나게 만들었다(=만들곤 했다). 선생님을. 쪽지를 돌리고 건방진 말을 함으로써. 수업 중에.」
- **해석** 톰은 수업시간에 쪽지를 돌리는가 하면 건방진 말을 해서 선생님을 화나게 하곤 했다.

2. News of his death struck a sour note in my birthday party.

「뉴스(=소식, News). 무엇의 일부로(of). 그의(his) 죽음(death). 어디에 일격을 가했지(struck). 하나의(a) 시큼한(sour). 무엇을 알게 해주는 것(=분위기, note). 어떤 공간 안에(in). 내 생일파티(my birthday party).」

- 「그가 죽었다는 소식이 (어디에) 일격을 가했지. 시큼한 분위기. 내 생일파티에서..」
- **해석** 그의 죽었다는 소식으로 인해 내 생일파티는 엉망이 되었지.

3. I used adhesive tape to stick a note saying "Leave me alone!" on the door.

「난(I) 무엇을 사용했지(used). 접착테이프(adhesive tape). 달라붙게 하기로 되어 있는(to stick). 하나의(a) 무엇을 알게 해주는 것(=쪽지, note). 생각을 말하는 중인(=적혀있는, saying). "leave me alone(날 좀 내버려 둬)"라고. 문에 붙은(on the door).」

- 「난 접착테이프를 사용해서 붙여놓았지. 쪽지를. 뭐라고 적혀있는. "날 좀 내버려둬!"라고. 문에.」
- **해석** "날 좀 내버려둬!"라고 적은 쪽지를 접착테이프로 문에다 붙였지.

4 ▸ I think the chief **note** of his character is sense of justice.

「난(I) 생각하지(think), 다른 것들과 구분되는(the) 우뚝 서는(=돋보이는, chief), 무엇을 알게 해주는 것(note), 무엇의 일부로(of), 그의(his) 자신만이 가지게 하는 것(=사람의 됨됨이, character), 있잖아(is), 정의감(sense of justice).」

- 「난 생각해. 단연 돋보이는 것. 그의 됨됨이 중에서. 있잖아. 정의감이라고.」의 순으로 이해하면 되겠네요.
- **해석** 그의 인격 가운데서 단연 돋보이는 것은 정의감이지.

5 ▸ Put a **note** of question at the end of the sentence.

「무엇을 놓아라(Put), 하나의(a) 무언가를 알게 해주는 것(=표시, note), 무엇의 일부로(of), 물음(question), 무엇을 콕 찍어서(at), 다른 것들과 구분되는(the), 막다른 곳에 이르게 하는 것(=끝, end), 무엇의 일부로(of), 다른 것들과 구분되는(the) 문장(sentence).」

- 「표시를 해라. 물어보는 것의 일부로. 마지막에다. 문장의.」
- '물어보는 표시(=물음표)를 해라. 문장의 마지막에.'
- **해석** 문장 끝에 물음표를 달아라.

6 ▸ I'm not going to believe your story because it is hell of **note**.

「난(I) 아니야(am not), 어디론가 멀어지는 중인(=going), 믿기로 되어 있는(to believe), 너의(your) 이야기(story), 그 이유는(=왜냐하면, because), 그것(it) 있잖아(is), 빌어먹을 것(hell), 무엇의 일부로(of), 무엇을 알게 해주는 것(=내용, note).」

- 「난 너의 이야기를 믿지 않을 거야. 왜냐하면. 그건 빌어먹을 것이거든(=엉터리거든). 내용이.」
- **해석** 너무나 터무니없어서 네 이야기는 못 믿겠다.

★★★ object
~에 맞서 내던지다

1. The object of this mass rally is to remedy injustice in the country.

「다른 것들과 구분되는(The). 어디에 맞서 내던지는 것(=목적, object). 무엇의 일부로(of). 이것(=이번, this) 대규모 집회(mass rally). 있어(is). 멀쩡하게 만들기로(=바로잡기로) 되어 있는(to remedy). 부정(injustice). 어떤 공간 안에(in). 다른 것들과 구분되는 나라(=우리나라, the country).」

✅ 「이번 대규모 집회의 목적은 있잖아. 바로잡자는 것. 부정을. 우리나라(=이 나라) 안에 있는.」
해석 이번 대규모 집회의 목적은 이 나라의 부정부패를 바로잡자는 것이지.

2. Many local people objected to the building of the naval base in Jeju-do.

「많은(Many). 지역 사람들(local people). 어디에 맞서 내던져졌다(=반대했다, objected). 어디에 도착하기로 되어 있는(=어디에, to). 무엇을 쌓아올리는 중(=짓는 것, building). 무엇의 일부로(of). 다른 것들과 구분되는(the). 해군기지(naval base). 어떤 공간 안에(in). 제주도(Jeju-do).」

✅ 「많은 지역주민들이 반대했지. 해군기지 짓는 것을. 제주도에서.」
해석 제주도에 해군기지 건설하는 것을 반대하는 지역주민들이 많았지.

3. They objected that the police arrests people attending in a rally without sufficient evidence.

「그것들(They)은 어디에 맞서 내던져졌다(=항의했다, objected). 그건(that). 경찰(the police)이 체포하는 것(arrest). 사람들(people). 참석중인(attending). 집회 안에(in a rally). 무엇이 없는(without). 충분한(sufficient) 증거(evidence).」

✅ 「그들은 항의했지. 그건. 경찰들이 참석중인 사람들을 체포하는 것. 집회에. 충분한 증거도 없이.」
해석 그들은 경찰이 충분한 증거도 없이 집회에 참석한 사람들을 체포한다고 항의했다.

★★★ observe
~에 대해
필요로 하는 것을 주는 것

1 ▶ **Do they observe New Year's Day?**

「무엇을 어찌하니(Do)? 그것들(they). 어디에 대해 필요로 하는 것을 주는 것(=행사를 치르는 것, observe). 설날(New Year's Day).」

- '그들은 설날을 치르나요(=쇠나요)?' 어디에 맞서 필요로 하는 것을 주는데, 그 대상이 '법률'이나 '규칙'이면
- '무엇을 준수한다.'는 의미가 됩니다.

해석 그들은 설을 쇠나요?

2 ▶ **She observed that she is going to be late for school.**

「그녀(She)는 어디에 대해 필요로 하는 것을 주었다(=의사를 표시했다, observed). 그건(that). 그녀(she)는 있어(is). 어딘가로 멀어지는 중(going). 있기로 되어 있는(to be). 늦은(late). 무엇을 떠올리면서(for). 학교(school).」

- '그녀는 말했지. 그건. 자신이 멀어지는 중이라고. 늦기로 되어 있는. 학교에.」
- '그녀는 자신이 학교에 늦으려하는 중이라고 말했지.'

해석 그녀는 학교에 늦을 거라고 말했다.

3 ▶ **Tom observed a reddish spot on the surface of the planet.**

「톰(Tom)은 어디에 (대해) 필요로 하는 것을 주었다(=발견했다, observed). 하나의(a) 불그스레한(reddish) 반점(spot). 어디에 붙은(on). 다른 것들과 구분되는(the) 표면(surface). 무엇의 일부로(of). 다른 것들과 구분되는(=그, the) 행성(planet).」

- '톰은 발견했다. 불그스레한 반점을. 표면에 있는. 그 행성의.」

해석 톰은 그 행성의 표면에서 불그스레한 반점을 발견했다.

★★★ pass
~을 지나가게 하다

1 ▶ Remember to pick up your ticket as you pass through the turnstile.

「기억해라(Remember), 집어 들기로 되어 있는(to pick up), 너의 티켓(your ticket), 무엇과 같은(as), 네(you)가 지나가게 하는 것(pass), 무엇을 관통하는(through), 다른 것들과 구분되는(the), 개찰구(turnstile).」

- 「너의 티켓을 집어 들어야 한다는 것을 기억해, 무엇과 같은(=동시에), 네가 지나가는 것, 개찰구를 관통해서.」
- **해석** 개찰구를 통과할 때 티켓 챙기는 걸 잊지 마.

2 ▶ We should be careful in passing judgement on whether someone is guilty or not.

「우리(We)는 하기로 정해져 있었지(should), 있는 것(be), 많이 신경 쓰는(careful), 어떤 공간 안에서(in), 지나가게 하는 중(passing), 판단(judgement), 무엇인지에 붙은(on whether), 누군가(someone), 있다(is), 죄가 있는(guilty) 아니면 그게 아닌(or not).」

- 「우리는 신중해야 해, 판단을 내릴 때, 무엇에 관해, 누군가 죄가 있는지 없는지.」
- **해석** 유죄인지 무죄인지를 판단할 때는 신중해야 해.

3 ▶ Maturity is the willingness to pass up immediate pleasure in favor of one's long-term goal.

「성숙함(Maturity)은 있어(is), 다른 것과 구분되는(the) 하고자하는 마음(willingness), 지나가게 하기로 되어 있는(=흘려버리기로 되어 있는, to pass), 위쪽으로 향하도록(=완전히, up), 당장의(immediate) 즐거움(pleasure), 어떤 공간 안에(in), 호의를 가지게 하는 것(favor), 무엇의 일부로(of), 자신의(one's) 장기적 목표(long-term goal).」

- 「성숙함이란 하고자 하는 마음이지, 당장의 즐거움은 흘려버리는, 장기적 목표에 마음을 두고서.」
- **해석** 성숙한 사람은 장기적인 목표를 위해 기꺼이 당장의 즐거움을 포기하지.

place
~을 위치하게 하다

1. There was no place in the crowded classroom to sit.

「거기(에)(There) 있었어(was). 부정하는(no). 무엇을 위치하게 하는 것(=자리, place). 어떤 공간 안에(in) 다른 것들과 구분되는(=그, the). 북적대는(crowded) 교실(classroom). 앉아 있게 하기로 되어 있는(to sit).」

- 「거기에 자리가 없었지. (그) 꽉 찬 교실에는. 앉을.」
- 해석 교실이 꽉 차서 앉을 자리가 없었지.

2. There is a custom that the young should give his place to the old in Korea.

「거기(There)에 있잖아(is). 하나의(a) 관습(custom). 그건(that). 다른 것들과 구분되는 젊은 것(=젊은이들, the young). 하기로 정해져 있었지(should). 무엇을 주는 것(give). 그의(his). 무엇을 위치하게 하는 것(=자리, place). 어디에 도착하기로 되어 있는(to). 다른 것들과 구분되는 오래된 것(=노년층, the old). 한국에서(in Korea).」

- 「한 가지 관습이 있어. 젊은이들이 자기자리를 주기로 되어 있다는 것. 노년층에게. 한국에서.」
- 해석 젊은 사람은 노년층에게 자리를 양보하는 것이 한국의 관습이다.

3. If I were in your place I would not do that.

「어떤 조건이냐면(If). 난(I) 있었다(were). 어떤 공간 안에(in). 너의(your). 무엇을 위치하게 하는 것(=입장, place). 난(I) 하지 않았을 거야(would not). 무엇을 어찌하는 것(do). 그것(that).」

- 「어떤 조건이냐 하면. 내가 너의 입장에 있었어. 난 하지 않았을 거야. 그것을 하는 것..」
- '내가 너의 입장에 있었다면 그걸(=그런 짓) 하진 않았을 거야.'
- 해석 내가 너였다면 그런 짓을 하진 않았을 거야.

4 ▶ People in high **places** usually commit a lot of crime in Korea.

「사람들(People), 어떤 공간 안에(in), 높이 있는(high), 무언가를 위치하게 하는 것(=지위, place), 대개(usually), 무엇을 책임지게 하지(=저지르지, commit), 많은(a lot of) 범죄(crime), 한국에서(in Korea).」

- 「높은 지위에 있는 사람들은 대개 저지르지, 많은 범죄를, 한국에서.」
- **해석** 한국에서는 높은 지위에 있는 사람들이 각종 범죄를 저지르는 경우가 흔하지.

5 ▶ Namsan Tower, the **place** where there were not many things to see in the past, is now a tourist attraction.

「남산타워(Namsan Tower), 다른 것과 구분되는(the) 무엇을 위치하게 하는 곳(=장소, place), 어디냐 하면(where), 거기에(there) 있었지(was), 아니야(not), 많은 것들(many things), 알아보기로 되어 있는(to see), 과거에(in the past), 있잖아(is), 지금(now)(은), 하나의(a) 관광객을 끌어들이는 장소(=관광명소, tourist attraction).」

- 「남산타워, 거기가 어디냐면, 없었어, 많은 볼거리가, 과거엔, 그런데 지금은 관광명소야.」
- **해석** 과거에는 남산타워에 볼게 별로 없었는데, 지금은 관광명소가 됐어.

6 ▶ History records that many naval battle took **place** near Korean islands.

「역사(History)는 기록하지(record), 그건(that), 많은(many) 해전(naval battle)이 앞에 놓여있는 것을 가지게 했지(took), 무엇을 위치하게 하는 것(=자리하게 하는 것, place), 어디에 가깝게 하는(near), 한국의 섬들(Korean islands).」

- 「역사는 기록하지, 많은 해전이 자리했다고(=벌어졌다고), 어디에서 가까운 곳에, 한국의 섬들.」
- **해석** 역사에 따르면, 한국의 섬 주변에서 수많은 해전이 벌어졌다고 한다.

plant
~을 심게 하다

1. **The bicycle company has been investing in new plant and equipment in India.**

「그(The) 자전거회사(bicycle company)는 가지고 있게 한다(has), 있던(been), 투자하는 중(인 상태)(investing), 어떤 공간 안에(in), 새로운(new), 무엇을 심게 하는 것(=설비, plant), 그것에 이어(and), 장비(equipment), 인도에서(in India).」

- ✓ 「그 자전거제조사는 (어떤 공간 안에서) 투자를 해오고 있는 중이다. 새로운 설비와 장비를. 인도에서..」
- 해석 그 자전거 제조업체는 인도에서 새로운 시설과 장비를 투자해오고 있다.

2. **She planted a hard blow on the sexual harasser's stomach.**

「그녀(She)는 무엇을 심게 했다(planted), 하나의(a) 힘들게 하는(=힘이 들어간, hard), 날리게 하는 것(blow), 어디에 붙은(on), 그(the) 치한의(sexual harasser's) 무엇이 삼켜지게 하는 것(=복부, stomach).」

- ✓ '그녀는 힘이 들어간 한 방(=주먹)을 심어주었다. 그 치한의 복부에.'라는 의미네요.
- 해석 그녀는 치한의 복부에 강한 펀치를 날렸다.

3. **Tom claimed that the time bomb were planted on him.**

「톰(Tom)이 무엇을 주장했어(claimed), 그건(that), 그(the) 시한폭탄(time bomb)이 있었어(was), 무엇을 심게 한 (상태)(=심어놓은, planted), 어디에 붙은(on), 그(him).」

- ✓ '톰이 주장한 것은. 그러니까. 그 폭탄이 심어져 있었다는 거지. 그에게..'
- ✓ '톰은 (누군가) 그 시한폭탄을 심어놓았다고 주장했지. 자신에게.'
- 해석 톰은 누가 자신의 가방에 시한폭탄을 몰래 넣어두었다고 주장했다.

★★★ please
원하는 대로 하게 하다

1 **Please do something about your husband.**

「원하는 대로 하게 하세요(Please). 무엇을 어찌하는 것(do). 어떤 (정도의) 것(=뭔가, something). 무엇의 주변에(about). 당신의 남편(your husband).」

- ✅ '어찌 좀 해주세요. 뭔가를. 당신 남편에게.'
- ✅ '당신 남편에 관해 어떤 것을 좀 해주세요.'
- **해석** 제발 남편 좀 어떻게 하세요.

2 **All the people should be free to wear and act as they please.**

「모든 사람들(All the people). 하기로 정해져 있었지(should). 있는 것(be). 자유롭게 하는 (free). 어디에 도착하기로 되어있는(to). 옷을 입는 것과 행동하는 것(wear and act). 무엇과 같은(as). 그것들(=그들, they)이 원하는 대로 하게 하는 것(=마음껏 하는 것, please).」

- ✅ '모든 사람들은 자유로워야지. 옷을 입는 것과 행동하는 것. 그들이 하고 싶은 만큼.'
- **해석** 사람이라면 누구나 내키는 대로 옷을 입고 행동할 수 있어야지.

3 **Would you please give me some money for the concert?**

「무엇을 했으면 하는데요(Would)? 당신(you). 원하는 대로 하게 하는 것(please). 무엇을 내게 주는 것(give me). 어떤 정도의 돈(some money). 무엇을 떠올리면서(for). 그 콘서트 (the concert).」

- ✅ '당신이 주었으면 하는데요? 돈을 좀. 그 콘서트를 생각하면서?'
- ✅ '그 콘서트를 볼 수 있도록 돈을 좀 주었으면 하는데요?'
- **해석** 콘서트 보러가게 돈 좀 주시겠어요?

★★★ post
~을 붙박게 하는 것

1 **The National Railroad Administration had to post a signalman at the entrance to the tunnel.**

「철도청(The National Railroad Administration)은 가지고 있게 했지(had). 어디에 도착하기로 되어있는(to). 무엇을 붙박게 하는 것(=배치하는 것, post). 하나의 신호수(a signalman). 무엇을 콕 찍어서(at). 다른 것들과 구분되는 입구(the entrance). 어디에 도착하기로 되어있는(to). 다른 것들과 구분되는(the) 터널(tunnel).」

- 「철도청은 배치해두어야 했지, 신호수 한 명을, 입구에, 그 터널의.」
- **해석** 철도청은 (그) 터널의 입구에 신호수를 배치해두어야 했지.

2 **The device is fixed to a post.**

「다른 것들과 구분되는(The) 장치(device)는 있어(is). 고정한 상태(fixed). 어디에 도착하기로 되어있는(to). 하나의(a) 무엇을 붙박게 하는 것(=기둥, post).」

- 「그 장치는 있어, 고정된 상태로, 어디냐 하면, 기둥에.」
- **해석** 그 장치는 기둥에 딱 붙어있지.

3 **He's been posted to Seoul for five years.**

「그(He)는 가지고 있게 한다(has). 있던 상태(been). 무엇을 붙박게 한 상태(=고정근무를 시켜놓은, posted). 어디에 도착하기로 되어 있는(to) 서울(Seoul). 무엇을 떠올리면서(for). 5년(five years).」

- 「그는 고정근무를 하던 상태를 지금도 가지고 있어, 서울에서, 5년 동안.」
- **해석** 그는 5년째 서울에서 (파견)근무를 하고 있다.

단어를 통해 배우는 영어의 원리

4. Let yourself out and post the key on the door.

「하게 해라(Let). 너 자신(yourself). 어떤 공간 밖에(out). 그것에 이어(and). 무엇을 붙박게 해(=붙여 둬, post). 다른 것들과 구분되는(the) 열쇠(key). 어디에 붙은(on). 그(the) 문(door).」

- 「네 자신을 밖에 있게 해라. 그리고 붙여둬라. 그 열쇠를. 문에다.」
- '네 자신을 밖으로 나오게 한 뒤에(=밖에 나온 다음에) 열쇠를 문에 붙여 둬.'

해석 집에서 나올 때 열쇠는 문에다 붙여 놔.

5. Spiderman was released after posting $ 5,000 bail.

「스파이더맨(Spiderman)은 있었다(was). 풀려나게 한(released). 무엇을 따라서(after). 무엇을 붙박게 하는 중(posting). 5,000달러 보석금($5,000 bail).」

- 「스파이더맨은 풀려난 상태에 있었지. 어떤 일이 있은 후에. 5000달러의 보석금을 내는 것」
- '스파이더맨은 5,000달러의 보석금을 낸 뒤 풀려난 상태에 있었다(=풀려났다).'는 의미가 되네요.

해석 스파이더맨이 5000달러의 보석금을 내고 풀려났어.

6. The college girl put up the hand-written poster that made her stance clear.

「다른 것들과 구분되는(The) 대학(college) 여학생(girl)은 무엇을 놓았다(put). 무엇의 위쪽으로 향하도록(위에다, up). 그(the). 손으로 쓴(hand-written) 무엇을 붙박게 하는 존재(=포스터, poster). 그건(that). 만들어냈지(made). 그녀의(her) 서있게 하는 것(=입장, stance). 말끔하게 비우는(=분명한, clear).」

- 「그 여대생은 위에다 놓았지(=붙였지). 손으로 쓴 포스터(=대자보). 그건. 그녀의 입장을 분명히 밝혀 주는.」

해석 그 여대생은 자신의 입장을 분명히 밝히는 대자보를 붙였다.

point
~을 가리키게 하다

1. The cyclist was at the point of dehydration when they found him.

「그(The) 자전거 타는 사람(cyclist)은 있었다(was), 무엇을 콕 찍어서(at), 다른 것들과 구분되는(the), 무엇을 가리키게 하는 것(=시점, point), 탈수증상의 일부로(of dehydration), 언제냐 하면(when), 그들이(they) 무엇을 찾아냈다(found), 그(him)」

- '그 자전거주행자는 탈수증상을 가리키는 지점(=증상이 나타나는 시점)에 있었다. 언제냐 하면 그들이 그를 찾아냈을 때.'
- **해석** 자전거주행자의 탈수증상이 나타나기 시작할 무렵 사람들이 그를 발견했다.

2. At this point, an old man in the square asked me what time it is now.

「무엇을 콕 찍어서(At), 이것(=이, this) 무엇을 가리키게 하는 것(=시점, point), 하나의(an) 노인(old man)이, 광장 안에 있는(in the square), 무엇을 요청했다(=물었다, asked), 나(me), 무슨 시간(what time), 그거 있잖아(it is), 지금(now).」

- 「이 시점에(=이때), 광장에 있던 한 노인이 물었다. 나에게, 몇 시냐고, 지금.」
- **해석** 이때, 광장에 있던 노인이 나에게 몇 시인지 물었다.

3. The approval rate for the President fell by 50 percentage points.

「다른 것들과 구분되는(The) 인정해주는 것을 평가받게 하는 것(=지지율, approval rate), 무엇을 떠올리면서(for), 그 대통령(the President), 떨어지게 했지(fell), 무엇을 바탕으로(by), 50퍼센트(50 percent), 무엇을 가리키게 하는 것(=포인트, point).」

- 「그 대통령의 지지율은 떨어졌지, 어떤 수치를 바탕으로, 50퍼센트 포인트.」
- **해석** 대통령의 지지율이 50퍼센트 포인트 떨어졌다.

4 ▶ We should not point the finger at anybody for the result of the matter.

「우리(We)는 하기로 정해져 있었지(should), 아니게(not), 무엇을 가리키게 하는 것(point), 다른 것이 아닌(the), 손가락(finger), 어떤 사람이든지 콕 찍어서(at anybody), 무엇을 떠올리면서(for), 다른 것들과 구분되는(the) 결과(result), 무엇의 일부로(of), 그 일(the matter).」

👁 「우리는 해서는 안 되지, 손가락으로 가리키는(=지적하는) 것, 누구든지, 일에 대한 결과에 대해..」
해석 그 일의 결과에 대해 누구도 탓해선 안 된다.

5 ▶ Mother made a point of finishing our homework before having dinner.

「어머니(Mother)는 무엇을 만들어내셨지(made), 하나의(a) 무엇을 가리키게 하는 것(=지침, point), 무엇의 일부로(of), 끝마치는 것(finishing), 우리 숙제(our homework), 무엇에 앞서(before), 저녁식사를 하는 것(having dinner).」

👁 「어머니께서는 지침을 하나 만드셨지, 그게 무엇인가 하면, 숙제를 끝마치는 것, 저녁식사 전에..」
해석 어머니께서 저녁식사 전에는 숙제를 끝내도록 정하셨지.

6 ▶ What's the point of all this studying something we don't like?

「무엇이 있지(=무엇이지, What is)? 다른 것들과 구분되어(the) 무엇을 가리키게 하는 것(=목적, point), 무엇의 일부로(of), 모든(all) 이것(=이런, this) 탐구하게 하는 중(studying), 어떤 것(something), 우리가 좋아하지 않는(we don't like).」

👁 「목적이 뭐지? 이런 모든, 공부하는 것, 어떤 것을, 우리가 좋아하지도 않는..」
해석 도대체 뭣 때문에 좋아하지도 않는 것을 배워야 하는 거지?

~을 놓다

1. The teacher put my painting up on the wall last year.

「다른 것들과 구분되는 선생님(=그 선생님, The teacher)은 무엇을 놓으셨지(put), 내 그림(my painting), 무엇의 위쪽으로 향하도록(=위에다, up), 어디에 붙인(on), 다른 것들과 구분되는(the) 벽(wall), 작년(last year)에.」

- 「(그) 선생님은 내 그림을 놓으셨지, 위쪽으로 가져가서 벽에 붙게끔, 작년에.」
- **해석** 작년에 선생님께서 내 그림을 벽에 걸어주셨지.

2. Tom's very handsome and smart but his attitude does intend to put people off.

「톰(Tom)은 있잖아(is), 바로 그렇게(very) 잘생기고(handsome) 그것에 이어(and) 영리하다(smart), 그것과 다르게(but) 그의(his) 태도(attitude)는 무언가를 어찌하지(does), 의도하는 것(intend), 무엇을 놓기로 되어 있는(to put), 사람들(people), 어디에서 떨어져(off).」

- 「톰은 매우 잘생겼고 영리해. 하지만, 그의 태도는 의도하지, 사람들을 (자신에게서) 떨어뜨려놓도록.」
- **해석** 톰은 아주 잘생기고 영리하지만, 태도 때문에 다들 그를 멀리하지.

3. I had to put new locks on all my bicycles.

「난(I) 가지고 있게 했어(had), 무엇을 놓기로 되어 있는(to put), 새로운(new) 자물쇠들(locks), 어디에 붙은(on), 모든(all) 나의(my) 자전거들(bicycles).」

- 「난 놓기로 되어있었지, 새 자물쇠를, 모든 나의 자전거에 붙도록.」
- 「난 새 자물쇠를 붙은 상태로 놓기로(=달기로) 되어있었지, 내 모든 자전거에.'라는 말이네요.
- **해석** 모든 자전거에 새 자물쇠를 달아야 했지.

4 ▶ **Put** down my name and phone number before you forget it.

「무엇을 놓아라(Put). 아래쪽으로 향하도록(down). 내 이름(my name). 그것에 이어(=과, and). 전화번호(phone number). 무엇에 앞서(before). 네(you)가 잊어버리는 것(you forget). 그것(it)」

- 「아래쪽에 놓아라(=적어두어라). 내 이름과 전화번호를. 네가 잊어버리기 전에. 그것을.」
- **해석** 잊기 전에 내 이름이랑 전화번호를 적어놔.

5 ▶ I was **put** in charge of the office when I was 22.

「난(I) 있었다(was). 무엇을 놓은 상태에(put). 어떤 공간 안(in). 채워 넣게 하는 것(=책임지게 하는, charge). 무엇의 일부로(of). 그 사무실(the office). 언제냐 하면(when) 내가 있었지(I was). 22살로.」

- 「난 있잖아. 책임져야 하는 위치에 있었어. 그 사무실에서. 그 때 난 22살이었지.」
- **해석** 나는 22살에 사무실 책임자가 되었지.

6 ▶ He ran to fetch a fire extinguisher to **put** the fire out.

「그(He)는 달리게 했다(=달려갔다, run). 불러들이기로 되어 있는(=가지고 오려고, to fetch). 하나의(a) 소화기(fire extinguisher). 무엇을 놓기로 되어 있는(to put). 다른 것과 구분되는(the). 불을 뿜어내게 하는 것(=불이 붙은 것, fire). 어떤 공간 밖에(out).」

- '그는 소화기를 가지러 달려갔다. 불이 붙은 것을 어떤 공간 밖으로 내놓으려고(=불을 끄려고).'라는 의미입니다.
- **해석** 그는 불을 끄기 위해 소화기를 가지러 달려갔다.

★★★ refer
~을 살펴보게 하다

1. The ancient people referred to wild ginseng as "elixir plant."

「다른 것들과 구분되는(The) 옛날 사람들(ancient people). 무엇을 살펴보게 했다(referred). 어디에 도착하기로 되어 있는(to). 산삼(wild ginseng). 무엇과 같은(as). "불로초(elixir plant)."」

- 「옛날 사람들은 살펴보게 했다. 산삼을. 불로초와 같은 (것으로).」
- '옛날 사람들은 산삼을 "불로초"와 같은 것으로 살펴보게 했다(=생각했다).'
- **해석** 옛날 사람들은 산삼을 "불로초"로 여겼다.

2. I have referred to the former principal for his character.

「난(I) 가지고 있게 한다(have). 살펴보게 한 상태(=알아본, referred). 어디에 도착하기로 되어 있는(to). 다른 것들과 구분되는(the) 이전의 교장선생님(former principal). 무엇을 떠올리면서(for). 그의(his). 자신만이 가지게 하는 것(=사람됨, character).」

- 「난 알아본 상태다. 이전 (학교)의 교장선생님에게. 그의 됨됨이에 대해..」
- **해석** 이전 학교의 교장선생님께 그에 관해 물어보았지.

3. I talked to Tom all evening, but he never referred to his fight with Jim.

「난(I) 말을 주고받았지(talked). 어디에 도착하기로 되어있는(=상대방은, to). 톰(Tom). 모든 저녁(=저녁 내내, all evening). 그것과 다르게(but). 그(he)는 언제든 없게(never) 무엇을 살펴보게 했지(=언급했지, referred). 어디에 도착하기로 되어있는(to). 그의 싸움(=그가 다투었던 것, his fight). 무엇과 함께하는(with). 짐(Jim).」

- **해석** 저녁 내내 톰과 이야기했지만, 짐과 다투었던 이야기는 한 마디도 하지 않더군.

★★★ reserve
~을 담아두게 하다

1 All rights reserved.

「모든(All), 바르게 하는 것들(=권리들, rights), 무엇을 담아두게 한 상태(reserved)」

- ✓ '모든 권리는 담아두게 한(=가지고 있는) 상태다.'
- ✓ '우리가 모든 권리를 가지고 있다.'
- ✓ '(우리의)권리를 함부로 침해하지 마시오.'라는 말입니다. 모든 권리를 가지고 있으니 다른 사람이 함부로 사용할 수 없는 것은 당연한 겁니다.

해석 무단전재나 재배포 금지.

2 I'd like to reserve a table for five for seven o'clock.

「난(I) 했으면 하는데(would) 좋아하는 것(like), 담아두게 하기로 되어 있는(=예약하기로 되어 있는, to reserve), 하나의(a) 테이블(table), 무엇을 떠올리면서(for), 다섯(명)(five), 무엇을 떠올리면서(for), 일곱 시(seven o'clock)」

- ✓ '난 했으면 좋겠는데. 예약하는 것. 테이블 하나를. 다섯 명이 앉을. 7시에.'
- ✓ '일곱 시를 떠올리면서 다섯 명이 앉을 테이블을 하나 예약했으면 하는데요.'

해석 7시에 다섯 명이 식사할 자리를 예약하고 싶은데요.

3 He recommended me to write a book about my life, full and unreserved.

「그(He)는 무엇을 권했다(recommended). 나(me). 무엇을 쓰기로 되어 있는(to write). 하나의(a) 책(book). 무엇의 주변에(about). 내 인생(my life). 가득한(full). 그것에 이어(and). 무엇을 담아두게 한 상태가 아닌(=unreserved)」

- ✓ '그는 내게 권했지. 책을 써보라고. 내 인생에 관해. 가득하게(=빠짐없이). 그리고 숨기지 말고(=솔직하게).'

해석 그는 자서전을 빠짐없이 그리고 솔직하게 써보라고 권했다.

screen
~을 가려내다

1. **People who are at risk the disease should be screened.**

「사람들(People), 그게 누구냐 하면(who), 있잖아(are), 무엇을 콕 찍어서(at), 위험(risk), 다른 것들과 구분되는 질병(the disease), 하기로 정해져 있었지(should), 있는 것(be), 무엇을 가려낸 상태(=검진을 받은, screened).」

- 「사람들 있잖아, 위험에 노출된, 그 병에 대해, 하기로 정해져있지, 검진을 받은 상태이기로.」
- **해석** 그 병에 걸릴 위험이 있는 사람은 검진을 받아야 해.

2. **The company screens out applicants motivated only by money.**

「다른 것들과 구분되는 회사(=그 회사, The company)는 무엇을 가려내지(=걸러내지, screens), 무엇이라는 공간 밖에(=바깥으로, out), 지원자들(applicants), 동기를 부여한 상태인(=동기가 부여된, motivated), 무엇만으로(=단지, only), 무엇을 바탕으로(by), 돈(money).」

- 「그 회사는 걸러내지, 동기 부여된 지원자들, 단지, 무엇에 의해, 돈.」
- **해석** 그 회사는 돈만 보고 지원하는 사람들을 탈락시키지.

3. **Men over 50 should be regularly screened for liver cancer.**

「남자들(Men), 무엇을 뒤덮은(=넘긴, over), 50(세), 무엇을 하기로 정해져 있었다(should), 있는 것(be), 규칙적으로(regularly), 무엇을 가려낸 상태(screened), 무엇을 떠올리면서(for), 간암(liver cancer).」

- 「50을 넘긴 남자들은 있기로 정해져 있다, 규칙적으로, 가려낸(=검진을 받은) 상태로, 간암이 있는지.」
- **해석** 50을 넘긴 남성들은 정기적으로 간암 검진을 받아야 한다.

4 ▶ Sunglasses **screened** my eyes from the sun.

「선글라스(Sunglasses)는 무엇을 가려냈다(screened), 내 눈(my eyes), 무엇으로부터 (from), 다른 것들과 구분되는 밝게 빛나는 것(=태양, the sun)」

- '선글라스는 내 눈을 가려준다. 태양으로부터.'라는 말이네요. 태양으로부터 내 눈을 가려낸다는 것
- '햇빛을 막아준다'는 말이 되네요.

해석 선글라스를 써서 햇빛을 차단했지.

5 ▶ He uses his answering machine to **screen** his phone calls.

「그(He)는 무엇을 사용한다(use), 그의(his) 대답하는 기계(=자동응답기, answering machine), 무엇을 가려내기로 되어 있는(to screen), 그의(his), 전화(phone), 부르는 것(= 걸려오는 것, calls).」

- '그는 자동응답기를 사용해서 가려낸다. 그에게(=자신에게) 전화가 걸려오는 것을.'

해석 그는 자동응답기를 이용해서 걸려오는 전화를 거른다.

6 ▶ Many viewers in Korea have strong opinion about violence on the **screen**.

「많은(Many) 시청자들(viewers), 한국에 있는(in Korea), 가지고 있게 하지(have), 강력한 의견(=확고한 의견, strong opinion), 무엇에 대해(about), 폭력(violence), 어디에 붙은(on), 다른 것들과 구분되는 무엇을 가려내는 것(=화면, the screen)」

- 「많은 한국시청자들은 가지고 있지. 확고한 의견, 폭력에 대해, 화면에 비치는.」
- 영화관의 스크린처럼 텔레비전의 내부에서 쏘아대는 빛을 화면이 막아주면서 그곳에 영상이 만들어지죠? 그래서 화면 또는 모니터를 'screen'이라고 부르는 겁니다.

해석 많은 한국시청자들은 화면에 비치는 폭력에 대해 확고한 의견을 가지고 있다.

★★★ see
~을 알아보다

1 "How many people were there?" "Let me see... I think there were about 50."

「"어떻게 많은(=얼마나 많은, How many)? 사람들(people), 있었지(were), 거기에(there)." "무엇을 하게 해줘(Let), 나(me), 무엇을 알아보는 것(=가늠해보는 것, see), 내 생각에(I think), 거기에(there) 있었어(were), 무엇의 주변에(=대략, about), 50(명)."」

해석 "사람들이 거기에 얼마나 있었어?" "어디보자... 50명 정도였던 것 같아."

2 Next year sees the centenary of Kim Gu's death.

「내년(Next year)은 무엇을 알아본다(see), 다른 것이 아닌(the) 100주년(centenary), 무엇의 일부로(of), 김구 선생님의 죽음(Kim Gu's death).」

- '내년은 100주년을 알아본다, 김구 선생님의'
- 「내년이 되면 우리들은 100주년을 본다(=맞이한다), 김구 선생님의.」

해석 내년은 김구선생님께서 돌아가신지 100주년이 되는 해다.

3 Tom was seen to enter the building about the time he was murdered.

「톰(Tom)은 있었다(was), 무엇을 알아본 상태(seen), 들어가기로 되어 있는(to enter), 그(the) 건물(building), 무엇의 주변에(about) 그 때(the time), 그(he)는 있었어(was), 살해한 상태(murdered).」

- 「톰은 (무엇을) 알아본 상태에 있었지(=톰을 누가 봤지), 그 건물에 들어가는, 그 때쯤, 그는 살해한 상태에 있었지(=살해되었지).」

해석 그 남자가 죽어있었던 무렵에, 톰이 그 건물 안에 들어가는 것을 본 사람이 있지.

4 ▶ I saw David running for the bus this morning.

「나(I)는 무엇을 알아봤지(saw), 데이비드(David), 달리게 하는 중(인 상태)(running), 무엇을 떠올리면서(=향해서, for), 다른 것들과 구분되는 버스(=그 버스, the bus), 오늘 아침에(this morning).」

- 「나는 데이비드가 달려가는 것을 봤지. 그 버스를 향해. 오늘 아침에.」
- **해석** 오늘 아침에 데이비드가 버스를 타려고 달려가는 것을 봤지.

5 ▶ Lack of experience is the main problem, as I see it.

「필요한 만큼 가지지 못한 것(=부족, Lack), 무엇의 일부로(of), 경험(experience), 있잖아(is), 다른 것들과 구분되는(the) 주요한 문제(main problem), 무엇과 같은(as), 내(I)가 무엇을 알아보는(see), 그것(it).」

- 「경험부족이 있잖아. 주요한 문제. 내가 보는 바와 같이.」
- '경험부족이 주요한 원인이야. 내가 그것을 보는 바와 같이.'
- **해석** 내 생각엔 문제는 경험부족이야.

6 ▶ We saw in Chapter 11 how environmental hormone are produced.

「우리(We)는 무엇을 알아봤지(saw), 어떤 공간 안에서(in), 챕터 11(=11장, Chapter 11), 어떻게(how), 환경호르몬(environmental hormone)은 있어(are), 무엇을 생산한 상태(=생성된, produced)로.」

- 「우리는 11장에서 알아봤지. 어떻게. 환경호르몬이 생성되었는지.」
- **해석** 우리는 11장에서 어떻게 환경호르몬이 생성되는지를 살펴봤지.

★★★ serve
~에 필요로 하는 것을 주다

1. **Tom served in the army for three in Korea.**

「톰(Tom)은 어디에 필요로 하는 것을 주었어(=복무했어, served). 어떤 공간 안에(in). 군대(the army). 무엇을 떠올리면서(=동안, for). 3년(three). 어떤 공간 안에(in). 한국(Korea).」

- ✓ 「톰은 복무했지. 군에서. 3년 동안. 한국에서.」
- **해석** 톰은 한국에서 3년간 군에서 복무했어.

2. **They wouldn't serve her in any pubs because she looked too young.**

「그들(They)은 하지 않았을 거야(=하지 않으려했어, wouldn't). 어디에 필요로 하는 것을 주는 것(=서비스를 제공하는 것, serve). 그녀(her). 어떤 술집에서도(in any pubs). 왜냐하면(because). 그녀(she)는 무엇을 보게 했어(=보였어, looked). 역시(=너무, too). 어리게(young).」

- ✓ 「그들은 서비스를 제공하지 않으려 했지. 그녀에게. 어디에서도. 그녀가 너무 어리게 보였기 때문에.」
- **해석** 그 여자는 너무 어려 보여서 어떤 술집에서도 받아주지 않았지.

3. **The king said the punishment would serve as a warning to the courtier.**

「그 왕(The king)이 생각을 말했다(said). 그(the) 처벌(punishment)이 했을 거라고(would). 어디에 필요로 하는 것을 주는 것(=역할을 하는 것, serve). 무엇과 같은(as). 하나의(a) 주의하게 하는 것(=경고, warning). 어디에 도착하기로 되어 있는(to). 신하들(the courtier).」

- ✓ 「그 왕이 말하기를. 그 처벌은 역할을 했을 거란다. 하나의 경고로서. 신하들에게.」
- **해석** 왕은 신하들이 그 처벌을 경고로 받아들일 거라고 말했다.

★★★ set
~을 정해두다

1 **So she set to work, and very soon finished off the cake.**

「그렇게(So). 그녀(She)는 정해두었다(set). 무엇이 돌아가게 하기로(=실행에 옮기기로) 되어 있는(to work). 그것에 이어(and). 바로 그렇게(very) 빠르게 다가오는(soon). 무엇을 마치게 했다(finished). 어디에서 떨어져(off). 그 케이크(the cake).」

- 「그렇게 해서, 그녀는 실행에 옮기기로 했고, 금방 끝내버렸다. 그리고 케이크에서 떨어졌다(=케이크를 다 먹었다).」는 내용입니다.
- **해석** 그런 생각으로 먹기 시작하더니, 그녀는 이내 케이크를 다 먹어치웠다.

2 **It is not true that humans set foot on the moon.**

「그것(It) 있잖아(is). 아니야(not). 속이지 않는(true). 그건(that). 인류(humans)가 무엇을 정해두었지(=내디뎠지, set). 발(foot). 어디에 붙은(on). 다른 것들과 구분되는 위성(=달, the moon).」

- 「그건 아니야. 속이지 않는 게(=진실이). 그러니까. 인류가 발 내디뎠다는 것. 달에.」
- '그건 진실(=사실)이 아니야. 인류가 달에 발을 내디뎠다는 것은'
- **해석** 인류가 달에 발을 내디뎠다는 것은 거짓이다.

3 **His new novel is set in Seoul in the 1940s.**

「그의(His) 새(new) 소설(novel) 있잖아(is). 무엇을 정해둔 상태(set). 어떤 공간 안에(in). 서울(Seoul). 어떤 공간 안에(in). 1940년대(1940s).」

- 「그의 새 소설은 정해두었지. 서울 안으로. 1940년대 속에서.」
- '그의 신작소설은 정해져 있지. 1940년대의 서울로(=1940년대의 서울이 배경이라고).'
- **해석** 그의 신작소설은 1940년대의 서울을 배경으로 하고 있지.

★★★ settle
~을 내려놓게 하다

1 So keep looking. Don't settle.

「그렇게(So) 현재 상황을 유지하세요(keep), 보게 하는 중(인 상태)(looking), 무엇을 어찌 하지 마세요(Don't), 내려놓게 하는 것(=안주하는 것, settle).」

- '그렇게 계속 보고 있어요(=찾으세요), 안주하지 말고.'라는 의미가 됩니다. 다시 말해, 멈추지 말고 계속해서 찾으라는 이야기를 하는 겁니다. 자신이 진정으로 원하는 일을 찾을 때까지 말이죠.
- **해석** 그러니 (자신이 원하는 것을) 계속 찾으세요. 안주하지 말고.

2 The company settled with the Financial Services Commission by paying a $100 fine.

「그 회사(The company)는 무엇을 내려놓게 했지(=해결했지, settled), 무엇과 함께하는 (with), 금융감독위원회(the Financial Services Commission), 무엇을 바탕으로(by), 대 가를 지불하는 중인 상태(=대가를 지불하는 것, paying), 하나의(a) 100달러의 벌금($100 fine).」

- 「그 회사는 해결했어. 금융감독위원회와의 갈등. 지불함으로써. 100달러 벌금을.」
- **해석** 그 회사는 100달러 벌금을 내는 것으로 금융감독위원회와의 갈등을 해결했지.

3 She settled in Moscow after her father's death.

「그녀(She)는 무엇을 내려놓게 했다(settled), 어떤 공간 안에(in), 모스크바(Moscow), 무엇 을 따라서(after), 그녀 아버지의(her father's) 죽음(death).」

- 「그녀는 모스크바 안에서 (자신의 삶을) 내려놓았다. 아버지의 죽음을 따라서(=죽음 이후에).」
- '그녀는 아버지의 죽음 이후에 모스크바 안에서 자신의 삶을 내려놓았다.'는 의미네요.
- **해석** 그녀는 아버지가 돌아가신 후 모스크바에 정착했다.

4 ▸ I **settled** my kids on the bed and put the covers over them.

「난(I) 무엇을 내려놓게 했지(settled), 나의(my) 아이들(kids), 어디에 붙은(on), 다른 것들과 구분되는 침대(=그 침대, the bed), 그것에 이어(=그리고, and), 무엇을 놓았지(put), 다른 것들과 구분되는 덮어주는 것들(=이불, the covers), 무엇을 뒤덮은(over), 그들(them).」

- 「난 아이들을 침대에 내려놓았다. 그리고 이불을 놓았지, 아이들의 몸을 뒤덮도록.」
- **해석** 나는 아이들을 침대에 눕히고 이불을 덮어주었다.

5 ▸ Both sides are looking for ways to **settle** their differences.

「양측(Both sides)은 있어(are), 무엇을 보게 하는 중(looking), 무엇을 떠올리며(for), 어디로 통하게 하는 것들(=방법들, ways), 내려놓게 하기로(=해결하기로) 되어있는(to settle), 그들의(their) 여러 가지 다른 점들(differences).」

- 「양측은 뭔가를 생각하면서 보고 있지(= 찾고 있지), 이런저런 방법, 절충하기로 되어있는, 자신들의 견해의 차이.」
- **해석** 양측은 서로 간의 의견 차이를 조정할 수 있는 방법들을 모색하고 있지.

6 ▸ Pleas **settle** your bill before leaving the guest house.

「원하는 대로 하게 하세요(Please), 무엇을 내려놓게 하는 것(=청산하는 것, settle), 당신의(your) 청구서(bill), 무엇에 앞서(before), 떠나는 것(leave), 다른 것들과 구분되는(=이, the) 게스트하우스(guest house).」

- 「청산해주세요(=대금을 지불해주세요), 당신의 청구서를, 떠나기에 앞서, 이곳 게스트하우스를.」
- **해석** 게스트 하우스를 떠나기 전에 숙박비를 지불해주세요.

share
~을 나누어가지다

1. Men often don't like to share their feelings.

「남자들(Men)은 자주(often) 무언가를 어찌하지 않는다(don't). 좋아하는 것(like). 어디에 도착하기로 되어 있는(to) 무엇을 나누어가지는 것(share). 그들의(their) 이런저런 감정(feelings).」

- 「남자들은. 자주. 좋아하지 않는다. 공유하는 것. 자신들의 감정을.」
- '남자들은 대개 좋아하지 않는다. 자신들의 감정을 공유하는 것.'의 의미가 되는 거죠?

해석 남자들은 대체로 자신의 감정을 드러내지 않는 경향이 있다.

2. I can find out whether they are prepared to share the cost of the flowers with me.

「나(I)는 할 수 있어(can). 찾아내는 것(=알아내는 것, find). 어떤 공간 밖에(=현실세계로, out). 무엇인지(whether). 그들이 있다(they are). 무엇을 준비한 상태(prepared). 나누어가지기로 되어있는(to share). 다른 것들과 구분되는(the) 대가를 치르게 하는 것(=가격, cost). 무엇의 일부로(of). 그(the) 여러 가지 꽃(flowers). 나와 함께(with me).」

해석 그 사람들이 나하고 꽃값을 나눠 내려고 할지 (어떨지) 난 알 수 있지.

3. It can be beneficial to share your feelings with someone you trust.

「그건(It) 할 수 있어(can). 있는 것(be). 이로운(beneficial). 나누어가지기로 되어있는(to share). 너의(your) 이런저런 감정(feelings). 무엇과 함께(with). 누군가(someone). 네가 믿는(you trust).」

- 「그건 이로울 수 있어. 나누어가지는 것. 너의 이런저런 감정. 누군가와 함께. 네가 믿는.」

해석 믿을 수 있는 사람과 이런저런 감정을 공유하는 것은 이로울 거야.

★★★ stand
~을 서있게 하다

1 Tom stands to make a lot from that contract.

「톰(Tom)은 서있게 한다(stand), 만들어내기로 되어 있는(to make), 많은 것(a lot), 무엇으로부터(from), 그것(=그, that) 계약(contract).」

- 「톰은 만들어내는 쪽에 서있게 한다(=서있다), 많은 것(을), 그 계약으로부터.」
- '톰은 그 계약 건에서 많은 것(=이익)을 만들어내기로 되어 있다.'는 내용입니다.

해석 그 계약 건으로 톰은 많은 이익을 얻을 겁니다.

2 Mix the dough and let it stand for forty minutes.

「섞어라(Mix), 그(the) 밀가루반죽(dough), 그것에 이어(=그리고 나서, and), 하게 하라(let), 그것(=밀가루반죽, it), 무엇을 서있게 하는 것(=내버려두는 것, stand), 무엇을 떠올리면서(for), 40분(forty minutes).」

- 「섞어라, 그 밀가루반죽을. 그리고 나서 그것을 내버려 둬라. 40분 동안.」

해석 밀가루반죽을 섞고 나면 40분 동안 그대로 둬라.

3 Where do you stand on the Saemangeum reclamation project?

「어디(Where)냐? 무엇을 어찌하는 것(do), 당신(you), 서있게 하는 것(stand), 어디에 붙은(on), 다른 것들과 구분되는(the) 새마을 간척사업(Saemangeum reclamation project).」

- 「어딥니까? 당신이 서 있는 것은. 새마을 간척사업에 붙어서(=관해).」
- '당신은 새마을 간척사업에 관해서 어디에 서있습니까(=어떤 입장입니까)?'

해석 새만금 간척사업에 관해서는 어떤 입장이십니까?

Chapter 05. 동사 | **197**

4 ▶ He can't stand me smoking.

「그(He)는 무엇을 할 수 없어(can't), 무엇을 서있게 하는 것(=견디는 것, stand), 나(me), 담배를 피우는 중인 상태(=담배 피우는 것, smoking).」

- ✓ 「그는 할 수 없어, 견디는 것(=참는 것), 내가 담배를 피우는 것.」
- **해석** 그는 내가 담배피우는 것을 질색한다.

5 ▶ We must make a stand against unfair law enforcement.

「우리(We)는 무엇을 해야만 하지(must), 만들어내는 것(make), 하나의(a) 무엇을 서있게 하는 것(stand), 어디에 맞서는(against), 불공정한(unfair) 법집행(law enforcement).」

- ✓ '우리는 서있어야만(=저항해야만) 하지, 불공정한 법집행에 맞서'라는 말이네요.
- **해석** 우리는 불공정한 법집행에 저항해야 한다.

6 ▶ I stood drinks all round at the bar last night.

「나는(I) 무엇을 서있게 했다(stood), 마시게 하는 것들(=술잔, drinks), 모두(all), 무엇의 둘레에(=쭉 돌아가며, around), 무엇을 콕 찍어서(at), 다른 것들과 구분되는(the) 바(bar), 지난밤(last night)에.」

- ✓ 「난 술잔을 서있게 했지, 모두, (사람들에게) 쭉 돌아가게끔, 그 바에서, 지난밤(=어젯밤)에.」
- **해석** 어젯밤 술집에서 모두에게 한 잔씩 돌렸지.

★★★ strike
~에 일격을 가하다

1. My wife's reaction struck me as odd.

「내 아내의(My wife's) 반응(reaction), 어디에 일격을 가했지(struck), 나(me), 무엇과 같은(as) 딱 맞아 떨어지지 않는(=왠지 이상한, odd).」

- 「아내의 반응이 일격을 가했지, 나에게, 왠지 이상하게.」
- '아내의 반응을 보는 순간 왠지 이상한 느낌이 들었어.'

해석 아내의 반응은 어딘지 모르게 이상했어.

2. Though there was very little support, the strike was successful.

「무엇에도 불구하고(Though), 거기에(there) 있었지(was), 바로 그렇게(=너무나, very), 얼마 안 되는(little) 지원(support), 다른 것들과 구분되는(the), 어디에 일격을 가하는 것(=파업, strike), 있었다(was), 성공적인(상태)(successful).」

- 「거기에 있었잖아. 그렇게나 지원이 없었는데도 불구하고, 파업은 성공적이었지.」

해석 지원이 거의 없었는데도 파업은 성공적이었지.

3. Tom was struck dumb by that and had to think it over for a moment.

「톰(Tom)은 있었어(was), 어디에 일격을 가한 상태(struck), 말을 못하는(dumb), 무엇을 바탕으로(by), 그것(that), 그것에 이어(and), 무엇을 가지게 했어(had), 생각하기로 되어있는(to think), 그것(it), 무엇을 뒤덮은(=이리저리 돌려가며, over), 무엇을 떠올리며(for), 한 순간(=잠시, a moment).」

해석 그로인해 톰은 말문이 막혔고, 잠시 그것에 대해 곰곰이 생각해야만 했지.

★★★ study
~을 탐구하게 하다

1. How long have you been studying Spanish?

「어떻게(=얼마나, How)? 긴 (상태)(long), 가지고 있게 하는 것(have), 당신(you), 있던 상태 (been), 탐구하게 하는 중(=공부하는 중, studying), 스페인어(Spanish).」

- 「얼마나 긴 상태를 가지고 있는가? 당신은, 공부하는 중이던, 스페인어를.」
- 「얼마나 오랫동안 공부해오고 있는가? 스페인어를.」

해석 스페인어를 공부한지 얼마나 됐나요?

2. I know that you've been studying girls for twenty years now.

「나(I)는 알고 있어(know), 그건(that), 네(you)가 무엇을 가지고 있게 한다는 것(have), 있 던 (상태)(been), 무엇을 탐구하는 중(studying), 여자들(girls), 무엇을 떠올리며(for), 20년 (twenty years), 지금(now).」

- 「나는 알지. 그거, 네가 있던 상태를 가지고 있다는 것. 여자에 대해 탐구하는 중인 상태. 20년 동 안. 지금(까지).」

해석 네가 (지금까지) 여자에 대해서 20년 동안 연구해온 걸 알아.

3. I will study your report carefully before making a decision.

「난(I) 할 거야(will), 무엇을 탐구하게 하는 것(=검토하는 것, study), 당신의(your) 보고서 (report), 주의 깊게(carefully), 무엇에 앞서(before), 무엇을 만들어내는 중(making), 하나 의(a) 결정(decision).」

- 「난 당신의 보고서를 검토하겠어. 주의 깊게, 하나의 결정을 내리기에 앞서.」
- '당신(의) 보고서를 주의 깊게 검토하겠어. 결정을 내리기에 앞서.'

해석 당신 보고서를 면밀히 검토하고 나서 결정을 내리겠다.

★★★ subject
~의 아래에 내던지다

1. My wife had **subjected** me to the pressure of getting a divorce.

「내 아내(My wife)는 가지고 있게 했다(had). 무엇의 아래에 내던진 (상태)(subjected). 나(me). 어디에 도착하기로 되어 있는(to). 압력(the pressure). 무엇의 일부로(of). 어떤 과정을 거쳐 없던 것을 가지게 하는 중(getting). 하나의 이혼(=한 차례의 이혼, a divorce).」

- 「내 아내는 나를 내던진 상태를 가지고 있었다. 압력을 받도록. 무엇의 일부로. 이혼을 하려는 중인 상태..」
- '내 아내는 이혼을 하는 것에 대한 압력을 가했었다.'
- **해석** 아내는 이혼하자며 압박을 가했었다.

2. The Koguryo Empire **subjected** most of Northeast Asia to its rule.

「다른 것들과 구분되는(The) 고구려제국(Koguryo Empire)은 무엇의 아래에 내던졌다(subjected). 대부분(most) 동북아시아의 일부로(most of Northeast Asia). 어디에 도착하기로 되어 있는(to). 그것의 지배(=자신의 지배, its rule).」

- '고구려제국은 동북아시아의 대부분을 아래에 놓여있게 했다. 자신의 지배에.'
- **해석** 고구려제국은 동북아의 대부분을 (자신의 지배하에) 복속시켰다.

3. It was you who first raised the **subject** of plastic surgery.

「그건(It) 있었어(was). 너(you). 그게 누구냐 하면(who). 처음(first). 위로 올라가게 했어(=문제를 제기했어, raised). 다른 것들과 구분되는 주제(=그 주제, he subject). 무엇의 일부로(of). 성형수술(plastic surgery).」

- 「그건 있잖아. 너였어. 누구인가 하면. 그 주제를 제일 먼저 끄집어낸. 성형수술이라는.」
- **해석** 맨 처음 성형수술 이야기를 끄집어낸 건 바로 너잖아.

4 All nuclear installations in our country should be subjected to Captain Bubble.

「모든(All) 핵시설(nuclear installation), 어떤 공간 안에(in), 우리나라(our country), 무엇 하기로 정해져 있었다(should), 있는 것(be), 무엇의 아래에 내던진 상태(subjected), 어디에 도착하기로 되어 있는(to), 캡틴 버블(=거품선장, Captain Bubble).」

- ✓ '우리나라에 있는 모든 핵시설은 무엇의 아래에 내던져져야만 하지, 거품선장에게.'
- **해석** 우리나라의 모든 핵시설은 거품선장의 통제를 받아야 해.

5 We need male subjects between the ages of 25 and 55 for the experiment.

「우리(We)는 무엇을 필요로 하지(need), 남성(male), 무엇의 아래에 내던지는 것들(=피험자들, subjects), 무엇의 사이에(between), 나이(the age), 무엇의 일부로(of), 25(세)와 55(세)(25 and 55), 무엇을 떠올리면서(for), 그(the) 실험(experiment).」

- ✓ 「우리는 남성피험자를 필요로 하지, 무엇의 사이에, 나이 25세와 55세, 그 실험을 위한.」
- **해석** 그 실험에는 25세에서 55세 사이의 남성 피험자들이 필요하다.

6 Your book is ready to publish, subjected to my approval.

「당신의(Your) 책(book)은 있잖아(is), 준비를 한 상태(ready), 출판하기로 되어 있는(to publish), 무엇의 아래에 내던진 (상태)(subjected), 어디에 도착하기로 되어 있는(to), 나의(my) 승인(approval).」

- ✓ '당신 책은 출판할 준비가 되어 있는데, 나의 승인을 받아야만 하는 상황이지.'
- **해석** 내가 승인만 하면 당신 책은 출판되는 거지.

★★★ take
마음먹으면 가질 수 있는 것을 가지게 하다

1 ▶ I **take** Tom to be an excellent student.

「난(I) 마음먹으면 가질 수 있는 것을 가지게 한다(take), 톰(Tom), 있기로 되어 있는(to be), 하나의(a) 우수한 학생(excellent student).」

- 「난 톰을 가진다. 한 명의 우수한 학생이기로 되어 있는 상태로.」
- '나는 톰이 우수한 학생이기로 되어 있는 것을(=학생이라는 것을) 가진다.'라는 말이죠?
- **해석** 톰은 우수한 학생이라고 생각한다.

2 ▶ Is this seat **taken**?

「있어요(Is)? 이것(=이, this) 자리(seat), 마음먹으면 가질 수 있는 것을 가지게 한(taken).」

- 「있나요? 이 자리, (누군가가) 가진 상태로.」
- '이 자리를 누군가 가진 상태인가요?(=임자가 있는 자리인가요)'라는 의미입니다. take는 (마음만 먹으면 당장 가질 수 있는 것)을 가지는 이미지라서 '(눈)앞에 놓여 있는 것을 가지게(=집어 들게) 하다'로 이해할 수도 있습니다. 반대로 get에는 (무엇인가를 손에 넣기 위한) 어려움이라든지 거쳐야 할 과정이 있습니다.
- **해석** 여기 자리 있나요?

3 ▶ Don't worry. I will not **take** up much of your time.

「걱정하지 마(Don't worry), 난(I) 할 거야(will), 아니게(not), 마음먹으면 가질 수 있는 것을 가지게 하는 것(take), 무엇의 위쪽으로 향하도록(up), 많은 것(much), 무엇의 일부로(of), 너의(your) 시간(time).」

- 「걱정하지 마. 난 하지 않을 거야. 집어 드는 것(=빼앗는 것), 많은 것, 너의 시간의 일부로.」의 순으로 이해하면 되겠네요.
- **해석** 걱정하지 마. 네 시간을 많이 빼앗진 않을 테니.

4 ▸ The sleeping pills didn't take.

「다른 것들과 구분되는(The) 수면제 몇 알(sleeping pills). 무엇을 어찌하지 않았지(didn't). 마음먹으면 가질 수 있는 것을 가지게 하는 것(take).」

- '수면제 몇 알이 앞에 놓여있는 것을 가지지 않았어.'는 말이네요. 수면제가 마음만 먹으면 가질 수 있는 것은 '잠이 드는 효과'인데, 그걸 가지지 못했으니 잠이 오지 않았다는 이야기가 되는 겁니다.
- **해석** 수면제 몇 알 먹었는데 잠이 안 오더라고.

5 ▸ With fortune we can buy whatever it is we believe will take us towards bigger happiness.

「큰 돈과 함께하는(With fortune). 우리(we)는 할 수 있어(can). 무엇을 사는 것(buy). 무엇이든(whatever). 그것 있잖아(it is). 우리가 믿는 것(we believe). 할 거야(will). 마음먹으면 가질 수 있는 것을 가지게 하는 것(take). 우리들(us). 어디를 향해(towards). 더 큰 행복(bigger happiness).」

- 「큰 돈이 있으면 우리는 살 수 있지. 무엇이든지. 그거 있지. 우리 생각에. 가지게 할. 우리들을. 더 큰 행복 쪽으로.」
- **해석** 돈이 많다면, 우리를 더 행복하게 해 줄 그 어떤 것도 다 살 수 있지.

6 ▸ I told her she has what it takes to be an artist.

「난(I) 내용을 말했지(told). 그녀(her). 그녀(she)는 가지고 있게 한다(has). 무엇(what). 그것(it). 마음먹으면 가질 수 있는 것을 가지게 하는 것(take). 있기로 되어 있는(to be). 하나의 예술가(an artist).」

- 「난 그녀에게 말해줬어. 그녀가 가지고 있다고. 무엇을. 그건. 가지고 있는. 한 명의 예술가이기로 되어 있는 것(=예술가로서의 자질).」
- **해석** 그녀에게 예술가가 될 자질이 있다고 말해줬어.

★★★ treat
~을 대접하다

1. We decided to treat his remarks as a declamation of war.

「우리(We)는 결정했다(decided). 무엇을 대접하기로 되어 있는(to treat). 그의(his) 언급(= 발언, remark). 무엇과 같은(as). 하나의(a) 전쟁선언(declamation of war).」

- 「(우리는) 그의 발언을 대접하기로(=받아들이기로) 결정했다. 하나의 전쟁을 선언하는 것(=선전포고)으로.」
- **해석** 그의 발언을 선전포고로 받아들이기로 결정했다.

2. Police say they're treating it as a case of attempted murder.

「경찰(Police)은 생각을 말한다(say). 그들은 있잖아(they are). 무엇을 대접하는 중(treating). 그것(it)을. 무엇과 같은(as). 하나의(a) 경우(case). 무엇의 일부로(of). 살인미수(attempted murder).」

- 「경찰에 의하면. 그들은 취급하겠대. 그것을. 무엇과 같은. 하나의 사건. 살인미수의 일부로.」
- **해석** 경찰은 그 사건을 살인미수로 다루겠다고 입장을 밝혔다.

3. Jane adored Tom but he didn't treat her well.

「제인(Jane)은 너무나 좋아했지(adored). 톰(Tom)(을). 그것과 다르게(=하지만, but). 그(= 톰, he)는 어찌하지 않았어(didn't). 무엇을 대접하는 것(=대하는 것, treat). 그녀(her). 좋게(=잘, well).」

- 「제인은 끔찍이도 톰을 좋아했지. 하지만. 그는 대해주지 않았어. 그녀를. 잘.」
- **해석** 제인은 톰을 끔찍이도 좋아했지만, 그는 심드렁했지.

turn
~을 돌게 하다

1 I have nobody I can turn to.

「난(I) 가지고 있게 한다(have). 아무도 없는 것(nobody). 내가(I) 할 수 있는(can). 무엇을 돌게 하는 것(turn). 어디에 도착하기로 되어 있는(to).」

- 「난 아무도 가지고 있지 않아(=나에겐 아무도 없어). 내가 (몸을) 돌려서 어디에 도착하기로 되어 있는(=기댈 수 있는).」
- '나에겐 (몸을 돌려서) 기댈 수 있는 사람이 아무도 없어.'

해석 의지할 수 있는 사람이 아무도 없어.

2 They turned a flock of ducks into the field.

「그것들(They)은 무엇을 돌게 했다(turned). 하나의(a) 무리(flock). 무엇의 일부로(of). 오리 떼(ducks). 어떤 공간 안에 도착하기로 되어 있는(into). 다른 것들과 구분되는(the) 들판(field).」

- 「그들은 돌게 했다. 한 무리의 오리 떼를. 어떤 공간 안으로 들어가도록. 그 들판에.」
- '그들은 한 무리의 오리 떼를 돌게 하더니 들판 안으로 들어가게 만들었다.'

해석 그들은 오리 떼의 방향을 틀어서 들판에 풀어놓았다.

3 The lion turned on its trainer during the show.

「그(The) 사자(lion)는 무엇을 돌게 했다(turned). 어디에 붙은(on). 그것의(=사자의, its) 트레이너(trainer). 무엇동안(during). 그 쇼(the show).」

- 「그 사자가 몸을 틀더니 자신의 트레이너에게 달려붙었다(=달려들었다). 그 쇼를 하는 동안(=쇼 도중에).」
- '그 사자는 몸을 돌리더니 조련사에게 달려들었다. 쇼 도중에.'라는 의미가 되네요.

해석 쇼 도중에 사자가 조련사에게 달려들었다.

4 **Huge dust storms turned day into night all over the island.**

「거대한(Huge) 모래 폭풍(=황사, dust storm)은 무엇을 돌게 했지(turned). 날(day). 어떤 공간 안으로(into). 밤(night). 모두(all). 무엇을 뒤덮은(over). 그 섬(the island).」

- 「거대한 황사는 날(=낮)을 돌리더니 밤으로 바꾸어놓았지. 모든 것을 뒤덮은. 그 섬.」
- '거대한 황사는 낮을 밤으로 바꾸어놓았지. 그 섬 전체를 뒤덮은.'

해석 거대한 황사로 인해 대낮이었음에도 섬 전체가 캄캄했다.

5 **Take the second turn on the left.**

「마음먹으면 가질 수 있는 것을 가지게 해라(=취하라, Take). 다른 것들과 구분되는(the) 두 번째의(second). 돌게 하는 것(=방향을 바꾸는 것, turn). 어디에 붙은(on). 다른 것들과 구분되는(the) 왼쪽(left).」

- 「두 번째에서 방향을 틀어라. 왼쪽에 있는(=왼쪽으로).」이라고 이해하면 되겠네요.

해석 두 번째 모퉁이에서 좌회전 하세요.

6 **In 2008, The stock market crash gave me a real turn.**

「어떤 공간 안에(In). 2008(년). 다른 것이 아닌(the). 주식시장(stock market). 무너지게 하는 것(=폭락, crash). 무엇을 주었지(gave). 나(me). 하나의(a) 진짜로(real) 돌게 하는 것(turn).」

- 「2008년에, 주식시장 폭락이 주었지. 나에게. 진짜로 돌아버리게 하는 것.」
- '2008년의 주식시장 폭락 때문에 난 정말 돌아버리는 줄 알았어.'

해석 2008년의 주식시장 폭락으로 인해 엄청 충격을 받았지.

★★★ wear
~을 걸치게 하다

1 ▶ Your horse needs new shoes if the shoe has worn thin or smooth.

「너의 말(Your horse)은 필요로 하지(need), 새로운(new) 신발(=말발굽, shoes), 어떤 조건이냐면(if), 다른 것들과 구분되는(the) 말발굽(shoe)이 가지게 있게 한다(has), 무엇을 걸치게 한(=닳은), 얇게 하는(=얇은, thin), 아니면(or), 매끄러운(smooth).」

✅ 「너의 말은 필요로 하지, 새 말발굽, 어떤 조건이냐면, 말발굽이 닳아서 얇아지거나 매끄러워진 상태.」

해석 말발굽이 닳아서 얇아지거나 매끄러워지면 새것으로 갈아 끼워야 할 걸.

2 ▶ As the day wore on Tom found himself increasingly impressed.

「무엇과 같은(As), 다른 것들과 구분되는(the) 날(day)이 무엇을 걸치게 했지(=시간이 흘러가게 했지, wore), 어디에 붙은(=이전의 상황에 이어서, on), 톰(Tom), 무엇을 찾아냈어(found), 그 자신(himself), 점차(increasingly), 인상을 심어준(=감동받은, impressed).」

✅ 「무엇과 같이(=무엇에 따라), 날이 저물어가는 것, 계속해서, 톰은 발견했어, 자신이 받은 감동이 점점 커져가는 것.」

해석 날이 저물어감에 따라, 톰은 감동의 물결이 점점 더 커져가는 것을 느꼈지.

3 ▶ She was wearing a new dress.

「그녀(She)는 있었다(was), 무엇을 걸치게 하는 중(wearing), 하나의(a) 새로운(new) 드레스(=원피스, dress).」

✅ 「그녀는 걸치게 하는(=입고 있는) 중이었다, 하나의 새로운 원피스를.,과 같이 파악할 수 있네요.

해석 그녀는 새 원피스를 입고 있었어.

4 When I drove through the gates, she wore a look of amazement.

「언제(When), 내(I)가 무엇을 몰아가게 만들었다(=몰고 갔다, drove), 무엇을 관통하는(through), 다른 것들과 구분되는(the), 여러 개의 출입구(gates), 그녀는 걸치게 했지(=지었지, wore), 하나의 표정(a look), 무엇의 일부로(of), 놀라움(amazement).」

- 「내가 차를 몰고 갔을 때, 여러 개의 출입구를 지나가면서, 그녀는 지었지, 표정을, 놀라워하는」
- **해석** 차를 몰고 출입구를 계속해서 지나가는 것을 보더니 그녀가 놀라운 표정을 짓더군.

5 My mother wears her hair long.

「나의(My) 어머니(mother)는 무엇을 걸치게 하신다(wear), 그녀의(her) 머리(hair), 긴 상태로(=길게, long).」

- 「우리 어머니는 머리를 걸치게 하신다(=기르신다), 길게, 와 같이 되는 거죠?
- **해석** 어머니께서는 머리를 길게 기르신다.

6 The President has worn holes in all his socks.

「다른 것들과 구분되는(The) 대통령(President)은 가지고 있게 한다(has), 무엇을 걸치게 한(worn), 구멍들(holes), 어떤 공간 안에(in), 모든(all) 그의(his) 양말들(=양쪽 양말, socks).」

- 「그 대통령은 구멍을 여러 개 걸친 상태다. 자신의 양쪽 양말에.」
- '대통령은 구멍이 여러 개(=몇 개)나게 한 상태를 가지고 있다. 그의 양쪽 양말에.'와 같이 되네요.
- **해석** 대통령의 양말에는 양쪽 모두 구멍이 여러 개(=몇 개) 나 있다.

work
~이 돌아가게 하다

1. Mother Theresa dedicated her life to working for the weak.

「마더 테레사(Mother Theresa)는 어디에 공헌했다(dedicated). 그녀의 삶(her life). 어디에 도착하기로 되어 있는(to). 무엇이 돌아가게 하는 중(=일하는 것, working). 무엇을 떠올리면서(for). 다른 것들과 구분되는 부실한 것(=약자들, the weak).」

- 「마더 테레사는 자신의 삶을 바쳐서 일했다. 약자들을 위해서.」
- **해석** 마더 테레사는 약자를 위해 일하는 데 평생을 바쳤다.

2. Do you know how to work the fax machine?

「무엇을 어찌하는가(Do)? 말을 듣는 대상(=당신, you). 알고 있는 것(know). 어떻게(how). 어디에 도착하기로 되어 있는(to). 돌아가게 하는 것(=작동시키는 것, work). 다른 것들과 구분되는(the) 팩스(fax machine).」

- 「당신은 알고 있는가? 어떻게 작동시키는지, 팩스를.」
- **해석** 팩스를 어떻게 사용하는지 아세요?

3. I have seen the future and it doesn't work.

「난(I) 가지고 있게 하지(have). 무엇을 알아본 상태(seen). 미래(the future). 그것에 이어(and). 그건(it) 어찌하지 않더라고(doesn't). 무엇이 돌아가게 하는 것(=순탄하게 하는 것, work).」

- 「난 미래를 알아본 상태를 가지고 있지. 그런데 그게 순탄하지 않더라고(=신통치 않더라고).」
- **해석** 미래를 점쳐보았는데, 별 볼일 없더군.

4 ▸ Your educational background can work against you in this job.

「당신의(Your) 학문적 배경(educational background)은 할 수 있다(can). 무엇이 돌아가게 하는 것(=작용하는 것, work). 어디에 맞서는(against). 당신(you). 어떤 공간 안에(in). 이 것(=이, this) 직업(job).」

- 「당신의 학문적 배경이 작용할 수 있다. 당신에게 맞서는(=불리하게). 이 직업에서는.」
- **해석** 이 일을 하다보면 당신의 학력 때문에 불이익을 당할 수도 있다.

5 ▸ My husband always brings work home with him from the office.

「나의(My) 남편(husband)은 언제나(always) 무엇을 가져다 놓는다(=가지고 온다, bring). 무엇이 돌아가게 하는 것(=일거리, work). 집으로(home). 무엇과 함께하는(with). 그(him). 어디로부터(from). 다른 것들과 구분되는 사무실(the office).」

- 「남편은 언제나 일거리를 가지고 온다. 집으로. 자신이 직접. (사무실로부터.)」
- **해석** 남편은 늘 집에 일거리를 가지고 온다.

6 ▸ I've worked out a new way of reading fast.

「난(I) 가지고 있게 한다(have). 무엇이 돌아가게 한(=애를 쓴, worked). 어떤 공간 밖에(out). 하나의(a) 새로운(new) 방법(way). 무엇의 일부로(of). 읽는 중인 상태(reading). 거칠게 없도록 하는(=빠르게, fast).」

- 「난 애를 써서 무언가를 공간 밖으로 나오게 만든 상태지(=알아냈지). 새로운 방법. 빠르게 읽는 것(=속독)의 일부로.」
- **해석** 내가 새로운 속독법을 생각해냈지.

Chapter 06

명사

account / art / amount / bar / base / bed /
bill / box / business / case / cause / cell /
character / check / concern / condition /
credit / date / drill / effect / energy /
executive / favor / force / grade / hand /
home / interest / issue / level / line / lot /
matter / net / operation / order / passage /
patch / performance / pool / power /
problem / provision / quality / race / rate /
rest / sale / scale / sense / sign / system /
sport / stress / term / trouble / vision / way

★★★ account
~을 정산하게 하는 것

1. Give me an account for what you did yesterday.

「무엇을 줘(Give), 나(me), 하나의(an) 정산하게 하는 것(=전후사정을 설명하는 것, account), 무엇을 떠올리면서(for), 무엇(what), 네(you)가 어찌했던(did), 어제(yesterday).」

- 「나에게 줘 봐, 전후사정을 설명하는 것을, 무엇에 대해, 네가 어제 한 것.」
- '도대체 어제는 왜 그랬던 거야?' 정도로 이해할 수 있겠네요.

해석 네가 어제 한 일에 대해 설명해봐.

2. You need to put some money into your account.

「넌(You) 할 필요가 있지(need), 무언가를 놓아두기로 되어 있는(to put), 어떤 정도의 돈(=어느 정도의 돈, some money), 어떤 공간 안으로(into), 너의(your), 무엇을 정산하게 하는 것(=계좌, account).」

- 「넌 놓아둘 필요가 있지, 어느 정도의 돈을, 너의 계좌 안으로.」
- '넌 어느 정도의 돈을 넣어둘 필요가 있지, 네 계좌에.'

해석 네 계좌에 돈을 좀 넣어둬야 해.

3. I decided to help you on your mom's account.

「난(I) 결정했어(decided), 어떤 상황에서 빼내기로(=돕기로) 되어 있는(to help), 너(you), 어디에 붙은(on), 네 어머니의(your mother's), 무엇을 정산하게 하는 것(=은혜, account).」

- 「난 돕기로 결정했어, 너를, 어디에 붙은, 네 어머니의 은혜.」
- '어머님에게 입은 은혜를 생각해서 널 도와주기로 결정했어.'

해석 너희 어머님을 봐서 널 도울 결심을 했던 거야.

4 **All the students absent were accounted for.**

「모든(All) 다른 것들과 구분되는(the) 학생들(students), 참석하지 않은(absent), 있었어 (were), 정산하게 한 (상태)(=내용이 밝혀진, accounted), 무엇을 떠올리면서(for).」

- 「모든 학생들, 참석하지 않은, 내용이 밝혀진(=소재가 파악된) 상태였지, 왜 참석하지 않았는지에 대한.」
- **해석** 결석한 학생들 전원의 소재가 파악되었다.

5 **Ten years ago, Type 1 diabetes accounted for just 10 percent of diabetes cases in adults.**

「10년(Ten years) 전에(ago), 1타입(Type 1) 당뇨병(diabetes)은 무엇을 정산하게 했지(= 차지했지, accounted), 무엇을 떠올리면서(for), 딱 맞게(just) 10퍼센트(10 percent), 무엇의 일부로(of), 당뇨병인 경우(diabetes cases), 어떤 공간 안에(in), 성인들(adults).」

- '10년 전에 1타입 당뇨병(=제1형 당뇨병)은 10%만 차지했지, 성인들의 경우에 있어서.'
- **해석** 10년 전만 해도, 제1형 당뇨병을 가진 사람들은 성인 중 10% 정도에 불과했다.

6 **You'll have to account to me for whatever happens to our kids.**

「당신(You)은 할 거야(will), 가지고 있게 하는 것(have), 무언가를 정산하게 하기로(=책임지기로) 되어 있는(to account), 나에게(to me), 무엇을 떠올리면서(for), 무엇이든지 (whatever) (어떤 일이) 벌어지는 것(happen), 우리 아이들에게(to our kids).」

- 「당신은 책임져야 할 거야, 나에게, 무엇에 대해서, 무엇이든지 우리 아이들에게 벌어지는 일.」
- '만일 우리 아이들에게 무슨 일이라도 생긴다면 당신이 책임져야 할 거요.'
- **해석** 아이들에게 어떤 일이라도 생긴다면 당신에게 책임을 묻겠소.

★★★ art
사람의 힘으로 무언가를 빚어내는 것

1. He knows the art of captivating women's heart.

「그(He)는 알고 있다(know), 다른 것들과 구분되는(the), 사람의 힘으로 무언가를 빚어내는 것(=기술, art) 무엇의 일부로(of), 사로잡는 중(=사로잡는 것, captivating), 여성들의 마음(women's heart).」

> 「그는 알고 있다. 바로 그 기술. 무엇을 사로잡는 것. 여성들의 마음.」
>
> **해석** 그에겐 여성의 마음을 사로잡는 기술이 있어.

2. Why do people all over the world go crazy about martial arts?

「왜(Why)? 어찌 하는가(do), 사람들(people), 모든(all), 세상을 뒤덮은(over the world), 어디론가 멀어지는 것(go), 미친(crazy), 무엇의 주변에(=무엇에 관한, about), 무술(martial arts).」

> 「왜 어찌하는가? 세상을 뒤덮은(=온 세상) 사람들. 미쳐버리는(=열광하는) 것. 무술에 대해.」라고 이해하면 되겠네요. 그리고 martial art는 '싸우는 것에 관한/(사람의 힘으로)무언가를 빚어내는 것' 즉 '무술'이 되는 것이죠.
>
> **해석** 온 세상 사람들이 무술에 열광하는 이유는 무엇일까?

3. Tom loves his wife without art.

「톰(Tom)은 사랑한다(love), 그의(his) 아내(wife), 무엇이 없는(without), 무언가를 빚어내는 것(=꾸미는 것, art).」

> 「톰은 그의 아내를 사랑한다. 꾸미는 것이 없는.」이라는 말이 되죠? 이는 결국 어떤 꾸밈도 없는 그대로의 아내를 사랑한다는 말인 거죠.
>
> **해석** 톰은 아내를 있는 그대로의 모습으로 사랑한다.

amount
어떤 정도에 이르는 것

1. What is the amount of the bill for a meal?

「무엇(What)이 있지(is)? 다른 것들과 구분되는(the). 어떤 정도에 이르는 것(=액수, amount). 무엇의 일부로(of). 다른 것들과 구분되는(the) 가치를 담게 하는 것(=청구서, bill). 무엇을 떠올리면서(for). 하나의 식사(=한 끼 식사, a meal).」

- 「무엇이지? 액수가. 청구서의. 한 끼 식사에 대한(=먹은 것에 대한).」
- '제가 먹은 식사에 대한 액수가 어느 정도 되나요?'

해석 밥값 얼마 나왔어요?

2. What he said yesterday amounted to an permission.

「무엇(What). 그(he)가 생각을 말했던(said). 어제(yesterday). 어떤 정도에 이르렀어(=무엇이나 다름없었지, amounted). 어디에 도착하기로 되어 있는(to). 하나의(a) 허락(permission).」

- 「무엇. 그가 어제 말했던. 무엇에 다름없었지. 하나의 허락.」
- '어제 그가 말했던 것은 무엇에 다름없었지. 하나의 허락.'

해석 어제 그가 한 말은 허락이나 다름없어.

3. That supermarket charges an extra amount for delivery service.

「저(=그, That) 슈퍼마켓(supermarket)은 책임을 지게 하지(=요금을 물리지, charge). 하나의(an) 별도로 된(extra). 어떤 정도에 이르게 하는 것(=요금, amount)을. 무엇을 떠올리면서(for). 배달서비스(delivery service).」

- 「저 슈퍼마켓은 요금을 물리지. 하나의 별도요금. 무엇에 대해서. 배달서비스.」

해석 그 슈퍼마켓은 배달서비스에 추가요금을 부과한다.

★★★ bar
~을 가로놓이게 하는 것

1. The man attacked Tom with an iron bar.

「다른 것들과 구분되는 남자(=그 남자, The man)가 공격했어(attacked). 톰(Tom). 무엇과 함께하는(with). 하나의(an). 쇠(iron). 무엇을 가로놓이게 하는 것(=막대기, bar).」

- 「그 남자가 공격했어. 톰을. 무얼 가지고. 하나의. 쇠막대기.」
- **해석** 그가 쇠막대기를 휘두르며 톰에게 달려들었어.

2. Many jobs were barred to people who were against the government.

「많은(Many) 일자리들(jobs)이 있었다(were). 무엇을 가로놓이게 한 상태(=막아놓은, barred). 사람들에게(to people). 누구냐 하면(who). 있었지(were). 맞섰던(=반대했던, against). 정부(the government).」

- 「많은 일자리가 가로막혀 있었지, 어떤 사람들에게. 정부에 반대했던.」
- **해석** 정부의 정책에 반대했던 사람들은 일자리를 구하기 어려웠지.

3. He was crossed the bar in a traffic accident.

「그(He)는 있었지(was). 무엇을 건넌 상태(crossed). 다른 것들과 구분되는(the). 무언가 가로놓이게 하는 것(=경계선, bar). 어떤 공간 안에(in). 하나의(a) 교통사고(traffic accident).」

- 「그는 건넌 상태였지. 다른 것들과 구분되는 경계선(=생사를 가르는 선). 교통사고를 통해서.」
- 「그는 생과 사를 가르는 경계선을 건넌 상태였지(=죽었지). 교통사고로 인해.」
- **해석** 그는 교통사고로 죽었다.

4 ▶ Lack of education is a **bar** to understanding others.

「필요한 만큼 가지지 못한 것(=부족, Lack), 교육의 일부로(of education), 있잖아(is), 하나의(a) 무엇을 가로놓이게 하는 것(=걸림돌, bar), 어디에 도착하기로 되어 있는(to), 이해하는 중인 상태(=이해하는 것, understanding), 다른 것들(=다른 사람들, others).」

- '교육의 부족은 하나의 걸림돌이다. 타인들을 이해하는 데 있어서.'라는 내용입니다.
- **해석** 교육을 충분히 받지 못하면 타인을 이해하기 힘든 법이지.

5 ▶ The students all left the classroom, **bar** four who were ill.

「다른 것들과 구분되는(The) 학생들(students)은 모두(all) 떠났다(left), 그(the) 교실을(classroom), 무엇을 가로놓이게 하는(=무엇을 제외하고, bar), 네 명(four), 그게 누구냐 하면(who), 있었어, 상태가 좋지 않은(=아픈, ill).」

- 「모든 학생들은 그 교실을 떠났다. 무엇을 제외하고, 네 명의 아픈 학생들.」과 같이 되네요. 다른 학생들은 교실을 떠났는데, 네 명의 아픈 학생들은 가지 못하고 남아있었다는 말인 거죠.
- **해석** 아픈 사람 네 명을 제외한 학생들은 교실을 떠났다.

6 ▶ A few decades ago, being a woman was a **bar** to promotion in most professions.

「수십 년(A few decades) 전에(ago), 있는 중인 상태(=존재상태, being), 하나의(a) 여성(woman), 있었지(was), 하나의(a) 무언가를 가로놓이게 하는 것(=장애물, bar), 승진에 이르기로 되어 있는(to promotion), 어떤 공간 안에(in), 대부분의(most) 직업(professions).」

- 「수십 년 전에, 여성으로 존재하는 것이(=여성이라는 것이) 장애물이었지, 승진하는 데 있어, 대부분의 직업에서.」
- **해석** 수십 년 전만 해도 여성이라는 이유만으로 승진이 안 되는 경우가 허다했지.

★★★ base
~을 바탕으로 하는 것

1. A country' government is based on concepts like "fun".

「하나의 나라의(A country's) 정부(government)가 있잖아(is), 무엇을 바탕으로 한(based) (상태), 어디에 붙은(on), 여러 가지 개념(concepts), 무엇을 좋아하는(=무엇과 비슷한, like), 즐거움(fun),」

- 「한(=어떤) 나라의 정부는 어디에 바탕을 두고 있다. 여러 가지 개념에, 즐거움과 같은,」
- **해석** 어떤 나라에서는 정부가 재미와 같은 개념들을 근간으로 하고 있지.

2. What kind of grounds do you base your conclusion on?

「무슨 종류(What kind)인가? 무엇의 일부로(of), 근거들(grounds), (무엇을) 어찌하는 것(do) 당신(you), 무엇을 바탕으로 하는 것(base), 너의(your) 결론(conclusion), 어디에 붙은(on),」

- 「무슨 종류의 근거들인가? 당신이 바탕으로 하고 있는 것. 당신의 결론을. 거기에 대고,」
- '어떤 종류의 근거를 바탕으로 결론을 내리는 건가? 그것에 대고(=그 근거를 가지고).'
- **해석** 어떤 근거를 바탕으로 그런 결론을 내리는 겁니까?

3. Some base thief stole the money from the beggar on the street.

「어떤 정도의(Some) 무엇을 바탕으로 하는(=밑바닥에 있는, base) 도둑(thief)이 훔쳤다(stole), 다른 것들과 구분되는(the), 돈(money), 무엇으로부터(from), 다른 것들과 구분되는(the), 거지(beggar), 어디에 붙은(on), 다른 것들과 구분되는(the), 거리(street),」

- 「어떤 가장 밑바닥에 있는(=비열한) 도둑이 돈을 훔쳤어. 거지로부터. 거리에 있는,,과 같이 되네요. 아무리 그래도 그렇지, 거지에게서 돈을 훔치다니요!」
- **해석** 거리에 있는 거지의 돈을 훔친 비열한 도둑도 있다.

4 ▶ An explosion was heard at an air base close to the airport.

「하나의 폭발(An explosion)이 있었다(was). 무엇을 알아듣은 상태(heard). 하나를 콕 찍어서(at). 하나의 공군기지(an air base). 여지가 없게 하는(=가까운, close). 어디에 도착하기로 되어 있는(to). 그 공항(the airport).」

- 「폭발음이 한 번 들렸다. 어떤 공군기지에서. 공항에서 가까운.」여기서 base는 '무엇을 바탕으로 하는 것' 즉 '기지가 되는 거죠.
- **해석** 공항근처의 공군기지에서 폭발음이 들렸다.

5 ▶ We need to touch base with him about next month's meeting.

「우리(We). 무엇을 할 필요가 있어(need). 손을 대기로 되어 있는(to touch). 무엇을 바탕으로 하는 것(=틀, base). 무엇과 함께하는(with). 그(him). 무엇의 주변에(about). 다음 달 회의(next month's meeting).」

- 「우리는 손을 댈 필요가 있어. 틀을 잡는 것. 그와 함께. 다음 달 회의에 관해.」
  '다음 달에 있을 회의에 관해 그와 함께 틀을 잡아야 해.'
- **해석** 다음 달에 있을 회의의 기초 작업을 위해 그와 의논해야겠어.

6 ▶ The acid reacts with a base to form a salt.

「다른 것과 구분되는 산(The acid)은 반응하지(react). 무엇과 함께하는(with). 하나의 무엇을 바탕으로 하는 것(=염기, a base). 형성하기로 되어 있는(to form). 하나의 소금(=하나의 소금알갱이, a salt).」이라는 내용이죠?

- '산이 반응하는 것 ▶ 염기와 함께 형성하는 것 ▶ 소금 알갱이'의 순으로 이해하면 됩니다. 염기(鹽基)를 '생명체의 바탕'이라고 생각하기에 a base라고 부르는 겁니다. 참고로 포유류의 유전자는 29억 염기쌍 정도라고 하네요.
- **해석** 산과 염기가 반응해서 소금이 생성되지.

★★★ bed
바닥이게 하는 것

1 ▶ You won't be able to die in your bed.

「넌(You) 하지 않을 거야(won't). 있는 것(be). 할 수 있는(able). 죽기로 되어 있는(to die). 어떤 공간 안에(in). 너의(your). 바닥이게 하는 것(=침대, bed).」

- ✓ 「넌 하지 않을 거야. 할 수 있는 것. 죽는 것. 네 침대에서.」
- ✓ '넌 네 침대에서 죽지 못할 거야(편안하게 숨을 거두지 못할 거야).'
- **해석** 넌 제 명에 죽지 못할 거야.

2 ▶ We should treat the bed of honor with respect.

「우리(We)는. 무엇을 하기로 정해져 있었다(should). 무엇을 대접하는 것(treat). 다른 것들과 구분되는(the). 바닥이게 하는 것(=지하에 묻혀 있는 것, bed). 무엇의 일부로(of). 영예(honor). 존경(심)과 함께(with respect).」

- ✓ 「우리는 대접하기로 정해져 있다. 영예로운 죽음을 맞이하신 분(=전사자)들이 묻혀 있는 곳. 존경하는 마음으로.」
- **해석** 존경하는 마음으로 전사자들의 무덤을 대해야 합니다.

3 ▶ Our principal always works hard on his flower bed.

「우리(Our) 교장선생님(principal). 늘(always). 일하신다(work). 열심히(hard). 어디에 붙은(on). 그의(his) 꽃(flower). 바닥이게 하는 것(=밑에 깔려있는 것, bed)」

- ✓ 「우리 교장선생님께서는 늘 일하신다. 열심히. 어디에 달라붙어. 그의 화단.,이라고 이해하면 되겠네요. '꽃+밑에 깔려있게 하는 것' 즉 '화단'이 되는 거죠?
- **해석** 교장선생님께서 늘 화단을 열심히 돌보신다.

★★★ bill
내용을 담아놓게 하는 것

1. **Can you lend me a W50,000 bill?**

「할 수 있어(Can)? 너(you). 빌려주는 것(lend). 나(me). 하나의(a) 5만 원(W50,000). 내용을 담아놓게 하는 것(=지폐, bill).」

> 「할 수 있어(Can)? 너(you). 빌려주는 것(lend). 나(me). 하나의(a) 5만 원(W50,000). 내용을 담아놓게 하는 것(=지폐, bill).」
>
> **해석** 5만 원짜리 한 장 빌려줄 수 있어?

2. **I owe the public house a 100,000 won bill.**

「난(I) 빚이 있어(owe). 다른 것들과 구분되는(the) 술집(public house)(에). 하나의(a). 10만 원(100,000 won). 내용을 담아놓게 하는 것(=어치).」

> 「난 빚이 있어. 그 술집에. 10만 원 어치의.」
>
> **해석** 그 술집에 갚아야 할 외상이 10만 원이야.

3. **Of course, electric bills still operate on the rating system.**

「물론(Of course). 전기에 관한(electric). 내용을 담아놓게 하는 것(=고지서, bill). 여전히(still). 운영되지(operate). 어디에 붙은(on). 다른 것과 구분되는(the). 무엇을 평가하는 체계(=요금제도, rating system)」

> 「물론, 전기 고지서(=전기요금)는 여전히 운영되지. 요금제도에 따라.」
>
> **해석** 물론, 아직까지도 요금제도에 따라 전기요금이 매겨지지.

4 ▶ The bill falls due next month.

「다른 것들과 구분되는(The), 내용을 담아놓게 하는 것(=어음, bill), 떨어지게 하다(=끝난다, fall), 정해져 있는(due), 다음 달(next month).」

✅ 「그 어음은 끝난다. 다음 달로 정해져 있는(=다음 달이 만기인).」으로 이해하면 되겠네요. 어떤 내용이 담겨져 있는데 만기가 있다는 말이 나오니, 자연스레 '어음'이란 이미지가 떠오르네요.

해석 어음은 다음 달이 만기야.

5 ▶ I'm expecting to get a big phone bill.

「나(I)는 있잖아(am), 무엇을 예상하는 중(expecting), 어디에 도착하기로 되어있는(to), 어떤 과정을 거쳐 없던 것을 가지게 하는 것(get), 하나의(a) 커다란(=큰 금액의, big) 전화요금(phone bill).」

✅ 「난 예상하고 있어. 어떤 과정을 거쳐 없던 것을 가지기로 되어있는. 엄청난 전화요금.」

해석 이번에는 전화요금이 엄청 많이 나올 거 같아.

6 ▶ A bill becomes a law when it passes the Assembly.

「하나의(A) 내용을 담아놓게 하는 것(bill), 무엇이 되지(become), 하나의(a) 법률(law), 언제냐 하면(when), 그것(it), 지나가게 하지(=통과되지, pass), 의회(the Assembly)를.」

✅ 「하나의 내용을 담아놓고 있는 것(=법안)이 법률이 된다. 언제냐 하면, 그것이 의회를 통과할 때..」라고 해석하면 되겠네요. 어떤 내용을 담고 있다가 의회를 통과해서 법률이 되는 것은 '법안'이죠.

해석 법안이 의회를 통과하면 법률이 되는 거지.

box
무엇을 갇히게 하는 것

1️⃣ I heard the movie is a hit at the box office.

「난(I) (알아)들었어(heard). 그 영화(the movie) 있잖아(is). 하나의(a) 무엇을 날리는 것(=대박, hit). 무엇을 콕 찍어서(at). 다른 것들과 구분되는(the). 무엇을 갇히게 하는 독립된 업무 공간(=매표소 혹은 표를 집계하는 곳, box office).」

- '난 그 영화가 대박이라는 이야기를 들었어. 표를 집계하는 곳(=박스 오피스)에서.'라는 내용이네요.
- **해석** 그 영화가 엄청난 성공을 거뒀다고 하더군.

2️⃣ So, all of the post boxes in Korea have become red.

「그렇게(=그래서, So). 모든 것(all). 무엇의 일부로(of). 우체통(post box). 한국에 있는(in Korea). 가지고 있게 하지(have). 무엇이 된 상태(become). 붉은(red).」

- '그래서, 한국에 있는 모든 우체통은 붉게 된 상태를 가지고 있는 거지.'라는 의미네요. post box는 '무엇을 붙박게 하는 것/갇히게 하는 것'
- '무엇을 붙박게 하는 것(=우편물)을 가두는 곳' 즉 '우체통'이 되는 겁니다.
- **해석** 그 뒤로 한국에 있는 우체통은 전부 빨간색이 된 거지.

3️⃣ Tom appears out of his box today.

「톰(Tom). 모습을 드러낸다(appear). 어떤 공간 밖에(out). 무엇의 일부로(of). 그의(his). 무엇을 갇히게 하는 것(=숨겨놨던 모습, box). 오늘(today).」

- '톰이 바깥으로 모습을 드러내고 있다. 숨겨놨던 자신의 모습을. 오늘따라.'의 순으로 파악하면 되겠네요.
- **해석** 어째서인지 톰이 오늘따라 평소와 다르다.

★★★ business
일거리가 있게 하는 것

1️⃣ It is the business of the police to protect the citizens.

「그것(It) 있잖아(is), 다른 것들과 구분되는(the), 일거리가 있게 하는 것(=임무, business), 무엇의 일부로(of), 다른 것들과 구분되는 경찰(the police), 보호하기로 되어 있는(to protect), 다른 것들과 구분되는(the) 시민들(citizens).」

- ✅ 「그건 있잖아. 임무야. 경찰의. 시민들을 보호하기로 되어 있는 것.」
- 해석 시민을 보호하는 것이 경찰의 임무지.

2️⃣ The sinking of the ship was a terrible business.

「다른 것과 구분되는(The), 가라앉는 중인 상태(sinking), 무엇의 일부로(of), 그 배(the ship), 있었다(was), 하나의(a) 끔찍한(terrible), 일거리가 있게 하는 것(=사건, business).」

- ✅ 「가라앉는 것(=침몰). 그 배의. 있었어. 하나의 끔찍한 사건(으로).」의 순으로 해석하면 됩니다.
- 해석 그 배가 침몰한 것은 끔찍한 사건이었지.

3️⃣ Is the trip to London business or pleasure?

「있어(Is)? 다른 것들과 구분되는(the), 잠시 어디 다녀오는 것(trip), 어디에 도착하기로 되어 있는(to), 런던(London), 일거리가 있게 하는 것(=출장, business), 아니면(or) 원하는 대로 하게 하는 것(=놀러가는 것, pleasure).」

- ✅ '런던으로 잠시 다녀가는 게 볼일이 있어서요? 아님 놀러가는 거요?'
- 해석 런던에 잠시 다녀가는 것은 업무차인가요, 아님 놀러가는 겁니까?

case
딱 들어가게끔 만들어진 것

1 ▸ The prosecution seemed to avoid looking into the case.

「검찰(the prosecution)은 무엇인 것 같았지(seemed), 피하기로 되어 있는(to avoid), 안을 들여다보는 중(=조사하는 중, looking into), 다른 것들과 구분되는(=그, the), 딱 들어가게끔 만들어진 것(=사건, case).」

- 「검찰은 피하는 것 같았지, 조사하는 것을, 그 사건,」의 순으로 파악하면 되겠네요.
- **해석** 검찰은 그 사건을 조사하기 꺼리는 것 같았다.

2 ▸ I'll wear a chesterfieldcoat, just in case.

「난(I) 할 거야(will), 걸치게 하는 것(=입는 것, wear), 하나의(a) 체스터필드 코트(chesterfield coat), 딱 맞게(just), 어떤 공간 안에(in), 딱 들어가게끔 만들어진 것(=만일의 사태, case).」

- 「난 입을 거야, 체스터필드 코트를, 딱 맞게, 만일의 사태에,」의 순으로 해석하면 됩니다.
- **해석** 만일을 대비해서 체스터필드 코트를 입을 겁니다.

3 ▸ Tom is the police's prime suspect in this case.

「톰(Tom)은 있잖아(is), 다른 것들과 구분되는(the), 경찰의(police's) 주요한(prime) 용의자(suspect)야, 어떤 공간 안에(in), 이것(this), 딱 들어가게끔 만들어진 것(=사건, case).」

- '톰은 경찰의 주요한 용의자야, 이번 사건에 있어서.'라는 말입니다.
- **해석** 톰이 이번 사건의 주요 용의자야.

4 ▶ After a severe case of traffic accident, he was sent to the general hospital.

「무엇을 따라서(After), 하나의(a) 정말 심한(=심각한, severe) 딱 들어가게끔 만들어진 것(=경우, case), 무엇의 일부로(of), 교통사고(traffic accident), 그(he)는 있었지(was), 무엇을 보낸(sent), 어디에 도착하기로 되어 있는(to), 다른 것들과 구분되는(the), 종합병원(general hospital).」

- ✅ 「심각한 교통사고의 경우를 따라서, 그는 보낸 상태에 있었지(=보내졌지), 종합병원으로.」
- **해석** 그는 심각한 교통사고를 당한 뒤, 종합병원으로 실려 갔다.

5 ▶ If that is the case, we need more water.

「어떤 조건이냐면(If) 그것(that) 있잖아(is), 다른 것들과 구분되는(the), 딱 들어맞게끔 만들어진 것(=경우, case), 우리(we)는 필요로 해(need), 더 많은 물(more water).」

- ✅ '그것이 그 경우라고(=그렇다고) 한다면, 우리에겐 더 많은 물이 필요해.'
- ✅ '그것이 사실이라면 우리에겐 더 많은 물이 필요해.'
- **해석** 사정이 그렇다면 우리에겐 물이 더 필요해.

6 ▶ She is a promising case.

「그녀(She)는 있잖아(is), 하나의(a), 유망한(promising), 딱 들어가게끔 만들어진 것(=인물, case).」

- ✅ '그녀는 하나의 유망한 인물이지.'라는 말이 되네요. 여기서의 case는 '딱 들어갈 수 있게 만들어진 것'은 '존재', 즉 '인물'로 해석되네요.
- **해석** 그녀는 전도유망한 사람이야.

★★★ cause
무엇이 일어나게 하는 것

1 What caused the earthquake is not known yet.

「무엇(What). 일어나게 했다(=일으켰다, caused). 그(the) 지진(earthquake). 있잖아(is). 아니라(not). 무엇을 안 상태(known). 때가 안 된 상태에서(=아직, yet).」

- 「무엇이 그 지진을 일으켰는지는 있잖아. 아니야. 안 상태가. 아직.」
- '그 지진을 일으킨 것이 무엇인지는 아직 알려지지 않았어.'

해석 지진의 원인은 아직 밝혀지지 않았지.

2 The cause of business failure is lack of experience.

「다른 것들과 구분되는(The). 무엇이 일어나게 하는 것(=원인, cause). 무엇의 일부로(of). 일거리가 있게 하는 것(=사업, business) 실패(failure) 있다(is). 필요한 만큼 가지지 못한 것(=부족, lack). 무엇의 일부로(of). 경험(experience).」

- 「그 원인. 사업실패의. 있잖아. 부족이야. 경험의.」의 순으로 해석하면 됩니다.

해석 경험부족으로 사업이 실패했던 거야.

3 Well, I guess his behavior was for a good cause.

「좋게(=글쎄, Well). 난 추측해(I guess). 그의(his) 행동(behavior)은 있었지(was). 무엇을 떠올리면서(for). 하나의(a) 훌륭한(good). 무엇이 일어나게 하는 것(=뜻, cause).」

- 「글쎄, 내가 추측하건대. 그의 행동은 있었어. 하나의 좋은 뜻을 가지고.」

해석 음, 내 생각엔, 그가 좋은 뜻으로 그랬던 것 같은데.

4 ▶ The accident caused irreparable damage to my racing bicycle.

「그(The) 사고(accident)는, 어떤 일이 일어나게 했지(caused), 돌이킬 수 없는 (irreparable) 손상(damage), 어디에 도착하기로 되어 있는(to), 나의(my) 경주용 자전거 (racing bicycle).」

✓ '그 사고로 인해 돌이킬 수 없는 손상을 입게 됐지, 내 경주용 자전거에.'라고 이해할 수 있겠네요.

해석 그 사고로 인해 내 경주용 자전거는 완전히 망가졌지.

5 ▶ Of course, there would be many other causes of the economic recession.

「물론(Of course), 거기에(there), 무엇을 했을 텐데(would), 있는 것(be), 많은(many), 다른 (other), 무엇이 일어나게 하는 것들(=원인들, causes), 무엇의 일부로(of), 다른 것들과 구분되는(the), 경기침체(economic recession).」

✓ 「물론, 거기에 있었을 텐데, 많은 다른 원인들이, (그) 경기침체의.」

해석 물론, 경기침체에는 그 외에도 이유가 많이 있겠지.

6 ▶ The death certificate gave the cause of death as boredom.

「그(The) 죽음증명서(=사망진단서, death certificate)는 주었지(gave), 다른 것들과 구분되는(the), 일이 일어나게 만든 것(=원인, cause)을, 무엇의 일부로(of), 죽음(death), 무엇과 같은(as), 지루함(boredom).」

✓ 「그 사망진단서는 주었지, 원인을, 죽음의, 지루함과 같은 것으로.」

해석 따분해서 죽었다고 사망진단서에 적혀있었지.

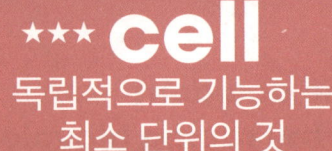

★★★ cell
독립적으로 기능하는 최소 단위의 것

1 Each **cell** is equipped with a double bed, a desk, and a refrigerator.

「각각의(Each), 독립적으로 기능하는 최소 단위의 것(=독방, cell)는 있다(is), 무엇을 갖추게 한 상태(equipped), 무엇과 함께하는(with), 하나의(a), 더블 침대(double bed), 책상(desk), 그리고(and) 냉장고(refrigerator)」

- ✅ '각각의 독방은 무엇을 갖춘 상태다. 더블 침대, 책상, 그리고 냉장고를.'
- **해석** 독방마다 더블 침대, 책상, 그리고 냉장고가 들어가 있다.

2 It seems like our **cell** phones are masters of ourselves.

「그것(It) 무엇인 것 같다(seem), 무엇을 좋아하는(=닮아있는, like), 우리의(our), 독립적으로 기능하는 최소단위인 전화기(=휴대전화, cell phones), 있어(are), 주인들(masters), 무엇의 일부로(of), 우리들 자신(ourselves)」

- ✅ 「그건 닮아있는 것 같대(=비슷해 보인다), 우리의 휴대전화가 주인이라고, 우리들 자신의.」
- ✅ '그건 비슷해 보이네, 휴대전화가 우리들의 주인이라는 것.'
- **해석** 사람들이 핸드폰의 노예처럼 사는 것 같다.

3 Tom's in an isolation **cell** on A block.

「톰(Tom)은 있어(is), 어떤 공간 안에(in), 하나의(an) 고립시키는 것(isolation), 독립적으로 기능하는 최소 단위의 것(=감방, cell), 어디에 붙은(on), A블록(A block)」

- ✅ '톰은 하나의 고립시키는(=고립된), 독립적으로 기능하는 최소 단위의 것(=감방) 안에 있다. A블록에서.'라는 내용입니다. 수도원이나 수녀원들이 지내는 방은 물론, 세포와 전지(電池)도 'cell'이지요.
- **해석** 톰은 A구역의 독방에 있어.

★★★ character
자신만이 가지게 하는 것

1▸ He's a **character**!

「그(He)는 있잖아(is), 하나의(a) 자신만이 가지게 하는 것(=별난 존재, character)이야.」

- ✓ '그는 좀 유별나지.'라는 의미네요. 다른 사람들과는 확연하게 다른, 그래서 때로는 이해하기 힘든 사람을 말하는 겁니다.

해석 그는 괴짜야!

2▸ A lot of main **characters** were killed in the battle.

「하나의 많은 것(A lot), 무엇의 일부로(of), 주요한(main), 자신만이 가지게 하는 것들(=등장인물들, characters), 있었지(were), 무엇을 죽인 (상태)(killed), 어떤 공간 안에(in), 그 전투(the battle).」

- ✓ 「많은 주요 등장인물들이 있었지, 죽인 상태에, 그 전투에서.」
- ✓ 「많은 주요 등장인물들이 그 전투에서 죽인 상태에 있었지(=죽었지).」

해석 주요 등장인물들 중 적지 않은 사람들이 그 전투에서 죽었다.

3▸ The **character** for war can also mean combat, weapon, death, destruction and so on.

「다른 것들과 구분되는(The), 자신만이 가지게 하는 것(=떠올리게 하는 것, character), 무엇을 떠올리면서(for), 전쟁(war), 할 수 있다(can), 또한(also), 무엇을 의미하는 것(mean), 전투(combat), 무기(weapon), 죽음(death), 파괴(destruction), 그것에 이어(and), 그렇게(=그런 식으로, so), 어디에 붙은(=계속해서, on).」

- ✓ 「전쟁하면 떠오르는 것(=이미지)은 할 수 있지, 무엇을 의미하는 것, 전투, 무기, 죽음, 파괴, 그리고 등.」

해석 그 외에도 전쟁하면 떠오르는 이미지에는 전투, 무기, 죽음, 파괴 등이 있을 수 있지.

4 **I was completely confused by all the characters and events in the second chapter of "The Chronicle of Narnia".**

「난(I) 있었어(was), 완전히(completely) 혼란스러운(confused), 무엇을 바탕으로(by), 모든(all) 다른 것들과 구분되는(the) 자신만이 가지게 하는 것들(=등장인물들, characters), 그것에 이은(and) 사건들(events), 2장 안에 있는(in the second chapter), 무엇의 일부로(of), "나니아 연대기(The Chronicle of Narnia)".」

✅ 「난 완전히 혼란스러웠지. 모든 등장인물과 사건들 때문에. "나니아 연대기"의 2장의.」

해석 《나니아 연대기》 2장에 나오는 등장인물과 사건들로 인해 정신이 없었어.

---

5 **The software can read French characters.**

「다른 것들과 구분되는(=그, The) 소프트웨어(software)는 할 수 있어(can). 무엇을 읽는 것(read), 프랑스에 관한(=프랑스의, French) 자신만이 가지게 하는 것들(=문자, characters)」

✅ 「그 소프트웨어는 할 수 있어. 읽어 들이는 것. 프랑스어 알파벳.」

해석 그 소프트웨어는 프랑스어 알파벳을 인식할 수 있지.

---

6 **Tom have become a victim of character assassination since the incident.**

「톰(Tom)은 가지고 있게 한다(have), 무엇이 된 상태(become), 하나의(a) 희생자(victim), 무엇의 일부로(of), 자신만이 가지게 하는 것(=특정인물, character), 특정인물을 목표물로 삼아 공격하는 것(assassination), 무엇 이후로(since), 그(the) 사건(incident).」

✅ 「톰은 무엇이 된 상태를 가지고 있다. 한 명의 희생자. 특정인물을 목표로 삼아 공격하는 것(=인신공격). 그 사건이후로.」

해석 그 사건 이후로 톰은 사람들로부터 인신공격을 받아왔지.

★★★ check
~을 확인하게 하는 것

1. Please check your backpack at the maintenance room.

「원하는 대로 하게 하세요(=그렇게 하세요, Please). 무엇을 확인하게 하는 것(=맡아두는 것, check). 당신의(your). 등에 매는 가방(=백팩, backpack). 무엇을 콕 찍어서(at). 다른 곳이 아닌(the). 관리실(maintenance room).」

✓ 「맡겨두세요. 당신의 백팩(=가방)을. 관리실에.」
해석 가방은 관리실에 맡기세요.

2. Please check in at least two hours before the plane takes off.

「원하는 대로 하게 하세요(Please). 무엇을 확인하게 하는 것(=검사받는 것, check). 어떤 공간 안에서(in). 가장 얼마 안 되는 것을 콕 찍어서(=적어도, at least) 두 시간(two hours). 무엇에 앞서(before). 다른 것들과 구분되는(the). 비행기(plane)가 마음먹으면 가질 수 있는 것(=하늘)을 가지게 하는 것(take). 어디(=땅)에서 떨어져(=off).」

✓ 「부디 안에서 검사받으세요. 적어도, 두 시간. 무엇에 앞서. 비행기가 땅에서 떨어져 이륙하는 것.」
해석 적어도 비행기가 이륙하기 2시간 전에는 탑승수속을 해주세요.

3. All major credit card and check are accepted as well as cash.

「모든(All) 주요한(=유명한, major) 신용카드(credit card). 그것에 이어(and) 확인하게 하는 것(=수표, check)은 있다(are). 무엇을 받아들인 상태(accepted). 무엇과 같은(as). 좋게(well). 현금과 같은(as cash).」

✓ '모든 유명 신용카드와 수표는 받아들여진다. 현금과 같이 그렇게.'라는 말이네요.
해석 현금 외에도 모든 유명신용카드 또는 수표로도 결제가 가능합니다.

★★★ concern
신경 쓰게 하는 것

1 **Leaders from both countries exchanged their opinions on questions of mutual concern.**

「지도자들(Leaders), 무엇으로부터(from), 양국(both countries), 무엇을 서로 교환했지 (exchanged), 그들의 여러 가지 의견(their opinions), 어디에 붙은(on), 어디에 의문을 제기하는 것들(=문제, questions), 무엇의 일부로(of), 상호간의(mutual) 신경 쓰게 하는 것(=관심사, concern).」

- ✅ 「양국의 지도자들은 서로 교환했지, 이런저런 의견을, 상호간에 가지고 있는 관심사에 대해.」
- 해석 양국정상은 상호 관심사에 대해 자신들의 의견을 나눴다.

2 **What is she concerning about?**

「무엇(What)? 인가(is), 그 여자(she), 신경 쓰게 하는 중(concerning), 무엇의 주변에 (about).」

- ✅ 「무엇이냐고? 그 여자가 신경 쓰고 있는 것, 어딘가에 대해서.」
- ✅ '뭐지? 그녀가 어디에 대해 신경 쓰고 있는 것이.'
- 해석 그 여자는 뭘 걱정하고 있는 거지?

3 **Whether it snow or not doesn't concern me.**

「무엇인지(Whether), 그것(it), 눈이 내리는 것(snow), 아니면(or), 아니거나(=내리지 않는, not), 무엇을 어찌하지 않는 것(doesn't), 신경 쓰게 하는 것(concern), 나(me).」

- ✅ 「무엇인지, 눈이 내리거나 말거나, 하지 않는다, 나를 신경 쓰게 하는 것.」
- ✅ '눈이 내리는지 아닌지는 나를 신경 쓰게 하지 않는다.'
- 해석 눈이 오든 말든 상관없다.

★★★ condition
어떤 상황에 처하게 하는 것

1 ▶ I'm in no condition to enjoy the weekend.

「나(I) 있잖아(am), 어떤 공간 안에(in), 부정하는(no), 어떤 상황에 처하게 하는 것(=입장, condition), 즐기기로 되어 있는(to enjoy), 다른 것들과 구분되는(the) 주말(weekend).」

- ✓ 「나 있잖아. 아니야. 어떤 입장이. 즐길만한. 주말(을).」
- ✓ '난 입장(=상황)이 아니야. 주말을 즐길만한.'

해석 주말을 즐길 여유가 없어.

2 ▶ I will undertake the project on condition that you help my brother.

「난(I) 할 거야(will), 무언가를 맡는 것(undertake), 그(the) 프로젝트(project), 어디에 붙은(on), 어떤 상황에 처하게 하는 것(=조건, condition), 그건(that), 네(you)가 어떤 상황에서 빼내는 것(=도와주는 것, help), 내 동생(my brother).」

- ✓ 「난 맡을 거야. 그 프로젝트. 어떤 조건으로. 그건. 네가 내 동생을 도와주는 것.」

해석 내 동생을 도와준다면 그 프로젝트를 맡을게.

3 ▶ My older sister is in an interesting condition.

「나의(My), 나이가 더 많은 누이(=누나, older sister), 있다(is), 뭐라는 공간 안에(in), 하나의(a), 흥미를 불러일으키는(interesting), 어떤 상황에 처하게 하는 것(condition).」

- ✓ '누나가 흥미를 불러일으키는 상황(=아이를 가진)에 처해있어.'라는 말이네요. 여성이 뱃속에 아이를 가진 것을 두고 '흥미로운 상황'이라고 말을 하고 있네요.

해석 누나가 임신했다.

credit
~에 대해 인정해주는 것

1 ▶ I think he should take all the credit.

「내(I) 생각에(think) 그(he)는 하기로 정해져 있었어(should), 마음먹으면 가질 수 있는 것을 가지게 하는 것(take), 모든(all), 다른 것들과 구분되는(the), 무엇에 대해 인정해주는 것(=공로, credit).」

- ✓ '내가 보기에는, 그는 가지기로 정해져 있었어, 모든 공로를.'
- ✓ '내가 보기에 그는 모든 공로를 가지기로 정해져 있었어.'라고 이해할 수 있겠네요.

해석 그에게 모든 공을 돌려야 한다고 생각해.

2 ▶ They also credited her for attracting public interest in politics.

「그것들(They)은 또한(also) 무엇에 대해 인정해주었지(credited), 그녀(her), 무엇을 떠올리면서(for), 끌어당기는 중(=끌어들인 것, attracting), 대중의 관심(public interest)을, 어떤 공간 안에(in), 정치(politics).」

- ✓ '그들은 또한 인정했지, 그녀를, 끌어들인 것에 대해, 대중의 관심을, 정치라는 영역 안에.'
- ✓ '그들은 또한 그녀가 정치라는 공간으로 대중의 관심을 끌어들인 것에 대해 인정했지.'

해석 그들은 대중이 정치에 관심을 갖도록 한 그녀의 공로 역시 인정했지.

3 ▶ Have you ever tried paying for a taxi fare with a credit card?

「가지고 있게 하는가(Have)? 당신(you), 언제든(=지금까지, ever), 무엇을 시험한 상태(tried), 대가를 지불하는 중인(paying), 무엇을 떠올리면서(for), 하나의(a) 택시요금(taxi fare), 무엇과 함께(with), 무엇에 대해 인정해주는 카드(=신용카드, credit card).」

- ✓ '이제까지 시험해본 적 있는가? 택시요금을 지불하는 것에 대해, 신용카드로.'

해석 신용카드로 택시요금을 결제하려고 한 적이 있는가?

4 I think we have to give her **credit** for reaching out and bringing people together.

「내(I) 생각에(think) 우리(we)는 가지고 있게 한다(have), 무엇을 주기로 되어 있는(to give), 그녀(her), 무엇에 대해 인정해주는 것(=공로, credit), 무엇을 떠올리면서(for), 어디에 이르게 하는 중(reaching), 어떤 공간 밖에(out), 그것에 이어(and), 가져다 놓는 중(bringing), 사람들(people), 함께(together).」

- ✅ 「내 생각에, 우리는 주어야 해, 그녀에게 공로를, 무엇에 대해, 외부로 뻗어나가서(=다가가서) 사람들을 함께하도록 만든 것.」
- **해석** 사람들에게 다가가 화합을 이끌어낸 그녀의 공로를 인정해야 돼.

5 The **credit** is due to Tom.

「다른 것들과 구분되는(The), 무엇에 대해 인정해주는 것(=명예, credit), 있잖아(is), 정해져 있는(due) 에 도착하기로 되어 있는(to), 톰(Tom).」

- ✅ '그 명예는 있잖아, 톰에게 도착하기로(=돌아가기로) 정해져 있는.'
- ✅ '그(=이) 명예는 톰에게 돌아가기로 정해져 있다.'는 의미네요.
- **해석** 이 명예는 마땅히 톰에게 돌아가야지.

6 I have a problem with paying for my **credit card** bill.

「난(I) 가지고 있게 하지(I have), 하나의(a) 해결해야 할 무언가(=문제, problem)를, 무엇과 함께하는(with), 대가를 지불하는 중(=지불하는 것, paying), 무언가를 떠올리면서(for), 신용카드(credit card), 내용을 담아놓게 하는 것(=청구서, bill).」

- ✅ 「나에겐 문제가 하나 있지, 지불해야 하는 것, 무엇에 관한, 신용카드 청구서.」
- **해석** 신용카드 대금을 결제할 돈이 없어.

★★★ date
특별한 날로 만들어주는 것

1▶ Can you move the validity date a month later?

「할 수 있나요(Can)? 당신(you). 다른 공간으로 이동하게 하는 것(=변동시키는 것, move). 다른 것들과 구분되는(the), 허용되는 것(=유효성, validity). 특별한 날로 만들어주는 것(date). 한 달(a month) 더 늦게(=나중에, later).」

✓ 「할 수 있나요? 당신. 무엇을 변동시키는 것. 유효한 날(=유효기간). 한 달 뒤로.」
해석 유효기간을 한 달 뒤로 늦출 수 있나요?

2▶ What was the date yesterday - was it the fifth?

「무엇(What) 이었지(was)? 다른 것들과 구분되는(the) 특별한 날로 만들어주는 것(=날짜, date). 어제(yesterday). - 있었나(was)? 그것(it). 다른 것들과 구분되는 다섯 번째 것(=5일, the fifth)으로.」

✓ 「무엇이었지? 날짜가. 어제. - 있었나? 그거. 5일로.,와 같이 되네요. 여기서 '특별한 날로 만들어주는 것'
✓ '날짜'가 되는 거죠.
해석 어제가 며칠이었지? 5일이었나?

3▶ A lot of girls don't like to think about what to do on the first date.

「많은(A lot of) 여자들(girls)은 좋아하지 않아(don't like). 생각하기로 되어 있는 것(to think). 무엇에 대해서(about). 어찌할 것인지(to do). 어디에 붙은(on). 다른 것들과 구분되는(the). 첫 번째(first). 특별한 날로 만들어주는 것(=데이트, date).」

✓ 「많은 여자들은 좋아하지 않아. 생각하는 것. 어찌할지에(=무얼 할지에) 대해. 첫 번째 데이트에서.」
해석 여자들은 대개 첫 번째 데이트에서 뭘 할지 생각하는 거 싫어하지.

4 I met Miss Right at the blind **date** last month.

「난(I) 만났어(met). 이상형의 여자(Miss Right). 무엇을 콕 찍어서(at). 다른 것들과 구분되는(=그, the). 미팅(blind date). 지난달(last month)(에).」

- 「난 이상형(의 여성)을 만났어. 그게 어디에서냐 하면, 그 미팅자리에서, 지난달에..와 같이 이해하면 되겠네요. 여기서 보면 부사 자리에 명사인 last month가 왔지요? 이는 last month 앞에 있던 전치사를 생략한 것이기에, 부사적으로 해석해주면 됩니다.
- **해석** 지난달에 있었던 미팅자리에서 이상형을 만났지.

5 A charge of translation should be paid by the due **date**.

「하나의(A) 책임을 지게 만드는 것(=대가, charge). 무엇의 일부로(of). 번역(translation). 하기로 정해져 있었지(should). 있는 것(be). 대가를 지불한 상태(paid). 무엇을 바탕으로(by). 정해져 있는(due). 특별한 날로 만들어주는 것(=기일, date).」

- 「번역의 대가(=번역료)는 무엇을 하기로 정해져 있었지. 지불한 상태인 것. 무엇을 바탕으로. 정해진 기일(=날짜).」
- '번역료는 지불한 상태이기로 되어있었지. 정해진 날짜까지.'
- **해석** 번역료는 정해진 날짜까지 지급되어야 해.

6 The interviewer gave me the **date** of the interview next month in advance.

「그(The) 인터뷰어(interviewer)는 무엇을 주었다(gave). 나(me). 다른 것들과 구분되는(the). 특별한 날로 만들어주는 것(=특정한 날, date). 무엇의 일부로(of). 다른 것들과 구분되는 인터뷰(the interview). 다음달(next month)에. 어떤 공간 안에(in). 앞서가게 하는 것(advance).」

- 「그 인터뷰어는 나에게 특정한 날을 주었다. 인터뷰를. 다음달에. 미리.」
- **해석** 인터뷰어는 다음 달에 할 인터뷰 날짜를 미리 알려주었다.

★★★ drill
무엇을 파고 들어가게 하는 것

1. The employee were drilled to leave the office quickly when the fire bell rang.

「그 직원들(The employee)은 있었다(were), 무엇을 파고 들어가게 한 상태(=반복적으로 실시한, drilled), 떠나기로 되어 있는(to leave), 다른 것들과 구분되는(the), 사무실(office), 빠르게(quickly), 언제(when), 다른 것이 아닌(the) 화재 벨(=화재경보, fire bell)이 울렸다(rang).」

- 「직원들은 반복적으로 하고 있었다. 사무실을 떠나는 것(=훈련), 빠르게, 화재 벨이 울렸을 때.」
- **해석** 직원들은 화재경보에 맞춰 신속히 사무실을 벗어나는 훈련을 반복해서 받았다.

2. What's the drill for bring a civil action?

「무엇(What)이 있나(is)? 다른 것들과 구분되는(the), 파고 들어가게 하는 것(=절차, drill), 무엇을 떠올리면서(for), 가져다 놓는 것(bring), 하나의(a) 민사소송(civil action).」

- 「무엇인가요? 다른 것들과 구분되는, 절차가, 무엇에 대한, 하나의 민사소송을 제기하는 것.」
- 「절차가 어떻게 됩니까? 무엇에 관한, 민사소송을 제기하는 것.」
- **해석** 민사소송을 제기하는 절차는 어떻게 됩니까?

3. Lots of oil companies are drilling for oil in Gobi Desert.

「많은 것들(Lots) 무엇의 일부로(of), 정유회사들(oil companies), 있다(are), 무엇을 파고 들어가게 하는 중(=시추작업을 벌이는 중, drilling), 무엇을 떠올리면서(for), 석유(oil), 뭐라는 공간 안에(in), 고비사막(Gobi Desert).」

- 「많은 정유회사들이 시추작업을 벌이는 중이다. 석유를 생각하면서, 고비사막 안에서.」
- **해석** 많은 정유회사가 석유를 찾아 고비사막에서 시추작업을 벌이고 있다.

★★★ effect
작용한 결과를 남기는 것

1 ▶ But I guess a nuclear plant has many side **effects** as well.

「그것과 다르게(=하지만, But). 난 추측을 하지(I guess). 하나의(a) 핵발전소(nuclear plant)가 가지고 있게 한다(has). 많은(many). 측면에 있는(=좋지 않은, side). 작용한 결과를 남기는 것(effect). 무엇과 같은(as). 좋게(well).」

✓ 「하지만, 내가 보기에는, 핵발전소는 가지고 있어, 많은 부작용을, 그런 식으로(=역시).」
해석 하지만 핵발전소는 부작용 또한 많다고 생각해.

2 ▶ Rumor has it that the new rule will go into **effect** in December.

「소문(Rumor). 가지고 있게 하지(has). 그것(it)을. 그건(that). 다른 것들과 구분되는(the) 새로운(new) 무엇을 지배하게 하는 것(=법률, rule)이 할 거라고(will). 있던 곳에서 멀어지더니(go) 어떤 공간 안으로 들어가 버리는(into). 작용한 결과가 남는 것(=효력이 발생하는 것, effect). 12월에(in December).」

✓ 「소문에 의하면, 그것, 그러니까, 새로운 법이 효력을 가지게 될 거라고, 12월에.」
해석 12월에 그 법안이 발효될 거라는 소문이 있어.

3 ▶ I have no idea about the exact cause of this **effect**.

「난(I) 가지고 있게 하지(have). 부정하는(no). 떠오른 생각(idea). 무언가의 주변에(about). 다른 것들과 구분되는(the). 정확한 원인(exact cause). 무엇의 일부로(of). 이것(this). 작용한 결과를 남기는 것(=벌어진 일, effect).」

✓ 「나에겐 생각이 떠오르지 않아, 정확한 원인에 관해서, 이러한, 벌어진 일(=현상)의.」
해석 이 현상의 정확한 원인이 뭔지 도저히 모르겠다.

4 ▸ I thought my boss was wrong and said something to that **effect**.

「난(I) 생각했지(thought). 나의 보스(my boss)가 있었어(was). 바르지 않은(=틀린, wrong). 그것에 이어(=그래서, and) 생각을 말했지(said). 어떤 것(something). 어디에 도착하기로 되어 있는(to). 그것(=그런, that). 작용한 결과를 남기는 것(=취지, effect).」

- ✅ '난 보스가 틀렸다고 생각하고 뭔가 말을 했지, 그런 취지를 가지고.'
- **해석** 사장님이 틀렸다는 생각에서 그런 취지의 말을 했다.

5 ▸ What will be the **effect** on the environment?

「무엇(What)이 할 것인가(will)? 있는 것(be). 다른 것들과 구분되는(the). 작용한 결과를 남기는 것(=영향, effect). 어디에 붙은(on). 다른 것들과 구분되는(the) 환경(environment).」

- ✅ '무엇이 할 것인가? 있는 것(=남는 것). 영향으로, 어디에 붙어. 환경에.'
- ✅ '무엇이 영향으로 남을 것인가? 환경에 붙어(=환경이라는 측면에 있어서).'라는 의미가 되네요.
- **해석** 환경에 어떤 영향을 끼치게 될까?

6 ▸ He said something to the **effect** that the President would resign.

「그(He) 생각을 말했다(said). 어떤 것(something). 어디에 도착하기로 되어 있는(to). 다른 것들과 구분되는(the) 작용한 결과를 남기는 것(=취지, effect). 그건(that). 현직대통령(the President)이 했을 것이다(would). 사임하는 것(resign).」

- ✅ '그가 생각을 털어놓았는데, 그것은 어떤 취지에서였다. 현직대통령이 사임할 것이라는(=사임하리라는).'
- **해석** 그는 대통령이 자리에서 물러날 것이라는 취지의 말을 했다.

★★★ energy
힘을 발생시키는 것

1. Some cells change solar energy into electrical energy.

「어떤(Some) 전지(cell)는 무엇을 바뀌게 한다(change), 태양에너지(solar energy), 어떤 공간 안으로(into), 전기에너지(electrical energy).」라는 내용이죠? solar energy는 '태양의/힘을 발생시키는 것' 즉, '태양에너지'가 됩니다. change A into B는 '~을 바뀌게 하다/A/~라는 공간 안으로/B'라서 'A를 B로 전환시키다'라는 의미가 되네요.

해석 태양에너지를 전기에너지로 전환시키는 전지도 있다.

2. He has pursued life and love with boundless energy all of his 60 years.

「그(He)는 가지고 있게 한다(has), 추구한 상태를(pursued), 삶(life), 그것에 이어(and) 사랑(love)을, 무엇과 함께(with), 끝없이(boundless) 힘을 발생시키는 것(=정력, energy)을, 모든 것(all), 무엇의 일부로(of), 그의(his) 60년(60 years).」

✓ 「그는 추구해왔다, 삶과 사랑을, 끝없는 정력으로, 모든, 그의 60년 인생.」의 순으로 해석하면 됩니다.

해석 그는 60평생을 지칠 줄 모르는 정력으로 삶과 사랑을 추구해왔다.

3. The poor boy did not even have energy to talk.

「다른 것들과 구분되는(=그, The), 없어 보이는 소년(=가난한 소년, poor boy)은 어찌하지 않았다(didn't), 당연하게(even), 가지고 있게 하는 것(have), 힘을 발생시키는 것(=기력, energy), 말을 주고받기로 되어 있는(=말을 주고받을, to talk).」

✓ 「그 가난한 소년은 당연하게 가지고 있지 않았다, 기력, 말을 주고받을.」

해석 그 가난한 소년은 말할 기력조차 없었다.

4 ▶ I have been putting all my energy into my work.

「나는 가지고 있게 한다(I have), 있던 상태(been), 무언가를 놓는 중(putting), 모든(all) 나의(my), 힘을 발생시키는 것(=정력, energy), 어떤 공간 안으로(into), 나의(my) 일(work).」

- ✓ 「나는 놓는(=붓는) 중이던 상태를 지금까지 가지고 있다. 모든 나의 정력을. 내가 하는 일에다.」
- ✓ '나의 일에 모든 정력을 붓고 있던 중인 상태를 가지고 있다.'
- **해석** 지금까지 일에 나의 모든 것을 쏟아부어왔지.

5 ▶ Because electricity can be converted into other kinds of energy, it is very useful.

「그 이유(=왜냐하면, Because)는, 전기(electricity)는 할 수 있지(can), 있는 것(be), 전환한 상태(converted), 그러다 어딘가로 들어가더니(into), 다른(other) 이런저런 종류의 에너지(kinds of energy)가 되는데, 그것(it) 있잖아(is), 바로 그렇게(=아주, very) 유용하지(useful).」

- ✓ '왜냐하면, 전기는 전환되어 다른 여러 가지 에너지로 바뀔 수 있는데, 그게 아주 유용해.'
- **해석** 전기는 여러 가지 다른 에너지로 전환될 수 있어 매우 유용하다.

6 ▶ You don't seem to have any energy.

「넌(You) 어찌하지 않는다(don't), 무엇인 것 같다(seem), 가지고 있게 하기로 되어 있는(to have) 어떤 종류의(any), 힘을 발생시키는 것(=기운, energy).」

- ✓ 「넌 무엇인 것 같지 않다. 가지고 있는 것, 어떤 종류의 기운이든 간에.」
- ✓ '넌 어떤 기운도 가지고 있는 것 같지 않구나.'
- **해석** 너 기운이 없어 보여.

★★★ executive
집행권을 가지게 하는 것

1 ▶ The CEO and executive of the company had the same coffee mug as employees.

「다른 것들과 구분되는(The), CEO, 그것에 이어(=와, and), 집행권을 가지게 하는 것(=임원, executive), 무엇의 일부로(of), 그 회사(the company), 가지고 있게 했지(had), 다른 것이 아닌(the), 같은(same), 커피 머그잔(coffee mug), 직원들과 같은(as employee).」

✅ 「CEO와 임원, 그 회사의, 가지고 있었지, 같은 커피 머그잔을, 직원들 것과 같은.」
해석 그 회사의 최고경영자와 임원진은 일반 직원들과 같은 커피 머그잔을 가지고 있었다.

2 ▶ The publishing company's executive has yet to reach a decision.

「그(The) 출판사의(publishing company's) 집행권을 가지게 하는 존재(=경영진, executive)는 무엇을 가지고 있게 하지(has), 때가 안 된 상태에서(=아직은 아니지, yet), 어디에 이르기로 되어 있는(to reach), 하나의(a) 결정(decision).」

✅ 「그 출판사의 경영진은 가지고 있지, 아직은 아닌 상태로, 하나의 결정에 도달하는 것.」
해석 그 출판사의 경영진은 아직 결정을 내리지 못하고 있다.

3 ▶ In general, an executive is in a high position within a company with high responsibility.

「어떤 공간 안에(In), 특정하지 않는(general), 하나의(an) 집행권을 가지게 하는 것(=경영자, executive) 있지(is), 뭐라는 공간 안에(in), 하나의(a) 높은 위치(=고위직, high position), 뭐라는 범위 안에(within), 하나의(a) 회사(company), 무엇과 함께하는(with), 높은 책임감(high responsibility).」

✅ 「특정하지 않게(=일반적으로), 경영자는 고위직에 있다. 회사 내에서, 높은 책임감을 가지면서.」
해석 일반적으로 경영자는 회사의 고위직에 있는 만큼 책임도 막중하지.

favor
호의를 가지게 하는 것

1 Will you favor us with a song?

「할 거야(Will)? 당신(you), 호의를 가지게 하는 것(=호의를 베푸는 것, favor), 우리(us), 무엇과 함께하는(with), 하나의 노래(=한 곡, a song).」

- '당신 우리에게 호의를 베풀 거야? 노래 한 곡 하면서.'
- '당신은 노래 한곡을 들려주는 호의를 베푸시겠습니까?'라는 의미네요.

해석 노래를 한 곡 들려주실 수 있겠습니까?

2 The election was going in our favor in the beginning.

「그 선거(The election) 있었지(was), 어디론가 멀어지는 중(going), 어떤 공간 안에(in), 우리의(us), 호의를 가지게 하는 것(favor), 어떤 공간 안에(in), 다른 것들과 구분되는(the), 무엇을 시작하는 중(beginning).」

- 「그 선거는 어디론가 멀어지고 있었지. 우리에게 호의를 가지게 하는(=유리한) 공간에서. 시작할 때에.」

해석 선거가 처음에는 우리 쪽에 유리하게 흘러가고 있었지.

3 Every indication favors snow.

「모든(Every), 무엇을 가리키는 것(=지표, indication), 호의를 가지게 한다(favor), 눈이 내리는 것(snow).」

- '무엇을 나타내어 보여주는 것들이 전부 호의를 가지고 있다. 눈이 내린다는 것에.'
- '모든 것들이 눈(雪)이 내린다고 말하고 있다.'

해석 아무래도 눈이 올 것 같다.

★★★ force
힘에 의해 움직이게 하는 것

1. She threatened to take the letter from me by force.

「그녀(She)는 위협을 가했지(threatened). 어디에 도착하기로 되어있는(to). 마음먹으면 가질 수 있는 것을 가지게 하는 것(take). 다른 것들과 구분되는(=그, the) 편지(letter). 무엇으로부터(from). 나(me). 무엇을 바탕으로(=무엇에 의해, by). 힘에 의해 움직이게 하는 것(=강압, force).」

✓ 「그녀는 위협했지. 가지려고. 그 편지. 나로부터. 강압에 의해.」
해석 그 여자가 힘으로라도 편지를 빼앗겠다며 위협하더군.

2. Tom graduated from highschool and then joined the force.

「톰(Tom)은 졸업했다(graduated). 어디로부터(from). 고등학교(highschool). 그것에 이어서(and). 앞의 내용을 이어받아(then). 어디에 합류했다(joined). 다른 것들과 구분되는(the). 힘에 의해 움직이게 하는 것(=강제력을 가진 것).」

✓ 「톰은 고등학교를 졸업했다. 그러고 나서 합류했다(=들어갔다). 다른 것들과 구분되는 강제력을 가진 집단(=경찰)에.」
해석 톰은 고등학교를 졸업하고 나서 경찰에 들어갔어.

3. We all felt the force of the earthquake.

「우리(We)는 모두(all). 무엇을 느꼈지(felt). 다른 것들과 구분되는(the) 힘에 의해 움직이게 하는 것(=위력, force). 무엇의 일부로(of). 다른 것들과 구분되는(=그, the) 지진(earthquake).」

✓ 「우리는 모두 느꼈지. 위력을. 무엇의 일부인. 그 지진.」
해석 우리 모두 그 지진의 위력을 피부로 느꼈지.

*** grade
차등을 두는 것

1. The student who gets the lowest grade will be punished.

「다른 것들과 구분되는(The) 학생(student). 누구냐 하면(who). 어떤 과정을 거쳐 없던 것을 가지는 것(get). 다른 것들과 구분되는(the) 가장 낮은(lowest). 차등을 두는 것(=점수, grade). 할 것이다(will). 있는 것(be). 처벌한 상태(punished).」

- ✅ 「그 학생. 누구냐 하면. 가장 낮은 점수를 가지는(=받는). 있을 거야. 처벌한 상태에.」
- ✅ '(어떤 과정을 거쳐)가장 낮은 점수를 받는 학생은 처벌을 받게 될 거야.'
- **해석** 점수가 가장 낮은 학생은 벌을 받겠지.

2. Well, I think I did start to play soccer in grade school.

「좋게(=글쎄, Well). 내(I) 생각에는(think). 난(I) 무엇을 어찌했지(did). 튀어나가게 하는 것(=시작하는 것, start). 주어진 역할을 하기로 되어 있는(to play). 축구(soccer). 어떤 공간 안에(in). 차등을 두는 학교(=초등학교, grade school).」

- ✅ 「글쎄. 내 생각에는. 난 시작했어. 축구하는 것. 초등학교 때.」라고 해석해 나가면 되겠네요.
- **해석** 초등학교 때부터 축구를 시작한 것 같아요.

3. All I have to do is to get a passing grade.

「모든 것(All). 내가(I) 어찌해야 할(have to do). 있잖아(is). 어떤 과정을 거쳐 없던 것을 가지기로 되어 있는 것(to get). 하나의(a) 지나가게 하는(=통과하게 하는, passing). 차등을 두는 것(=점수, grade).」

- ✅ 「모든 것. 내가 해야 할. 있잖아. 어떤 과정을 거쳐 없던 것을 가지는 거지. 하나의 합격점을.」
- ✅ '내가 해야 할 일이라고는 얻는 것뿐이야. 하나의 합격점을.'
- **해석** 합격점만 받으면 되지.

4. Tom tried to avoid his parent's questions about his grades by changing the subject.

「톰(Tom)은 무엇을 시험했지(tried). 피하기로 되어 있는(to avoid). 그의 부모님의(his parent's) 물음들(questions). 무엇의 주변에(about). 그의(his). 차등을 두는 것(=점수, grade). 무엇을 바탕으로(by). 바뀌게 하는 중(changing). 다른 것들과 구분되는(the). 무엇의 아래에 내던지는 것(=주제, subject).」

> ✅ 「톰은 이것저것 해보았지. 부모님의 질문을 피하려고. 점수에 관한. 어떤 방법을 통해. 주제를 바꾸는 것.」
> 해석 톰은 화제를 바꾸면서 성적에 관한 부모님의 질문을 피하려고 했다.

5. As a matter of fact, all the ingredient used were of the highest grade.

「무엇과 같은(As). 하나의(a) 의미를 부여하게 하는 것(matter). 사실. 일부로(of fact). 모든(all). 다른 것들과 구분되는(the) 식재료(ingredient). 무엇을 사용한(used). 있었지(were). 무엇의 일부로(of). 다른 것들과 구분되는(the). 가장 높은(highest). 차등을 두는 것(=등급, grade).」

> ✅ 「하나의 사실로서(=사실), 모든 식재료, 사용한(=들어간), 있었지, 최고등급으로.」
> 해석 사실, 들어간 모든 식자재는 최상품이었어.

6. Tom is in the third grade.

「톰(Tom)은 있다(is). 어떤 공간 안에(in). 다른 것들과 구분되는(the). 세 번째의(third). 차등을 두는 것(=학년, grade).」

> ✅ 「톰은 있다. 어떤 공간 안에. 다른 것이 아닌. 세 번째 학년.」
> ✅ '톰은 세 번째 학년(=3학년)이라는 공간 안에 있다.'
> 해석 톰은 3학년이다.

★★★ hand
손이 가지고 있게 하는 것

1▶ I think you'd better leave here after this hand.

「내 생각엔(I think) 너(you)는 가지고 있게 했다(you had). 더 나은(better). 어디를 떠나는 것(leave). 여기(here). 무엇을 따라서(after). 이것(this) 손이 가지고 있게 하는 것(hand).」

- 「내 생각에는. 네가 가지고 있었을 텐데. 더 나은 상태. 여기를 떠나는 것. 무엇을 따라서. 지금 들고 있는 도박패(=이번 판).」
- 「내가 보기에. 넌 더 나을 텐데. 여기를 떠나는 것이. 이번 판이 끝나면.」
- had가 예외적으로 '조건문에서의 would'처럼 쓰이는 경우입니다.

해석 이번 판 끝나면 이 자리 뜨는 게 좋겠어.

2▶ When Tom handed in his mathematics test, he was sure he had done absolutely well.

「언제(When). 톰(Tom)은 손이 가지고 있게 했지(=건네주었지, handed). 어떤 공간 안에(in). 그의(his) 수학시험지(mathematics test). 그(he)는 있었어(was). 확신한(sure). 그(he)가 가지고 있게 했지(had). 어찌한 (상태)(done). 틀림없이(absolutely). 좋게(well).」

- '톰이 어떤 공간 안에 수학시험지를 건넸을 때, 그는 확신했지. 틀림없이 잘 봤다고.'

해석 톰은 수학시험지를 제출할 때만 해도, 시험을 잘 봤다고 확신했다.

3▶ Excuse me, could you give me a hand with these bags?

「용서하게 하세요(Excuse) 저를(me). 할 수 있었으면 하는데요(could)? 당신(you). 무엇을 주는 것(give). 내(에게)(me). 하나의(a) 손이 가지고 있게 하는 것(=도움, hand). 무엇과 함께하는(with). 이 가방들(these bags).」

- 「저를 용서하세요(=실례합니다), 당신이 도움을 줄 수 있었으면 하는데요(=좋겠는데요)? 이 가방들과 함께.」

해석 실례지만, 이 가방들 좀 들어줄 수 있나요?

4. My party was starting to get out of hand.

「나의 파티(My party)는 있었어(was), 무엇을 튀어나가게 하는 중(=시작하는 중), 어디에 도착하기로 되어있는(to), 어떤 과정을 거쳐 없던 것을 가지게 하는 것(=상황이 바뀌는 것, get), 어떤 공간 밖에(out), 무엇의 일부로(of), 손이 가지고 있게 하는 것(=손쓸 수 있는 상황, hand).」

✅ '내 파티는 있었어. 시작되는 중. 다른 상황으로 바뀌는. 어떤 공간에서 벗어나. 손쓸 수 있는 상황.'
해석 내 파티가 난장판이 되기 시작했어.

5. When the darkness fell, Tom placed a hand on her shoulder.

「언제(When) 어둠이(the darkness), 떨어지게 했지(=내렸지, fell), 톰(Tom)은, 무엇을 위치하게 했지(placed), 하나의(a) 손이 가지게 있게 하는 것(=손, hand), 어디에 붙은(on), 그녀의(her) 어깨(shoulder).」

✅ '어둠이 내렸을 때, 톰은 한 손을 가져다놓았다. 그녀의 어깨에.'
해석 어둠이 내리자, 톰은 그녀의 어깨에 손을 얹었다.

6. Many people do not really want to dirty their hands with populism.

「많은(Many) 사람들(people)은 어찌하지 않는다(don't), 실제로(really), 무언가 원하게 하는 것(want), 더럽히기로 되어 있는(to dirty), 자신들의(their), 손이 가지게 하는 것(=손, hands), 무엇과 함께하는(with), 포퓰리즘(populism).」

✅ '많은 사람들은 실제로 원하지 않는다. 더럽히는 것. 자신들의 손을. 포퓰리즘으로.'
해석 자기 손을 포퓰리즘으로 더럽히고자 하는 사람은 사실 많지 않다.

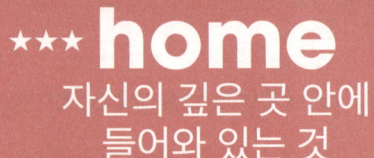
★★★ home
자신의 깊은 곳 안에
들어와 있는 것

1️⃣ I think home is a place where family and friends are.

「내 생각에는(I think), 자신의 깊은 곳 안에 들어와 있는 것(=고향, home)은 있잖아(is), 하나의(a) 장소(place)야. 어디냐 하면(where), 가족과 친구들(family and friends)이 있는(are).」

- 「내 생각에는, 마음속으로 그리워하는 곳(=고향)은 하나의 장소야. 그게 어디냐 하면, 가족과 친구들이 있는.」
- **해석** 가족과 친구들이 있는 곳이 고향이라고 생각해.

2️⃣ The arrow was home in me.

「그(The) 화살(arrow)은 있었어(was), 자신의 깊은 곳 안에 들어와 있는(=깊이 박힌, home), 어떤 공간 안에(in), 나(me).」

- 「그 화살은 있었어. 깊이 박힌 상태. 내 몸 안에..라고 이해하면 되겠네요. 그냥 비껴지나가거나 얕게 박혀있는 정도가 아니라는 것을 'home'이라는 단어를 통해서 알 수 있습니다. 깊이 박혀 있다는 것은 '적중했다'는 말이 되는 거죠.
- **해석** 화살이 내게 적중했다.

3️⃣ Tom failed to compete in the home run derby in 2010.

「톰(Tom)은 일을 꼬이게 만들었다(failed), 경쟁하기로 되어 있는(to compete), 어떤 공간 안에(in), 다른 것들과 구분되는(the), 홈런더비(=홈런경쟁, home run derby), 2010년에(in 2010).」

- '톰은 2010년의 홈런경쟁에서 제대로 해내지 못했다.'라는 말입니다. 야구장에서의 '자신의 깊은 곳 안에 들어와 있는 것', 즉 원점은 본루(本壘)를 말하는 것이어서, home run은 '타자가 본루까지 살아서 돌아올 수 있도록 친 타구'를 말하는 겁니다.
- **해석** 톰은 2010년 홈런경쟁(=홈런레이스)에서 우승하지 못했다.

★★★ interest
흥미를 불러일으키는 것

1. We have encouraged our children to have an **interest** in literature.

「우리(We)는 가지고 있게 하지(have), 무엇을 북돋운 상태(encouraged), 우리 아이들(our children), 가지기 있게 하기로 되어 있는(to have), 하나의(an) 흥미를 불러일으키는 것(interest), 어떤 공간 안에(in), 문학(literature)」

- ✅ 「우리는 북돋운 상태를 가지고 있어. 우리 아이들이 가지고 있기로, 흥미를, 문학에,」라고 파악하면 되겠네요.
- **해석** 우린 아이들이 문학에 관심을 갖도록 격려해왔지.

2. A lot of tenants have been filing complaints about **interest** rates.

「많은(A lot of) 세입자들(tenants)은 가지고 있게 하지(have), 있던(been), 무엇을 모아서 하나로 정리하는 중(filing), 불만들(complaints), 무엇의 주변에서(about), 흥미를 불러일으키는 것(=이자, interest), 평가하게 하는 것(=비율, rate)」

- ✅ 「많은 세입자들이 이런 저런 불만을 제기해오고 있다. 이자의 비율(=금리)에 관해서.」
- **해석** 많은 세입자들이 금리에 대해 불만을 제기해왔지.

3. Probably the aliens from outer space were so advanced that they didn't find the Earth **interesting**.

「아마(Probably) 다른 것들과 구분되는 외부인들(=외계인들, the aliens), 무엇으로부터(from), 바깥쪽 공간(=우주, outer space), 있었지(were), 그렇게(so), 앞선 상태(advanced), 그건(=그래서, that), 그들이(they) 찾아내지 못하는 것(don't find), 지구(the Earth), 흥미를 불러일으키는 중(=흥미로운, interesting)」

- ✅ 「아마도, 우주에서 온 외계인들은 있었어. 그렇게 앞선 상태로. 그래서 그들은 지구에서 흥미를 느끼지 못했던 거야.」
- **해석** 외계인들의 과학기술이 너무 앞섰기 때문에 지구에 흥미를 느끼지 못했을지도 몰라.

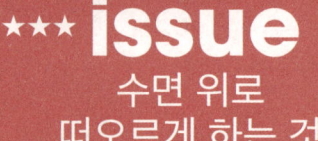

★★★ issue
수면 위로 떠오르게 하는 것

1 ▶ The issue of the war was difficult to foresee.

「다른 것들과 구분되는(The) 수면 위로 떠오르게 하는 것(=결과, issue), 무엇의 일부로(of), 다른 것들과 구분되는(the), 전쟁(war)은 있었지(was), 어렵게 하는(difficult), 예측하기로 되어 있는(to foresee).」

- ✓ 「그 결과, 전쟁의 일부인, 어려웠지, 예측하기가..」의 순으로 해석해 나가면 되겠네요.
- **해석** 전쟁의 결과를 예측하는 것은 어려웠다.

2 ▶ Let's talk about the pros and cons of the issue.

「하게 하자(Let), 우리(us), 말을 주고받는 것(talk), 무엇의 주변에 대한(about), 다른 것들과 구분되는(the), 장점과 단점(pros and cons), 무엇의 일부로(of), 다른 것들과 구분되는(=그, the), 수면 위로 떠오른 것(=안건, issue).」

- ✓ 「우리, 말을 주고받도록 하자(=이야기해보자), 장점과 단점에 대해서, 그 쟁점에 관해.」
- **해석** 그 안건의 장단점에 대해 이야기해보자.

3 ▶ The scholars of the new school said it was issued by a king of Korea.

「그(The) 학자들(scholars), 무엇의 일부로(of), 새로운 학파(new school), 생각을 말했지(said), 그것(it) 있었다고(was), 수면 위로 떠오르게 한 (상태)(=발행된, issued), 무엇을 바탕으로(by), 하나의 왕(a king), 무엇의 일부로(of), 한국(Korea).」

- ✓ 「새로운 학파의 학자들이 말했지, 그건 발행되었다고, 한 명의 왕에 의해, 한국의.」
- **해석** 새로운 학파의 학자들은 그것을 한국의 임금이 발행했다고 주장했다.

4 ▶ **The romantic comedy series will be brought to a great finale with this issue.**

「그(The) 로맨틱코미디(romantic comedy) 연속물(series)은 할 거야(will). 있는 것(be) 어디에 가져다 놓은 상태(brought). 어디에 도착하기로 되어 있는(to). 하나의(a) 굉장한 (great) 피날레(finale)로. 무엇과 함께하는(with). 이것(=이번, this) 수면 위로 떠오르게 한 것(=회, issue)과 함께(with).」

- ✅ 「그 로맨틱코미디 연속물(=시리즈)은 가져다 놓은 상태가 될 텐데. 하나의 굉장한 피날레에. 이번 편(=회)으로.」
- **해석** 그 로맨틱코미디 시리즈는 이번 회를 마지막으로 화려한 피날레를 장식할 것이다.

5 ▶ **My dad usually doesn't care about the issue of a match.**

「나의(My) 아버지(dad). 대개(usually) 어찌하지 않으셔(doesn't). 신경 쓰는 것(care). 무엇에 관해서(about). 다른 것들과 구분되는(the). 수면 위로 떠오르게 하는 것(=결과, issue). 무엇의 일부로(of). 하나의(a) 시합(match).」

- ✅ 「아버지는 대체로 신경 쓰지 않으셔. 결과에 대해서. 시합의 일부로.」
- **해석** 아버지께선 승패에 연연하지 않으시는 편이지.

6 ▶ **Tom forced the issue without going into details against my advice.**

「톰(Tom)은 힘에 의해 움직이게 했지(=자기 멋대로 해버렸지, forced). 그(the). 수면 위로 떠오르게 하는 것(=문제, issue). 무엇이 없는(without). 있던 곳에서 멀어지는 중(going). 어떤 공간 안으로(into). 세부적인 것들(details). 어디에 맞서(against). 나의 충고(my advice).」

- ✅ 「톰은 멋대로 그 문제를 처리했지(=결론을 내렸지). 세부적으로 파고들지 않으면서. 나의 충고에 반해서.」
- **해석** 나의 충고에도 불구하고 톰은 세부사항은 밝히지 않은 채 멋대로 결론을 내렸다.

level
평탄하게 만드는 것

1. Please speak Korean. Bring all this down to my level.

「원하는 대로 하게 해줘(Please), 말을 전하는 것(speak), 한국어(Korean), 무엇을 가져다 놓아줘(Bring), 모든(all) 이것(this), 무엇의 아래쪽으로 향하도록(down), 어디에 가기로 되어있지(to), 나의(my), 평탄하게 만드는 것(=수준, level).」

- '부디 한국어로 좀 이야기 해줘. 내 수준에 맞게끔 낮춰달라고.'라는 말이죠? 상대방의 말이 너무 어려울 때 장난스럽게 할 수 있는 말이죠.
- **해석** 쉽게 좀 이야기해 줘. 내 수준에 맞춰줘.

2. I hope you level with me unless it'll make too much trouble to you.

「난(I) 희망하지(hope), 네(you)가 평탄하게 만드는 것(=털어놓는 것, level), 나와 함께(with me), 무엇하지 않는 한(unless), 그건(it) 할 거야(will), 만들어내는 것(make), 역시(too) 많은(much) 번거롭게 하는 것(=문제, trouble), 너에게(to you).」

- 「난 희망해. 네가 나에게 털어놓기를. 그것이 만들어내지 않는다면. 너무 많은 문제를. 너에게.」
- **해석** 문제될 일이 별로 없다면, 솔직하게 털어놓았으면 좋겠어.

3. The earthquake leveled a few buildings in the neighborhood.

「그(The) 지진(earthquake)은 평탄하게 만들었지(=주저앉혔지, leveled), 하나의(a) 수가 얼마 안 되는(few) 건물들(buildings), 어떤 공간에 있는(in), 다른 것들과 구분되는(the) 무엇의 근처에 있는 것(=인근, neighborhood).」

- 「그 지진은 주저앉혔지. 몇 채의 건물을. 근처에 있던.」
- **해석** 그 지진으로 인근의 건물 몇 채가 폭삭 주저앉았다.

4 ▶ Tom **leveled** the score at 3 all.

「톰(Tom)은 평탄하게 만들었지(=동등하게 만들었지, leveled). 다른 것들과 구분되는(the). 득점하는 것(=득점, score). 무엇을 콕 찍어서(at). 3. 모두(all).」

- ✅ '톰은 똑같이 만들어버렸지. 다른 것이 아닌. 득점. 3(점). 모두(=두 팀이).'
- ✅ '톰은 득점이 똑같도록 만들었어. 두 팀 모두 3점이 되도록.'
- **해석** 톰이 경기를 3대 3 동점으로 만들었어.

5 ▶ The noise **level** in my apartment has increased.

「다른 것들과 구분되는(The). 소음(noise). 평탄하게 만드는 것(=수준, level). 뭐라는 공간 안에(in). 내 아파트(=우리 아파트, my apartment). 무엇을 가지고 있게 하지(has). 증가한 (상태)(increased).」

- ✅ '소음 수준. 우리 아파트 내의. 가지고 있어. 증가한 상태를.'
- **해석** 우리 아파트의 소음 수준이 예전에 비해 높아졌어.

6 ▶ If you're hanging wallpaper, the wall will need to be **leveled** first.

「어떤 조건이냐면(If) 당신(you)이 있잖아(are). 무엇을 걸려있게 하는 중(hanging). 벽지(wallpaper). 다른 것들과 구분되는(the) 벽(wall)은 할 거야(will). 필요로 하는 것(need). 있기로 되어 있는(to be). 평탄하게 만든 상태(leveled). 처음(first)에.」

- ✅ '네가 벽지를 걸려있게 하고자 한다면. 벽은 필요할 거야. 평탄하게 된 상태로 있는 것. 처음에.'
- **해석** 벽지를 바르기 전에 우선 벽부터 평탄하게 만들어야지.

line
선을 이루게 하는 것

1. Someone had put a line through his name.

「어떤 사람(=누군가, Someone)이 무엇을 가지고 있게 했어(had), 무엇을 놓은 (상태)(put), 하나의(a), 선을 이루게 하는 것(=선), 무엇을 관통하는(through), 그의 이름(his name).」

- ✅ 「누군가가 하나의 선을 놓은(=그은) 상태였지, 무엇을 관통하도록, 그의 이름.」
- **해석** 누군가가 그의 이름에다 선을 쫙 그어놓았지(=이름을 지웠지).

2. I want you to bring that rookie into line with the guidelines.

「내(I)는 원하지(want), 자네(you), 무엇을 가져다 놓기로 되어 있는(to bring), 저것(=저, that) 신입(rookie), 어떤 공간 안으로(into), 선을 이루게 하는 것(line), 무엇과 함께하는 (with), 다른 것들과 구분되는(the), 여러 가지 가이드라인(=규정)(guidelines).」

- ✅ 「난 원하네, 자네가 저 신입을 가져다 놓도록, 무엇과 선을 이루게끔, 여러 가지 규정과.」
- **해석** 자네가 저 신참에게 규정을 준수하도록 가르쳤으면 하네.

3. He came from a long line of hospitals.

「그(He)는 함께하는 공간에 나타났지(=내가 있는 곳에 왔지, came), 어디로부터(from), 하나의(a) 긴(long) 선을 이루게 하는 것(line), 무엇의 일부로(of), 여러 병원들(hospitals).」

- ✅ 「그는 여기에 왔지, 어디로부터냐 하면, 긴 선을 이루는 여러 병원들.」
- ✅ '그는 하나의 긴 선을 이루는 여러 병원들로부터 왔어.'라는 의미입니다. 이는 여러 병원들을 쭉 거쳐 왔다는 이야기입니다.
- **해석** 그는 여기에 오기까지 여러 병원을 전전해왔어.

★★★ lot
나뉘어 주어진 것

1. People who is contended with their lot is happy.

「사람들(People), 누구냐 하면(who) 있잖아(is), 만족해하는(contended), 무엇과 함께하는(with), 그들의(=자신들의, their), 나뉘어 주어진 것(=운명, lot), 있어(is), 행복한(happy).」

✓ 「사람들 있잖아. 만족해하는. 자신들의 운명에. 있지. 행복한 상태로.」

해석 자신의 운명에 만족하는 사람들은 행복하다.

2. A huge lot behind the hospital was excavated to make room for a public park.

「하나(A), 거대한(huge), 나뉘어 주어진 것(=부지, lot), 무엇의 뒤에 있는(behind), 그 병원(the hospital), 있었지(was), 파헤친 상태(excavated), 만들어내기로 되어 있는(to make), 머물 수 있는 공간(room), 무엇을 떠올리면서(for), 하나의(a), 대중공원(=시민공원, public park).」

✓ 「거대한 부지. 그 병원 뒤에 있던. 파헤쳐졌지. 공간을 만들어내려고. 시민공원을 위한.」의 순으로 파악해 나가면 됩니다. 익숙해지면 빠른 속도로 이해할 수 있어요.

해석 시민공원 부지조성을 위해 병원 뒤의 거대한 부지를 파헤쳤다.

3. A parking lot

「하나의(A), 무엇을 주차시키는 중(parking), 나뉘어 주어진 것(=구획, lot).」

✓ '주차를 하기 위해 나뉘어진 하나의 구역' 즉 '주차장'이 되네요.

해석 주차구역

4 ▶ "How are you feeling today?" "A lot better today."

「"어떻게(How)? 있니(are). 너(you). 무엇을 느끼는 중(feeling)으로. 오늘(today)."」「"하나의 (A). 나뉘어 주어진 것(lot). 더 나은(better). 오늘(today)."」

- "너 오늘은 어떻게 느끼고 있니?" "오늘은 많이 더(=훨씬) 나은데."라는 내용입니다. a lot은 '하나의/나뉘어 주어진 것' ▶ '제법 큰 덩어리의' ▶ '많은 것'이 되는 겁니다. 무언가를 잘라냈는데 이를 두고 '한 덩어리(a lot)'라고 할 때는 그것이 '제법 큰 덩어리'라는 말인 거죠.
- **해석** "오늘은 기분이 어때?" "(어제보단)훨씬 낫다."

5 ▶ A lot of people escaped from the country which the civil war broke out.

「하나의(A). 나뉘어 주어진 것(lot). 무엇의 일부로(of). 사람들(people). 어디를 벗어났다(escaped). 어디로부터(from). 그(the) 나라(country). 어떤 것인가 하면(which). 다른 것들과 구분되는(the). 시민전쟁=내전. civil war). 무엇을 깨뜨렸지(broke). 어떤 공간 밖에 (out).」

- 「많은 사람들이 벗어났지. 그 나라를. 그게(=그 나라) 어떤 거냐 하면. 내전이 밖(현실)로 터져 나온.」
- **해석** 많은 사람들이 내란이 벌어진 조국을 버리고 국외로 도망쳤다.

6 ▶ The first lot of participant came on the stage then.

「다른 것들과 구분되는(The). 첫 번째(first) 나뉘어 주어진 것(=팀. lot). 무엇의 일부로(of). 참가자(participant). 함께하는 공간에 나타났지(=등장했지. came). 어디에 붙은(on). 다른 것들과 구분되는(the). 무대(stage). 그 때(then).」

- 「첫 번째 팀. 참가자 중의. 나타났어. 무대에. 그 때.」
- 「참가자들 중에서 첫 번째 팀이 무대에 나타났지. 그 때.'라는 말이네요. lot은 '나누어진 것' 즉 '하나의 덩어리'로 해석되고 있습니다.
- **해석** 그 때 첫 번째 참가자 그룹이 무대에 올랐다.

★★★ matter
의미를 부여하게 하는 것

1 ▶ The teaching of Kim Gu influenced Korean citizens no matter where they lived.

「다른 것들과 구분되는(The). 가르치는 중인 상태(=가르침, teaching). 무엇의 일부로(of). 김구 선생님(Kim Gu). 영향을 주었지(influenced). 한국시민들(=한국인들, Korean citizens). 부정하는(no). 의미를 부여하게 하는 것(matter). 어디냐 하면(where). 그들이 살았던(they lived).」

✓ 「가르침. 김구 선생님의. 한국인들에게 영향을 주었지. 어디인지의 의미는 상관없이(=어디든지). 그들이 살았던.」
해석 김구 선생님의 가르침은 모든 한국인들에게 영향을 끼쳤다.

2 ▶ To be the president of this country matter more to me than anything else in the world.

「있기로 되어 있는(To be). 다른 것들과 구분되는(the). 대통령(president). 무엇의 일부로(of). 이 나라(this country). 의미를 부여하게 하지(=중요하지, matter). 더 많이(more). 나에게(to me). 무엇보다는(than). 어떤 것(anything) 그 밖에(else). 세상에서(in the world).」

✓ 「(하나의) 대통령이기로 되어 있는 것이 중요하지. 더 많이. 나에게. 세상의 그 어떤 것보다도.」
해석 이 나라의 대통령이 되는 것이 내게는 가장 중요하지.

3 ▶ That he didn't reclaim his title mattered the most.

「그것(That). 그(he)가 어찌하지 못했지(didn't). 다시 찾는 것(reclaim). 그의(his) 타이틀(title). 의미를 부여하게 했지(mattered). 다른 것들과 구분되는(the) 가장 많은 것(most).」

✓ 「그것. 그가 자신의 타이틀을 다시 찾지 못했지. 의미를 부요했지. 가장 많은 것.」
✓ 「그가 다시 타이틀을 찾지 못했다는 것이 가장 많은 의미를 부여했지(=중요했지).」
해석 가장 중요한 것은 그가 타이틀을 되찾지 못했다는 거지.

4. **It is a matter of common sense that even well educated people are seldom successful in his life.**

「그것(It) 있잖아(is), 하나의(a) 의미를 부여하게 하는 것(matter), 무엇의 일부로(of), 상식(common sense), 그건(that), 당연하게(even), 좋게(well) 교육시킨(educated)의 사람들(people), 있지(are), 드물게(seldom) 성공적인(successful), 어떤 공간 안에(in), 자신의 인생(his life).」

- 「그건 상식이지. 그건, 교육을 잘 받은 사람들조차도 드물게, 성공하는, 자신의 삶에서.」
- **해석** 수준 높은 교육을 받은 사람들조차 성공하는 경우가 드물다는 건 상식이지.

5. **You'd better get more information before you can take action on the matter.**

「넌(You) 가지고 있게 했다(=가지고 있게 했을 텐데, had), 더 나은(better), 어떤 과정을 거쳐 없던 것을 가지게 하는 것(get), 더 많은(more) 정보(information), 무엇에 앞서(before), 너(you)는 할 수 있어(can), 마음먹으면 가질 수 있는 것을 가지게 하는 것(=취하는 것, take), 행동(action), 어디에 붙은(on), 그(the), 의미를 부여하게 하는 것(=문제, matter).」

- 「넌 가지고 있을 텐데. 더 나은 상태. 더 많은 정보를 가지는 것. 무엇에 앞서. 네가 행동을 취할 수 있는 것. 그 문제에 대해.」
- **해석** 그 문제에 관해서는 행동을 취하기 전에 정보를 더 얻는 편이 나을 거야.

6. **This matter will have to be dealt with by tomorrow.**

「이것(This), 의미를 부여하게 하는 것(=문제, matter), 할 것이다(will), 가지고 있게 하는 것(have), 있기로 되어 있는(to be), 일이 이루어지게 한(dealt), 무엇과 함께하는(with), 무엇을 바탕으로(by), 내일(tomorrow).」

- 「이 문제는 가지고 있을 거야. 일을 처리한 상태이기로 되어 있는. 내일을 바탕으로(=내일까지).」
- '이 문제는 처리한 상태여야 할 것이다. 내일까지.'
- **해석** 내일까지는 이 일을 처리해야 할 거야.

★★★ net
그물로 어찌하는 것

1 ▶ Cha Bum has netted 30 goals so far this season.

「차붐(Cha Bum), 가지고 있게 하지(has), 그물로 어찌한 상태(=그물을 뒤흔든, netted), 30 골(30 goals), 그렇게(so), 멀리 떨어져(far), 이번 시즌(this season).」

✓ 「차붐은 그물을 뒤흔든 상태를 가지고 있지(=뒤흔들었지), 30골, 그렇게 멀리 떨어져(=지금까지), 이번 시즌에.」

해석 차붐은 이번 시즌 들어와서 지금까지 30골을 기록하고 있다.

2 ▶ I didn't know how to catch fish by using a net then.

「난(I) 어찌하지 않았어(didn't), 알고 있는 것(know), 어떻게(how), 잡기로 되어 있는(to catch), 물고기(fish), 무엇을 바탕으로(by), 무엇을 사용하는 중(using), 하나의(a) 그물로 어찌하는 것(=그물, net), 앞의 내용을 이어받아(=그 당시, then).」

✓ 「난 알지 못했지, 어떻게 물고기를 잡는지, 어떤 방법으로, 그물을 사용하는 것, 그 당시.」

해석 그 당시엔 그물을 사용해 고기를 잡는 방법을 몰랐지.

3 ▶ He didn't know how fast time flies during surfing through the net.

「그(He)는 어찌하지 않았다(didn't), 알고 있는 것(know), 어떻게(how), 거칠게 없도록(=빠르게, fast), 시간(time)이 날아가는지(fly), 무엇동안(during), 서핑하는 중(surfing), 무엇을 관통하는(through), 다른 것들과 구분되는(the), 그물로 어찌하는 것(=연결망, net).」

✓ 「그는 알지 못했다, 어찌나 빠르게 시간이 날아가는지(=지나가는지), 서핑하는 동안, 인터넷을.」

해석 그는 인터넷서핑을 하느라 시간가는 줄 몰랐다.

★★★ operation
계획에 따라 움직이게 하는 것

1 **After the operation, she had to rest at home for 6 months.**

「무엇을 따라서(=무엇 후에, After). 다른 것들과 구분되는(the). 계획에 따라 움직이게 하는 것(=수술, operation). 그녀(she)는 가지고 있게 했다(had). 쉬게 하기로 되어 있는(to rest). 무엇을 콕 찍어서(at). 집(home). 무엇을 떠올리면서(for). 6개월(6 months).」

- ✓ 「그 수술 후에, 그녀는 쉬기로 되어있었다. 집에서. 6개월 동안.」
- **해석** 수술을 받은 뒤, 그녀는 6개월 동안 집에서 쉬어야 했다.

2 **He decided to enlarge his operation after careful consideration.**

「그(He)는 무엇을 결정했다(decided). 더 크게 만들기로 되어 있는(to enlarge). 그의(=자신의, his) 계획에 따라 움직이게 하는 것(=사업, operation). 무엇을 따라서(after). 주의 깊은(careful). 고려(consideration).」

- ✓ 「그는 더 크게 만들기로(=확장하기로) 결정했다. 자신의 사업을. 무엇 이후에. 주의 깊은 고려(=신중히 생각하는 것).」
- **해석** 심사숙고 끝에 그는 사업을 확장하기로 결정했다.

3 **Regular checking gives the smooth operation of the machine.**

「규칙적인(Regular). 무엇을 확인하게 하는 중(=점검, checking). 무엇을 주는 것(give). 다른 것들과 구분되는(the). 매끄러운(smooth). 계획에 따라 움직이게 하는 것(=작동, operation). 무엇의 일부로(of). 다른 것들과 구분되는(the). 기계(machine).」

- ✓ 「규칙적으로 점검하는 것은 준다. 매끄러운 작동(=움직임). 기계의.」
- **해석** 주기적으로 점검을 해줘야 기계가 원활하게 돌아간다.

4. She is going to have an fairly minor operation at the hospital.

「그녀(She)는 있어(is). 어디론가 멀어지는 중(going). 가지고 있게 하기로 되어 있는(to have). 하나의(a) 꽤(fairly) 작고 중요하지 않은(=사소한, minor). 계획에 따라 움직이게 하는 것(=수술, operation). 무엇을 콕 찍어서(at). 그(the) 병원(hospital).」

- ✅ 「그녀는 가지려는 중이지. 하나의 사소한 수술을. 그 병원에서.」
- **해석** 그 여자는 그 병원에서 아주 가벼운 수술을 받을 예정이야.

5. The restaurant has been in operation since the Independence Day.

「그(The) 식당(restaurant)은 가지고 있게 한다(has). 있던 (상태)(been). 어떤 공간 안에(in). 계획에 따라 움직이게 하는 것(=영업행위, operation). 무엇 이후로(since). 다른 것들과 구분되는(the) 독립기념일(=해방된 날, Independence Day).」

- ✅ 「그 식당은 있던 상태를 가지고 있다. 영업을 하는 상태. 해방이 된 날 이후로.」
- ✅ '그 식당은 해방된 이후로 영업을 하던 상태를 (지금까지) 가지고 있다.'는 뜻이 됩니다.
- **해석** 그 식당은 해방되면서 문을 연 가게야.

6. Tom's jokes took away some of the terror from an emergency operation for appendectomy.

「톰의 농담(Tom's joke)이 앞에 놓여있던 걸 가지게 했다(took). 떨어져 있게(=떨어뜨려놓으며, away). 어느 정도(some). 무엇의 일부로(of). 공포(the terror). 무엇으로부터(from). 하나의(an) 응급수술(emergency operation). 무엇을 떠올리면서(for). 맹장수술(appenectomy).」

- ✅ 「톰의 농담이 떨어뜨려놓았지(=가져갔지). 어느 정도의 공포. 응급수술로부터. 맹장수술에 관한.」
- **해석** 톰이 해준 농담 덕분에 응급 맹장수술에 대한 두려움이 좀 가셨지.

order
질서 있게 만드는 것

1 ▶ If your phone is out of order, how are we supposed to contact you?

「어떤 조건이냐면(If), 당신의(your) 전화기(phone)가 있어(is), 어디에서 벗어난(out of), 질서 있게 만드는 것(=정상적인 상태, order), 어떻게(how)? 있나(is), 우리(we), 무언가를 하기로 정해져 있는(supposed), 접촉하기로(=연락하기로) 되어 있는(to contact), 당신(you),」

- ✓ '당신의 전화기가 정상이 아니라면, 어떻게 우리가 연락해야 합니까? 당신에게'
- **해석** 당신 전화기가 고장 나면 어떻게 (연락해야) 하나요?

2 ▶ Many people drink in order to feel heavenly and end up feeling the hell.

「많은(Many) 사람들(people)은 마시게 하지(drink), 어떤 공간 안에(in), 질서 있게 만드는 것(=계획대로 움직이게 하는 것, order), 느끼기로 되어 있는(to feel), 천상의(heavenly), 그것에 이어(and) 막다른 곳에 이르게 하지(end), 위쪽을 향하도록(=완전히, up), 느끼는 중(feeling), 다른 것들과 구분되는(the) 진저리치게 만드는 것(=지옥, hell),」

- ✓ '많은 사람들은 천상의 기분을 맛보려고 술을 마시지만 결국 (완전히 끝나고) 지옥 같은 기분이 되지.'
- **해석** 많은 사람들이 좋은 기분이 되려고 술을 마시지만 결국 기분만 잡치고 말지.

3 ▶ I think you need to give some time for me to order my thoughts.

「내 생각에(I think) 당신(you)은 무엇을 필요로 하지(need), 주기로 되어 있는(to give), 어느 정도의(some) 시간(time)을, 무엇을 떠올리면서(for), 나(me), 질서 있게 만들기로(=정리하기로) 되어 있는(to order), 나의(my) 이런저런 생각(thoughts),」

- ✓ '내 생각에 당신은 주어야 돼. 시간을 좀. 나를 위한. 정리할 수 있게. 내 생각을.'
- **해석** 생각을 좀 정리할 시간이 필요해.

4 ▶ Please put the books back on the shelf in the right **order**.

「원하는 대로 하게 해라(=기꺼이 해주어라, Please). 무엇을 놓는 것(put). 다른 것들과 구분되는(the) 책들(books). 뒤로 향하게 하는(=원래대로, back). 어디에 붙은(on). 다른 것들과 구분되는(=그, the) 선반(shelf). 어떤 공간 안에(in). 다른 것들과 구분되는(the). 바르게 하는(right). 질서 있게 만드는 것(=정해놓은 자리, order).」

✓ 「기꺼이 해주세요. 그 책들을 놓는 것. 되돌려놓는. 그 선반에. 바른 자리(=제자리)에.」
해석 책들은 책꽂이의 원래 위치에 갖다놓으세요.

5 ▶ I would like to place an **order** for 100 copies of that album.

「나(I)는 무엇을 했을 텐데(=했으면 하는데, would). 좋아하는 것(like). 위치하게 하기로 되어 있는(to place). 하나의(an). 질서 있게 만드는 것(=주문, order). 무엇을 떠올리면서(for). 100장(100 copies). 무엇의 일부로(of). 그(that) 앨범(album).」

✓ 「나는 했으면 좋겠는데. 하나의 주문을 위치하게 하는 것. 100장. 그 앨범의 일부로.」
해석 그 음반을 100장 주문하고 싶은데요.

6 ▶ Who do you think you are, **ordering** me to do this and that?

「누구(Who)야? 무얼 어찌하는 것(do). 너(you) 생각하는 것(think). 너(you) 있잖아(are). 질서 있게 만드는 중(=명령하는 중, ordering). 나(me). 무엇을 어찌하기로 되어 있는(to do). 이것 그리고 저것(this and that).」

✓ 「누구냐? 네가 생각하기에. 너라는 사람은. 나에게 명령을 하다니. 이것저것을 하라고.」
해석 네가 누군데 나더러 이래라 저래라 하는 거야?

★★★ passage
~을 지나가게 하는 것

1 Can you turn this passage into Japanese?

「할 수 있어(Can)? 너(you). 무엇을 돌리는 것(turn). 이것(this). 무엇을 지나가게 하는 것(=구절, passage). 어떤 공간 안으로(into). 일본어(Japanese).」

- ✓ 「넌 돌릴 수(=전환할 수) 있어? 이 구절, 일본어 안으로 들어가도록(=일본어로 바뀌도록).」 여기서 **passage**는 '무엇을 지나가게 하는 것' ▶ '내용이 지나가게 하는 것' ▶ '구절'이 되는 것이죠.
- **해석** 이 구절을 일본어로 번역할 수 있어?

2 Read the following passage and answer the questions below.

「읽으시오(Read). 다른 것들과 구분되는(the). 무엇을 따르는 중(=따라오는, following). 무엇을 지나가게 하는 것(=구절, passage). 그것에 이어(=그러고 나서, and). 답을 하시오(answer). 다른 것들과 구분되는(the). 의문들(question). 무엇의 아래에(below).」

- ✓ '뒤에 따라오는 구절을 읽으시오. 그러고 나서, 질문에 답을 하시오. 아래에 있는.'
- ✓ '뒤따라오는 구절을 읽고 나서 아래에 있는 질문에 답하시오.'
- **해석** 다음 구절을 읽고 아래의 질문에 답하시오.

3 The bill had a rough passage through the National Assembly.

「다른 것들과 구분되는(The). 내용을 담아놓게 하는 것(=법안, bill). 가지고 있게 했다(had). 하나의(a) 거친(rough). 무엇을 지나가게 하는 것(=통과, passage). 무엇을 관통하는(through). 다른 것들과 구분되는(the). 국회(National Assembly).」

- ✓ '그 법안은 가지고 있었지, 험난한 통과과정을, 국회를 통과하는.'
- **해석** 그 법안은 국회에서 힘겹게 통과되었지.

4 ▶ Tom led me down the **passage** to the back of the house.

「톰(Tom)은 이끌었다(lead), 나(me), 무엇의 아래쪽으로 향하도록(down), 다른 것들과 구분되는(the) 무엇을 지나가게 하는 것(=통로, passage), 어디에 도착하기로 되어있는(to), 다른 것들과 구분되는(the) 뒤로 향하게 하는 것(=뒤쪽, back), 무엇의 일부로(of), 그 집(the house).」

- ✓ 「톰은 나를 이끌었지, 아래쪽으로, 그 통로(를 지나), 뒤쪽에 도착하도록, 그 집의.」
- **해석** 톰을 따라 통로 아래로 내려갔더니 집의 뒤쪽으로 나오더군.

5 ▶ My passion grew with the **passage** of time.

「나의(My) 열정(passion)은 자라게 했지(grew), 무엇과 함께(with), 다른 것들과 구분되는(the), 무엇을 지나가게 하는 것(passage), 무엇의 일부로(of), 시간이 지나가는 것(time).」

- ✓ 「나의 열정은 자라났지, 무엇과 함께, 시간이 지나가는 것.」
- ✓ '내 열정은 시간의 지나가는 것과 함께 자라났지.'
- **해석** 시간이 지남에 따라 내 열정도 커져갔지.

6 ▶ We were promised a safe **passage** through the Demilitarized Zone.

「우리(We)는 있었지(were), 무엇을 약속한(promised), 하나의(a) 안전한(safe), 무엇을 지나가게 하는 것(=통과, passage), 무엇을 관통하는(through), 다른 것들과 구분되는(the), 비무장지대(Demilitarized Zone).」

- ✓ 「(우리는) 약속한 상태에 있었지(=약속을 받았지), 안전하게 지나가는 것, 비무장지대를 관통하는(=지나는).」
- **해석** 비무장지대(DMZ)를 무사히 통과할 수 있다는 약속을 받았어.

★★★ patch
주위와 다르게 만드는 것

1 ▶ He knows every store in his patch.

「그(He)는 알고 있다(know). 모든(every) 상점(store)을. 어떤 공간 안에(in). 그의(his). 주위와 다르게 만드는 것(=자기주변, patch).」

- ✓ '그는 모든 상점을 알고 있어. 자기주변에 있는.'
- ✓ '그는 자기주변에 있는 모든 상점을 알고 있다.'는 말이 되네요. '그의/주위와 다르게 만드는 것'
- ✓ '그의 주변', 즉 자기가 사는 곳 부근을 말하는 겁니다.

해석 그는 인근에 있는 상점을 전부 알고 있다.

2 ▶ He sewed patches on the thighs of his jeans.

「그(He)는 꿰맸다(sewed). 주위와 다르게 만드는 것들(=덧댄 부분, patches). 어디에 붙은(on). 양쪽 허벅지(thighs). 무엇의 일부로(of). 그의(his) 청바지(jeans).」

- ✓ '그는 덧대어 꿰맸다. 양쪽 허벅지에. 그의 청바지의 일부로.'의 순으로 파악하면 됩니다. 어쨌든, 옷이 찢어졌을 때 헝겊을 대고 기우면 그 부위는 주위와 다르게 보이고, 눈에 안대를 하는 경우도 그 부분만 눈에 확 들어오지 않나요? 바로 그런 걸 patch라고 하는 겁니다.

해석 그는 청바지의 허벅지에 헝겊조각을 덧대어 기웠다.

3 ▶ It is a white cat with a black patch on its back.

「그것(It) 있잖아(is). 하나의(a) 흰(white) 고양이(cat)야. 무엇과 함께하는(with). 하나의(a) 검은(black). 주위와 다르게 만드는 것(=반점, patch). 어디에 붙은(on). 그것의(its) 등(back).」

- ✓ '그건 흰 고양이야. 검은 반점이 있는. 자신의 등에.'의 순으로 해석하면 됩니다. 사실 어순만 다를 뿐 영어는 상당히 단순한 언어입니다. 익숙하지 않을 뿐인 거죠.

해석 그 고양이는 흰 고양이인데, 검은 반점이 있어.

★★★ performance
가진 역량을
다 발휘하게 하는 것

1 ▶ It's such a performance getting my husband off to the office in the morning.

「그것(It) 있잖아(is), 그와 같은(such), 하나의(a), 가진 역량을 다 발휘하게 하는 것(=힘든 일, performance), 어떤 과정을 거쳐 없던 것을 가지게 하는 중(getting), 내 남편(my husband), 어디에서 떨어져(off), 어디에 도착하기로 되어 있는(to), 사무실(the office), 아침에(in the morning).」

✅ 「그건 그처럼 힘든 일이야. 내 남편이 어디에서 떨어지게 하려는 것. 그리고 사무실에 도착하게 만드는 것. 아침에.」

해석 아침마다 남편을 출근시키는 것이 여간 힘든 일이 아니야.

2 ▶ David gave us the greatest performance at the magic show.

「데이비드(David)는 주었다(gave), 우리(us), 다른 것들과 구분되는(=단 하나뿐인, the) 가장 굉장한(greatest), 가진 역량을 다 발휘하게 하는 것(=공연, performance), 무엇을 콕 찍어서(at), 그(the) 마술쇼(magic show).」

✅ 「데이비드는 우리에게 주었어. 단연 최고의 공연을. 그 마술쇼에서.」

해석 데이비드는 마술쇼에서 최고의 공연을 보여주었지.

3 ▶ What a performance!

「무엇(What)! 하나의(a), 가진 역량을 다 발휘하게 하는 것(=보여주는 것, performance).」

✅ '뭐, 그런 일이 다 있어(=그것 참 대단하군)!'의 의미로 파악할 수 있겠네요. 여기서는 what이 앞에 나와 감정을 강하게 표현하고 있는데, 긍정적인 감탄도 가능하겠지만 이런 식으로 반어법으로 사용될 수도 있는 거죠.

해석 별일이야!

4 ▶ Our company's **performance** has been very good this year.

「우리 회사의(Our company's). 가진 역량을 다 발휘하게 하는 것(=실적, performance)은 무엇을 가지고 있게 하지(has). 있던 (상태)(been). 바로 그렇게(=아주, very). 훌륭한 (상태) (good). 올해(this year).」

- ✓ 「우리 회사의 실적은 가지고 있지. 있던 상태. 그렇게나 훌륭한. 올해.」
- **해석** 올해 우리 회사의 실적은 장난이 아니지(=굉장하지).

5 ▶ **Performance** is more important to people who love sports car.

「가진 역량을 다 발휘하게 하는 것(=성능, Performance)은 있잖아(is). 더 많이(more) 중요한(important). 사람들에게(to people). 누구냐 하면(who). 무엇을 사랑하는 것(love). 스포츠카(sports car).」

- ✓ 「성능은 있잖아. 더 많이 중요해. 사람들에게. 그게 누구냐 하면. 스포츠카를 사랑하는 (사람들).」
- **해석** 스포츠카 광에게는 성능이 더 중요하지.

6 ▶ He has shown passion in the **performance** of his missions.

「그(He)는 가지고 있게 한다(has). 무엇을 보여준(shown). 열정(passion). 어떤 공간 안에 (in). 다른 것들과 구분되는(the). 가진 역량을 다 발휘하게 하는 것(=실행, performance). 무엇의 일부로(of). 그의(his) 여러 가지 임무(missions).」

- ✓ 「그는 열정을 보여준 상태를 가지고 있다(=보여줘 왔다). 실행하는 데 있어서. 자신의 임무를..」
- **해석** 그는 자신의 임무를 열정적으로 수행해왔다.

★★★ pool
고여 있게 하는 것

1▶ The dog and cat are looking into the pool.

「다른 것들과 구분되는(=그, The) 개(dog). 그것에 이어(and). 고양이(cat). 있다(are). 무엇을 보게 하는 중(looking) 어떤 공간 안으로(into). 다른 것들과 구분되는(the). 고여 있게 하는 것(=웅덩이, pool).」

- ✓ 「(그), 개와 고양이가 있어. 보는 중으로. 어디 안으로. 그 웅덩이.」
- ✓ '개와 고양이가 안을 들여다보는 중이야. 그 웅덩이.'
- **해석** 개와 고양이가 (물)웅덩이를 들여다보고 있어.

2▶ The length of the pool is more than 500 meters.

「다른 것들과 구분되는(The). 길이(length). 무엇의 일부로(of). 다른 것들과 구분되는(=이, the). 고여 있게 하는 것(=수영장, pool). 있다(is). 더 많은(=이상인, more). 무엇보다는(than). 500미터(500 meters).」

- ✓ 「다른 것이 아닌 길이. 이 수영장의. 있잖아. 더 된다고. 500미터보다는.」
- **해석** 이 수영장은 길이가 500미터도 넘어.

3▶ We started to put our pocket money in a pool.

「우리(We)는 무엇을 튀어나가게 했지(=시작했지, started). 놓기로 되어 있는(to put). 우리의(our) 호주머니 돈(=용돈, pocket money). 어떤 공간 안에(in). 하나의(a) 고여 있게 하는 것(=모아두는 것, pool).」

- ✓ 「우리는 시작했지. 놓아두는 것을. 우리 용돈 말이야. 모여 있도록.」
- ✓ '우리는 용돈을 모여 있는 상태에 놔두기 시작했어.'
- **해석** 우리들은 용돈을 모으기 시작했지.

★★★ power
원하는 대로 움직이게 하는 것

1. **The dictator was only 36 when he took the power.**

「그(The) 독재자(dictator)는 있었다(was), 무엇만으로(=겨우, only) 36(살), 언제냐 하면 (when), 그(he)가 앞에 놓여있는 것을 가지게 했지(took), 다른 것이 아닌(the), 원하는 대로 움직이게 하는 것(=권력, power).」

- 「그 독재자는 겨우 36살이었지, 그 때, 그는 권력을 잡았어.」
- '그 독재자가 권력을 가졌을 때, 그의 나이는 겨우 36살이었다.'
- **해석** 그 독재자는 불과 36세의 나이로 권력을 손에 넣었지.

2. **10 to the power of 3 is 10^3.**

「10, 어디에 도착하기로 되어 있는(to), 다른 것들과 구분되는(the), 원하는 대로 움직이게 하는 것(=최대한 키우는 것, power), 무엇의 일부로(of), 3, 있잖아(is), 10^3이야.」

- 「10을 최대한 키우는 것, 3을 가지고, 있잖아, 10의 세제곱(10^3)이 되지.」
- '숫자 10을 '3'을 가지고 최대한 키우면 10의 세제곱이 되지.'
- **해석** 10의 세제곱은 10^3이다.

3. **Which political party is in power in Korea?**

「어떤 것(Which), 정당(political party), 있잖아(is), 무엇이라는 공간 안에(in), 원하는 대로 움직이게 하는 것(=권력, power), 어떤 공간 안에(in) 한국(Korea).」

- 「어느 정당이 있지? 권력의 속에(=권력을 가진), 한국에서.」
- '권력을 가진 정당은 어디지? 한국에서.'
- **해석** 한국에서는 어느 당이 여당이지(=여당이 어디지)?

4. The people in the island use solar **power** to heat their houses.

「다른 것들과 구분되는(The), 사람들(people), 어떤 공간 안에(in), 그 섬(the island), 무엇을 사용하지(use), 태양의(solar) 원하는 대로 움직이게 하는 것(=힘, power), 어디에 도착하기로 되어있는(to), 열기를 이용하는 것(=난방하는 것, heat), 그들의 집들(their houses).」

✅ 「사람들, 그 섬의, 사용하지, 태양의(=태양열), 난방하려고, 자신들의 집.」

해석 그 섬 주민들은 태양열을 이용해서 난방을 하지.

5. I think the leading opposition will come into **power** next time.

「난(I) 생각해(think), 다른 것들과 구분되는(the), 선도하는 반대 측(=제1야당, leading opposition)이 할 거라고(will), 함께하는 공간에 나타나는 것(come), 어떤 공간 안으로 들어가는(into), 원하는 대로 움직이게 하는 것(=권력, power), 다음번(next time)에.」

✅ 「내 생각에는 제1야당이 모습을 드러낼 거야, 권력을 잡은 상태로, 다음번에.」

해석 다음번엔 제1야당이 집권하겠는걸.

6. The time has come for the ruling party to concede its fault and yield **power**.

「다른 것들과 구분되는(The), 시간이 지나가는 것(time)은 가지고 있게 하지(has), 함께하는 공간에 나타난(come), 무엇을 떠올리면서(for), 여당(the ruling party)이 어디에 도착하기로 되어 있는(to), 인정하는 것(concede), 그것의(=자신의, its) 잘못(fault), 그것에 이어(and), 넘겨주는 것(yield), 원하는 대로 움직이게 하는 것(=권력, power).」

✅ 「시간이 나타난 상태야(=됐어), 여당이 자신의 잘못을 인정하는 것, 그 다음에, 권력을 넘겨주는 것.」

해석 여당이 자신의 과실을 인정하고 권력을 넘겨줄 때가 됐어.

★★★ problem
해결해야 하는 것

1 That I didn't come at the meeting caused a **problem**.

「그것(That), 내가 어찌하지 않았지(I didn't), 함께하는 공간에 나타나는 것(come), 무엇을 콕 찍어(at), 그(the) 회의(meeting), 일어나게 했지(caused), 하나의(a) 해결해야 하는 것(= 문제, problem)을.」

- 「그것, 내가 나타나지 않았다는 것, 그 회의에, 일어나게 했지, 하나의 문제를..」의 순으로 파악하면 됩니다. 애초에 영어는 영어의 어순 그 순대로 받아들여야 합니다. 영어를 우리의 어순대로 파악하려는 데서 문제가 시작되니까요.

해석 내가 회의에 참석하지 않았던 것이 화근이 됐어.

2 I've been having **problems** with my car.

「내(I)는 무엇을 가지고 있게 하지(have), 있던, 가지고 있게 하는 중(having), 해결해야 하는 것들(=손봐야 할 곳들, problems), 무엇과 함께하는(with), 내 차(my car).」

- 「나는 가지고 있지, 무엇을 가지고 있는 중으로 있던, 여기저기 손봐야 할 곳들, 내 차에..」
- 「난 쭉 가지고 있어왔지, 여기저기 손봐야 할 곳을 (그대로 둔 상태로), 내 차에..」

해석 손봐야 할 데가 좀 있는데도 그럭저럭 지금까지 차를 몰고 다녀.

3 Surely the biggest **problem** we have in the world is that we all die.

「확실히(Surely), 다른 것들과 구분되는(the), 가장 큰(biggest), 해결해야 하는 것(=고민), 우리(we)가 가지고 있게 하는(have), 세상에서(in the world), 있잖아(is), 그건(that), 우리(we), 모두(all), 죽는다는 것(die).」

- 「확실히, 가장 큰 고민은, 우리가 가지고 있는, 세상에서, 있잖아, 그건, 우리 모두 죽는다는 것..」

해석 가장 큰 고민이라면 분명히 우리 모두 언젠가는 죽는다는 거겠죠.

4 ▶ 100 years ago the loss of our country was the biggest **problem**.

「100년 전(100 years ago)(에), 다른 것들과 구분되는(the), 무엇을 놓치는 것(=상실, loss), 무엇의 일부로(of), 우리나라(our country), 있었지(was), 다른 것들과 구분되는(the), 가장 큰(biggest), 해결해야 하는 것(=문제, problem).」

- ✓ 「100년 전에, 우리나라의 상실은 있었어, 가장 큰 문제로.」
- **해석** 100년 전에는 국권상실이 가장 큰 일이었지.

5 ▶ Tom feel a bit better after he got the **problem** off his chest.

「톰(Tom)은 무엇을 느낀다(feel), 하나의 조각(=약간, a bit) 더 나은(better), 무엇을 따라서(after), 그(he)는 어떤 과정을 거쳐 었던 것을 가졌고(got), 다른 것들과 구분되는(the), 해결해야 하는 것(=고민거리, problem), 어디에서 떨어져(off), 그의(his) 가슴(chest).」

- ✓ 「톰은 약간 나아진 듯하다, 무엇 후에, 그가 어떤 과정을 거쳐 고민이 떨어져나가게 했다(=고민을 털어놓았다), 가슴으로부터.」
- **해석** 톰은 고민을 털어놓고 난 뒤에 조금 후련해졌다.

6 ▶ If I have any **problem**, I'll consult with her about it.

「어떤 조건이냐면(If), 내(I)가 가지고 있게 하지(have), 어떤 종류의(any) 해결해야 하는 것(=고민, problem), 난(I) 할 거야(will), 의견을 구하는 것(consult), 무엇과 함께(with), 그녀(her), 무엇에 대해(about), 그것(it).」

- ✓ 「내가 어떤 (종류의) 문제를 가지고 있다면, 난 할 거야, 의견을 구하는 것, 그녀에게, 그것에 대해.」
- **해석** 문제가 생기면 그 여자에게 조언을 구할 거야.

★★★ provision
갖추고 있게 하는 것

1. **Under the provisions of the lease, the landlord is responsible for everything.**

「뭐라는 영향 아래(Under), 다른 것들과 구분되는(the), 갖추고 있게 하는 것들(=조항들, provisions), 무엇의 일부로(of), 다른 것들과 구분되는(the) 임대차 계약(lease), 다른 사람이 아닌(the) 집주인(landlord)은 있지(is), 책임을 져야하는(responsible), 무엇을 떠올리면서(for), 모든 것(everything).」

- ✅ '그 임대차 계약에 들어있는 조항의 영향 아래, 집주인은 모든 것에 대해 책임이 있지.'
- **해석** 그 임대차계약의 조항에 따르면, 모든 것이 집주인 책임이야.

2. **Education is the best provision for poverty.**

「교육(Education)은 있잖아(is), 다른 것들과 구분되는(the) 최고의(best), 갖추고 있게 하는 것(=대책, provision), 무엇을 떠올리면서(for), 가난(poverty).」

- ✅ '교육은 최고의 대책이야, 가난에 대한.'
- **해석** 교육이야말로 가난을 떨쳐버릴 최고의 대책이지.

3. **If approved, the provision would give Big Brother the power to control the nation's forces.**

「어떤 조건이냐면(If), 무엇을 인정한(approved), 다른 것과 구분되는(the), 갖추고 있게 하는 것(=조항, provision)이 했을 것이다(would), 무엇을 주는 것(give), 빅브라더(Big Brother), 다른 것이 아닌(the), 원하는 대로 움직이게 하는 것(=권력, power), 통제하기로 되어 있는(to control), 다른 것들과 구분되는(the) 나라의(nation's) 군대(forces).」

- ✅ '인정한 상태였다면, 그 조항은 주었을 텐데, 빅브라더에게, 통제할 권력, 나라의 군대를.'
- **해석** 그 조항이 승인되면, 빅브라더는 이 나라의 군대를 지휘할 수 있게 되지.

4 ▶ I always keep extra provisions in my house in case of emergency.

「나(I)는 늘(always) 무엇을 유지하게 하지(keep), 여분의(extra), 갖추고 있게 하는 것들(=식량, provisions), 어떤 공간 안에(in), 나의(my) 집(house), 어떤 공간 안에(in), 딱 들어가게끔 만들어진 것(=경우, case), 무엇의 일부로(of), 긴급한 상황(emergency).」

- ✅ 「나는 늘 여분의 식량을 가지고 있지. 내 집에. 긴급한 상황이 벌어지는 경우에.」
- **해석** 만일의 사태에 대비해서 늘 비상식량을 집에 비축해두고 있지.

5 ▶ I have been making provision for all kinds of disaster.

「난(I) 가지고 있게 하지(have), 있던 상태(been), 무엇을 만들어내는 중(making), 갖추고 있게 하는 것(=대비, provision), 무엇을 떠올리면서(for), 모든(all) 종류(kinds), 재난의 일부로(of disaster).」

- ✅ '난 있던 상태를 가지고 있어. 대비를 하는 중으로. 무엇에 대해. 모든 종류의 재난.」
- ✅ '나는 지금껏 대비를 해오고 있는 중이야. 모든 재난에 대해.'
- **해석** 온갖 종류의 재난에 대한 방비가 다 되어있지.

6 ▶ Most people of our country objected to some of the provisions of the new agreement.

「대부분의(Most) 사람들(people), 무엇의 일부로(of), 우리나라(our country), 반대했지(objected), 어디에 도착하기로 되어 있는(to), 어떤 정도의 것(=일부, some), 무엇의 일부로(of), 다른 것들과 구분되는(the), 갖추고 있게 하는 것들(=조항들, provisions), 무엇의 일부로(of), 그(the) 새로운 합의(new agreement).」

- ✅ 「우리나라의 국민들 대다수가 반대했지. 일부 내용에. 무엇의 일부로. 조항. 무엇의 일부로. 새로운 합의.」
- **해석** 우리나라 국민의 대부분은 새로운 협약의 일부 조항에 반대했다.

★★★ quality
격이 있는 것

1. Trust is now becoming an extremely hard to find quality among members of the ruling party.

「신뢰(Trust)는, 있잖아(is), 지금(now), 무엇이 되는 중(becoming), 하나의(a) 극단적으로(extremely), 힘이 들게 하는(hard), 찾아내기로 되어 있는(to find), 격이 있는 것(=덕목, quality), 무엇 중에서(among), 멤버들(members), 무엇의 일부로(of), 여당(the ruling party).」

- '신뢰는 엄청나게 찾기 어려운 덕목이 되어가는 중이다. 여당의원들 중에서.'
- 해석 신뢰는 여당의원들에게서 찾아보기 힘든 덕목이 되어가고 있지.

2. Though I have some strange quality, but still lots of people like me just the same.

「무엇에도 불구하고(Though), 난(I) 가지고 있게 하지(have), 어떤(some) 이상한(strange), 격이 있는 것(=성격, quality), 그것과 다르게(but) 변함없이(still) 많은(lots of) 사람들(people)이 좋아하지(like), 나(me), 딱 맞게(just), 다른 것들과 구분되는(the) 같은 것(same).」

- '나에게 이상한 성격이 있음에도 불구하고, 여전히 많은 사람들은 나를 좋아하지, 예전과 똑같이.'
- 해석 이상한 구석이 있음에도 불구하고, 많은 사람들은 여전히 나를 좋아한다.

3. If you are over a size 100, then you won't possess any of those qualities.

「어떤 조건이냐면(If), 네가 있잖아(you are), 무언가를 뒤덮은(over), 하나의 사이즈(a size) 100, 그 내용을 이어받아(then), 넌 하지 못할 거야(you won't), 무언가를 소유하는 것(possess), 어떤 것(any), 무엇의 일부로(of), 그것들(those), 격이 있는 것들(qualities).」

- '너한테 100사이즈가 작다면, 갖지 못할 것이다. 어떤 것. 그러한 자격들의 일부로.'
- 해석 너한테 100사이즈가 작다면 그런 자격들을 얻지 못할 것이다.

★★★ race
속도를 겨루게 하는 것

1. In 'Mars Attack!', an alien race attacks the Earth.

「어떤 공간 안에(In) '화성공격(=화성침공, Mars Attack)', 하나의(a), 외부에서 온 것(=외계인, alien), 속도를 겨루게 하는 것(=종족, race)이 공격하지(attack), 지구(the Earth)를」과 같이 파악할 수 있습니다. 종족들끼리도 서로 우위를 점하려고 앞 다투어 경쟁을 하는 일이 많죠? 그래서 race에 '종족', '민족', '인종' 등의 의미가 있는 겁니다.

해석 <화성침공>을 보면, 한 외계인 종족이 지구를 공격한다.

2. Who will she be racing against in tomorrow's match?

「누가(Who) 할까(will)? 그녀(she), 있는 것(be), 속도를 겨루게 하는 중(=경주하는 중, racing), 무엇에 맞서는(=대항해서, against), 어떤 공간 안에(in), 내일의 시합(tomorrow's match).」

✓ 「누구일까? 그녀가 경주하는 중으로 있는 것. 누군가에 대항해서. 내일 시합에서.」

해석 내일 시합에서는 누가 그녀와 경주를 벌이지?

3. His mind raced as he tried to figure out what was going on?

「그의(His), 마음을 쓰게 하는 것(=머리, mind)이 속도를 겨루게 했다(=빠르게 움직였다, raced), 무엇과 같은(as), 그(he)는 시험했지(tried), 형체가 드러나게 하기로 되어 있는(to figure), 어떤 공간 밖에(out), 무엇(what)이 있었는지(was), 어디론가 멀어지는 중(going), 어딘가에 붙은(on).」

✓ 「그의 머리는 빠르게 움직였다. 그러는 동시에. 그는 밖으로 드러내 보이려고(=알아내려고) 애썼다. 무엇이 있었는지. 진행되어가는 중. 어디에 붙어.」

해석 그는 일이 어떻게 돌아가는지 알아내려고 정신없이 머리를 굴렸다.

★★★ rate
평가하게 하는 것

1 The mass rally didn't even rate a mention in the news.

「그(The) 대규모 집회(mass rally)는 무엇을 어찌하지 않았어(didn't). 당연하게(even). 무엇을 평가하게 하는 것(rate). 하나의(a) 언급하는 것(mention). 어떤 공간 안에(in). 뉴스(the news).」

- ✓ 「그 대규모 집회는 평가하게 하지 못했다(=평가받게 만들지 못했다). 하나의 언급으로. 뉴스에서.」
- 해석 그 대규모 집회는 뉴스에 나오지도 않았다.

2 At this rate we will soon run out of food and water.

「무엇을 콕 찍어서(At). 이것(=이런, this). 무엇을 평가하게 하는 것(=비율, rate). 우리(we)는 할 거야(will). 빠르게 다가오는(=곧, soon). 무엇을 달리게 하는 것(=소모하는 것, run). 어떤 공간 밖에(=무엇이 없는, out) 무엇의 일부로(of). 식량과 물(food and water).」

- ✓ '이런 비율로 가면(=이대로 가다보면) 우리는 곧 소모해서 없애버릴 거야. 식량과 물을.'
- 해석 이대로 가면 식량과 물이 곧 바닥날 거야.

3 Figures published last month showed that we had the lowest employment rate since then.

「형체가 드러나게 해주는 것들(=수치, Figures). 발행되게 한 상태(published). 지난달(last month). 무엇을 보여주었다(showed). 그건(that). 우리(we)가 가지고 있게 했다(had). 다른 것들과 구분되는(the). 가장 낮은(lowest). 취업(employment). 무엇을 평가하게 하는 것(=비율, rate). 무엇 이후로(since). 그 때(then).」

- ✓ 「지난달에 발행된 수치는 무엇을 보여주었지. 그건, 우리가 최저의 취업률을 가지고 있었다는 것. 그 때 이후로.」
- 해석 지난달 발표된 수치에 따르면, 그 이후로 가장 낮은 취업률을 기록했지.

★★★ rest
무엇을 쉬게 하는 것

1 ▶ I think you need to get some rest when you have nothing to do.

「내(I) 생각에는(think) 너에게 필요하지(you need), 어떤 과정을 거쳐 없던 것을 가지기로 되어 있는(to get), 어느 정도의(some) 쉬게 하는 것(=휴식, rest), 언제냐 하면(when), 네(you)가 가지고 있게 하지(have), 아무것도 없는 것(nothing), 어찌하기로 되어 있는(to do).」

✓ 「내 생각엔 넌 어느 정도의 휴식이 필요해. 너에게 아무것도 없을 때, 할 일이.」
해석 넌 일이 없을 때 좀 쉬어야 돼.

2 ▶ I'm not working for the company for the rest of my life.

「난(I) 있잖아(am), 아니야(not), 무엇이 돌아가게 하는 중(=일하는 중, working), 무엇을 떠올리면서(for), 그(the) 회사(company), 무엇을 떠올리면서(for), 다른 것들도 구분되는(the), 무엇을 쉬게 하는 것(=남은 것, rest), 무엇의 일부로(of), 나의(my) 인생(life).」

✓ 「난 있잖아, 아니야, 일하고 있는 중, 그 회사에서, 무엇을 떠올리면서, 남아있는 내 인생.」
해석 남은 평생 동안 그 회사에서 일을 하진 않을 거야.

3 ▶ Don't blame Tom. He's not a god, like the rest of us.

「무엇을 어찌하지 마(Don't), 비난하는 것(blame), 톰(Tom). 그(he)는 아니잖아(is not), 하나의(a) 신(god), 무엇을 좋아하는(=무엇과 같은, like), 다른 것들과 구분되는(the), 무엇을 쉬게 하는 것(=나머지, rest), 무엇의 일부로(of), 우리(us).」

✓ 「톰을 비난하지 마. 그는 아니잖아, 신이, 무엇과 같은, 나머지, 우리들 중에서.」
해석 톰을 비난하지 마. 그도 우리들처럼 신은 아니니까.

4. **We expect rainy days for the rest of the week, with a chance of sun on Friday.**

「우리(We)는 무엇을 예상하지(expect). 비오는 날들(rainy days). 무엇을 떠올리면서(for). 다른 것들과 구분되는(the). 무엇을 쉬게 하는 것(=나머지, rest). 무엇의 일부로(of). 다른 것들과 구분되는 주(=금주, the week). 무엇과 함께(with). 하나의(a) 가능성(chance). 무엇의 일부로(of). 태양(sun). 어디에 붙은(on). 금요일(Friday).」

- ✅ 「우리는 비오는 날을 예상하지. 이번 주 남은 기간 동안. 가능성과 함께. 금요일에 해가 나오는.」
- **해석** 이번 주 동안 비가 올 것으로 예상되며, 금요일에는 해가 나올 수도 있습니다.

5. **I guess what I need most is a good rest.**

「나는(I) 짐작하지(guess). 무엇(what). 내(I)가 필요로 하는 것(need). 가장 많이(most). 있지(is). 하나의(a) 훌륭한(=충분한, good). 쉬게 하는 것(=휴식, rest).」

- ✅ 「나는 짐작해. 무엇. 내가 가장 많이 필요로 하는 것. 있잖아. (한 번의) 충분한 휴식.」
- **해석** 내겐 충분한 휴식이 가장 필요해.

6. **Would you like to cook for me for the rest of your whole life?**

「무얼 했으면 (하는데요)(Would)? 당신(you). 무엇을 좋아하는(like). 요리하기로 되어 있는 (to cook). 나를 떠올리면서(=날 위해서, for me). 무엇을 떠올리면서(for). 다른 것들과 구분되는(the). 쉬게 하는 것(=남아있는 것, rest). 무엇의 일부로(of). 당신의(your) 전체 인생 (whole life).」

- ✅ 「당신이 무엇을 했으면 좋겠는데요? 나를 위해 요리하는 것. 남은 시간 동안. 당신 인생의.」
- ✅ '남은 평생 동안 저를 위해 음식을 만들어줄 수 있나요?'
- **해석** 제 아내가 되어주시겠습니까?(=저와 결혼해주시겠습니까?)

★★★ sale
적당한 가격에 팔아치우는 것

1▶ A car salesperson gets 5% commission on each **sale**.

「하나의(A) 자동차(car) 영업사원(salesperson)은 어떤 과정을 거쳐 없던 것을 가지게 하지(get), 5퍼센트 수수료(5% commission), 어디에 붙은(on), 각각의(each), 적당한 가격에 팔아치우는 것(=판매, sale).」

- ✓ 「한 명의 자동차 영업사원을 받는다, 5퍼센트 수수료를, 한 대씩 팔릴 때마다.」
- **해석** 자동차 영업사원은 한 대당 5퍼센트의 수수료를 받지.

2▶ Tom made a lot of money from the **sale** of his house.

「톰(Tom)은 만들어냈어(made), 많은(a lot of) 돈(money), 무엇으로부터(from), 다른 것들과 구분되는(the) 적당한 가격에 팔아치우는 것(=처분하는 것, sale), 무엇의 일부로(of), 그의 집(his house).」

- ✓ 「톰은 많은 돈을 만들어냈어(=마련했어), 처분함으로써, 그의 집을.」
- **해석** 톰이 자기 집을 처분해서 목돈을 마련했어.

3▶ It will be on **sale** from December for around 15,000 won.

「그건(It) 할 거야(will), 있는 것(be), 어디에 붙은(on), 적당한 가격에 팔아치우는 것(=판매, sale), 무엇으로부터(from), 12월(December), 무엇을 떠올리면서(for), 무엇의 둘레에(=대략, around), 15,000원.」

- ✓ 「그건 있을 거야, 판매에 붙은(=판매되는 상태), 12월부터, 15,000원 정도에.」
- **해석** 12월부터 15,000원 정도에 판매될 예정이야.

4 ▸ I bought this book in the **sales** last winter.

「나(I)는 무엇을 샀지(bought). 이 책(this book)을. 어떤 공간 안에(in) 다른 것들과 구분되는(the). 적당한 가격에 팔아치우는 것들(=할인판매행사, sales). 지난 겨울(last winter)에.」

- 「난 사버렸지. 이 책을. 할인판매행사 때. 지난 겨울에(=작년 겨울에).」
- **해석** 이 책은 작년 겨울에 세일 할 때 샀지.

5 ▸ Note the "For **sale**" signs around this neighborhood.

「무엇을 알게 하라(=알아봐라, Note). 다른 것들과 구분되는(the). 무엇을 떠올리면서(for). 적당한 가격에 팔아치우는 것(=판매, sale). 어디에 의미를 전달하는 것(=표지판, sign). 무엇의 둘레에(around). 이것(=이, this). 무엇의 근처에 있는 것(=동네, neighborhood).」

- 「알아봐라. 물건을 팔아치우겠다는 것. 표지판. 이 동네 근방에.」
- '매물을 내놓겠다는 표지판이 있는지 살펴봐라. 이 동네 근방에.'
- **해석** 동네 근방에 집을 내놓았다는 표지판이 있는지 살펴봐라.

6 ▸ The union united together to stop the **sale** of their company.

「다른 것들과 구분되는(The) 노조(union)는 하나로 뭉쳤지(united). 다함께(together). 멈추기로 되어 있는(to stop). 다른 것들과 구분되는(the). 적당한 가격에 팔아치우는 것(=매각, sale). 무엇의 일부로(of). 그들의(=자신들의, their) 회사(company).」

- 「노조는 하나로 뭉쳤지. 무엇을 멈추려고. 매각되는 것을. 자신들의 회사가.」
- **해석** 자기들 회사가 매각되는 것을 막으려고 노조가 하나로 똘똘 뭉쳤다.

★★★ scale
정도를 드러내는 것

1. I think firemen should be very high on the social scale.

「내 생각에(I think) 소방관들(firemen)은 하기로 정해져 있었지(should). 있는 것(be). 매우 높은(very high). 어디에 붙은(on). 다른 것들과 구분되는(the). 사회적인(social). 정도를 드러내는 것(=지위, scale).」

- 「내 생각에. 소방관들은 매우 높은 곳에 있기로 정해져 있지. 어디에 붙은. 사회적인 지위..」
- **해석** 소방관들의 사회적 지위는 아주 높아야지.

2. How much does it read on the scale?

「어떻게(How)? 많이(much). 무엇을 어찌하는 것(does). 그것(it). 읽게 하는 것(read). 어디에 붙은(on). 다른 것들과 구분되는(the). 정도를 드러내는 것(=눈금, scale).」

- 얼마나 많이 그것이 어찌하니? 읽게 하는 것(=보여주는 것). 어디에 붙은. 눈금..
- '얼마나 많다고 나와 있니? 눈금에.'
- **해석** 눈금이 얼마에 와있지?

3. So far, the grading scale hasn't been decided by the school board.

「그렇게 멀리(=지금까지, So far). 다른 것들과 구분되는(the). 차등을 두는 중(=점수를 매기는, grading). 정도를 드러내는 것(=등급, scale). 가지고 있게 하지 않는다(hasn't). 있던(been). 결정을 내린(decided). 무엇을 바탕으로(by). 다른 것들과 구분되는(the). 교육위원회(school board).」

- 「지금까지는, 점수를 매기는 등급(=채점등급)이 결정된 상태가 아니다. 교육위원회에 의해..」
- **해석** 그 학교의 교육위원회는 아직까지도 채점등급을 결정하지 못했지.

4. **Remove any excess scales from the fish skin before cooking them.**

「제거하시오(Remove). 어떤 종류의(any) 지나친(excess). 정도를 드러내는 것(=비늘, scale). 무엇으로부터(from). 다른 것들과 구분되는(the). 생선의 피부(fish skin). 무엇에 앞서(before). 조리하는 중(cooking). 그것들(=생선들, them).」

- ✓ 「지나친 비늘은 제거하시오(=벗겨내시오), 생선피부에서, 생선을 조리하기 전에.」의 순으로 해석하면 되겠네요. 여기서 scale(정도를 드러내는 것)
- ✓ '물고기가 살아온 정도(=나이)를 드러내는 것'입니다.
- **해석** 생선을 조리할 때에는 미리 비늘을 적당히 벗겨놓으세요.

5. **The earthquake measured 3.5 on the Richter scale.**

「다른 것들과 구분되는 지진(=그 지진, The earthquake). 어느 정도인지를 보여주었다(=수치를 기록했다, measured). 3.5라는. 어디에 붙은(on). 다른 것들과 구분되는(the). 리히터 척도(=리히터 지진계, Richter scale).」

- ✓ 「그 지진은 수치를 기록했다. 3.5라는. 어디에 나타난. 다름 아닌. 리히터 지진계에.」
- **해석** 그 지진은 리히터 지진계로 3.5를 기록했다.

6. **The picture can be scaled from 100 to 50 pixels without any loss.**

「그(The) 그림(picture)은 할 수 있지(can). 있는 것(be). 정도를 드러낸 상태(=상태를 보여준 상태, scaled). 무엇으로부터(from). 100(100 pixels). 어디에 도착하기로 되어 있는(to). 50픽셀(50 pixels). 무엇이 없는(without). 어떤 종류의(any) 손실(loss).」

- ✓ '저 그림은 어떤 손실 없이도 100픽셀에서 50픽셀로 바꿀 수 있지.'
- **해석** 저 그림은 픽셀 수를 100에서 50으로 낮춰도 화질이 손상되지 않는다.

★★★ sense
알아차리게 하는 것

1 ▶ I felt an overwhelming sense of satisfaction when I have done it well.

「난(I) 무엇을 느꼈지(felt). 하나의(an) 무엇을 꼼짝 못하게 하는(=어쩔 줄 모르는, overwhelming). 알아차리게 하는 것(=감정, sense). 무엇의 일부로(of). 만족(satisfaction). 언제냐 하면(when). 내(I) 무엇을 가지게 있게 하지(have). 어찌 한 상태(done). 그것(=그 일, it). 좋게(=잘, well).」

- ✅ '난 어쩔 줄 모르는 만족감을 느꼈어. 그 일을 잘해냈을 때.'
- 해석 그 일을 잘 해냈을 때 주체할 수 없는 만족감이 느껴졌지.

2 ▶ What you need most is the sense of humor, you know?

「무엇(What). 당신(you). 필요로 하는 것(need). 가장 많이(most). 있잖아(is). 다른 것들과 구분되는(the). 알아차리게 하는 것(=감각). 무엇의 일부로(of). 유머(humor). 너(you) 알고 있어(know)?」

- ✅ 「무엇. 네가 가장 필요로 하는 것. 있잖아. 유머감각. 너 알고 있어?」
- ✅ '네가 가장 많이 필요로 하는 것은 유머감각이라고, 알고 있어?'
- 해석 너에게 가장 필요한 건 바로 유머 감각이라고, 무슨 말인지 알겠어?

3 ▶ We should have the sense to take other's words when it is said.

「우리는(We) 무언가 하기로 정해져 있었지(should). 가지고 있게 한다(have). 다른 것들과 구분되는(the). 알아차리게 하는 것(=분별, sense). 마음먹으면 가질 수 있는 것을 가지게 하기로 되어 있는(to take). 다른 사람의 말(other's words). 언제냐 하면(when). 그것(it) 있잖아(is). 생각을 말한 상태(said).」

- ✅ '우리는 분별(=지각)을 가지고 있기로 되어있다. 다른 사람의 말을 가질(=받아들일). 언제냐 하면. 말을 한 상태일 때(=말했을 때).'
- 해석 다른 사람의 말을 받아들일 정도의 지각은 있어야지.

4 ▶ The word "democracy" is used in different senses by different people.

「다른 것들과 구분되는(The). 의미덩어리(=단어, word) "민주주의(democracy)"는 있잖아(is), 무엇을 사용한(used), 어떤 공간 안에(in), 다른(different), 알아차리게 하는 것(=의미, sense), 무엇을 바탕으로(by), 다른 사람들(different people).」

- ✅ 「"민주주의"라는 말은 다른 사람들에 의해 다른 의미로 사용되지.」
- **해석** 사람들은 "민주주의"라는 단어를 저마다 다르게 사용하지.

5 ▶ Can you make sense of the instructions?

「할 수 있어(Can)? 너(you), 무엇을 만들어내는 것(make), 알아차리게 하는 것(sense), 무엇의 일부로(of), 다른 것들과 구분되는(the) 여러 가지 지시사항(instructions).」

- ✅ 「할 수 있겠어? 너, 의미가 통하게 하는 것(=알아내는 것), 다른 것들과 구분되는, 여러 가지 지시 사항에 대해.」
- **해석** 지시사항(들)이 뭘 말하는 건지 알겠어?

6 ▶ If his wife threatens to divorce, it should bring Tom to his senses.

「어떤 조건이냐면(If), 그의(his) 아내(wife)가 위협을 가하지(threatens), 이혼하기로 되어 있는(to divorce), 그것(it)은 무엇을 하기로 정해져 있었지(should), 가져다 놓는 것(bring), 톰(Tom)을, 어디에 도착하기로 되어 있는(to), 그의(his), 알아차리게 하는 것(=분별력, sense).」

- ✅ 「어떤 조건이냐면, 그의 아내가 이혼하자고 위협을 가하는 것, 그건 가져다 놓기로 되어있지, 톰을, 분별력이 있는 상태로.」
- **해석** 아내가 이혼하자고 으름장을 놓으면 톰이 정신을 차리겠지.

★★★ sign
~에 의사를 전달하는 것

1 ▶ She refused to sign the final adoption papers.

「그녀(She)는 무엇을 거절했어(refused). 의사를 전달하기로(=서명하기로) 되어 있는(to sign). 다른 것들과 구분되는(the). 최종적인(final). 입양 서류(adoption papers).」

- ✓ '그녀는 서명하기를 거절했지. 그 최종적인 입양서류에.'라는 내용이네요. 입양서류에 의미를 전달하는 것
- ✓ '입양서류에 서명하는 것'을 말하는 겁니다.
- **해석** 그 여자는 최종적인 입양서류에 서명하지 않았어.

2 ▶ Having stiff neck may be a sign of stress.

「무엇을 가지고 있게 하는 중(Having). 뻣뻣한 목(stiff neck). 무엇을 할 수도 있지(may). 있는 것(be). 하나의(a). 어디에 의사를 전달하는 것(=조짐, sign). 무엇의 일부로(of). 스트레스(stress).」

- ✓ '뻣뻣한 목을 가지고 있는 것. 무엇일 수도 있어. 하나의 조짐. 스트레스의 일부로.'
- **해석** 목이 뻣뻣해지면 스트레스 때문이 아닌지 의심해봐야 해.

3 ▶ LA dodgers have just signed a new pitcher.

「엘에이 다저스(LA dodgers)는 가지고 있게 한다(have). 딱 맞게(just). 의사를 전달한 상태(=영입한, signed). 하나의(a) 새로운 투수(new pitcher).」

- ✓ '엘에이 다저스는 딱 맞게(=마침) 영입한 상태. 한 명의 새로운 투수를.'
- **해석** 엘에이 다저스가 막 새로운 투수를 영입한 참이었다.

4. The hotel manager **signed** to the doorman to throw Dr. Einstein away.

「그(The) 호텔(hotel) 관리자(manager)는 의사를 전달했다(=신호를 보냈다, signed). 도어맨에게(to doorman). 내던지기로 되어 있는(=내보내라고, to throw). 아인슈타인 박사(Dr. Einstein). 떨어져 있게(=다른 데로, away).」

- ✓ 「호텔 지배인은 신호를 보냈다, 도어맨에게, 아인슈타인 박사를 내쫓으라고.」
- **해석** 호텔 지배인은 아인슈타인 박사를 내쫓으라는 신호를 도어맨에게 보냈다.

5. **Sign** here, please.

「의사를 전달하시오(=서명하시오, Sign). 여기에(here). 원하는 대로 하게 하세요(=부탁드려요, please).」라고 이해하면 되겠네요. 어딘가에 서명을 함으로써 의사가 통하게 되는 만큼, 때에 따라서는 서명자체로도 의사를 전달하는 역할을 하는 겁니다.

- **해석** 여기에 서명하세요.

6. I have learned to **sign** to communicate with the deaf.

「난(I) 가지고 있게 하지(have). 무엇을 알게 한 상태(=배운, learned). 의사를 전달하기로 되어 있는(to sign). 무엇을 통하게 하기로 되어 있는(to communicate). 무엇과 함께하는(with). 다른 것들과 구분되는 청각장애인(=청각장애인들, the deaf).」

- ✓ 「난 배운 상태지, 의사전달방식을, 소통하게 해주는, 청각장애인들과.」
- **해석** 청각장애인들과 대화를 나누기 위해 수화를 배워두었지.

★★★ sport
~을 뽐내는 것

1 ▸ My balloon blew off and became the **sport** of the wind.

「내 풍선(My balloon), 날리게 했다(blew), 어디에서 떨어져(off), 그것에 이어(and), 무엇이 되었다(became), 다른 것들과 구분되는(the), 뽐내는 것(=가지고 노는 것, sport), 무엇의 일부로(of), 다른 것들과 구분되는(the) 바람(wind).」

- ✓ '내 풍선이 날리더니 손에서 떨어졌다. 그리고는 바람이 가지고 노는 것이 되었다.'
- **해석** 풍선이 바람에 날려가더니 공중에서 마구 떠돌아 떠다녔다.

2 ▸ Some men think it great **sport** to entice a girl.

「어떤 정도의(=일정 숫자의, Some) 남자들(men)은 생각하지(think), 그것(it), 굉장한(great), 뽐내게 하는 것(=자랑거리), 어디에 도착하기로 되어 있는(to), 누구를 꼬드기는 것(=유혹하는 것), 하나의 여자(=여자, a girl).」

- ✓ 「어떤 남자들은 생각한다. 그것이 큰 자랑거리라고. 여자를 유혹하는 것이.」
- **해석** 여자를 낚는 것을 큰 자랑거리로 여기는 남자들도 있지.

3 ▸ He likes to play most **sports**, but baseball is his favorite.

「그(He)는 무엇을 좋아하지(likes), 어디 안에서 주어진 역할을 하기로 되어있는(to play), 대부분의 스포츠(most sports), 그것과 다르게(=하지만, but), 야구(baseball)는 있잖아(is), 그의(his) 호의를 가지게 하는 것(=아주 좋아하는 것, favorite).」

- ✓ 「그는 좋아하지. 스포츠를 하는 것. 하지만. 야구는 있잖아. 그가 특히 좋아하는 것.」
- **해석** 그는 스포츠라면 대부분 좋아하지만, 그중에서도 특히 야구를 좋아하지.

★★★ stress
물리적인 대상 이외의 것을 강하게 누르는 것

1▶ The company has been laying great stress on attitude toward business.

「그(The) 회사(company)는 가지고 있게 하지(has), 있던 (상태)(been), 무엇을 조심스럽게 놓아두는 중(laying), 굉장한(great), 물리적인 대상 이외의 것을 강하게 누르는 것(=강조하는 것, stress), 어디에 붙은(on), 태도(attitude), 무엇을 향해서(toward), 일거리가 있게 하는 것(=업무, business).」

- ✓ 「그 회사는 굉장히 무겁게 강조해오고 있지, 태도에 대해, 업무에 관한.」
- **해석** 그 회사는 업무태도를 엄청 중요시하지.

2▶ Jane is under a lot of stress at work.

「제인(Jane)은 있어(is), 무엇이라는 영향 아래(under), 많은(a lot of) 스트레스(stress), 무엇을 콕 찍어서(at), 돌아가게 하는 것(=일 또는 직장, work).」

- ✓ 「제인은 뭐라는 영향 아래에 놓여있지, 많은 스트레스, 일할 때(=직장에서).」
- **해석** 제인은 (직장에서) 일할 때면 스트레스를 많이 받지.

3▶ We are going to work on spelling, pronunciation, and stress next week.

「우리(We)는 있잖아(are), 어디론가 멀어져가는 중(going)이지, 무엇이 돌아가게 하기로 되어 있는(to work), 어디에 붙은(=대해서, on), 철자법(spelling), 발음(pronunciation), 그리고(and) 물리적인 대상 이외의 것을 강하게 누르는 것(=강세, stress), 다음주(next week)에.」

- ✓ 「우리는 무엇을 하려고 하는 중이지, 무엇에 대해서, 철자법과 발음, 그리고 강세. 다음주에.」
- **해석** 다음 주에는 철자법, 발음, 그리고 강세에 대해 배울 예정이지.

★★★ system
체계

1 ▶ She taught us Spanish on a new system.

「그녀(She)는 가르쳤지(taught). 우리(us). 스페인어(Spanish). 어디에 붙은(on). 하나의(a) 새로운(new) 체계(=방법, system).」

✅ 「그녀는 우리에게 가르쳤지. 스페인어. 하나의 새로운 방법으로.」의 순으로 해석하면 되겠네요.

해석 그녀는 우리에게 새로운 방식으로 스페인어를 가르쳐줬지.

2 ▶ I had to wait until the poison have passed out of my system.

「난(I) 가지고 있게 했지(had). 기다리로 되어 있는(to wait). 언제까지(until). 다른 것들과 구분되는(the) 독약(poison). 가지고 있게 한다(have). 지나가게 한 상태(passed). 어딘가의 밖에(out). 무엇의 일부로(of). 나의 체계(=내 몸, my system).」

✅ 「난 기다려야 했지. 언제까지냐 하면. 독약이 지나간 상태. 내 몸 밖으로.」

해석 독약이 몸 밖으로 빠져나갈 때까지 기다려야 했지.

3 ▶ The ruling that said that the previous system was constitutional was wrong.

「다른 것들과 구분되는(The) 지배하게 하는 중인 것(=판결, ruling). 그건(that). 생각을 말했지(said). 그건(that). 다른 것들과 구분되는(the). 예전의 체계(=이전의 제도, previous system)가 있었지(was). 헌법에 부합하는 상태(constitutional). 있었어(was). 잘못하게 하는(wrong).」

✅ 「그 판결. 내용이 뭐냐 하면. 그러니까. 예전의 제도가 합헌이었다는. 잘못이었지.」

해석 이전의 제도가 합헌이라는 그 판결은 잘못되었다.

4 ▶ The **system** of the death squad was disclosed.

「다른 것들과 구분되는(The), 체계(system), 무엇의 일부로(of), 다른 것들과 구분되는(the), 끝장나게 하는 것(=살인, death), 소수정예의 집단(squad)은 있었다(was), 몰랐던 것을 사람들에게 알린(disclosed).」

- ✅ 「다른 것들과 구분되는, 체계(=조직), 암살집단의 일부로, 있었지, 사람들에게 알려진 상태로.」
- **해석** 암살단의 조직구성이 탄로났어.

5 ▶ The irony is that the criminal justice **system** creates incentives for street criminals.

「다른 것과 구분되는(The), 아이러니(irony)가 있잖아(is), 그것(that), 다른 것이 아닌(the), 형사상의 정의체계(=형사사법제도, criminal justice system)가 생겨나게 하고 있지(create), 동기를 부여하는 것들(incentives), 무엇을 떠올리면서(for), 길거리 범죄자들(street criminals).」

- ✅ 「(그) 아이러니는 말이지. 그건, 형사사법제도가 만들어내고 있어. 동기를, 길거리 범죄자들을 위한.」
- **해석** 형사사법제도가 오히려 거리의 범죄자들을 부추기고 있다는 것이 아이러니지.

6 ▶ Do you know what the biggest planet is in the solar **system**?

「무엇을 어찌하는 것(Do)? 당신(you), 무언가 알고 있는 것(know), 무엇(what), 다른 것들과 구분되는(the), 가장 큰(biggest) 행성(planet)이 있지(is), 어떤 공간 안에(in), 다른 것들과 구분되는(the), 태양에 관한 체계(=태양계, solar system).」

- ✅ 「당신은 알고 있는가? 무엇이 가장 큰 행성인지, 태양계 안에서.」
- **해석** 태양계에서 가장 큰 행성은 뭔가요?

★★★ term
~을 미리 정해놓은 것

1. However, in terms of fresh vegetables, I eat only about 100 grams on average.

「어쨌든(=하지만), 어떤 공간 안에, 미리 정해놓은 것들, 무엇의 일부로, 신선한 야채, 난 먹는다, 무엇만으로, 약 100그램, 평균적으로.」

✓ 「하지만, 신선한 야채에 있어서는, 난 먹는다, 100그램 정도만, (평균적으로.)」
해석 하지만, 신선한 야채는 기껏해야 100그램 정도 먹는다.

2. At last the two leaders came around and agreed to the terms.

「마지막을 콕 찍어서(=마침내, At last), 그(the) 두 지도자(two leaders)는 현실 속에 모습을 드러냈다(came), 어디를 빙 둘러서(around), 그것에 이어(and) 동의했고(agreed), 어디에 도착하기로 되어 있는(to), 다른 것들과 구분되는(the), 미리 정해놓은 것들(=협약, terms).」

✓ 「마침내, 그 두 지도자는 빙 돌아서 여기에 왔다(=마음을 바꿨다), 그리고는 동의했다, 그 협약에.」
해석 마침내 양국 정상은 마음을 바꿔 협약에 동의했다.

3. Both sides have accepted the terms of the peace agreement.

「양측(Both sides)은 무엇을 가지고 있게 하지(have), 받아들인 상태(accepted), 다른 것들과 구분되는(the), 무언가를 미리 정해놓은 것들(=합의조건들, terms), 무엇의 일부로(of), 다른 것들과 구분되는(the) 평화조약(peace agreement).」

✓ 「양측은 가지고 있지, 받아들인 상태, 이런저런 합의조건을, 그 평화조약의 일부인.」
해석 양측은 평화조약의 합의조건을 받아들였다.

4 How does a five-year term sound to you?

「어떻게(How)? 무엇을 어찌하는가(does). 하나의(a) 5년짜리의(five-year). 미리 정해놓은 것(=조건, term). 소리를 내게 하는 것(=들리는 것, sound). 어디에 도착하기로 되어 있는(to) 당신(you).」

- 「어떻게 어찌하는가? 5년이라는 조건, 들리는 것. 당신에게.」
- '5년이라는 조건이 당신에게는 어떻게 들리는가?'라는 말이네요.

해석 5년이면 어떻습니까?

5 In simple term their lives didn't get any better than before.

「어떤 공간 안에(In). 간단한(simple) 미리 정해놓은 것(=용어, term). 그들의(their) 삶(lives)은 무엇을 어찌하지 않았다(didn't). 어떤 과정을 거쳐 없던 것을 가지는 것(get). 어떤(any) 더 나은 것(better). 무엇보다는(than). 무엇에 앞서는 것(=예전, before).」

- 「간단히 말하자면. 그들의 삶은 더 나은 것을 가지지 못했다. 예전보다는(=예전에 비해).」

해석 간단히 말해서 그들의 삶은 이전보다 나아지지 않았다.

6 After serving three terms as legislator, he was elected to the presidency in 2029.

「무엇을 따라서(After). 어디에 필요로 하는 것을 주는 중(=주어진 일을 하는 중, serving). 세 개의(three). 미리 정해놓은 것(=임기, term). 무엇과 같은(as). 국회의원(legislator). 그(he)는 있었지(was). 선출한 상태(elected). 어디에 도착하기로 되어 있는(to). 다른 것들과 구분되는(the). 대통령 직(presidency). 2029(년)에.」

- 「3번의 임기를 마치고나서. 국회의원으로. 그는 선출되었다. 대통령으로. 2029년에.」

해석 국회의원으로서 임기를 세 번 마친 뒤에 2029년 대통령 선거에 출마해 당선되었지.

★★★ trouble
번거롭게 하는 것

1 Hey, why have you brought trouble on us?

「헤이(=이봐, Hey), 어째서(why) 가지고 있게 하는 거야(have), 너(you), 무엇을 가져다 놓은 (brought), 번거롭게 하는 것(=골치 아픈 일, trouble), 어디에 붙은(on), 우리(us)?」

- ✓ 「이봐, 어째서 너는 가져다 놓은 거야? 골치 아픈 일을. 우리에게 붙게끔.」
- ✓ '우리에게 붙게끔 골치 아픈 일을 가져온 이유가 뭐야?'
- **해석** 이봐, 골치 아픈 일을 우리에게 떠넘긴 이유가 뭐야?

2 People went to great trouble and expense to get the English study book.

「사람들(People)은 어디론가 멀어져갔지(went), 어디에 도착하기로 되어 있는(to), 굉장히(great) 번거롭게 하는 것(=고생, trouble), 그것에 이어(and) 비용이 들게 하는 것(expense), 어떤 과정을 거쳐 없던 것을 가지기로 되어 있는(to get), 그(the), 영어참고서(English study book).」

- ✓ 「사람들이 어디론가 가더니 엄청나게 고생도 하고 돈도 썼지. 가지려고. 그 영어참고서를.」
- **해석** 그 영어참고서를 사려고 다들 돈도 많이 쓰고 고생도 엄청 했지.

3 Sorry to trouble you, but could you give me a hand with this bag?

「미안해요(Sorry), 번거롭게 하기로 되어 있는(to trouble), 당신(you), 그것과 다르게(=하지만, but) 할 수 있었으면 하는데요(could)? 당신(you), 무엇을 주는 것(give), 나(me), 하나의 (a) 손이 가지고 있게 하는 것(=도움, hand), 무엇과 함께(with), 이 가방(this bag).」

- ✓ 「미안해요. 당신을 번거롭게 해드려서. 하지만. 나에게 도움을 줄 수 있었으면 하는데요? 이 가방을 (들어주는 것).」
- **해석** 귀찮게 해드려 죄송하지만, 이 가방 좀 들어주실 수 있나요?

4▸ **Though machines save us much time and trouble, it is also true that many people lose their jobs because of them.**

「무엇에도 불구하고(Though), 기계류(machines)는 무엇을 지켜준다(save), 우리(us), 많은(much) 시간(time), 그것에 이은(and) 번거롭게 하는 것(=수고, trouble), 그거 있잖아(it is), 또한(also) 사실(true)이지, 그건(that), 많은 사람들(many people)이 잃는 것(lose), 자신의 일자리(their jobs), 그 이유는(because), 무엇의 일부로(of), 그것들(=기계류, them).」

> **해석** 기계 덕분에 많은 시간과 수고를 덜게 되었지만, 그 때문에 많은 사람들이 일자리를 빼앗기는 것 또한 사실이지.

5▸ **Korean are also patient with tourists, especially those who have trouble speaking Korean.**

「한국인(Korean)은 있다(are), 또한(also) 인내심을 가진(patient), 무엇과 함께하는(with), 관광객들(tourists), 특히(especially) 그들(those), 그게 누구냐 하면(who), 가지고 있게 하는 것(have), 번거롭게 하는 것(trouble), 말을 전하는 중(speaking), 한국어(Korean).」

> ◉ 「한국인은 또한 인내심을 가지고 있다. 관광객들에게. 특히. 그들. 누군가 하면. 가지고 있는. 번거로움(=애로사항)을. 한국어를 말하는 데.」
>
> **해석** 한국인들은 또한 인내심을 가지고 관광객들을 대하는데, 특히 한국어를 잘 구사하지 못하는 사람들에게는 더더욱 그렇다.

6▸ **Mom has been having some trouble with her back.**

「어머니(Mom)께서는 무엇을 가지고 있게 하지(has), 있던, 가지고 있게 하는 중(having), 어떤 정도의(some), 번거롭게 하는 것(=힘들게 하는 것, trouble), 무엇과 함께하는(with), 그녀의(her) 등(=등허리, back).」

> ◉ 「어머니께서는 가지고 있으시지. 가지고 있는 중으로 있던 상태. 어느 정도 힘들게 하는 것(=통증). 어머니의 등허리 쪽에.」
>
> **해석** 어머니께서는 예전부터 등(=허리)이 좀 불편하셔.

★★★ vision
눈에 들어오게 하는 것

1 ▶ The candidate for the presidency explained his **vision** of a better society.

「그(The) 후보자(candidate), 대통령직을 생각하는(for the presidency), 설명했지(explained), 그의(his), 눈에 들어오게 하는 것(=내다보는 것, vision), 무엇의 일부로(of), 하나의(a) 더 나은 사회(better society).」

- 「그 후보자, 대통령선거에 출마한, 무엇을 설명했지, 그가 가진 전망(=구상), 보다 살기 좋은 사회에 대한.」
- **해석** 그 대선후보는 보다 나은 사회를 위한 자신만의 구상을 설명했다.

2 ▶ It is said that knowledge is love and light and **vision**.

「그것(It) 있지(is), 생각을 말한 상태(said), 그건(that), 지식(knowledge)은 있잖아(is), 사랑과 빛(love and light), 그것에 이어(and), 눈에 들어오게 하는 것(=알아보는 힘, vision).」

- 「그거 있잖아, 다들 그렇게 말하지, 그러니까, 지식은 사랑, 빛, 그리고 통찰력이라고.」
- **해석** 지식은 사랑과 빛 그리고 통찰력이라고들 하지.

3 ▶ He had a **vision** of a better, more peaceful society.

「그(He)는 무엇을 가지고 있게 했어(had), 하나의(a) 눈에 들어오게 하는 것(=머릿속에 그리는 것, vision), 무엇의 일부로(of), 하나의(a) 더 나은(better), 더 평화로운(more peaceful) 사회(society).」

- 「그는 가지고 있었지, 하나의 구상을, 더 나은, 다시 말해 더 평화로운 사회.」
- **해석** 그는 더 나은, 다시 말해 더 평화로운 사회를 갈망하고 있었지.

4 ▶ She is a **vision** in black dress.

「그녀(She)는 있잖아(is), 하나의(a) 눈에 들어오게 하는 것(=매우 아름다운 것, vision), 어떤 공간 안에(in), 검은 드레스(black dress).」

- ✅ '그녀는 매우 아름다운 여성이다, 검은 드레스를 입은.'
- ✅ '그녀는 검은 드레스를 입은 보기 드문 미인이다.'
- **해석** 검은 드레스를 입은 그녀는 미의 화신이다.

5 ▶ He apologized for the loss of **vision** for a moment when we were watching the movie.

「그(He)는 사과했다(apologized), 무엇을 떠올리면서(for), 다른 것들과 구분되는(the) 손실(loss), 무엇의 일부로(of), 눈에 들어오게 하는 것(=영상, vision), 무엇을 떠올리면서(for), 한 순간(a moment), 언제냐 하면(when), 우리(we)가 있었지(were), 무엇을 주시하는 중(=보던 중, watching), 그(the) 영화(movie).」

- ✅ 「그는 손실(=놓친 것)에 대해 사과했다, 영상의 일부로, 한순간 동안, 언제냐 하면, 우리가 그 영화를 보고 있던 중.」
- **해석** 그는 영화를 보던 중 영상이 잠시 끊긴 것에 대해 사과했다.

6 ▶ It can cause blindness or serious loss of **vision**.

「그건(It) 할 수 있어(can), 무엇이 일어나게 하는 것(=유발하는 것, cause), 볼 수 없는 상황(=실명, blindness), 아니면(or), 심각한(serious) 무엇을 놓치는 것(=손상, loss), 무엇의 일부로(of), 눈에 들어오게 하는 것(=시력, vision).」

- ✅ 「그건 유발할 수 있어, 실명을, 아니면 심각한 시력 손상을.」
- **해석** 그로인해 심각한 시력 손상 내지는 실명하는 수도 있어.

way
어디로
통하게 하는 것

1 That's no way to speak to your parents!

「그것(That) 있잖아(is). 부정하는(no). 어디로 통하게 하는 것(=방식, way). 말을 전하기로 되어 있는(to speak). 어디에 도착하기로 되어 있는(to). 너의(your) 부모님(parents)!」

✅ 「그건 있잖아. 방식이 아니야. 말을 건네는. 너희 부모님에게.」라고 이해할 수 있겠네요.
해석 부모님께 그런 식으로 말해선 안 돼!

2 Tom really goes for Jane in a big way.

「톰(Tom)은 정말로(really) 있던 곳에서 어디론가 멀어진다(=가버리지, go). 무엇을 떠올리면서(for). 제인(Jane). 어떤 공간 안에(in). 하나의(a) 커다란(big). 어디로 통하게 하는 것(way).」

✅ 「톰은 정말 어디론가 가버리지. 제인을 생각하면서. 어떤 공간 안에. 큰 틀에.」
해석 톰은 제인이라면 사족을 못 쓰지.

3 Get out of my way! I'm in a hurry.

「어떤 과정을 거쳐 없던 것(=상황)을 가지게 해(Get). 어떤 공간 밖에(out). 무엇의 일부로(of). 나의(my). 어디로 통하게 것(=길, way). 난(I) 있어(am). 어떤 공간 안에(in). 하나의(a) 서두르게 하는 것(=급한 상황, hurry).」

✅ 「어떤 공간 밖에 있는 상태를 가져! 나의 길의 일부로. 난 있잖아. 급하단 말이야.」
✅ 「내 길에서 벗어난 상태를 가져(=저리 비켜)! 난 급하단 말이야.」
해석 비켜! 급하단 말이야.

4 ▶ Tom and Jane already have a child between them, with another on its **way**.

「톰과 제인(Tom and Jane)은 이미(already) 가지고 있게 하지(have), 하나의(a) 아이를 (child), 무엇 사이에(between), 그들(them), 무엇과 함께하는(with), 하나의 다른 것(=또 다른 아이, another), 어디에 붙은(on), 자신의(its) 어디로 통하게 하는 것(=진로, way).」

- 「톰과 제인은 이미 한 명의 아이를 가지고 있지. 그들 사이에. 그러면서 또 한 명의 아이가 있지. 자신의 진로(=태어나는 중)에.」
- **해석** 톰과 제인 사이에 아이가 한 명 있는데, 하나를 더 가졌지.

5 ▶ I stopped for a cup of coffee on the **way** to work.

「나(I)는 멈추었지(stopped), 무엇을 떠올리며(for), 하나의(a) 컵(=잔, cup), 무엇의 일부로 (of), 커피(coffee), 어디에 붙어(on), 다른 것들과 구분되는(the), 어디로 통하게 하는 것(=길, way), 무엇이 돌아가게 하기로 되어있는(=일하기로 되어있는, to work).」

- 「나는 멈췄다. 무엇을 떠올리며. 한 잔의 커피. 어디에 붙어. 일하러 가던 길(=출근길).」
- **해석** 출근길에 잠시 멈춰서 커피 한 잔 했지.

6 ▶ The best **way** to understand it is to do it.

「다른 것들과 구분되는(The), 최고(best), 어디로 통하게 하는 것(=방법, way), 무엇을 이해 하기로 되어 있는(to understand), 그것(it), 있잖아(is), 무언가를 어찌하기로 되어 있는(to do), 그것(it).」

- 「다른 것들과 구분되는(=하나뿐인) 최고의 방법. 이해함. 그것을. 있잖아. 어찌하는 거지. 그것을.」
- 「그것을 이해할 수 있는 최고의 방법은 (그것을) 어찌하는 것이지.」
- **해석** 해보는 편이 가장 이해하기 쉽지.

Chapter 07

형용사

aggressive / another / anxious /
available / bad / bold / bright /
capital / casual / certain /
classic / common / dead / direct / due / fair /
fast / fine / flat / formal / foul / general / good /
hard / hot / innocent / light / modest /
no / odd / open / past / poor / present /
public / right / short / sick / smart / solid /
thick / thin / tough / true / ultimate /
upset / wild / yes

★★★ aggressive
거침없이 달려드는

1. His dogs always barks at strangers; they're very aggressive.

「그의 개들(His dogs)은 언제나(always) 짖는다(bark). 무엇을 콕 찍어서(at). 낯선 사람들(strangers); 그것들은(they) 있다(are). 바로 그렇게(=매우, very). 거침없이 달려드는(=공격적인, aggressive).」

- 「그의 개들은 언제나 짖어대지. 낯선 사람들을 보면. 그놈들은 있잖아. 매우 공격적이야.」
- **해석** 그의 개들은 언제나 낯선 사람들을 향해 짖어댄다; 그것들은 매우 사납다.

2. He gave his name, and the Blue House as his address, with an aggressive air.

「그(He)는 (무엇을) 주었다(gave). 그의 이름(his name). 그것에 이어(and). 다른 것들과 구분되는(the) 청와대(Blue House). 무엇과 같은(as). 그의 주소(his address). 무엇과 함께 하는(with). 하나의(an) 거침없이 달려드는(aggressive). 공기 중에 있게 하는 것(=태도, air).」

- '그는 이름을 주었고, 그것에 이어 주소로서 청와대를 주었다. 거침없이 달려드는 태도로.'
- **해석** 그 사람이 거만한 태도로 이름을 말하더니 주소가 청와대라고 하더군.

3. He was precise and aggressive during his acting.

「그(He)는 있었어(was). 정확한(precise). 그것에 이어(and) 거침없이 달려드는(=적극적인, aggressive). 무엇 동안(during). 그의(his). 행위를 하는 중(=연기, acting).」

- 「그는 정확하고 적극적이었지. 뭐하는 동안. 그의 연기.」라고 이해하면 되겠네요.
- **해석** 그는 연기하는 동안 정확하고 대단히 적극적이었다.

★★★ another
'an(하나의)+other(다른)'
→ 하나의 다른

1. Five hundred dollars will be enough to go another month.

「500달러(Five hundred dollars)는 할 거야(will), 있는 것(be), 충분한(enough), 있던 곳에서 멀어지기로 되어 있는(=앞으로 지내는 것, to go), 하나의 다른(another) 달(month).」

- 500달러면 충분할 거야. 한 달 더 지내는 것.'이란 의미입니다. 적은 돈으로 어렵게 지내는 사람이 '이 정도면 한 달 더 버틸 수 있겠다'고 할 때 하는 말이죠?

해석 500달러가 있으면 다음 달까지도 충분할 거야.

2. Is there another way to solve the problem now?

「있어(Is)? 거기에(there), 하나의 다른(another) 방법(way), 해결하기로 되어 있는(to solve), 그 문제(the problem), 지금(now).」

- 「(거기) 다른 방법이 있어? 해결할 수 있는, 그 문제를, 지금.」과 같이 이해하면 되겠네요. another는 이미 해결책이 제시된 상황에서 '그것과 다른 해결책'의 유무에 대해서 물어보는 말이라서, '또 다른'으로 해석할 수 있습니다.

해석 지금 그 문제를 해결할 또 다른 방법이 있나요?

3. At a middle school Tom slipped back a year, then another.

「무엇을 콕 찍어서(At), 하나의(a) 중학교(middle school), 톰(Tom)은 미끄러졌다(slipped), 뒤로 향하게 하는(back), 1년(a year), 앞의 내용을 이어받아(then) 하나의 다른(=1년 더, another).」

- 「중학교 때, 톰은 뒤로 미끄러졌다(=낙제했다). 1년을. 그러고 나서 다시 1년 더 (미끄러졌다).」라는 말이네요.

해석 톰은 중학교에서 두 번이나 낙제했다.

★★★ anxious
조급하게 하는

1. Jane was anxious for everyone to enjoy the food.

「제인(Jane)은 있었어(was), 조급하게 하는(=애가 타는, anxious), 무엇을 떠올리며(for), 모든 사람(everyone), 어디에 도착하기로 되어있는(to), 무엇을 즐기는 것(enjoy), 다른 것들과 구분되는(=그, the) 음식(food).」

- ✓ 「제인은 애가 타는(=간절히 바라는) 상황이었지, 무엇을 생각하면서. 모두가 즐기는 것, 그 음식(=자신이 차린 음식).」
- **해석** 제인은 모두가 음식을 마음껏 즐기길 간절히 바랬다.

2. I feel so anxious that I cannot eat anything.

「난 느껴(I feel), 그렇게(so) 조급하게 하는(anxious), 그건(that), 난(I) 할 수 없어(cannot), 무엇을 먹는 것(eat), 어떤 종류의 것(anything).」

- ✓ '난 너무나 조급하게 느껴, 그건(=그래서), 난 어떤 것도 먹을 수가 없어.'라는 말입니다. 즉, 내가 무엇을 느끼고 있는데 ▶ 너무나 조급하게 하는 상황 ▶ 그런데 그건 ▶ '아무것도 먹을 수 없는 상황'이 되었네요.
- **해석** 너무 걱정이 돼서 아무것도 못 먹겠다.

3. She was anxious for me to help her to do the dishes.

「그녀(She)는 있었다(was), 조급하게 하는(anxious), 무엇을 떠올리면서(for), 나(me), 어떤 상태에서 빼내기로(=돕기로) 되어 있는(to help), 그녀(her), 무엇을 어찌하기로 되어 있는(to do), 그 접시들(the dishes).」

- ✓ 「그녀는 조급한 상태였다(=간절했다). 무슨 생각을 하면서, 내가 도와주기를, 그녀, 어찌해줄(=설거지하는) 것을, 그 접시들.」
- ✓ '그녀는 간절히 생각을 했다(=간절히 바랬다). 내가 그녀를 도와 접시들을 설거지해주기를.'
- **해석** 그녀는 설거지 도와주기를 간절히 바랬다.

★★★ available
가질 수 있는

1. Are you available for a meeting now?

「있나요(Is)? 당신(you), 가질 수 있는 (상태)(available), 무엇을 떠올리면서(for), 하나의 회의(a meeting), 지금(now).」

- '당신은 지금 가질 수 있는(=한가한) 상태에 있나요? 회의를 하려고 하는데, 지금.'
- '당신은 지금 회의에 참석할 시간이 있나요?'라는 의미네요. 즉, '내가 널 가질 수 있는 상태야?'라는 말은 상대방에게 시간 있냐고 묻는 겁니다.

해석 지금 회의에 참석할 수 있어?

2. Let me know when you are available.

「무엇을 하게 하세요(Let), 나(me), 알고 있는 것(know), 언제(when), 당신(you)이 있다(are), 가질 수 있는 상태(available).」

- '내가 알게 해주세요(=내게 알려주세요), 언제, 당신이 있는지, 가질 수 있는(=시간이 있는) 상태에.'라는 의미입니다. 여기서도 '(상대방을) 가질 수 있는 상태'
- '그 사람에게 시간이 있는 상황'을 말하는 겁니다.

해석 언제 시간이 나는지 알려 주세요.

3. From now, the new vending machine is available in the Korea market.

「무엇으로부터(From), 지금(now), 다른 것들과 구분되는(the) 새로운(new) 자동판매기(vending machine)가 있지(is), 가질 수 있는 (상태)(=사용가능한, available), 어떤 공간 안에(in), 다른 것이 아닌(the), 한국시장(Korea market).」

- '지금부터, 그 새로 나온 자판기는 사용가능한 상태에 있다, 한국시장에서.'라는 말이네요.

해석 이번에 새로운 자판기는 이제 한국시장에서 만나볼 수 있습니다.

bad
형편없게 만드는

1 ▶ I've got a bad stomach.

「난(I) 가지고 있게 한다(have). 어떤 과정을 거쳐 얻던 것을 가지게 한(got). 하나의(a) 형편없게 만드는(bad). 무엇이 삼켜지게 하는 것(=속, stomach).」

- ✓ '난 어떤 과정을 거쳐 얻던 것을 가진 상태다. 뱃속이 형편없는(=안 좋은) 상태.'
- ✓ '난 안 좋은 위를 얻은 상태다.'라는 말이죠? '원래 없던 무언가를 얻은 상태'라는 말이니, 살면서 병을 얻었다는 이야기입니다.
- **해석** 위가 안 좋아요.

2 ▶ I know that this is a bad time to ask for money.

「나(I)는 알고 있어(know). 그건(that). 이거(this) 있잖아(is). 하나의(a) 형편없게 만드는(=안 좋은, bad) 시간(=때, time). 무엇을 요청하기로 되어 있는(=부탁할, to ask). 무엇을 생각하면서(for). 돈(money).」

- ✓ '난 말이지, 이것(=지금)이 좋지 않은 때라는 걸 알고 있어. 돈을 부탁하기에.'
- **해석** 지금이 돈 이야기를 꺼내기에 좋지 않은 때라는 건 알아.

3 ▶ We are usually neglected when things go badly.

「우리(We)는 있잖아(are). 대개(usually). 소홀히 한 상태(neglected). 언제(when). 이런저런 것들이(=만사, things) 어디론가 멀어지는 것(go). 형편없어지도록(badly).」

- ✓ '우리는 대개 소홀히 한 상태에 있지(=소홀한 대접을 받지). 만사가 잘 안되어 갈 때(=잘 안 풀릴 때).'라는 의미입니다. 일이 잘 풀릴 때는 찾는 사람들이 많다가도, 막상 일이 꼬이기 시작하면 사람들이 떠나간다는 말이네요.
- **해석** 일이 잘 안 풀릴 때는 주변에 사람이 없지.

★★★ bold
다른 것을 의식하지 않는

1️⃣ The brave man made bold with the enemies.

「그(The) 용감한 남자(brave man)는 만들어냈어(made), 다른 것들을 의식하지 않는(=대담한, bold)(상황), 무엇과 함께하는(with), 다른 것들과 구분되는(the) 적들(enemies).」

- ✅ '그 용감한 사내를 적들을 맞이해서 대담한 행동을 했다.' 정도로 이해할 수 있겠네요. make는 무엇을 만들어낸다.
- ✅ '(무언가) 어렵게 만들어내는 이미지'를 가지고 있으며, 사물은 물론 상황까지도 만들어낼 수 있습니다.
- **해석** 그 용맹한 사내는 대담하게 적들과 부딪쳤다.

2️⃣ It was very bold of you to fight against Captain Hook.

「그건 있었지(It was), 바로 그렇게(=아주, very), 다른 것을 의식하지 않는(=용감한, bold), 무엇의 일부로(of), 당신(you), 싸우기로 되어 있는(to fight), 어디에 맞서(against), 후크 선장(Captain Hook).」

- ✅ '그건 있었지, 아주 용감한, 당신의 모습, 후크 선장에 맞서 싸우는,'으로 파악할 수 있겠네요. 'bold of you'
- ✅ '용감한/무엇의 일부로/당신'이 되어 사람의 성격 다음에 of가 오고 그 다음에 그 주체가 오고 있지요? 그런데 성격이란 것은 사람의 일부(of)이기 때문에, 주체인 you의 앞에는 of가 올 수 밖에 없는 것입니다.
- **해석** (당신이) 후크 선장과 맞서 싸우다니 정말 용감했군요.

3️⃣ He is a bold child.

「그(He)는 있잖아(is), 하나의(a) 다른 것을 의식하지 않는(bold) 어린아이(child).」

- ✅ '그는 다른 것을 의식하지 않는(=버릇이 없는) 아이야.'라는 말이네요. 그리고 글씨체에도 '볼드(bold)'라는 게 있지요? 다른 것을 의식하지 않는 서체
- ✅ '굵직하게 쓰는 서체'가 되는 것이죠.
- **해석** 그 사내아이는 버릇이 없다.

★★★ bright
환하게 밝혀주는

1. The critics painted the novel in bright colors.

「다른 것들과 구분되는(The), 비평가들(critics), 색을 입혔다(=칠했다, painted), 그 소설(the novel), 어떤 공간 안에(in), 환하게 밝혀주는(bright) 색깔들(colors).」

- '(그) 비평가들은 그 소설을 환하게 밝혀주는(=분위기를 띄워주는) 여러 가지 색깔(=찬사)로 덧칠했다.'는 의미가 됩니다.

해석 비평가들은 그 소설에 대한 칭찬을 아끼지 않았다.

2. She's bright and kind, and I like her a lot.

「그녀(She)는 있잖아(is), 환하게 밝혀주는(=똑똑한, bright), 그것에 이어(and) 친절한(kind), 그것에 이어(=그래서, and), 난(I) 무엇을 좋아하지(like), 그녀(her), 많이(a lot).」

- '그녀는 똑똑하고 친절하지, 그래서 난 그녀를 아주 좋아해.'라는 의미입니다. '환하게 밝혀주는 사람'
- '(다른 사람을 일깨워줄 수 있는) 총명한 사람'을 말하며, 뒤에 나오는 and는 인과관계를 이어주는 접속사 역할을 하고 있네요.

해석 총명하고 친절한 그녀를 저는 아주 좋아합니다.

3. This young would-be writer has a bright future.

「이것(=이, This) 젊은(young) 되고자 하는(=지망하는, would-be) 작가(writer), 가지고 있게 하지(has), 하나의(a) 환하게 밝혀주는(=전도유망한, bright) 미래(future).」라고 이해하면 되겠네요.

- '한 사람의 앞날' 정도의 의미를 가지지만, the future라고 하면 '다른 것들과 구분되는/앞날'
- 과거나 현재에 대비되는 시간 개념으로서의 '미래'가 되는 겁니다.

해석 이 젊은 작가지망생은 앞날이 창창하다.

312 | 단어를 통해 배우는 영어의 원리

★★★ capital
으뜸가는

1. Seoul is the capital of Republic of Korea.

「서울(Seoul)은 있다(is), 다른 것들과 구분되는(the), 으뜸가는 (것)(capital), 무엇의 일부로 (of), 한국(Republic of Korea).」

- ✓ '서울은 한국에서 가장 으뜸가는 것(=가장 중요한 것)이다.'란 말이지요? 모름지기 한 나라에서 가장 중요한 것은 그 나라의 수도(首都)이니, 서울이 대한민국의 수도라는 말을 하는 겁니다.
- **해석** 한국의 수도는 서울이다.

2. Some people think capital punishment is unreasonable.

「어떤 정도의(=일부, Some) 사람들(people), 무엇을 생각하지(think), 으뜸가는(=가장 무거운, capital) 처벌(punishment)은 있어(is), 합리적이지 않은(unreasonable).」

- ✓ '일부 사람들은 생각하지, 사형이 합리적이지 않다고.'
- ✓ '일부 사람들은 사형이 비합리적이라고 생각하지.'와 같이 이해할 수 있습니다.
- **해석** 사형이 비합리적이라고 생각하는 사람들도 있지.

3. A capital idea popped into my head.

「하나의(A) 으뜸가는(=굉장한, capital), 떠오르는 생각(idea), 펑하고 터뜨렸어(popped), 어떤 공간 안으로(into), 내 머릿속(my head).」

- ✓ '아주 굉장한(=기가 막힌) 생각이 내 머릿속으로 번쩍하고 들어왔지.'란 말이네요. 무언가가 머릿속에 '팍'하고 떠올랐는데, '으뜸'이라고 표현할 수 있을 정도면 '기가 막힌 아이디어'인 거죠.
- **해석** 갑자기 기막힌 아이디어가 번쩍하고 떠올랐지.

★★★ casual
얽매이지 않는

1. Originally, Tom had no intention of wearing a suit to the casual party.

「본래(Originally), 톰(Tom)은 가지고 있게 했다(had), 의도가 없음을(no intention), 무엇의 일부로(of), 정장을 입고 있는 중(wearing a suit), 어디에 도착하기로 되어 있는(to), 그(the) 얽매이지 않는 파티(=격식 없는 파티, casual party).」

- ✓ 「원래, 톰은 의도를 가지고 있지 않았다. 정장을 입는 것(에 대한), 그 격식 없는 파티에.」라는 내용이네요.
- **해석** 애당초 톰은 그 격식 없는 파티에 정장을 입고 갈 생각이 없었다.

2. What you mean as a casual comment could be misunderstood.

「무엇(What), 당신(you), 무엇을 의미하는 것(mean), 무엇과 같은(as), 하나의(a) 얽매이지 않는(=무심코 내뱉은, casual) 견해를 밝히는 것(=말, comment), 할 수 있었다(could), 있는 것(be), 오해를 한 상태(misunderstood).」

- ✓ '당신이 의도하는 무엇, 무심코 내뱉은 말과 같은, 할 수 있었을 텐데, 있는 것, 오해를 한 상태로.'
- ✓ '무심코 내뱉은듯한 당신의 말이 오해를 받는 상황에 처할 수 있었을 텐데(~있을 텐데).'가 되네요.
- **해석** 네가 무심코 내뱉은 말로 인해 오해가 일어날 수도 있어.

3. She has a casual attitude toward her life.

「그녀(She)는 가지고 있게 한다(has), 하나의(a) 얽매이지 않는(casual) 태도(attitude), 무엇을 향해서(toward), 그녀의 인생(her life).」

- ✓ '그녀는 자신의 삶을 향해 얽매이지 않는 태도를 지니고 있다.'는 내용이네요. 삶에 얽매이지 않는 태도
- ✓ '(삶에) 집착하지 않는 태도' 즉 '느긋한 태도'라고 할 수 있겠네요.
- **해석** 그 여자는 삶에 대해 느긋한 태도를 가지고 있다.

★★★ certain
확실하게 하는

1 ▶ It is certain that Tom will succeed.

「그거 있잖아(It is), 확실하게 하는(=확실한, certain), 그건(that), 톰(Tom)은 할 것이다(will), 성공하는 것(succeed).」

✓ 「그건 확실해. 그러니까, 톰이 성공할 거라는 것..」의 순으로 해석을 해나가면 됩니다. 앞에서 certain(확실한)을 던져놓고, that(그건 말이지)으로 풀어준 다음, 계속해서 이야기를 이어나가고 있습니다.

해석 톰은 확실히 성공할 것이다.

2 ▶ God certainly looks after the man who takes care of others first.

「신(God)은 확실하게(certainly), 무엇을 보게 하신다(look), 무엇을 따라서(after), 다른 것들과 구분되는 사람(the man), 그게 누구냐면(who), 마음먹으면 가질 수 있는 것을 가지게 하는 것(take), 신경 쓰게 하는 것(care), 무엇의 일부로(of), 다른 것(=사람)들, 첫 번째(first)로.」

✓ 「신은 확실히 지켜보신다. 특정한 사람들. 그게 누구냐 하면. 신경 쓰는. 다른 사람들을. 먼저.」
✓ '신은 확실히 다른 사람의 일을 우선적으로 챙기는 사람을 돌보신다.'

해석 확실히 신은 남을 먼저 돌보는 사람을 보살펴주신다.

3 ▶ Certain of those present were willing to discuss the matter as soon as possible.

「확실하게 하는 것(=일정 부분, Certain), 무엇의 일부로(of), 그것들(those), 존재하게 하는(=참석한, present), 있었어(were), 무엇을 하고자 하는 중(willing), 의논하기로 되어 있는(to discuss), 그 문제(the matter), 가능한 한 빨리(as soon as possible).」

✓ 「참석한 사람들 중 일부는 있었다. 의논하고자 하는 중으로. 그 문제. 가능한 한 빨리.」

해석 참석자들 중에는 최대한 빨리 그 문제를 논의하려던 사람들도 있었다.

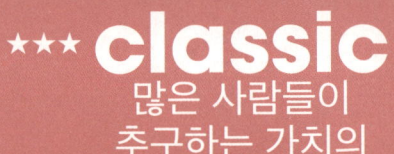
★★★ classic
많은 사람들이 추구하는 가치의

1. Confusing 'their' and 'there' is a classic mistake.

「혼동하게 하는 중(=혼동하는 것, Confusing), 'their', 그것에 이어(and), 'there', 있잖아(is), 하나의(a) 많은 사람들이 추구하는 가치의(=전형적인, classic), 실수(mistake).」

「혼동하는 것, 'their'와 'there'를, 있잖아, 하나의, 흔히 하는 실수.」

해석 사람들은 종종 their와 there를 구분 못하지.

2. The menu is based on classic Korean food.

「그 식단(The menu)은 있다(is), 바탕을 둔 (상태)(based), 어디에 붙은(on), 많은 사람들이 추구하는 가치의(=전통적인), 한국요리(Korean food),와 같이 파악할 수 있겠네요. 'classic Korean food'는 '많은 사람들이 추구하는 한국 음식' 즉, '한국의 전통요리'인 것이죠.
자고로 전통이란 것은 시간이 많이 지났음에도 여전히 많은 사람들이 추구하는 가치니까요.

해석 그 식단은 한국의 전통요리에 기초를 두고 있다.

3. Classically, overweight people underestimate the volume of fatty food that they consume.

「많은 사람들이 추구하는 가치에 따라(=대체로, Classically), 과체중(overweight)인 사람들(people)은 과소평가하지(underestimate), 다른 것들과 구분되는(the) 누적된 양(volume), 무엇의 일부로(of), 기름진 음식(fatty food), 그건(that), 그들이 섭취하는(they consume).」

「대체로, 과체중인 사람들은 과소평가하지, 얼마나 먹어대는지, 기름진 음식, 그건, 자신들이 섭취하는.」

해석 대체로, 과체중인 사람들은 자신들이 기름진 음식을 얼마나 먹어대는지 신경 안 쓰지.

★★★ common
공통적인

1 ▶ That situation is common in a way.

「그(That) 상황(situation)은 있지(is), 공통적인(common), 어떤 공간 안에(in), 하나의(a) 어딘가로 통하게 하는 것(=관점, way).」

- '그 상황은 공통적(=보편적)이다, 하나의 관점 안에서.'라는 내용입니다. 그리고 way는 '~로 통하게 하는 것'이란 의미라서, in a way는 '어떤 공간 안에/하나의/어디로 통하게 하는 것', 즉 '하나의 관점(=시각)에서'가 되는 거죠.
- **해석** 그런 상황은 어떻게 보면 흔하다고 할 수 있지.

2 ▶ I saw Tom reading a book in our common office.

「난(I) 무엇을 알아보았지(saw), 톰(Tom), 무엇을 읽고 있는 중(reading), 한 권의 책(a book), 어떤 공간 안에(in), 우리의(our) 공통적인 사무실(=공동사무실, common office).」

- '난 톰이 책을 읽고 있는 것을 보았지, 우리의 공동사무실에서.'라는 말입니다. 다시 말해, in our common office는 '어떤 공간 안에/우리의/공통적인/사무실' 즉 '우리의 공동사무실 안에서'라는 의미가 되는 거죠.
- **해석** 톰이 우리의 공동사무실에서 책을 읽고 있더군.

3 ▶ Success story in business is not as common as we tend to think.

「성공 이야기(Success story), 어떤 공간 안에(in) 비즈니스(business), 있잖아(is), 아니게(=아니야, not), 무엇과 같은(as), 공통적인(=흔한, common), 무엇과 같은(as), 우리(we)가 어떤 경향을 가지는 것(tend), 생각하기로 되어 있는(to think).」

- '비즈니스에서의 성공이야기는 아니야, 흔한 것이, 무엇과 같이, 우리에게 어떤 경향이 있는, 생각하는 것.'
- '비즈니스의 성공이야기는 우리가 생각하는 경향이 있는 것처럼 흔하지 않아.'
- **해석** 기업의 성공신화는 사람들이 생각하는 것만큼 흔하지는 않아.

★★★ dead
끝장나게 하는

1. I don't like a person who is dead to science.

「난(I) 어찌하지 않아(don't), 좋아하는 것(like), 한 사람(a person), 그게 누구냐면(who), 있잖아(is), 끝장나게 하는(=완전히 꽝인, dead), 과학에(to science).」

- '난 과학이 완전히 꽝인 사람은 좋아하지 않아.'란 말이 됩니다. 끝장나게 되면 더 이상 갈 데가 없는 상황이 된다는 말인데, 그 도착지점이 과학이니 한마디로 과학에는 '꽝'인 사람이 되는 것이죠.
- **해석** 과학에 꽝인 사람에게는 관심 없어.

2. He was dead against my idea.

「그는 있었지(He was), 끝장나게 하는(dead), 어디에 맞서는(against), 나의 아이디어(my idea).」

- '그는 끝장을 내려고 했지. 내 아이디어에 맞서서.'라는 의미가 되네요. 앞에서 설명했듯이, '끝장나게 하는'
- 더 이상 갈 데가 없는 상황에 이르는 것을 말합니다. 자신의 발상에 대해 반대하는데, 물러설 곳이 없는 것처럼 강하게 반대한다는 말이 되죠?
- **해석** 그는 내가 떠올린 생각에 정면으로 반대했다.

3. There was the batman standing in the highway dead ahead.

「거기에 있었지(There was), 다른 것들과 구분되는(the), 배트맨(batman)이, 서있게 하는 중으로(standing), 어떤 공간 안에(in), 다른 것들과 구분되는(the) 고속도로(highway), 무엇을 끝장나게 하는(=길을 막고 있는, dead), 앞에 놓여있는(=앞에서, ahead).」

- '배트맨이 (거기에) 서있는 중이었지, 고속도로에서, 앞에서 길을 막으면서.'라는 내용입니다.
- **해석** 배트맨이 고속도로의 앞쪽에 길을 막고 서있었다.

★★★ direct
~을 똑바로 이끌어 주는

1▶ Over 100,000 people died last year as a direct result of drinking.

「무엇을 뒤덮은(=넘은, over). 10만 명(100,000 people). 죽었지(died). 작년(last year)에. 무엇과 같은(as). 하나의(a). 바르게 하는(=직접적인, direct) 결과(result). 무엇의 일부로(of). 술 마시는 것(drinking).」

- ✅ 「10만 명도 넘게 죽었어. 작년에. 무엇과 같은. 하나의 직접적인 결과. 술 마시는 것의.」
- **해석** 작년 한 해만 해도 술 때문에 죽은 사람이 10만 명도 넘지.

2▶ Could you direct me to the station?

「할 수 있었어(Could)? 당신(you). 무엇을 똑바로 이끌어주는 것(direct). 나(me). 어디에 도착하기로 되어 있는(to). 그 역(驛)(the station).」

- ✅ 「할 수 있었을 텐데요? 당신. 나를 똑바로 이끌어주는 것. 역까지.」
- ✅ 「할 수 있었으면 하는데요(=좋겠는데요)? 당신이 나를 똑바로 이끌어주는 것. 역까지.'라고 이해할 수 있겠네요. 이 또한 조건문이니까요.
- **해석** 역으로 가는 길을 알려주실 수 있습니까?

3▶ The police officer directed me to do the limbo dance.

「다른 것들과 구분되는(The). 경찰관(police officer). 무엇을 똑바로 이끌어주었다(=지시했다, directed). 나(me). 무엇을 어찌하기로 되어 있는(to do). 다른 것이 아닌(the). 림보 댄스(limbo dance).」

- ✅ '그 경찰관이 나에게 지시했다. 림보 댄스를 하라고(=추라고).'라는 의미네요.
- **해석** 경찰관이 내게 림보를 추라고 명령했다.

★★★ due
정해져 있는

1 ▶ He received big money, which was no more than his due.

「그(He)는 무엇을 받았다(received), 큰돈(big money), 어떤 것이냐면(which), 있었어 (was), 부정하는(no), 더 많이(more), 무엇보다는(than), 그에게 정해져 있는 것(=그가 받기로 되어있던 것, his due).」

- ✓ 「그는 큰돈을 받았다. 그게 어떤 거냐하면, 더 많지는 않았어, 그가 받기로 되어있던 것보다는.」과 같이 이해하면 되겠네요.
- 해석 그가 큰돈을 받긴 했지만, 그의 몫으로 정해진 액수만큼만 받았다.

2 ▶ I'm still due 60 day's leave.

「난(I) 있잖아(am), 변함없이(still), 정해져 있는(due), 60일짜리의(60 day's) 어디론가 떠나는 것(=휴가, leave).」

- ✓ 「난 있잖아, 여전히 정해져 있는(=가지고 있는) 상태야. 60일의 휴가.」
- ✓ '아직도 60일이나 휴가로 보낼 수 있도록 정해져 있다'는 말이네요. 독일 같은 나라는 일 년 중 석 달 정도를 휴가로 쓸 수 있다고 하더군요. 부러운 이야기네요.
- 해석 아직 두 달 정도는 휴가로 쓸 수 있어.

3 ▶ The baseball team's victory was largely due to its coach.

「그(The) 야구팀의(baseball team's) 승리(victory)는 있었다(was), 대체로(largely), 정해져 있는 상태(due), 어디에 도착하기로 되어 있는(to), 그것의 감독(=그 야구팀의 감독, its coach).」

- ✓ '그 야구팀의 승리는 대체로 감독에게로 정해져 있었다.'는 말이네요. 승리의 상당부분이 정해져 있는데 그것이 감독에게로 가버리니까 감독의 공이 크다는 이야기죠.
- 해석 그 야구팀이 이긴 건 거의 감독 덕분이지.

★★★ fair
불만이 없게 하는

1. Glory is the fair child of danger.

「영광(Glory)은 있다(is). 다른 것들과 구분되는(the). 불만이 없게 하는(=인정받는, fair) 아이(fair). 위험의 일부로(of danger).」

- '영광은 인정받는 자식이다. 위험의 일부로.'
- '영광이야말로 위험의 자식이다.'라는 의미네요.

해석 위험을 감수해야 영광을 얻는다.

2. A fair number of students attended the meeting.

「하나의(A). 불만이 없게 하는(=꽤 많은). 숫자(number). 무엇의 일부로(of). 학생들(students). 참석했다(attended). 다른 것들과 구분되는(=그, the). 회의(meeting).」

- 「꽤 많은 숫자. 학생들의. 참석했지. 그 회의에..」의 순서대로 해석하면 되겠네요.

해석 많은 학생들이 회의에 참석했지.

3. Admiral Yi Sun-shin set sail with the first fair wind.

「해군제독 이순신(Admiral Yi Sun-shin)은 무엇을 정했다(set). 돛을 펼치는 것(sail). 무엇과 함께하는(with). 다른 것이 아닌(the) 첫 번째(first). 불만이 없게 하는 바람(=순풍, fair wind).」

- '이순신 장군께서 돛을 펼치기로 정하셨다(=펼치라고 명령하셨다). 첫 번째 순풍이 부는 것에 맞추어.'

해석 이순신 장군께서 첫 순풍을 타고 바다로 나가셨다.

★★★ fast
거칠게 없도록 하는

1. **Within two minutes he was fast asleep.**

「어떤 범위 내에(Within), 2분(two minutes), 그(he)는 있었다(was), 거칠게 없도록 하는(= 주변상황에 아랑곳 하지 않는, fast), 잠이 든 (상태)(asleep).」

- '2분 내에 그는 주변상황에 아랑곳 하지 않는 상태가 되었다. 잠이 든 채로.'
- '2분도 안 되어 세상모르고 잠들어버렸다.'는 의미입니다.

[해석] 그는 2분 안 되어 곯아떨어졌다.

2. **Some people used to fast on certain days.**

「어떤 정도의(=일부, Some) 사람들(people) 무엇을 사용했다(used), 거칠게 없도록 하기로 되어 있는(to fast), 어디에 붙은(on), 확실하게 하는 날들(=특정한 날들, certain days).」

- '일부 사람들은 거칠게 없도록 하는 것(=단식)을 사용했다. 이런저런 특정한 날에.'
- '일부 사람들은 특정한 날이 되면 단식을 했다(=하곤 했다).'

[해석] 특정한 날을 맞아 일부 사람들은 단식을 하곤 했다.

3. **I stand fast in my belief.**

「나(I)는 무엇을 서있게 한다(stand), 거칠게 없도록(=굳건하게, fast), 어떤 공간 안에서(in), 나의 믿음(my belief).」

- '나는 굳건하게 서있지. 나의 믿음(=신념) 안에서.'라는 말이네요. 무슨 말인지 이해가나요? fast는 형용사로서는 '거칠게 없도록 하는'
- '빠른', '행실이 나쁜' 등의 의미를 가지지만, 여기서는 부사로 쓰였기 때문에 그에 맞춰 부사적으로 해석을 해주면 되는 겁니다.

[해석] 신념에 있어선 확고하지.

★★★ fine
남다르게 만들어 주는

1ㆍ That would be fine with me.

「그건(That) 했을 것이다(would). 있는 것(be). 남다르게 만들어 주는(fine). 함께하는(with). 나(me).」

✓ '그건 남다르게 만들어주었을 텐데. 나를.'은 '그건 (나를) 남다르게 만들어줄 텐데.' 즉, '그거 괜찮겠는데요.'와 같이 되네요. 여기에서, fine은 '남다르게 만들어 주는' 즉, '좋은'의 의미를 가지는군요.

해석 좋습니다.

2ㆍ He acquired a taste for fine art from childhood.

「그(He)는 무엇을 획득했다(acquired). 하나의(a). 무엇을 맛보게 하는 것(=취향, taste). 무엇을 떠올리면서(for). 남다르게 만들어주는(fine). 사람의 힘으로 무언가를 빚어내는 것(art). 어린 시절로부터(from childhood).」

✓ '그는 하나의 취향(=취미)을 가졌다. 사람이 만들어낸 것 중에서도 남다른 것(=미술)에 관한. 어릴 때부터.'라는 말이네요. fine art는 사람이 빚어낸 것 중에서 남다른 것, 바로 '시각적 예술' 즉 '미술'이 되는 것이죠.

해석 그는 어린 시절부터 미술에 대한 취미를 가지게 되었다.

3ㆍ It will be fine tomorrow, though it is cold.

「그건(It) 할 거야(will). 있는 것(be). 남다르게 만들어주는(fine). 내일(tomorrow). 무엇에도 불구하고(though). 그거 있잖아(it is). 추운(cold).」

✓ '그거 말이지. 내일은 남다를 거야(=비가 오지 않을 거야). 추운데도 불구하고.'라는 말입니다. 영어의 본고장인 영국은 걸핏하면 비가 오기 때문에 '남다르게 만들어 주는 날'

✓ '비가 오지 않는 날'인 겁니다.

해석 내일은 비가 오진 않겠지만 추울 겁니다.

4 We should fine them if they don't clean up after picnic.

「우리(We)는 무엇을 하기로 정해져 있었다(should). 남다르게 만들어주는 것(=벌금을 매기는 것, fine). 그들(them). 어떤 조건이냐면(if). 그들(they)이 어찌하지 않는 것(don't). 깨끗하게 만드는 것(clean). 바짝(=완전히, up). 소풍 후(after picnic)에.」

- ✓ '우리는 그들에게 벌금을 매기기로 정해져 있다. 어떤 조건이냐고? 그들이 깨끗이 치우지 않는다면. 소풍이 끝난 후에.」

  해석 소풍을 마치고 주변을 깨끗이 치우지 않는 사람들에겐 벌금을 매겨야지.

5 My boss does fine by me.

「나의 보스(=우리 사장님, My boss)는 무언가를 어찌한다(does). 남다르게 만들어 주는 것(=특별대우, fine). 무엇을 바탕으로(by). 나(me).」

- ✓ '우리 사장님은 (늘) 나를 남다르게 만들어주시지(=남달리 대하시지).'라는 말이네요. 결국 이 말은 사장님이 늘 자신을 특별대우 한다는 이야기입니다.

  해석 사장님께서 내게 잘해주셔.

6 The mansion commands a fine view of the ocean.

「그(The) 맨션(mansion)은 마음대로 되게 한다(=누리게 한다, command). 하나의(a). 남다르게 만들어주는(=끝내주는, fine). 무엇을 바라보게 하는 것(=경치, view). 무엇의 일부로(of). 바다(the ocean).」

- ✓ '그 맨션(=저택)에서는 누린다. 멋진 경치. 바다의 일부로(=바다의).'
- ✓ '그 저택에서는 바다의 멋진 경치를 마음껏 감상할 수 있다.'는 내용입니다.

  해석 그 저택에서는 멋진 바다경치가 잘 보인다.

★★★ flat
밋밋한

1 ▶ I need a **flat** board to write on.

「난(I) 무엇을 필요로 하지(need), 하나의(a) 밋밋한(=평평한, flat) 널빤지(board), 무엇을 쓰기로 되어 있는(to write), 어디에 붙은(on).」

- ✅ '나에겐 평평한 널빤지가 필요해. 그 위에다 대고 쓸 수 있는.'이란 말이네요.
- 해석 글을 쓸 수 있게 평평한 널빤지가 필요한데.

2 ▶ The stock market has been **flat** for years.

「다른 것들과 구분되는(The) 주식시장(stock market)은 가지고 있게 하지(has), 있던 (상태)(been), 밋밋한(=변화가 거의 없는, flat), 무엇을 떠올리면서(for), 몇 년(years).」

- ✅ '주식시장은 변화가 거의 없는 상태를 가지고 있지, 몇 년 동안.'
- ✅ '주식시장은 몇 년 동안 거의 변화가 없는 상황이지.'
- 해석 주식시장은 몇 년 동안 침체되어 있어.

3 ▶ His proposal for marriage was met with a **flat** refusal.

「그의(His) 제안(proposal), 결혼을 떠올리는(for marriage), 있었지(was), (무엇을) 만난 상태(met), (무엇과) 함께하는(with), 하나의(a) 밋밋한(=단호한, flat) 거절(refusal).」

- ✅ '결혼을 생각하면서 했던 제안(=청혼)은 만난 상태였지, 하나의 단호한 거절과 함께하는.'
- ✅ '그의 청혼은 단호한 거절을 만난 상태였지.'라는 말입니다. 보통은 거절을 하더라도 이리저리 돌려서 하기 마련인데, 밋밋한 거절로 '단칼에 뿌리치는 거절'을 말하는 것이죠.
- 해석 그는 청혼했다가 단칼에 거절당했다.

4 ▶ Tom lay flat on his back and looked at the stars.

「톰(Tom)은 (자기 자신을) 놓여있게 했다(=누워있었다, lay). 밋밋하게(=평평하게, flat). 어디에 붙어(=어디에 붙게끔, on). 그의 등(his back). 그것에 이어(and). 무엇을 보게 했다(looked). 무엇을 콕 찍어서(at). 다른 것들과 구분되는(the). 별들(stars).」

- ✅ 「톰은 평평하게 누워있었다. 등을 바닥에 대고. 그러고 나서, 별들을 바라보았다.」
- 해석 ▶ 톰은 (평평하게) 바닥에 등을 대고 누워 별(들)을 바라보았지.

5 ▶ Tom is changing a flat tire.

「톰(Tom)은 있잖아(is). 무엇을 바꾸는 중(changing)이야. 하나의(a) 밋밋한(=바람 빠진, flat) 타이어(tire).」

- ✅ '톰은 교체하는 중이야. 바람 빠진(=펑크 난) 타이어를.'이라고 해석할 수 있겠네요. flat이 '밋밋한' 이라는 의미를 가지고 있어서, flat tire는 '밋밋한 타이어' 즉 '(바람이 빠지거나 펑크가 나서)납작해진 타이어'를 말하는 겁니다.
- 해석 ▶ 톰이 펑크 난 타이어를 갈아 끼우고 있다.

6 ▶ This grilled lobster with butter tastes flat, salt in more.

「이것(This) 구운(grilled) 랍스터(lobster). 무엇과 함께하는(with). 버터(butter). 맛을 보게 한다(taste). 밋밋한(flat). 소금을 어찌하는 것(=소금을 뿌리는 것, salt). (어떤) 공간 안에(in). 더 많이(more).」

- ✅ 「버터와 함께 구운 이 랍스터는 맛이 난다. 밋밋한(=싱거운), 소금을 넣어라. 안에, 좀 더..」라고 해석하면 됩니다. 여기서는 salt가 동사로 쓰이고 있네요. 이래서 언어를 대할 때는 유연한 사고가 중요한 겁니다.
- 해석 ▶ 이 랍스터 버터구이가 싱거우니 소금을 좀 더 뿌려.

★★★ formal
겉으로 보여주기 위한

1 ▶ Be careful of your tongue on a formal occasion.

「있어라(Be). 주의하는(careful). 무엇의 일부로(of). 너의 혀(your tongue). 어디에 붙은(on). 하나의(a). 겉으로 보여주기 위한(formal). 일이 벌어지게 하는 것(=장소, occasion).」

✓ '너의 혀를 주의하라. 하나의 공공연히 일이 벌어지는 곳(=공공장소)에서.'라고 이해할 수 있겠네요.

해석 공공장소에서는 말조심해라.

2 ▶ He wrote a very formal letter of gratitude to Tom.

「그(He)는 무엇을 썼다(wrote). 하나의(a). 바로 그렇게(=매우, very). 겉으로 보여주기 위한(=격식을 차린, formal) 편지(letter)를. 무엇의 일부로(of). 감사함(gratitude). 톰에게 도착하기로 되어 있는(to Tom).」

✓ 「그는 무엇을 썼다. 매우 격식을 차린 편지. 감사함을 담은. 톰에게.」라는 뜻이네요.

해석 그는 톰에게 정중히 감사하는 편지를 썼다.

3 ▶ Let us do without formal introductions.

「하게 합시다(Let). 우리(us). 무엇을 어찌하는 것(do). 무엇이 없는(without). 겉으로 보여주기 위한(=형식적인, formal) 소개(introduction).」

✓ '우리, 어찌하게 합시다. 형식적인 소개는 없도록.'이라는 말이네요. 당연한 이야기겠지만, 겉으로 보여주기 위한 소개는 '형식적인 소개'인 것이죠.

해석 형식적인 소개는 생략합시다.

foul
범위를 벗어나게 하는

1. Don't use foul language in front of your parents.

「(무엇을) 사용하지 마라(Don't use), 범위를 벗어나게 하는(=나쁜, foul) 언어(=말, language), 어떤 공간 안에(in), 무엇의 앞(front), 무엇의 일부로(of), 너의 부모님(your parents).」

- '나쁜 말(=욕설)은 쓰지 마라, 어떤 공간 안에서, 부모님의 면전.'으로 이해하면 되겠네요. '범위를 벗어나게 하는 언어(저속한 언어)', 즉 '해서는 안 될 말', '욕설'이 되는 겁니다.
- **해석** 부모님 앞에서는 욕설을 하지 마라.

2. The evil murderer was sentenced to death for his foul crimes.

「그(The) 사악한(evil) 살인자(murderer)는 있었다(was), 선고를 내린(sentenced), 죽음에 이르게 되는(to death), 무엇을 떠올리면서(for), 그의(his) 범위를 벗어나게 하는(=잔혹한, foul) 범죄들(crimes).」

- '그 사악한 살인범은 죽음을(=사형을) 선고받은 상태였다. 그가 저지른 끔찍한 범죄에 대해서.'
- **해석** 그 악랄한 살인범은 잔혹한 범죄를 저질렀다는 이유로 사형을 선고받았다.

3. Tom was fouled inside the penalty area.

「톰(Tom)은 있었다(was), 범위를 벗어나게 한(=반칙을 한, fouled)(상태), 내부에(inside), 다른 것들과 구분되는(the), 페널티 에어리어(penalty area).」

- '톰은 반칙을 한 상태에 있었다(=반칙을 당했다). 페널티 에어리어 내부에서.'라는 말입니다. was fouled는 '있었다/반칙을 한 (상태)'로 '반칙을 한 상태에 있었다.' 즉 '반칙을 당했다'는 말이 되는 거죠?
- **해석** 톰은 페널티 에어리어에서 반칙을 당했다.

★★★ general
특정하지 않는

1 The general opinion is that the Olympic games will be a failure.

「다른 것들과 구분되는(The), 특정하지 않는(=보편적인, general) 의견(opinion)은 있어(is), 그건(that), 그(the), 올림픽경기(Olympic games)는 할 거야(will), 있는 것(be), 하나의 실패(a failure).」

- ✓ 「보편적인 의견은 있잖아. 그러니까, 올림픽(경기)이 실패한 상태로 있을 거라는(=실패할 거라는),」의 의미입니다.

해석 다들 이번 올림픽이 실패할 거라고 보고 있지.

2 Generally, there are two main reasons why most of Korean people doesn't read books.

「특정하지 않도록(=일반적으로, Generally), 거기에 있다(there are), 두 개의(two) 주요한 이유(main reason), 왜(=어째서, why), 한국인의 대부분(=대부분의 한국인, most of Korean)이 무엇을 어찌하지 않는다(doesn't), 읽는 것(read), 이런저런 책(books)」

- ✓ '일반적으로, 거기엔 두 가지 주요 원인이 있지. 어째서 대부분의 한국인들이 책을 안 읽는지.'라는 말이네요. 결국, generally는 general을 '부사적으로' 해석해 준 것에 불과합니다.

해석 일반적으로, 한국인들이 책을 읽지 않는 데에는 두 가지 주요 원인이 있습니다.

3 general hospital

「특정하지 않는, 병원」

- ✓ '특정한 분야(=한 분야)만 진료하지 않는 병원'으로 '종합병원'이 됩니다. 너무 간단하죠? 그리고 general에는 '장군'이란 의미도 있는데, 이 역시 전장에서 모든 것을 아울러야 하는 사람이기 때문인데, 그런 반면 장군 휘하의 지휘관이나 병사들은 자신에게 주어진 임무만 수행하면 되는 것이죠.

해석 종합병원

4 ▶ This new medicine will soon be available for general use.

「이(This) 새로운(new) 약(medicine)은 할 거야(will), 빠르게 다가오는(=머지않아, soon), 있는 것(be), 가질 수 있는(=구입할 수 있는, available), 무엇을 떠올리며(for), 특정하지 않은(=일반적인, general), 사용(use).」

✅ 「이 신약은 머지않아 있을 거야. 구입할 수 있는 상태로. 일반적으로 사용되는(=누구나 사용할 수 있는).」

해석 머지않아 이 신약을 일반인들도 사용할 수 있게 될 거야.

5 ▶ The nation's armed resistance fired in the general direction of the invading army.

「그 국가의(The nation's) 무장한(armed) 저항세력(=독립군, resistance)은 불을 내뿜었다(fired), 어떤 공간 안에(in), 다른 것들과 구분되는(the) 특정하지 않은(general) 방향(direction), 무엇의 일부로(of), 그 침략군(the invading army).」

✅ 「그 나라의 무장한 독립군이 총격을 가했다. 특정하지 않은 방향으로, 침략군이 있는 쪽으로.」

해석 그 나라의 무장 독립군은 대충 침략군이 있는 쪽을 향해 사격을 가했다.

6 ▶ We don't in general appreciate what we have until we lost it.

「우리(We)는 어찌하지 않는다(don't), 어떤 공간 안에서(in), 특정하지 않은(general), 무엇의 가치를 알아보는 것(appreciate), 무엇(what), 우리가 가지고 있게 하는(we have), 언제까지(until), 우리(we)가 잃었다(lost), 그것(it)을.」

✅ 「우리는 어찌하지 않는다. 일반적으로, 가치를 알아보는 것. 우리가 가지고 있는 것에 대해. 언제까지냐 하면, 우리가 그것을 잃을 때.」의 순서로 이해하면 되겠네요.

해석 사람들은 대체로 잃고 나서야 가지고 있던 것의 고마움을 깨닫는다.

★★★ good
훌륭한

1. Good food and enough sleep are vital to health.

「훌륭한(=좋은, Good) 음식(food), 그것에 이어(and) 충분한 수면(enough sleep)은 있다(are), 살아있게 하는(=꼭 필요한, vital), 건강에(to health).」라고 이해할 수 있겠네요.

해석 좋은 음식과 충분한 수면은 건강에 필수적이다.

2. It is important to choose a good job.

「그거 있잖아(It is), 중요해(important), 무엇을 선택하기로 되어 있는(to choose), 하나의(a), 훌륭한 직업(=좋은, good job).」이라는 내용이네요. 언어는 이렇게 문법(또는 구조)을 통해서 이루어지는 것이 아니라, 머릿속에서 떠오르는 생각의 순서대로 이루는 겁니다. 그러니 상대의 말을 들을 때도, 책을 읽을 때도 앞에서부터 순서대로 이해하면 되는 겁니다.

해석 좋은 직업을 선택하는 건 중요하지.

3. I'm good.

「나(I)는 있잖아(am), 훌륭한 (상태)(=다른 것이 필요 없는, good).」

- 난 있잖아. 더 이상 다른 것이 필요 없는 상태야.
- '난 더 이상 아무것도 필요 없어(=이 정도면 됐어).'라는 의미인 겁니다. good의 의미는 '좋은'이 아니라 '훌륭한'입니다. 그리고 모든 형용사는 '상태'를 나타내는 것이어서 '훌륭한 상태'라고 받아들여도 됩니다. 같은 의미니까요.

해석 (전) 괜찮아요(=필요 없어요).

Chapter 07. 형용사 | 331

4. You should turn your knowledge to good use.

「너(You)는 하기로 정해져 있었지(should). 무엇을 돌리는 것(turn). 너의 지식(your knowledge). 어디에 도착하기로 되어 있는(to). 훌륭한 사용(=선용, good use).」

- '너는 지식을 돌려(=활용해서) 좋은 곳에 쓰도록 되어있지.'라는 말이 되네요. 이런 문장이 처음에는 좀 어려운 듯해도 자꾸 접하다 보면 꽤 쉽게 느껴질 겁니다.

해석 네가 가진 지식을 좋은 데 써야지.

5. This 10,000 won bill is good, but the other one is fake.

「이것(This). 만 원(10,000 won). 지폐(bill)는 있지(is). 훌륭한(=진짜, good). 그것과 다르게(but). 다른 것들과 구분되는 다른 것(=나머지 하나, the other)은 있잖아(is). 가짜(fake).」라는 내용이네요. 그러니까, 만 원짜리 지폐 2장을 놓고, 한 쪽은 '훌륭한데(=진짜인데)', 나머지 하나는 '가짜'라고 말하고 있는 겁니다.

해석 이쪽의 만 원 권 지폐는 진짜지만 다른 하나는 위조지폐다.

6. Tom fooled me good.

「톰(Tom)은 바보로 만들었다(fooled). 나(me). 훌륭하게(=멋지게, good).」

- '톰은 바보로 만들었다. 나를. 멋지게(=감쪽같이).'라고 파악하면 되겠네요. 다른 사람을 바보로 만들었는데, '훌륭하게' 해냈다는 말이지요? 결국, 이 말은 누군가를 감쪽같이 속였다는 말이 됩니다.

해석 톰은 나를 감쪽같이 속였다.

★★★ hard
힘들게 하는

1. It is **hard** to get up at 5 o'clock everyday.

「그것(It) 있잖아(is), 힘들게 하는(=힘든, hard), 일어나기로 되어 있는(to get up), 무엇을 콕 찍어서(at), 5시에(5 o'clock), 매일(everyday),」이라는 말이네요. 아주 간단하죠?

해석 매일 새벽 5시에 일어나는 것이 힘들다.

2. Die **Hard**

이번엔 우리에게 너무 친숙한 영화 《Die Hard(다이 하드)》에 관한 이야기입니다. 이 영화의 제목이 도대체 무슨 뜻인지 모르는 사람들도 있을 텐데요. 한 번 살펴보겠습니다. die hard는 '죽는 것/힘들게 하는', '죽는 게 힘이 드는' 즉 '아무리 해도 죽지 않는'의 의미가 됩니다. 영화 속에서 끈질기게 살아남아 악당들을 물리치는 '브루스 윌리스'의 모습이 그려지나요?

해석 죽도록 고생하기

3. Please don't be too **hard** on Tom.

「원하는 대로 하게 하세요(=부탁드려요, Please), 어찌하지 않는 것(don't), 있는 것(be), 역시(=너무, too) 힘들게 하는(hard), 어디에 붙은(on), 톰(Tom),」

- 「하지 말아주세요, 너무 힘들게 하는, 톰에게.」
- '톰을 너무 힘들게 하지 마세요.'라는 의미가 되네요.

해석 톰을 너무 몰아붙이진 마.

4 ▶ Times has become what my father called "hard."

「시간이 지나가는 것들(=시기, Times)은 가지고 있게 하지(has), 무엇이 된(상태)(become), 그게 무엇이냐면(what), 나의 아버지(my father)께서 불렀던(called), '힘들게 하는(hard)'.」

- ✅ '시기(時期)는 무엇이 된 상태를 가지고 있어. 그거? 우리 아버지께서 힘들다고 말씀하셨던.'
- ✅ '시기는 아버지께서 힘들다고 하는 것이 되어버렸어.'
- **해석** 아버지께서 이야기하시던 '힘든' 시기가 되어버렸어.

5 ▶ He worked hard to pass the exam.

「그(He)는 무엇이 돌아가게 했습니다(=공부했습니다, worked), 힘들게 하면서(hard), 지나가게 하기로 되어 있는(to pass), 그 시험(the exam).」

- ✅ '그는 힘들게(=열심히) 공부했습니다. 시험을 지나갈 수 있도록(=통과할 수 있도록).'이라고 해석하면 되겠네요. 열심히 공부한다고 해서 모두 시험에 합격하는 것은 아니기 때문에, '시험에 합격하기 위해 열심히 공부했다'로 보는 것이 옳습니다.
- **해석** 그는 시험에 합격하기 위해 열심히 공부했다.

6 ▶ The man hit on the woman so hard that she finally became upset.

「그 남자(The man)는 무엇을 날렸다(=치근거렸다, hit), 그 여성에 붙어(on the woman), 그렇게 힘들게 하는(=너무 귀찮게, so hard), 그건(=그래서, that), 그녀(she)는 마침내(finally) 무엇이 되었다(became), 화가 난 (상태)(upset).」

- ✅ '그 남자는 너무 귀찮을 정도로 그녀에게 추파를 던졌고, 그녀는 마침내 화가 냈다.'는 이야기입니다.
- **해석** 그 남자가 하도 치근덕거려서 그 여자가 마침내 화를 냈지.

★★★ hot
후끈 달아오르게 하는

1 ▶ This is one of the hottest nightclubs in Seoul.

「이건(=여긴, This) 있잖아(is), 하나(one), 무엇의 일부로(of), 다른 것들과 구분되는(the), 가장 후끈 달아오르게 하는(=가장 물이 좋은, hottest) 나이트클럽들(nightclubs), 서울 안에서(in Seoul).」

- 「여긴 있잖아, 하나야(=한군데야), 가장 물이 좋은 나이트클럽들 중의, 서울에서,,라고 파악할 수 있겠네요.
- **해석** 여기가 서울에 있는 가장 인기 있는 나이트클럽 중 하나야.

2 ▶ Don't ask me. I'm not too hot on French history.

「어찌하지 마(Don't), 요청하는 것(=묻는 것, ask) 나(me). 난 있잖아(I am), 아니야(not), 역시(=정말, too), 후끈 달아오르게 하는(=정말 정통한, too hot), 어디에 붙은(on), 프랑스 역사(French history).」

- '내게 묻지 마. 난 프랑스 역사에 대해선 그렇게까지 정통한 편은 아니야.'라는 내용입니다.
- **해석** 내게 묻지 마. 난 프랑스 역사에 대해 그리 정통한 편이 못돼.

3 ▶ What I need is a hot bath and a good sleep.

「무엇(What), 내(I)가 필요로 하는 것(need), 있잖아(is), 하나의(a), 후끈 달아오르게 하는(=뜨거운 물로 하는, hot) 욕조로 하는 것(=목욕, bath), 그것에 이어(=그러고 나서, and), 하나의(a), 훌륭한 수면(=푹 자는 것, good sleep).」

- 「내가 필요로 하는 것은, 있잖아, 하나의, 뜨끈뜨끈한 물에 담그는 목욕, 그러고 나서, 하나의, 푹 자는 것(=숙면을 취하는 것).」
- **해석** 지금 내게 필요한 건 뜨끈뜨끈한 물에 몸을 담근 다음 푹 자는 거지.

4 ▸ I don't like this **hot** weather!

「난(I) 어찌하지 않아(don't), 좋아하는 것(like), 이것(=이런, this) 후끈 달아오르게 하는(=뜨거운 hot), 날씨(weather)」와 같이 파악하면 됩니다. '좋아하지 않는다'는 말이 '싫다'의 동의어는 아니지만, 때로는 사람들이 좋아하지 않는 무언가를 놓고 '나 그거 싫어!'라고 말을 하기도 하죠? 그래서 아래와 같이 해석할 수도 있는 것이죠.

> **해석** 난 이렇게 더운 날씨는 싫어!

5 ▸ They are very **hot** on attitude at work.

「그것들(They)은 있잖아(are), 바로 그렇게(=아주, very) 후끈 달아오르게 하는(=진지한, hot), 어디에 붙은(on), 태도(attitude), 무엇을 콕 찍어서(at), 일(work).」

- ✅ '그들은 아주 진지하지, 일에 있어서의 태도에 대해.'라는 의미입니다. 일에 대한 태도에 관해 '아주 후끈 달아오르게 한다'
- ✅ '엄청나게 진지하다'는 말이 되는 겁니다.
- **해석** 그들은 일할 때의 태도를 아주 중요하게 생각하지.

6 ▸ He was as **hot** for you as you were for him.

「그(He)는 있었어(was), 무엇과 같은(as), 후끈 달아오르게 하는(hot), 너를 생각하면서(for you), 무엇과 같은(as), 네가 있었지(you were), 그를 생각하면서(for him).」

- ✅ '그는 그렇게 너를 생각하면서 후끈 달아올랐지, 네가 그를 생각하면서 그랬던 것처럼'이라는 내용입니다.
- **해석** 네가 그 남자에게 빠져있었던 것처럼 그도 너에게 푹 빠져있었지.

★★★ innocent
때 묻지 않은

1. The incident took away the lives of 50 innocent citizen at the scene.

「그 사건(The incident)은 앞에 놓여있는 것을 가지게 했지(=집었지, took). 떨어져 있게(away). 다른 것이 아닌 생명들(the lives). 무엇의 일부로(of). 50(명)의 때 묻지 않은 시민(=무고한 시민, innocent citizen). 무엇을 콕 찍어서(at). 그 현장(the scene).」

- ✓ '그 사건이 무엇을 집어서 딴 데다 떨어뜨렸지(=가져갔지). 생명을. 50명이나 되는 무고한 시민들의. 그 현장에서.'
- **해석** 그 사건으로 현장에 있던 무고한 시민들이 50명이나 죽었다.

2. I don't know whether he is innocent or guilty yet.

「난(I) 모르겠어(don't know). 무엇인지(whether). 그가 있잖아(he is). 때 묻지 않은(=죄가 없는, innocent)(상태). 아니면(or) 죄를 지은 (상태)(guilty). 때가 안 된 상태에서(=아직, yet).」

- ✓ '난 모르겠어. 인지 아닌지. 그가 죄가 없는지. 아니면 죄가 있는지. 아직..'으로 이해하면 되겠네요. 여기서, innocent는 '때 묻지 않은 상태', '손을 더럽히지 않은 상태' 즉 '무죄인 상태'가 되는 거죠?
- **해석** 난 아직 그가 무죄인지, 유죄인지 갈피를 못 잡겠다.

3. Tom were fooled by her innocent look.

「톰(Tom)은 있었다(was). 바보로 만든 상태(fooled). 무엇을 바탕으로(by). 그녀의(her) 때 묻지 않은(=천진난만한, innocent) 외모(look).」

- ✓ '톰은 졸지에 바보가 되었다. 그녀의 천진난만한 모습 때문에.'라는 말이네요. 사람을 겉모습으로 판단해선 안 되겠네요. were fooled는 '바보로 만든 상태에 있었다' 즉 '바보가 되었다'는 말이네요.
- **해석** 톰은 그녀의 천진난만한 모습에 속았다.

★★★ light
가볍게 하는

1. His living room is very light because it has a large window.

「그의(His) 거실(living room)은 있어(is), 바로 그렇게(=아주, very), 가볍게 하는(=밝은, light), 왜냐하면(because), 그건(it), 가지고 있게 하지(has), 하나의(a) 커다란 창문(large window).」

> 「그의 집 거실은 있잖아, 아주 밝지, 왜냐하면, 거기엔 커다란 창문이 하나 있거든.」 빛이 광자(光子)라고 불리는 '무게가 전혀 없는 입자이자 파동'이라는 점을 참고하세요.
>
> **해석** 그의 집 거실은 커다란 창문이 하나 있어서 굉장히 밝아.

2. Have you got a light?

「가지고 있게 하나요(Have)? 당신(you), 어떤 과정을 거쳐 없던 것을 가지게 한 상태(got), 하나의(a) 가볍게 하는 것(=불, light).」

> '당신은 불을 가진 상태인가요?'라는 말입니다. 불(火) 역시 한자의 모양에서 볼 수 있듯이 '위로 치솟는' 성질을 가지고 있습니다. 그렇다면 불길은 어째서 위쪽으로 향하는 걸까요? 이 역시 '불'이 가볍기 때문입니다. 그래서 여기에서는 '가볍게 하는 것' 즉 '불'이 되는 거죠.
>
> **해석** 불 있어요?

3. We left the country with a light heart.

「우리(We)는 무엇을 떠났어(left), 그 나라를(the country), 무엇과 함께(with), 하나의(a) 가볍게 하는 마음(light heart).」

> 「우리는 그 나라를 떠났지, 무엇과 함께, 가벼운 마음..」이라는 의미입니다. '가볍게 하는 마음'은 '가벼운 마음'이죠? heart의 의미는 '심장'을 떠올려보면 어렵지 않게 이해할 수 있습니다.
>
> **해석** 우리는 가벼운 마음으로 그 나라를 떠났다.

★★★ modest
내세우지 않는

1. Tom is getting by on a modest salary.

「톰(Tom)은 있다(is). 어떤 과정을 거쳐 없던 것을 가지게 하는 중(getting). 무엇을 바탕으로(=무엇 옆에서, by). 어디에 붙은(on). 하나의(a) 내세우지 않는(=그저 그런, modest) 급여(salary).」

- 「톰이 무엇 옆에 붙어 어떤 과정을 거쳐 무언가를 가지는 중(=근근이 살아가는 중)이다. 그저 그런 급여에 붙어.」
- 「톰이 근근이 살아가는 중이다. 그저 그런(=많지 않은) 급여로.」

해석 톰은 많지 않은 급여로 근근이 살아가고 있다.

2. The unemployment rate went down to the modest rate of 0.5%.

「다른 것들과 구분되는(The) 실업률(unemployment rate)이 아래로 내려가네요(went down). 그러더니 to를 지나서 다른 것들과 구분되는(the) 내세우지 않는(=미미한) 비율(modest rate)에 도착하죠? 그런데 이것이 '0.5%의 일부(of 0.5%)'라는 말이니, 0.5%떨어졌다는 말이 되는 거죠.

해석 실업률은 0.5퍼센트 떨어졌으나 미미한 수준이었다.

3. He never would ever agree to interview a modest rock star.

「그(He)는 언제든 없게(never). 했을 것이다(would). 언제든(ever). 무엇을 동의하는 것(agree). 인터뷰하기로 되어 있는(to interview). 하나의(a) 내세우지 않는(=겸손한, modest) 록스타(rock star).」

- 「그는 언제든 하지 않았을 것이다. 인터뷰하는 것을 동의하는 것. 겸손한 록스타.」
- 「그는 겸손한 록스타를 인터뷰하는 것을 절대 동의하지 않았을 것이다.'라는 말이네요. '않았을 것이다'는 '않을 것이다'로 해석할 수 있습니다.

해석 그는 겸손한 록 스타와는 일체 인터뷰하지 않을 겁니다.

★★★ no
부정하는

1» No matter where you are, I'll be with you.

「부정하는(No), 의미를 가지게 하는 것(matter), 어디(where), 당신이 있다(you are), 난 할 거야(I will), 있는 것(be), 당신과 함께(with you).」

- ✓ 「어디든지, 당신이 있는, 난 있을 거야, 당신과 함께.」라는 내용이네요. no matter where
- ✓ '부정하는/의미를 가지게 하는 것/어디'로 '어디에 있든(지)'가 되는 거죠.
- **해석** 어디에 있든지 너와 함께 할 것이다.

2» There is no food left.

「거기에(There) 있잖아(is), 부정하는(no), 음식(food), 무엇을 떠난 상태(=무엇을 남긴 , left).」

- ✓ 「거기에 있잖아, 없는, 음식, 남겨진 채로.」
- ✓ '음식이 남겨진(=남아있는) 상황이 아니야.'란 말이 되네요. 그리고 '무엇을 떠난 상태(left)' 즉 '무언가가 남겨진 상태'가 되는 것이죠.
- **해석** 이젠 음식이 없다.

3» No parking

「부정하는(No), 주차하는 중(인 상태)(parking).」

- ✓ '주차하면 안 됨'이란 말이 되네요. 다시 말해 '1초'라도 주차시켜 놓은 상태로 있지 말라는 말입니다. 주차해놓은 상태, 즉 주차중인 상태가 parking인데, 이것을 전면적으로 부정하는 겁니다.
- **해석** 주차금지

4 "Didn't you hit him yesterday?" "**No**, I didn't."

「"어찌하지 않았어(Didn't)? 너(you). 무엇을 날리는 것(=때리는 것, hit). 그(him). 어제(yesterday)." "부정하는(=아니야, No). 난 하지 않았어(I didn't)."」라는 내용입니다. 결국, 부정의문문이냐 긍정의문문이냐에 상관없이, 부정적인 대답일 때는 무조건 'no(부정하는)'로 대답하는 겁니다. 간단하죠?

> **해석** "어제 그를 때리지 않았어?" "아니, 안 때렸어."

5 **No** sooner had I got home than it began to rain.

「부정하는(no). 더 빠르게 다가오는(=더 이르게끔, sooner). 가지고 있게 했다(had). 내(I)가 어떤 과정을 거쳐 없던 것을 가지게 한(got) 집에 도착한(home)(상태를). 무엇보다는(than). 그게 시작했지(it began). 비가 내리기로 되어 있는(to rain).」

- 「더 이른 상태는 아니었어. 내가 집에 도착한 상태. 무엇보다는. 비가 오기 시작했던.」
- '비가 내리기 시작하기 전보다 더 일찍 집에 도착했었던 것은 아니었어.'

> **해석** 집에 오자마자 비가 내리기 시작했다.

6 It seems like there is **no** compromise to this negotiation.

「그건(It) (무엇)인 것 같다(seem). (무엇을) 좋아하는(like). 거기에 있어(there is). 부정하는(no). 타협하는 것(compromise). 어디에 도착하기로 되어 있는(to). 이번 협상(this negotiation).」

- 「그건. 좋아하고 있는 것(=어떨 것) 같다. 거기 있잖아. 타협이 없다는 것. 이번 협상에.」
- '(그건) 어떨 것 같아. 이번 협상에는 타협이 없다는.'

> **해석** 보아하니 이번 협상에서 타협은 없을 것 같네요.

★★★ odd
딱 맞아 떨어지지 않는

1. It's odd that she still hasn't come home.

「그것(It) 있잖아(is), 딱 맞아 떨어지지 않는(=어딘가 이상한, odd), 그건(that), 그녀(she)가 변함없이(=여전히, still), 가지고 있게 하지 않아(hasn't), 함께하는 공간에 나타난 상태(=이곳에 나타난, come), 집(home)에.」

- 「그것 있잖아. 이상한데. 그러니까. 그녀가 아직까지 오지 않은 것. 집에.」
- **해석** 아직까지 그녀가 집에 오지 않았다니 이상한데.

2. Tom is wearing odd socks!

「톰(Tom)은 있잖아(is), 걸치게 하는 중(=신고 있는 중, wearing), 딱 맞아 떨어지지 않는(=짝이 안 맞는, odd) 양말(socks).」

- '톰은 신고 있는 중이지, 짝이 안 맞는(=짝짝이인) 양말을.'의 의미네요. '딱 맞아 떨어지지 않는 양말'은 '좌우가 맞지 않는 양말' 즉 '짝짝이인 양말'이 되는 군요.
- **해석** 톰은 양말이 짝짝이다!

3. 11, 13, 21 and 25 are all odd numbers.

11, 13, 21 그것에 이어(and) 25는 있잖아(are), 모두(all), 딱 맞아 떨어지지 않는(=짝이 안 맞는, odd) 숫자들(numbers).

- '11, 13, 21, 25는 모두 짝이 안 맞는 숫자(=홀수)야.'라는 의미입니다. '딱 맞아 떨어지지 않는 숫자'는 '짝이 맞지 않는 숫자' 즉 '홀수'가 되니까요.
- **해석** 11, 13, 21, 25는 모두 홀수다.

★★★ open
열려있게 하는

1 ▶ Tom has some open time on Friday.

「톰(Tom)은 가지고 있게 한다(has), 어떤 정도의(some), 열려있게 하는(=자유로운, open) 시간(time), 금요일에 붙은(on Friday).」

- ✓ '톰은 금요일에 어느 정도의 자유로운 시간을 가지고 있다.'는 말이 되네요. time은 '시간이 지나가는 것' 즉 '(흘러가는) 시간'이 되는 겁니다.
- **해석** 톰은 금요일이 좀 한가하지.

2 ▶ All the flowers are open at this time of the year.

「모든(All) 다른 것들과 구분되는(the) 여러 가지 꽃(flowers)이 있다(are), 열려있게 하는 상태(=활짝 핀, open), 무엇을 콕 찍어서(at) 이때(this time), 무엇의 일부로(of), 다른 것들과 구분되는(the) 해(=년, year).」

- ✓ 「모든 꽃들이 활짝 핀다. 이때 쯤. 일 년의 일부로(=일 년 중에서).」
- **해석** 매년 이맘때면 모든 꽃들이 활짝 핀다.

3 ▶ She gives to the scholarship foundation with an open hand.

「그녀(She)는 무엇을 준다(give), 어디에 도착하기로 되어 있는(to), 그 장학재단(the scholarship foundation), 무엇과 함께하는(with), 하나의(an) 열려있게 하는(=아낌없는, open), 손이 가지고 있게 하는 (것)(=가진 것, hand).」

- ✓ 「그녀는 장학재단에 준다. 무엇과 함께, 아낌없이 손에 가지고 있는 것을.」
- **해석** 그녀는 장학재단에 아낌없이 기부한다.

past
~을 지나간(상태)

1. A year went past and he hasn't changed at all.

「일 년(A year)이 있던 곳에서 멀어져가더니(went) 어딘가를 지나갔네요(past). 그것에 이어(and) 그는(he) 변하지 않은 상태(hasn't changed)를 가집니다. 전혀(at all).」라는 말이 되네요. 결국, 주어인 a year가 사람이라도 되는 양 어디론가 가더니 어떤 지점을 지나가 버렸다는 말을 하고 있습니다. 이런 표현 역시 원서를 많이 읽으면 능숙하게 할 수 있습니다. 영어식 표현 구사능력도 결국은 원서를 얼마나 많이 읽느냐에 달려있습니다.

> 해석 일 년이 지나갔지만 그는 전혀 달라지지 않았다.

2. It is no use regretting about the past.

「그건(It) 있잖아(is). 부정하는(no). 무엇을 사용하는 것(use). 후회를 하는 중(regretting). 무엇의 주변에(about). 다른 것들과 구분되는 과거(=현재나 미래가 아닌 과거, the past).」

> 「그건 있잖아, 사용하지 못해(=쓸모가 없어). 후회를 하는 것 말이지, 과거에 대해서.」라고 이해할 수 있겠네요.
>
> 해석 과거를 놓고 후회해봐야 소용없는 일이다.

3. It was past 11 o'clock at night.

「그것(It)은 있었지(was). 지나간 상태(past). 11시(11 o'clock). 무엇을 콕 찍어서(at). 밤에(night).」

> 「그것은 지나간 상태였다. 11시, 밤에.」
> '(그것은) 밤 11시를 지난 상태였지.'라는 말이네요.
>
> 해석 밤 11시가 지나서였다.

4 **It is the store just past the park in which we bought some ice creams yesterday.**

「그거(It) 있잖아(is). 그 가게(the store). 딱 맞게(just). 무엇을 지나간(past). 그 공원(the park). 뭐라는 공간 안에(in). 그게 어떤 거냐 하면(which). 우리(we)는 무엇을 샀지(bought). 어느 정도의(some) 아이스크림(ice cream). 어제(yesterday).」

- 「거 있잖아. 그 가게. 그 공원을 지나자마자. 그곳에서 우리는 샀지. 아이스크림을 조금. 어제.」와 같이 파악할 수 있겠네요.
- 해석 우리는 어제 공원을 지나자마자 나오는 가게에서 아이스크림을 좀 사먹었다.

5 **We haven't seen Tom in the past few months.**

「우리(We)는 가지고 있게 하지 않는다(haven't). 알아본 상태(seen). 톰(Tom). 어떤 공간 안에(in). 다른 것들과 구분되는(the) 지나간(past). 얼마 안 되는 달(=몇 달, few months).」

- 「우린 톰을 본 상태를 가지고 있지 않아(=본 적이 없어). 어떤 공간 안에. 지나간 몇 달.」
- 해석 우리는 지난 몇 달 동안 톰을 보지 못했다.

6 **We called out to Tom as he ran past.**

「우리(We)는 무엇을 불렀다(called). 어떤 공간 밖에(out). 어디에 도착하기로 되어 있는(to). 톰(Tom). 무엇과 같은(as). 그(he)가 달리게 했다(ran). 무엇을 지나간(past).」

- 「우리는 어떤 공간 밖으로 무엇을 불렀다(=큰소리로 불렀다). 톰에게 도착하도록(=톰이 듣도록). 무엇과 같은(=동시에). 그가 달려서 (우리 옆을) 지나간 (순간).」
- 해석 톰이 우리 옆을 달려서 지나가는 것을 보고 큰 소리로 불렀다.

poor
없어 보이는

1 ▶ Have you heard about poor Tom? He lost the whole of his money in gambling.

「가지고 있게 하나(Have)? 당신(you), 무엇을 알아들은(상태)(heard), 무엇의 주변에(about), 없어 보이는(=불쌍한, poor) 톰(Tom, 그는 잃었지(He lost), 다른 것들과 구분되는(the), 전부(whole), 무엇의 일부로(of), 그의 돈(his money), 도박을 하는 중에(in gambling),」

> ✅ 「들은 적 있나? 무엇에 대해. 불쌍한 톰. 그는 잃었지. 전부. 자신의 돈. 도박을 하다가.」
> 해석 자네 불쌍한 톰 이야기 들었나? 도박판에서 가진 돈을 몽땅 날렸다는 군.

2 ▶ In Korea, many of the poor city children have health problems.

「한국에서(In Korea), 많은 것(many), 무엇의 일부로(of), 다른 것들과 구분되는(the), 없어 보이는(=가난한, poor) 도시의 어린아이들(city children), 가지고 있게 하지(have), 건강(health) 문제점들(problems),」

> ✅ '한국에서, 다수의 가난한 도시 아이들은 가지고 있지. 건강상의 문제점들을.'
> 해석 한국에서는, 가난한 도시 아이들 중 여기저기 아픈 아이들이 많다.

3 ▶ The new model received a poor response in our test market.

「그(The) 새로운 모델(new model)은 무엇을 받았지(received), 하나의(a) 없어 보이는(=좋지 않은, poor) 반응(response), 어떤 공간 안에서(in), 우리의(our) 테스트마켓(=시험을 해보는 장, test market),」

> ✅ '그 새 모델은 받았지. 별로 좋지 않은 반응을. 어떤 공간 안에. 우리의. 시험을 해보는 장(=시험판매)에서.'라는 내용입니다.
> 해석 새 모델은 시험판매에서 반응이 별로였지.

★★★ present
존재하게 하는

1 May I present my friend to you?

「할 수도 있나요(May)? 내(I), 존재하게 하는 것(present), 나의 친구(my friend), 당신에게(to you).」

- ✓ 「할 수도 있나요? 내가 존재하게 하는 것(=소개하는 것), 나의 친구를, 당신에게」라는 뜻이지요? 다시 말해, 어떤 사람을 다른 사람에게 존재하도록 만드는 것
- ✓ '어떤 사람을 다른 사람에게 소개하는 것'이란 의미인 거죠.

해석 제 친구를 소개드려도 될까요?

2 Prices have decreased a lot during the present year.

「이런저런 가격들(=물가, Prices)은 가지고 있게 하지(have), 증가한 상태(decreased), 많은 것(=많이, a lot), 무엇동안(during), 다른 것들과 구분되는(the) 존재하게 하는(present) 해(year).」

- ✓ 「물가는 가지고 있지, 증가한 상태를, 많이, 어느 기간 동안, 다른 것들과 구분되어 존재하게 하는 해(=지금 이시간이 속해있는 한 해 ▶ 올해).」

해석 올 한 해 동안 물가가 많이 떨어졌지.

3 Your question shouldn't present me with any problems.

「당신의(Your) 물음(question)은, 무엇을 하기로 정해져 있지 않았다(shouldn't), 존재하게 하는 것(present), 나(me), 무엇과 함께하는(with), 어떤 종류의 문제점들(any problems).」

- ✓ 「당신의 질문은 존재하게 하기로 되어있지 않았다, 나를, 어떤 문제점들과 함께하도록.」
- ✓ '당신 질문이 나에게 어떤 문제점들이 존재하도록 해서는 안 된다.'라는 의미네요.

해석 내게 곤란한 질문은 하지 마시오.

4 ▶ A big problem did **present** itself, though.

「하나의(A) 커다란 문제(problem)가, 무엇을 어찌 했어(did), 존재하게 하는(present), 그것 스스로(itself), 무엇에도 불구하고(though).」

✅ 「하나의 커다란 문제가 존재하게 했지(=생겨났지), 스스로, 이런저런 일에도 불구하고(=하지만).」라는 내용입니다. 다시 말해, 주변상황에도 불구하고 문제 하나가 발생했다는 말인 거죠.

해석 하지만 커다란 문제가 생겼어.

5 ▶ We have to forget the past and start living in the **present**.

「우리(We)는 가지고 있게 하지(have), 어디에 도착하기로 되어 있는(to), 무엇을 잊는 것(forget), 다른 것들과 구분되는 무언가를 지나간 것(=과거, the past), 그것에 이어(and), 튀어나가게 하는 것(=시작하는 것, start), 살고 있는 중(living), 어떤 공간 안에(in), 다른 것들과 구분되어 존재하게 하는 것(=현재, the present).」

✅ 「우리는 무엇을 하기로 되어있지, 잊는 것, 과거, 그리고 시작하는 것, 살아가는 중(=사는 것), 현재 속에서.」

해석 과거는 잊고 현재를 살아야 하는 거야.

6 ▶ He will **present** the report to the principal tomorrow.

「그(He)는 할 것이다(will), 존재하게 하는 것(=제출하는 것, present), 그 보고서(the report), 어디에 도착하기로 되어 있는(to), 다른 것들과 구분되는(the) 교장선생님(principal), 내일(tomorrow).」

✅ '그는 내일 (그) 보고서를 (그) 교장선생님에게 제출할 것이다.'라는 말이 되네요.

해석 그는 내일 교장선생님께 보고서를 제출할 것이다.

★★★ public
대중의

1. I don't want this information to be made public.

「나(I)는 무엇을 어찌하지 않아(don't), 원하게 하는 것(want), 이 정보(this information), 있기로 되어있는(to be), 만들어낸 상태(made), 대중의(=많은 사람들에게 알려진, public).」

✓ 「나는 원하지 않아, 이 정보, 있기로 되어있는, 만들어낸 상태로, 많은 사람들에게 알려진.」

해석 이 정보가 많은 사람들의 손에 들어가는 걸 원치 않아.

2. The writer knows how to keep his public satisfied.

「그 작가(The writer)는 알고 있지(know), 어떻게(how), 무엇을 유지하게 하기로 되어 있는(to keep), 그의 대중(=그의 독자들, his public), 무엇을 만족시킨 상태(satisfied).」

✓ 「그 작가는 어떻게 유지시키는지 알고 있지, 그의 독자를, 만족시킨 상태로.」
✓ '그 작가는 유지하는 법을 알고 있지, 자신의 독자를 만족시킨 상태로.'

해석 그 작가는 독자를 만족시키는 법을 알고 있다.

3. The National Museum is now open to the public.

「다른 것들과 구분되는(The), 국립박물관(National Museum)은 있다(is), 지금(now), 열려 있게 하는(=문을 연, open), 어디에 도착하기로 되어 있는(to), 다른 것들과 구분되는(the), 대중(public).」

✓ '(그) 국립박물관은 지금 문을 연 상태다. 대중에게.'라는 의미네요.

해석 국립박물관이 문을 열었다.

right
바르게 하는

1. Make sure you wear something that's right for the occasion.

「무엇을 만들어내라(Make), 확신하는(sure), 네(you)가 무엇을 걸치게 하는 것(wear), 무언가(something), 그거 있잖아(that is), 바르게 하는(right), 무엇을 떠올리며(for), 다른 것들과 구분되는(the) 일이 벌어지게 하는 것(=경우, occasion).」

- 「확실하게 하라고, 네가 입는 것, 어떤 복장을. 그건 말이지, 적합한. 그 경우에.」
- 해석 그 경우(=상황)에 어울리는 복장을 하는 거 잊지 말라고.

2. I'll be right back.

「난(I) 할 거야(will), 있는 것(be), 바르게 하는(=곧바로, right), 뒤로 향하게 하는(=되돌아오는, back).」

- '난 있을 거야. 곧바로. 되돌아오는.'은 '난 곧바로 돌아올 거야.'라는 말이 됩니다. back은 여기서 '부사'로 쓰이고 있으니, 부사적으로 해석을 해주면 되는 겁니다.
- 해석 금방 돌아올게.

3. Have you got the right money for the taxi fare?

「가지고 있게 하나요(Have)? 당신(you), 어떤 과정을 거쳐 없던 것을 가지게 한(=챙긴, got), 다른 것들과 구분되는(the), 바르게 하는(=필요한 만큼의, right) 돈(money), 무엇을 떠올리면서(for), 다른 것들과 구분되는(the), 택시요금(taxi fare).」

- 「챙겼나요? 필요한 만큼의 돈을. 택시요금을 생각하면서..와 같이 파악할 수 있네요.
- 해석 택시요금 맞게 챙겼어?

4 ▸ I think everything will come out all right.

「난(I) 생각해(think). 모든 것(everything)은. 할 거야(will). 함께하는 공간(=현실)에 나타나는 것(come). 어떤 공간 밖에(out). 모두(all). 바르게 하면서(=아무런 문제없이, right).」

- 「내 생각에는. 모든 것이 모습을 드러낼 거야. 밖으로. 모두. 아무 일 문제없도록.」
- **해석** 모든 일이 다 잘 될 거야.

5 ▸ Women did not have the right to vote until 1950 in the country.

「여성들(Women)은 어찌하지 않았지(did not). 가지고 있게 하는 것(have). 다른 것들과 구분되는(the). 바르게 하는 것(=권리, right). 투표하기로 되어 있는(to vote). 언제까지(until). 1950(년). 어떤 공간 안에(in). 그 나라(the country).」

- 「여성들은 가지고 있지 못했지. 다른 것이 아닌 투표할 권리. 1950년까지는. 그 나라에서.」라는 내용입니다.
- **해석** 그 나라에서는 1950년이 되어서야 여성에게 투표권이 주어졌다.

6 ▸ Tom was sitting right behind me.

「톰(Tom)이 있었어(was). 앉아있게 하는 중(으로)(sitting). 바르게 하는(=바로, right). 무엇의 뒤쪽에(behind). 나(me).」

- 「톰은 앉아있는 중이었지. 바로 무엇의 뒤쪽에. 나.」의 순서대로 해석하면 되겠네요.
- **해석** 톰이 내 바로 뒤에 앉아 있었지.

★★★ short
부족하게 하는

1▶ These pants are size 32 short.

「이 바지(These pants)는 있잖아(are), 사이즈(size)가, 32, 부족하게 하는(=조금 부족한, short).」

- ✓ '이 바지는 32에서 부족한(=좀 작은) 사이즈야.'라는 말이네요. 흔히들 옷의 크기를 말할 때, 라지(large) 혹은 스몰(small)라는 말을 쓰지요? 이 말은 원래의 사이즈보다 약간 더 크거나 작다는 의미입니다.
- **해석** 이 바지 사이즈는 32 스몰이다.

2▶ His father's illness left the family short of money.

「그의 아버지의(His father's) 상태가 좋지 않은 것(=병, illness), 무엇을 떠났어(=무엇을 남겼지, left), 다른 것들과 구분되는 가족(=자신의 가족, the family), 부족하게 하는(=쪼들리는, short), 무엇의 일부로(of), 돈(money).」

- ✓ 「그의 아버지의 병(환), 무엇을 남겼어(=어떤 상황을 초래했어), 그 가족이 쪼들리는, 돈에.」
- **해석** 그의 아버지를 간병하느라 집안 살림이 쪼들리게 된 거지.

3▶ I think I'll be a little short this year.

「내(I) 생각에는(think), 난 할 거야(I will), 있는 것(be), 하나의(a) (양이) 얼마 안 되는(little), 부족하게 하는(short), 이번 해(=올해, this year).」

- ✓ 「내 생각엔, 내가 있을 거야, (돈이) 조금 부족한 상태(=부족하게), 올해.」라는 말이네요. '올해는 조금 부족할 것 같다'는 말을 하면, 자금사정을 말하는 것임을 직관적으로 알 수 있죠? 영어도 마찬가지네요.
- **해석** 올해는 돈이 좀 부족할 것 같아.

★★★ sick
견디지 못하게 하는

1. **Mom, I feel sick!**

「엄마(Mom), 나(I). 무언가를 느껴요(feel). 견디지 못하게 하는(상태)(=토할 것 같은, sick).」

- ✅ '엄마, 나 느껴요. 토할 것 같은.'이 되는 거죠? 그 전까지는 잘 참고 있다가도 막상 구토할 것 같은 상황이 되면 더 이상 견딜 수 없는 상태가 되지요? 그 다음에 벌어지는 일은 상상에 맡기겠습니다.
- **해석** 엄마, 토할 것 같아요.

2. **I'm sick of Tom asking me to do this or that.**

「나(I) 있잖아(am). 견디지 못하겠어(sick). 무엇의 일부로(of). 톰(Tom). 요청하는 중(=요구하는 것, asking). 나(me). 무엇을 어찌하기로 되어 있는(to do). 이것 아니면 저것(this or that).」

- ✅ 「난 못 참겠어. 무엇의 일부로(=무엇에 대해). 톰이 요구하는 것, 나에게 (어찌)하라고, 이거 아니면 저거...」라는 뜻입니다.
- **해석** 난 톰이 이래라 저래라 하는데 진절머리가 나.

3. **I have to call in sick today.**

「나(I)는. 가지고 있게 하지(have). 무언가를 부르기로 되어 있는(to call). 어떤 공간 안에(in). 견디지 못하게 하는(=몸이 아픈, sick). 오늘(today).」

- ✅ 「나는 불러야(=연락해야)겠어. 견디지 못하겠다고(아프다고). 오늘.」
- ✅ '오늘 몸이 안 좋아서 못나간다고 회사에 연락을 해야겠어.'라는 내용입니다.
- **해석** 아파서 못 나간다고 (회사에) 전화해야겠어.

★★★ smart
톡 쏘게 하는

1 ▶ I have a **smart** pain in my back.

「난(I) 가지고 있게 하지(have), 하나의(a), 톡 쏘게 하는(=쿡쿡 쑤시는, smart) 통증(pain), 뭐라는 공간 안에(in), 나의 등(my back).」

> 「나는 가지고 있어. (하나의) 쿡쿡 쑤시는 통증을. 등에..」라고 해석하면 되겠네요.
> **해석** 등이 쑤시는 듯 아프다.

2 ▶ Buying a bicycle online isn't such a **smart** thing to do.

「무엇을 사는 중(=사는 행위, Buying) 하나의 자전거(a bicycle), 인터넷에서(online), 있잖아(is), 아니야(not), 그와 같은(such), 하나의(a), 톡 쏘게 하는(=영리한, smart), 것(=행동, thing), 무엇을 어찌하기로 되어 있는(to do).」

> '인터넷에서 자전거를 사는 것은 아니야. 그렇게 영리한(=현명한) 행동. 하기로 되어 있는.'
> **해석** 인터넷상에서 자전거를 사는 건 그렇게 현명한 행동은 아니지.

3 ▶ Tom **smarted** under his insults.

「톰(Tom)은 톡 쏘게 했다(smarted), 뭐라는 영향 아래(under), 그의(his) 이런저런 모욕(=insults).」

> '톰은 그가 내뱉은 이런저런 모욕 때문에 톡 쏘게 했다(=고통을 받았다).'는 의미네요. 잘 보면, 톰이 무언가를 톡 쏘게 했는데, 그 대상이 없지요? 목적어가 주어와 같다보니(목적어가 주어 자신이다 보니) 생략한 겁니다.
> **해석** 톰은 그에게 모욕을 받고 괴로워했다.

★★★ solid
하나로 굳게 어우러진

1. The wonderland may have no solid surface at all.

「다른 것들과 구분되는(The) 이상한 나라(wonderland)는 할 수도 있다(may), 가지고 있게 하는 것(have), 부정하는(no), 하나로 굳게 어우러진(solid), 표면(surface)을, 전혀(at all).」

- 「이상한 나라에는 없을지도 모른다. 하나로 어우러져 굳어져 있는 표면(=지표면)이, 아예..라는 의미입니다.
- **해석** 이상한 나라에는 단단하게 다져진 지표면이 아예 없을지도 모른다.

2. 2016 was a year of solid achievement to me.

「2016(년)은 있었다(was), 하나의 해(年)(a year), 무엇의 일부로(of), 하나로 굳게 어우러진(solid), 이루어내는 것(=성취, achievement), 나에게(to me).」

- '2016년은 나에게 있어서 성취로 가득한 한 해였다.'는 말이 되네요. '하나로 굳게 어우러진 성취' 즉 '성취로 가득한'으로 이해할 수 있겠네요.
- **해석** 2016년은 내게 있어 알찬 한 해였지.

3. One dog is black and white, the other solid white.

「하나의(One) 개(dog)는 있다(is), 검은(black), 그것에 이어(and), 흰(white), 다른 것들과 구분되는 다른 것(=나머지 하나, the other)은, (있다) 하나로 굳게 어우러진(solid), 흰(색)(white).」

- '한 마리는 검기도 하고 희기도 한데, 다른 한 마리는 온통 흰 색이다.'라는 의미인 거죠.
- **해석** 두 마리의 개중 한 마리는 검은색과 흰색이 섞여있고, 다른 한 마리는 온통 흰색이다.

★★★ thick
두텁게 하는

1. Tom boiled down the remaining chili sauce to make a thicker sauce.

「톰(Tom)이 뭔가를 끓여서(boiled) 아래로 내려가게 합니다(down). 다른 것이 아닌(the) 남아있는 칠리소스(remaining chili sauce)를 말이죠. (그리고는) 만들게 됩니다(to make). 하나의(a). 더 두텁게 하는(=더 걸쭉한, thicker) 소스(sauce)를.」과 같이 파악해 나가면 되겠네요. 소스를 졸여서 양은 줄어드는 대신 더 진하게 만드는 장면이 떠오르나요?

> **해석** 톰은 남아있던 칠리소스를 졸여서 진하게 만들었다.

2. It is 5 centimeters thick and 20 centimeters in diameter.

「그것(It)은 있잖아(is). 5센티미터(5 centimeters). 두텁게 하는(=두께의, thick). 그것에 이어(=그리고, and). 20센티미터(20 centimeters)야. 어떤 공간 안에(in). 지름(diameter).」

> ✓ '그거 있잖아. 5센티미터의 두께에 20센티미터의 지름.'이란 말이네요.
> **해석** 두께는 5센티미터고 지름이 20센티미터지.

3. The historic site was thick with tourists.

「그(The) 유적지(historic site)는. 있었대(was). 두텁게 하는(=발 디딜 틈이 없는, thick). 무엇과 함께하는(with). 관광객들(tourists).」

> ✓ '그 유적지는 관광객들로 인해 발 디딜 틈이 없는 상태였다.'는 말이 되네요. 즉, '(어떤 장소가) 사람들로 두텁게 하는 상태'
> ✓ '사람들로 가득 찬 상태'를 말하는 겁니다.
> **해석** 그 유적지는 관광객들로 가득했다.

thin
얇게 하는

1. **Thin** the blue paint with some water.

「얇게 하라(Thin). 다른 색이 아닌(the). 파란색 페인트(blue paint). 무엇과 함께하는(with). 어느 정도의 물(some water).」

- '파란색 페인트를 얇게(=묽게) 하라. 어느 정도의 물을 섞어서.'라는 말이죠? 여기서는 thin이 앞에 나와서 '동사'로서 사용되고 있습니다. 해석은 당연히 '동사적'으로 해주면 되는 것이죠.
- **해석** 파란색 페인트에 물을 좀 부어서 묽게 만들어라.

2. He's **thinner** than he used to be.

「그(He)는 있잖아(is). 더 얇게 하는(=더 마른, thinner). 무엇보다는(than). 그(he)가 무엇을 사용했지(used). 있기로 되어있는(to be).」

- 「그는 더 마른 상태야. 무엇보다는, 그가 있기로 되어있던 것(=평소의 모습).」
- **해석** 그는 평소보다 말랐어.

3. Don't give me a **thin** smile!

「(무엇을) 어찌하지 마(Don't). 주는 것(give). 나(me). 하나의(a). 얇게 하는 미소(thin smile)(를).」 즉 '나에게 얇게 하는 미소를 주지 마!'

- '나에게 희미한 미소 좀 짓지 마!'라는 말인데요. me를 '나'라고 해석한 이유는 영어에는 조사가 없기 때문입니다. 조사가 없는 영어를 사용하는 원어민들에게 '이', '가', '을', '를' 등의 개념이 있을 리는 없으니까요. 하지만, 편의를 위해 적당히 조사를 붙여 해석하는 것은 나쁘지 않습니다.
- **해석** 그런 희미한 미소를 짓지 마!

tough
억센

1 First of all, the area of this city is a very tough neighborhood.

「첫째(First), 모든 것의 일부로(of all), 그 구역(the area), 무엇의 일부로(of), 이 도시(this city), 있잖아(is), 하나의(a), 바로 그렇게(=아주, very) 억센(tough), 주변에 있는 것(=동네, neighborhood).」

- '모든 것 중의 첫 번째로(=우선), 이 도시의 그 구역은 아주 억센(=거친) 동네야.'라는 말이 되네요.
- **해석** 우선, 이 도시 내에서도 그 구역은 아주 살벌한 동네야.

2 This pork is for me too tough to chew.

「이것(=이, This) 돼지고기(pork)는 있잖아(is), 무엇을 떠올리면서(for), 나(me), 역시(too) 억센(=질긴, tough), 씹기로 되어 있는(to chew).」

- 「이 돼지고기는 있다, 나를 생각하면, 너무나 질긴, 씹기에.」
- '이 돼지고기는 나에겐 너무 질겨, 씹어 먹기에.'라고 이해할 수 있겠네요.
- **해석** 이 돼지고기는 너무 질겨서 잘 안 씹힌다.

3 It looks like I'm in a very tough situation.

「그것(It)은, 보게 만든다(look), 무엇을 좋아하는(=닮아있는, like), 내가(I) 있잖아(I am), 어딘가 안에(in), 하나의(a), 아주(very) 억센(=힘든, tough) 상황에(situation).」

- 「그것은 보여준다, 무엇과 같은, 내가, 아주 힘든 상황에 있는.」
- '그것을 통해 본다. 내가 아주 어려운 상황에 처해있는 것 같은'
- **해석** 그러고 보니 나 진퇴양난에 처한 것 같아.

4 ▶ The soccer coach said the game was a close and **tough**.

「그(The) 축구(soccer) 감독(coach)은 생각을 말했지(said). 그 경기(the game)는 있었어 (was), 하나의(a), 여지가 없게 하는(=접전을 벌이는, close), 그것에 이어(and), 억센(=악전 고투하는, tough).」

- '(그) 축구감독은 자신의 생각을 털어놓았지. 그 경기는 치열하고 정말 힘들었다고.'
- **해석** 축구감독은 그 시합에서 상당히 고전했다고 털어놨지.

5 ▶ The legislator faces a **tough** reelection vote.

「그(The) 국회의원(legislator), 무언가에 맞서고 있다(face), 하나의(a), 억센(=가능성이 거의 없는, tough), 재선 투표(reelection vote).」

- '그 국회의원은 재선투표를 맞이해 아주 어려운 상황에 처해있다.'는 의미네요. 재선을 위한 투표가 '억세다'는 말은 쉽지 않을 거라는 뜻입니다. 즉, 다음번 선거에서 재선되기는 '어려울 것 같다'는 말이네요.
- **해석** 그 국회의원은 재선되기 힘들 것 같다.

6 ▶ In Korea, competition for jobs is very **tough** these days.

「한국에서(In Korea), 경쟁(competition), 무엇을 떠올리면서(for), 이런저런 일자리(jobs), 있잖아(is), 바로 그렇게(=아주, very), 억센(=치열한, tough), 요즘(these days).」

- '한국에서, 일자리를 위한 경쟁이 있다. 아주 치열한 (상태), 요즘에는.'과 같이 해석하면 되겠네요.
- **해석** 한국에서는 요즘 구직경쟁이 너무나 치열하다.

true
속이지 않는

1. **The movie is not true to the original novel.**

「그 영화(The movie는 있잖아)(is). 아니게(=아니야, not). 속이지 않는(true). 어디에 도착하기로 되어 있는(to). 그 원작소설(the original novel).」

- '그 영화는 아니야. 속이지 않는 게. 그 원작소설에 대해.'
- '그 영화는 원작소설의 내용을 그대로 만들진 않았어.'라는 말이네요. 그 영화가 속이고 있다는 이야기가 나오고, to를 지나서 '원작소설'에 이르죠? 영화가 속이는 대상이 원작소설이니 결국 그 내용과 다르게 만들었다는 말인 거죠.
- **해석** 그 영화는 원작소설에 충실하지 않아.

2. **The true cost often differs from that which had first been projected.**

「다른 것들과 구분되는(The). 속이지 않는(=실제의, true). 대가를 치르게 하는 것(=비용, cost). 다르다(differ). 무엇으로부터(from). 그건(that). 어떤 것인가 하면(which). 무엇을 가지고 있게 했지(had). 처음(first). 있던(been). 계획한 상태(projected).」

- 「실제의 비용은 다르다. 무엇으로부터(=무엇과). 그건. 어떤 거냐 하면. 처음 계획했었던 것.」
- **해석** 실제 비용이 처음에 계획했었던 것과 달라지는 경우도 종종 있지.

3. **If you want a true friend, you will find one someday.**

「어떤 ·조건이냐면(If). 당신(you)이 무엇을 원한다(want). 하나의(a). 속이지 않는(=진솔한, true) 친구(friend). 당신(you)은 할 것이다(will). 찾아내는 것(find). 하나(=한 명, one). 언젠가(someday).」

- 「(당신이) (한 명의) 진솔한 친구를 원한다면, (당신은) 찾을 것이다. 한 명. 언젠가.」라는 내용이네요.
- **해석** 진실한 친구를 원한다면 언젠가 만나게 될 거야.

★★★ ultimate
더 이상 갈 데가 없는

1 **The ultimate authority resides with the president.**

「다른 것들과 구분되는(The). 더 이상 갈 데가 없는(=최고의, ultimate). 권위를 가지게 하는 것(=권한, authority). 어디에 있다(reside). 무엇과 함께하는(with). 다른 것들과 구분되는 회장(=다른 사람이 아닌 회장).」

✅ '최고의 권한(=최종권한)은 어디에 있다. 회장과 함께.'라는 말이 되네요.
해석 최종권한은 회장에게 있다.

2 **The ultimate goal of learning should be to help humans know whether something is right or not.**

「다른 것들과 구분되는(The) 더 이상 갈 데 없는(=궁극적인, ultimate). 목적(goal). 무엇의 일부로(of). 알게 하는 중(=배우는 중, learning). 하기로 정해져 있었다(should). 있는 것(be). 어떤 상황에서 빼내기로(=돕기로) 되어 있는(to help). 인간들(humans). 알고 있다(know). 무엇인지(whether). 어떤 정도의 것(=무언가, something) 있다(is). 바르게 하는, 아니면 아닌(=옳은지 그른지, right or not).」

해석 배움의 궁극적인 목적은 인간들이 무엇이 옳고 그른지를 알도록 돕는 것이어야 한다.

3 **"You are incredible!" has become the ultimate compliment in U.S.**

「"넌(You) 있잖아(are). 믿을 수 없어(incredible)!"는 가지고 있게 한다(has). 무엇이 된 상태(become). 다른 것들과 구분되는(the). 더 이상 갈 데 없는(=최고의, ultimate) 찬사(compliment). 미국에서(in U.S.).」

✅ '"넌 정말 믿을 수 없어(=굉장해)!"는 된 상태를 가지고 있다. 최고의 칭찬. 미국에서.'라는 말이네요.
해석 "넌 정말 굉장해!"라는 말이 미국에서는 최고의 찬사지.

★★★ upset
~을 뒤집어 놓는

1. My parents were upset that I hadn't called to say that I would be late.

「나의 부모님(My parents)은 있었어(were). 무엇을 뒤집어 놓는(=화가 난, upset). 그건(that). 내(I)가 무엇을 가지고 있게 하지 않았어(hadn't). 부른 상태(=연락한 상태, called). 생각을 말하기로 되어있는(to say). 그건(that). 내(I)가 했을 텐데(=할 텐데, would). 있는 것(be). 늦은(late).」

> 「부모님은 화가 나셨지. 그건, 내가 전화하지 않았던 것. 말하기로 되어있는. 그러니까, 늦을 거라고.」
> **해석** 늦을 거라고 (미리) 전화해주지 않았다고 부모님께서 화를 내셨지.

2. He stood up all of a sudden, upsetting a glass of juice.

「그(He)는 서있게 했다(stood). 무엇의 위쪽으로 향하도록(up). 모든 것(all). 무엇의 일부로(of). 하나의(a). 갑작스러움(sudden). 무엇을 뒤집어 놓는 중(=엎지르는, upsetting). 하나의 유리잔(a glass). 주스의 일부로(of juice).」

> **해석** 그가 갑자기 일어서는 바람에 주스 잔을 엎질렀다.

3. The principal's decision is likely to upset most of students of the school.

「다른 것들과 구분되는(The) 교장의(principal's) 결정(decision)이. 있잖아(is). 무엇할 것 같은(likely). 뒤집어 놓기로 되어 있는(to upset). 대부분(most). 학생들의 일부로(of students). 무엇의 일부로(of). 그 학교(the school).」

> 「그 교장의 결정이 할 것 같다. 뒤집어 놓는 것. 대부분의 학생들. 그 학교의.」
> **해석** 교장의 결정에 대해 학생들 대부분은 화를 낼지도 모른다.

wild
마구 날뛰게 하는

1. My dog was wild and completely out of control yesterday.

「내 개(My dog)가 있었지(was), 마구 날뛰게 하는(wild), 그것에 이어서(and), 완전히(completely), 어떤 공간에서 벗어난(out of), 통제(control), 어제(yesterday),」라는 내용이네요.

해석 어제 우리 집 개가 어찌나 날뛰는지 손을 쓸 수 없었지.

2. The Tom's family had a wild time in Miami Beach.

「다른 것들과 구분되는(The) 톰의 가족(Tom's family), 무엇을 가지고 있게 했지(had), 하나의(a), 마구 날뛰게 하는 시간(=아주 즐거운 시간, had), 어떤 공간에서(in), 마이애미 비치(Miami Beach),」로 이해하면 되겠네요. a wild time은 '하나의/마구 날뛰게 하는/시간' 즉 '너무나 즐거운 시간'이란 의미네요.

해석 톰의 가족은 마이애미 비치에서 끝내주는 시간을 보냈다.

3. I think Tom made a wild guess at the answer.

「난 생각해(I think), 톰은 만들어냈어(Tom made), 하나의(a), 마구 날뛰게 하는(=제멋대로인, wild) 추측(guess), 무엇을 콕 찍어서(at), 그 답(the answer),」

✓ '내 생각에, 톰이 만들어낸 건 하나의 억측이야. 그 답에 대해.'라는 말이 되네요. 즉, 톰이 그 답을 놓고 말도 안 되는 추측을 한 겁니다. '마구 날뛰게 하는 추측' 즉 '제멋대로인 추측'이니까요.

해석 톰이 그 답에 대해 말도 안 되는 억측을 한 것 같아.

★★★ yes 긍정하는

1 "I'm going to London next month." "Yes…"

「"난 있잖아(I am), 있던 곳에서 멀어지는 중(going), 어디에 도착하기로 되어 있는(to), 런던(London), 다음 달(next month)." "긍정하는(=그래, Yes)…."」

- ✅ "난 다음 달 런던에 갈 예정이야." "그래….",와 같이 되네요. 다음 달에 런던에 갈 예정이라고 하니까, Yes(긍정하는)이라고 대답하고 있죠? '그렇구나.' 정도의 느낌으로 보면 되겠습니다. 상대방의 하는 말을 긍정적으로 받아주는 거죠.
- **해석** "난 다음 달에 런던에 갈 예정이야." "그래(긍정하는)…."

2 "Didn't you meet him?" "Yes, I did"

「"어찌하지 않았니(Didn't)? 너(you), 무엇을 만나는 것(meet), 그(him)." "긍정하는(그래, Yes), 나(I) 어찌했어(=만났어, did)."」

- ✅ "너 그를 만나지 않았어?" "그래(긍정하는), 나 (그 사람) 만났어." 의문문일 경우에, 질문내용에 상관없이 긍정적인 내용의 대답할 경우에는 'yes'로 대답하는 겁니다. 반대로 부정적인 내용의 대답을 할 땐 'no'로 대답하면 됩니다.
- **해석** "그를 만나지 않았어?" "만났지, 나 (그 사람) 만났어."

3 "Sorry I'm late. The subway didn't come because of rain." "Oh, yes?"

「"미안(해)(Sorry), 나 있잖아(I am), 늦은(late), 다른 것들과 구분되는(The) 지하철(subway)이 어찌하지 않았어(didn't), 함께하는 공간에 나타나는 것(=오는 것, come), 그 이유는(because), 무엇의 일부로(of), 비(rain)." "오(Oh), 긍정하는(=그래, yes)?"」

- ✅ "미안, 나 늦었어, 지하철이 오지 않았어, 비 때문에." "오, 진짜로?"
- ✅ 여기에서와 같이 내심 믿기진 않을지라도 겉으로는 '긍정'의 표현을 하는 경우도 포함됩니다.
- **해석** "늦어서 미안, 비 때문에 전철이 안 오는 거 있지." "오, 정말(진짜)?"

Chapter 08

부사

ahead / already / altogether / apart / away / back / barely / else / even / ever / further / hardly / just / never / not / often / only / otherwise / out / quite / rather / seldom / so / soon / still / then / too / usually / very / well / yet

★★★ ahead
앞에 놓여있는

1 There is still a long road ahead for us.

「거기에(There) 있잖아(is), 변함없게 하는(=여전히, still), 하나의(a) 긴(long), 통행할 수 있도록 만든 길(=도로, road), 앞에 놓여있는(ahead), 우리를 떠올리면서(for us).」

- 「거 있잖아, 여전히, 긴 도로, 앞에 놓여있는, 우리에게.」
- '여전히 긴 도로가 우리 앞에 놓여있지.'라는 의미네요.
- **해석** 우리는 아직도 갈 길이 멀다.

2 No one knows what lies ahead.

「부정하는(No), 하나(=한 사람, one), 무엇을 알고 있다(know), 무엇(what), 놓여있게 하는 것(lie), 앞에 놓여있는(ahead).」

- 「부정하는, 한 사람은 알고 있다. 무엇이 앞에 놓여있는지를.」
- '한 사람도 모른다, 무엇이 앞에 놓여있는지'라는 의미입니다. '부정하는/하나/무엇을 알고 있다', '하나도 모르고 있다' 즉 '한 사람도 모르고 있다'는 말인 거죠.
- **해석** 어떤 일이 일어날지 아무도 알 수 없어.

3 You can't get ahead of me in everything.

「너(You)는 할 수 없어(can't), 어떤 과정을 거쳐 없던 것을 가지게 하는 것(get), 앞에 놓여있는(ahead), 나의 일부로(of me), 어떤 공간 안에(in), 모든 것(everything).」

- 「너는 어떤 과정을 거쳐 가질 수 없어, 나의 앞에 놓여있는 상태를, 모든 것(=방면)에서.」
- 「너는 나보다 앞선 상태를 가질 수 없어, 모든 면에서.'라는 말이 됩니다. ahead of me는 '앞에 놓여 있는/무엇의 일부로/나', '내 앞에 놓여 있는' 즉 '나보다 앞서는'
- **해석** 모든 면에서 나보다 앞설 순 없지.

★★★ already
어느새

1. "No, thanks, I've already eaten."

「부정하는(아니요, No), 감사합니다(thanks), 전(I) 가지고 있게 해요(have), 어느새(=이미, already), 먹은 상태(eaten).」

- ✅ '먹진 않겠지만, 감사합니다(물어봐주신 것에 대해). 전 이미 먹은 상태거든요.'
- **해석** 아니, 괜찮아요. 전 이미 먹었어요.

2. Is it 11 o'clock already?

「있어(Is)? 그거(it), 11시(11 o'clock), 어느새(=벌써, already)?」

- ✅ '어느새 11시야?'가 되는 겁니다. 자신의 생각하고 있던 것보다 왠지 빨리 다가왔다는 느낌을 받을 때, 우리가 '어느새'라고 말을 하지 않나요? 바로 이럴 때 'already'라고 말을 하는 겁니다.
- **해석** 벌써 11시야?

3. I've read the novel five times already.

「난(I) 가지고 있게 해(have), 무엇을 읽은 (상태)(read), 다른 것들과 구분되는(=그, the) 소설(novel), 5번(five times), 어느새(=벌써, already).」

- ✅ '난 읽은 상태야. 그 소설을, 5번, 어느새..'라고 파악하면 되겠네요. 그리고 five times는 '다섯(의)/시간이 지나가는 것', 즉 '다섯 번'이란 의미가 되네요.
- **해석** 그 소설은 벌써 5번이나 읽었어.

★★★ altogether
전체적으로

1. The bicycle went slower and slower until it came to a stop **altogether**.

「그(The) 자전거(bicycle)가 있던 곳에서 멀어졌지(went). 더 천천히(slower) 그에 이어서(and) 더 천천히(slower). 언제까지(until). 그것이(it) 현실 속에 나타났다(came). 하나의(a) 멈춤(stop). 전체적으로(=완전히, altogether).」

- ✓ 「자전거가 앞으로 나아갔다. 점점 더 느리게. (그러더니) 멈췄다. 완전히.」라는 내용입니다.
- **해석** 자전거가 점점 느려지더니 완전히 멈췄다.

2. **Altogether**, he has over 30,000 Facebook friends.

「전체적으로(=다 합쳐서, Altogether). 그(he)는 가지고 있게 한다(has). 무엇을 뒤덮는(=웃도는, over). 3만(명)(30,000). 페이스북 친구(Facebook friends).」

- ✓ '다 합쳐서, 그는 3만 명을 웃도는 페이스북 친구를 가지고 있어.'라는 말이네요.
- **해석** 그의 페이스북 친구를 모두 합치면 3만 명도 넘는다.

3. He owes me one million dollar **altogether**.

「그는(He). 빚을 지고 있어(owe). 나(me). 1백만 달러(one million dollar). 전체적으로(=다 합쳐서, altogether).」

- ✓ 「그는 빚을 지고 있지. 나에게. 1백만 달러. 다 합쳐서.」
- ✓ '그는 내게 1백만 달러를 빚지고 있어. 다 합쳐서.'라고 이해하면 됩니다. '1백만 달러의 빚/전체적으로' 즉 '모두 합해서 빚이 1백만 달러'라는 이야기죠?
- **해석** 내게 갚을 돈은 모두 합하면 백만 달러야.

4. I have been trying to avoid the news and papers **altogether** since then.

「나(I)는 가지고 있게 하지(have), 있던(상태)(been), 무엇을 시험하는 중(trying), 무엇을 피하기로 되어 있는(to avoid), 다른 것들과 구분되는(the), 뉴스와 신문(news and papers), 전체적으로(=완전히, altogether), 그 때 이후로(since then).」

- 「나는 지금까지 무엇을 시험해오고 있지(=애쓰고 있지), 피하려고, 뉴스와 신문을, 완전히, 그 때 이후로.」

해석 그 때 이후로 신문이나 뉴스를 아예 안 보려고 하고 있지.

5. I think nuclear energy should be banned **altogether**.

「난(I) 생각해(think), 원자력(nuclear energy)은, 무엇을 하기로 정해져 있었지(should), 있는 것(be), 금지한 상태(banned)로, 전체적으로(=완전히, altogether).」

- 「난 생각해, 원자력이 금지된 상태로 있는 것이 정해져 있었다고, 완전하게 말이야.」
- '내 생각엔 원자력은 금지된 상태로 있어야 해, 완전히.'

해석 원자력 발전을 완전히 금지해야 한다고 생각해.

6. **Altogether**, I'm relieved the final test is over.

「전체적으로(=어쨌든, Altogether), 난(I) 있잖아(am), 안도하게 한(relieved), 그(the) 마지막 시험(final test), 있잖아(is), 무엇을 뒤덮은(상태)(=모든 것이 끝난, over).」

- 「어쨌든, 난 있잖아, 안도한(=홀가분한) 상태, 그 마지막 시험은 있다, 끝난 (상태).」
- '어쨌든, 난 홀가분해, 그 마지막 시험이 끝나서.'라는 내용이네요.

해석 어쨌든, 마지막 시험이 끝나고 나니 홀가분해.

★★★ apart
무엇과 떨어져

1ᐅ Kidding apart, tell me your opinion about the world situation.

「농담을 하는 중(Kidding). 무엇과 떨어져(apart), 내용을 이야기하는 것(tell). 나(me). 당신의 의견(your opinion). 무엇의 주변에(about). 다른 것들과 구분되는(the). 세계상황(=세계정세, world situation).」

- '농담하는 것에서 떨어져서(=농담 그만하고), 내게 말해줘. 너의 의견. 국제정세에 대한.'이라는 내용이네요. apart는 같이 있던 것에서 떨어져나가는 이미지입니다.

해석 농담은 그만두고 국제정세에 대한 의견을 들려줘.

2ᐅ You have to take the computer apart before you can repair it.

「넌(You) 가지고 있게 하지(have). 마음먹으면 가질 수 있는 것을 가지게 하기로 되어 있는(to take). 그 컴퓨터(the computer). 무엇과 떨어져(apart). 무엇에 앞서(=하기 전에, before). 네가 할 수 있지(you can). 고치는 것(repair). 그것(=그 컴퓨터, it).」

- '넌 가지기로 되어있지. 그 컴퓨터가 떨어져있는(=분해된) 상태. 무엇하기 전에. 네가 그것을 고칠 수 있는 것.'
- '넌 그 컴퓨터를 고칠 수 있기 전에 (그것이) 분해된 상태를 가져야 해.'

해석 컴퓨터를 수리하려면 먼저 분해해야 해.

3ᐅ A love affair and marriage are world apart.

「하나의(A). 연애(love affair). 그것에 이어(and). 결혼(marriage). 있다(are). 세상(world). 무엇과 떨어져(apart).」

- '연애와 결혼은 있다. 세상만큼 떨어져.'
- '연애와 결혼은 아주 멀리 떨어져 있지.'라는 의미네요.

해석 연애와 결혼은 완전히 다르지.

*** away
떨어져 있게

1▶ **Get away!**

「어떤 과정을 거쳐 없던 것(=상황)을 가지게 해(Get)! 떨어져 있게(away)」와 같이 파악할 수 있겠네요. 다시 말하자면, 앞에 놓여있지 않던 것을 가지게 되고 그 결과로 떨어지라는 말을 하는 겁니다. 즉, '떨어진 상태(원래의 상태가 아닌)를 가져라!'

- ✓ '저리 가!', '꺼져!'의 의미가 되는 것이죠.
- **해석** 꺼져!

2▶ **He passed away on May 1 last year in Korea.**

「그(He). (무엇을)지나가게 했다(passed). 떨어져 있게(away). 어디에 붙은(on). 5월 1일(May 1). 작년(에)(last year). 한국에서(in Korea).」

- ✓ 「그는 지나가게 하더니 떨어져 나갔다. 5월 1일에. 작년에. 한국에서.」
- ✓ '그는 지나가더니 떨어져나갔다(=죽었다), 작년 5월 1일에, 한국에서.'
- **해석** 그는 작년 5월 1일에 한국에서 세상을 떠났지.

3▶ **What a desolate world it will be with him away!**

「무엇(What)이라! 하나의(a). 적막한 세상(desolate world). 그것(it). 할 거야(will). 있는 것(be). 무엇과 함께하는(with). 그(him). 떨어져 있게(away).」

- ✓ 「무엇일까! 하나의 적막한 세상. 그건. 일거야. 무엇과 함께하는. 그가 떨어져 있는 상태..」
- ✓ '얼마나 적막한 세상일까! 그가 떨어져 있다면(=곁에 없다면).'
- **해석** 그가 없는 세상은 얼마나 적막할까!

★★★ back
뒤로 향하게 하는

1 I'll take back what I said yesterday. I think you're right.

「난(I) 할 거야(will). 마음먹으면 가질 수 있는 것을 가지게 하는 것(=집는 것, take). 뒤로 향하도록(back). 무엇(what)이냐면. 내가 생각을 말한 것(I said). 어제(yesterday). 난 생각해(I think). 네가 있잖아(you are). 바르게 하는(=옳은, right).」

- ✅ 「난 집에서 뒤로 갖다놓을래(=취소할래). 무엇이냐 하면. 내가 말한 것. 어제. 내 생각엔 네가 옳아.」
- **해석** 내가 어제 했던 말 취소할게. 네가 맞는 것 같아.

2 Back to the Future (백 투 더 퓨처, 미래로의 여행)

「뒤로 향하게 하는(=미래로 가는, Back). to(어디에 도착하기로 되어 있는). 다른 것들과 구분되는 미래(=과거나 현재가 아닌 미래, the future).」

- ✅ '뒤로 가더니 미래의 세상에 도착하는 것' 즉 '미래로의 여행'으로 볼 수 있습니다. 기다란 열차를 타고 시간여행을 떠난다고 가정해보세요. 시간여행 중일 때 앞쪽은 먼저 경험을 하고 난, 즉 '과거'가 될테고, 뒤쪽은 아직 지나가지 않은, 다시 말해 '미래'가 되는 겁니다.
- **해석** 백 투 더 퓨처

3 I will be back soon.

「나(I)는 할 거야(will). 있는 것(be). 뒤로 향하게 하는(=다시 돌아오는, back). 빠르게 다가오는(=금방, soon).」

- ✅ 「나는 있을 거야. 다시 (되)돌아오는. 금방.」 즉 '나는 돌아올 거야. 금방.'이란 의미네요.
- **해석** 곧 돌아올게.

4 I used to play baseball a lot with my friends back in Cuba.

「내(I)는 무엇을 사용했지(used), 주어진 역할을 하기로 되어 있는(to play), 야구(baseball), 많이(a lot), 내 친구들과 함께(with my friends), 뒤로 향하게 하는(=시간을 되돌리는, back), 쿠바에서(in Cuba).」

- 「나는 야구경기에서 내 역할을 했지(=야구를 했다), 많이, 친구들과 함께, 과거에, 쿠바에서.」
- '예전, 쿠바에 있을 때 친구들과 야구를 많이(=자주) 했지.'
- **해석** 내가 쿠바에 있을 때 친구들이랑 야구를 자주 했지.

5 "Do you have some money to lend me? I'll pay you back tomorrow."

「"무엇을 어찌하니(Do)? 너(you), 가지고 있게 하는 것(have), 어느 정도의 돈(some money), 빌려주기로 되어 있는(to lend), 나(me), 난 할 거야(I will), 대가를 지불하는 것(pay), 너(you), 뒤로 향하게 하는(=되돌려주는, back), 내일(tomorrow)."」

- 「너 가지고 있어? 돈 좀, 내게 빌려줄. 난 대가를 지불할 거야, 너에게, 되돌려주는(=갚는), 내일.」
- **해석** 빌려줄 돈 좀 있어? 내일 갚을게.

6 Tell our son he's not to be back late.

「(내용을) 말해줘(Tell), 우리 아들(our son), 그는(he), 있잖아(is), 아니야(not), 있기로 되어 있는(to be), 뒤로 향하게 하는(=집으로 돌아오는, back), 늦게(late).」

- 「말해줘, 아들 녀석에게, 그 녀석은 있잖아, 있어서는 안 된다고, 다시 늦는 일이.」
- '아들 녀석에게 말해줘, 두 번 다시 늦어선 안 된다고.'
- **해석** 아들 녀석한테 다시는 늦게 들어오지 말라고 해.

★★★ barely
가까스로

1 ▶ I can barely understand what the young are saying these days.

「난(I) 할 수 있지(can), 가까스로(barely), 이해하는 것(understand), 무엇(what), 젊은 사람들(the youngs)이 있어(are), 생각을 말하는 중(are saying), 오늘날(these days).」

- ✓ '난 이해하는 둥 마는 둥한 상태야. 요즘 젊은이들이 뭐라고 하는지에 대해서.'라는 말이네요. '가까스로 이해하는 것' 즉 '겨우 조금 이해하는 정도'가 됩니다.
- **해석** 요즘 젊은 사람들의 말은 알아먹기가 너무 힘들어.

2 ▶ While we are barely hanging on, the problem could get worse in the future.

「무엇을 하면서 보내는 동안(While), 우리가 있지(we are), 가까스로(barely), 매달려 있는 중(hanging), 어디에 붙은(on), 그 문제(the problem)는 할 수 있었어(could), 어떤 과정을 거쳐 없던 것을 가지게 하는 것(get), 더 형편없는(worse)상태, 미래에(in the future).」

- ✓ '우리가 주어진 상황에 겨우 매달려있는 동안, 그 문제는 더 심각해 질 수 있었을 텐데(→있을 텐데), 미래에.'
- **해석** 지금은 그럭저럭 버티고 있지만, 나중에는 그 문제가 더 심각해질지 모른다.

3 ▶ He barely escaped the accident.

「그(He)는 가까스로(=간신히, barely), 무엇을 벗어났다(escaped), 다른 것들과 구분되는(the), 사고(accident).」

- ✓ '그는 가까스로 무엇을 벗어났다. 그 사고.' 즉 '그는 가까스로 (그) 사고에서 벗어났다.'
- **해석** 그는 간신히 사고를 피했다.

★★★ else
그 밖에

1. **Anything else?**

「어떤 종류의 것(Anything), 그 밖에(else)?」

✓ '그 밖에 어떤 것(이 있지)?'라는 의미입니다. 누군가의 말을 받아서 물어보는 말로서, 좀 전에 이야기한 것 외에 다른 것이 더 있진 않은지를 물어보는 말입니다.

해석 그 밖에 또 있나요?

2. **Saving a life is more important thing than anything else.**

「무엇을 구하는 중(=구하는 것, Saving), 하나의 생명(a life), 있잖아(is), 더 중요해(more important), 무엇보다도(than), 어떤 종류의 것(anything), 그 밖에(else).」

✓ 「하나의 생명을 구하는 것이 더 중요하지, 무엇보다도, 그 밖의 어떤 것.」
✓ '생명을 구하는 것이 더 중요하지, 그 밖의 어떤 것보다도.'라는 의미네요.

해석 생명을 구하는 일이 가장 중요하지.

3. **Tom took her for somebody else.**

「톰(Tom)은, 앞에 놓여 있는 것을 가지게 했다(took), 그녀(her), 무엇을 떠올리면서(for), 누군가(somebody), 그 밖에(=그 외의, else).」

✓ 「톰은 그녀를 가졌다. 누군가를 떠올리면서, 그 외의.」
✓ '톰은 누군가 다른 사람을 떠올리면서 그녀를 가졌다' 즉 '톰은 그 여자를 (자기가 알고 있는) 다른 사람으로 착각했다'는 말이 됩니다.

해석 톰은 그녀를 다른 사람으로 착각했다.

★★★ even
당연하게

1 **Even** with an iPhone you can't feel at ease.

「당연하게(even), 아이폰과 함께(with an iPhone), 넌(you) 할 수 없어(can't), 무엇을 느끼는 것(feel), 안심하는(at ease).」

> '아이폰과 함께 하더라도 넌 느낄 수 없어, 안심하는.'이란 의미네요. '당연하게/아이폰과 함께하는'은 '아이폰과 함께 하더라도' 즉 '아이폰을 가지고 있더라도'라는 의미입니다.
>
> **해석** 아이폰을 가지고 있다고 안심할 순 없지.

2 **even** money

당연한 이야기지만, 여기서는 형용사로 쓰이고 있으니 그에 맞춰 형용사적(당연하게 하는)으로 해석을 해야 합니다. 그래서 even money는 '당연하게 하는/돈', '한 쪽에 있는 만큼 똑같이 맞추어 주는 돈'으로 '같은 만큼의 돈' 즉 '똑같은 액수의 돈'이 됩니다. 주로 내기할 때 쓰는 표현이죠.

> **해석** 같은 액수의 돈

3 I'll get there, **even** if I have an ache in my leg.

「난(I) 할 거야(will), 어떤 과정을 거쳐 없던 것을 가지게 하는 것(get), 거기(there), 당연하게(even), 어떤 조건이냐면(if), 난(I) 가지고 있게 하지(have), 하나의 통증(an ache)을, 내 다리에(in my leg).」

> 「난 가질 거야, 거기에 있는 상태를, 어떤 조건이더라도, 내가 가지고 있어, 통증을, 내 다리에.」와 같이 파악하면 됩니다. even if는 '당연하게/어떤 조건이냐면' 즉 '어떤 조건이더라도'
>
> **해석** 다리가 아프지만 거기에 가야겠다.

4 ▸ **Even** though I love rainy days, I hope it will stop raining.

「당연하게(Even), 무엇에도 불구하고(though), 나(I)는 무엇을 사랑한다(love), 비오는 날들(rainy days), 난(I) 무엇을 바라지(hope), 그것(it)은 할 거야(will), 멈추는 것(stop), 비오는 중(인 상태)(raining).」

- ✓ '비오는 날을 사랑할지라도, (난) 비가 그치기를 바라고 있어.'라는 말이네요. even though는 '당연하게/무엇에도 불구하고' 즉 '~일지라도'의 의미예요.
- **해석** 비오는 날을 좋아하긴 하지만 그만 내렸으면 좋겠어.

5 ▸ The other day, he **even** called me names.

「다른 것들과 구분되는 다른 날(=요전 날, The other day), 그(he), 당연하게(even), 무언가를 불렀지(called), 나(me), 이런 저런 이름을(names).」

- ✓ '요전 날에, 그는 당연하게 나를 불렀어. 이런저런 이름으로.'
- ✓ '요전 날에, 그는 당연하게(=심지어) 나를 이런저런 이름으로 불렀지(=욕했지).'라는 의미네요.
- **해석** 그 사람, 요전 날에는 나한테 욕도 했다니까.

6 ▸ His second book is **even** more exciting than the first!

「그의(His) 두 번째 책(second book)은 있잖아(is), 당연하게(=훨씬, even), 더 많이(more) 흥분시키는(exciting), 무엇보다는(than), 다른 것들과 구분되는(the) 첫 번째 것(=첫 번째 책, first).」

- ✓ 「그가 두 번째로 쓴 책, 있잖아. 훨씬 더 흥분시키는(=짜릿한). 무엇보다는. 첫 번째 책(=그가 쓴 첫 번째 책).」
- **해석** 그가 쓴 두 번째 책은 첫 번째 것보다 훨씬 더 재미있어!

언제든

1 It was the strongest earthquake to ever hit Korea.

「그것(It) 있었지(was), 다른 것들과 구분되는(the) 가장 강한 지진(strongest earthquake), 어디에 도착하기로 되어 있는(to), 언제든(=이제껏, ever), 무엇을 날리는 것(hit), 한국(Korea).」

- ✓ 「그건 가장 강한 지진이었지, 이제까지 한국을 강타하기로 되어 있는(=강타한).」
- **해석** 그건 이제까지 한국을 강타한 가장 강한 지진이었어.

2 How ever did she get away from him?

「어떻게(How)? 언제든(ever), 무엇을 어찌했지(did), 그녀(she), 어떤 과정을 거쳐 없던 것을 가지게 하는 것(get), 떨어져 있게(away), 그로부터(from him).」

- ✓ 「어떻게? 언제든(=도대체), 그녀는 가지게 되었지, 떨어지게 된 상태를, 그로부터.」
- ✓ '도대체 어떻게 그녀는 그로부터 벗어나게 된 거지?'라는 의미입니다. '어떻게?'와 '했지'의 사이에 **ever**(언제든)가 와서 '도대체(강조)'라는 의미가 되네요.
- **해석** 도대체 그녀는 어떻게 그에게서 벗어났을까?

3 Don't ever ask me to look after your son again.

「(무엇을) 어찌하지 마(Don't), 언제든(=앞으로는, ever), 무엇을 요청하는 것(=부탁하는 것, ask), 나(me), 무엇을 보게 하기로 되어 있는(to look), 무엇을 따라서(after), 네 아들(your son), 다시 한 번(again).」

- ✓ '앞으로는 나한테 네 아들을 (따라다니면서) 봐달라고 부탁하지 마, 다시는.'
- **해석** 네 아들 좀 봐달라는 말은 다신 하지 마.

★★★ further
더 나아가서

1. **Further**, it is important to learn how to repair a flat tire.

「더 나아가서(Further), 그거 있잖아(it is), 중요한(important), 배우기로 되어 있는(to learn), 어떻게(how), 수선하기로 되어 있는(to repair), 하나의(a), 구멍 난 타이어(flat tire).」

✓ 「더 나아가서, 그건 중요하지, 배우는 것, 어떻게 수선하는지, 구멍 난 타이어.」와 같이 해석할 수 있습니다.

해석 뿐만 아니라, 펑크 난 타이어를 수선하는 법을 배우는 것은 중요하지.

2. The student decided to study **further**.

「그(The) 학생(student), 무엇을 결정했다(decided), 무엇을 탐구하기로(=공부하기로) 되어 있는(to study), 더 나아가서(further).」

✓ '그 학생은 더 나아가서 공부하기로 결정했다.'라는 의미네요. 공부를 할 생각인데, 더 나아간다는 말은 좀 더 공부를 해야겠다는 말인 거죠?

해석 그 학생은 공부를 더 하기로 결정했다.

3. That bicycle is too heavy, and **further**, it's too expensive.

「저것(=저, That), 자전거(bicycle)는 있잖아(is), 역시 무거운(=너무 무거운, too heavy), 그것에 이어(and), 더 나아가서(further), 그건 있잖아(it is), 역시 비싼(=너무 비싼, too expensive).」

✓ '저 자전거는 정말 무거워. 게다가 너무 비싸.'다는 말입니다. that은 무엇을 가리키는 역할을 하는 지시대명사로서, 때에 따라서 '그것' 또는 '저것'이라고 표현할 수 있으며, 같은 의미입니다.

해석 저 자전거는 너무 무거운데다 가격도 너무 비싸.

★★★ hardly
없는 거나 다름없이

1 ▸ It's **hardly** surprising that more than half of us want to emigrate to foreign countries.

「그게(It) 있잖아(is). 없는 거나 다름없어(hardly). 놀라게 하는 중(surprising). 그건(that). 더 많은 (것)(more). 무엇보다는(than). 절반(half). 우리들의 일부로(of us). 무엇을 원하지(want). 이민가기로 되어 있는(to emigrate). (어디에) 도착하기로 되어 있는(to). 외국(foreign countries).」

- ✓ 「'그건 거의 놀랍지 않아. 그건, 우리들 절반 이상이 원하는 것, 외국으로 이민가길.'이라는 의미네요.
- **해석** 우리 중 절반 이상이 이민가고 싶어 하는 것은 그리 놀랄 일이 아니야.

2 ▸ However, **hardly** anyone in the country wants to get there.

「어쨌든(However). 없는 거나 다름없이(hardly). 어떤 종류의 사람(=누구든, anyone). 그 나라에 있는(in the country). 원한다(wants). 어디에 도착하기로 되어 있는(to). 거기에 도착한 상태를 가지는(get there).」

- ✓ '하지만, 그 나라에 있는 누구든 거의 원하지 않는다. 그곳에 가는 것.'이란 의미입니다.
- **해석** 하지만, 그 나라에는 거기에 가려는 사람이 거의 없다.

3 ▸ **Hardly** had I arrived home when it started to rain.

「없는 거나 다름없이(Hardly). 가지고 있게 했다(had). 나(I). 도착한 상태(arrived). 집에(home). 그게 언제냐면(when). 그건(it). 튀어나가게 했지(=시작했지, started). 비가 내리기로 되어 있는(to rain).」

- ✓ 「없는 거나 다름없지, 나는 도착한 상태를 가지고 있었지, 집에, 언제냐 하면, 그거 시작했지, 비가 내리는 것.」
- ✓ 「(시차가) 없는 거나 다름없지, 내가 집에 도착한 상태였어(=도착했었어). 그 때 비가 내리기 시작했어.」
- **해석** 집에 도착하자마자 비가 오기 시작했다.

★★★ just
딱 맞게

1▶ I just happened to be coming home.

「나(I)는, 딱 맞게(just), 무슨 일이 발생했지(happened), 있기로 되어 있는(to be), 함께하는 공간에 나타나는 중(=오는 중, coming), 집으로(home).」

- ✓ 「나에게 딱 맞게(=마침) 어떤 일이 벌어졌고, 오는 중이기로 되어 있는. 집으로.」
- ✓ 「나는 마침 어찌하다보니 집에 오는 중(=길)이었다.'라는 내용입니다. to be coming home은 '있기로 되어 있는/오는 중/집으로', '집으로 오는 중이기로 되어 있는' 즉 '집으로 돌아오는 중이던'과 같이 되네요.

해석 마침 집에 오는 길이었어요.

2▶ It's just a waste of time.

「그거(It) 있잖아(is), 딱 맞게(=그저, just), 하나의(a), 낭비(waste), 시간의 일부로(of time).」

- ✓ 「그건 있잖아. 그저. 낭비야. 시간의.'와 같이 파악하면 되겠네요. 여기서 just는 '딱 맞게' 즉 '그저' 혹은 '단지' 정도의 의미로 이해할 수 있습니다.

해석 그건 시간낭비일 뿐이야.

3▶ We have just returned from a long travel.

「우리(We), 가지고 있게 하지(have), 딱 맞게(just), 무엇을 되돌린(상태)(=되돌아온, returned), 어디로부터(from), 하나의(a) 긴 여행(long travel).」

- ✓ '우리는 딱 맞게(=막) 되돌아온 상태를 가지고 있어(=되돌아왔지), 긴 여행으로부터.'
- ✓ '우리는 마침 되돌아왔지. 긴 여행으로부터.'라는 말이네요.

해석 우린 긴 여행에서 막 돌아왔지.

4 ▶ First of all, just as everybody expected, he spoke about the future.

「첫 번째(First), 모두의 일부로(of all), 딱 맞게(just), 무엇과 같은(as), 모두(everybody)가 예상했다(expected), 그(he), 말을 전했다(spoke), 미래에 대해(about the future).」

- 🔴 「모든 것 중에서 첫 번째로(=우선), 꼭 무엇과 같은. 모두가 예상했다. 그는 미래에 대해 말을 했다.」의 순으로 파악해 나가면 되겠네요.
- **해석** 먼저, 모두가 예상했듯이, 그는 미래에 대해 언급했다.

5 ▶ Just my luck!

「딱 맞게(Just)! 나의(my) 운(luck)!」

- 🔴 '내 운에 딱 맞게!' ▶ '내 운에 딱 맞네!' ▶ '내 운이 그렇지, 뭐!(=내 운이 어디 가겠어?)' ▶ '내 팔자야'와 같은 의미입니다. 느낌이 좀 오나요?
- **해석** 운도 지지리 없지!

6 ▶ Tom had just been in the wrong place at the wrong time.

「톰(Tom)은 가지고 있게 했어(had), 딱 맞게(=마침, just), 있던 상태(been), 어떤 공간 안에(in), 다른 것들과 구분되는(the), 잘못된 장소(wrong place), 무엇을 콕 찍어서(at), 다른 것들과 구분되는(the), 잘못된 시간(wrong time).」

- 🔴 「톰은 마침 있었던 거야. 잘못된 장소에. 그것도 잘못된 시간에.」라는 의미네요. '하필 그 때, 그 장소에 있을 게 뭐야?'라는 아쉬움이 담겨있네요.
- **해석** 하필이면 톰이 그 때 그 장소에 있었지.

★★★ never
언제든 없게

1 We never know what may happen.

「우리(We), 언제든 없게(never), 알고 있다(know), 무엇(what), (무엇을) 할 수도 있다(may), 일이 벌어지는 것(happen).」

- ✅ '우리는 언제든 모른다, 무엇, 일이 벌어질 수도 있는 것.'
- ✅ '우리는 알 수가 없다, 어떤 일이 벌어질지.'라는 말이네요.
- **해석** 앞날은 알 수 없는 법이지.

2 You will never catch the train for Seoul.

「너(You)는 할 것이다(will), 언제든 없게(never), 무엇을 붙잡는 것(catch), 그 열차(the train), 무엇을 떠올리면서(for), 서울(Seoul).」

- ✅ 「너는 절대 잡지 못할 것이다, 그 열차, 서울을 떠올리는(=서울행).」이라는 말이죠? 기차를 붙잡는다는 것은 기차를 탄다는 의미죠. 그리고 '그런 일이 언제든 없게 벌어질 거라는 말'
- ✅ '그런 일이 절대 벌어지지 않을 거라는 말'이 됩니다.
- **해석** 서울로 가는 그 열차는 절대 탈 수 없을 걸.

3 He promised never to gamble again.

「그(He)는 약속했다(promised) 언제든 없게(never), 도박을 하기로 되어 있는(to gamble), 다시 한 번(again).」

- ✅ '그는 약속했다, 언제든 않기로(=절대 안하기로), 도박하는 것, 다시 한 번.'
- ✅ '그는 절대 도박을 안 하기로 약속했다, 다시 한 번(=다시는).'
- **해석** 그가 다시는 도박을 하지 않겠다고 약속했다.

★★★ not
아니게

1. She was not, like her mother, optimistic about her future.

「그녀(She)는 있었다(was), 아니게(not), 좋아하고 있는(=닮은, like), 그녀의 어머니(her mother), 긍정적인(optimistic), 무엇의 주변에(about), 그녀의 미래(her future).」

- 「그녀는 아니었다, 자신의 어머니를 닮아있는, 긍정적인, 자신의 미래에 대해.」
- 「그녀는 아니었다, 그녀의 어머니처럼, 자신의 미래에 대해 긍정적인'이란 말이네요.

해석 그녀는, 어머니와는 달리, 미래에 대해 낙관하지 않았다.

2. Tom tried not to go.

「톰(Tom), 무엇을 시험했다(tried), 아니게(not), 있던 곳에서 멀어지기로 되어 있는(=가기로 되어 있는, to go).」

- '톰은 가지 않기로 되어 있는 것을 시험했다(=가지 않으려고 했다).'란 의미입니다. not이 뒤에 나오는 'to go'를 부정하면서, '아니게/가기로 되어 있는 상태' 즉 '가기로 되어있지 않은'의 의미가 됩니다.

해석 톰은 가지 않으려고 했다.

3. Tom did not try to go.

「톰(Tom)은 무엇을 어찌했다(did), 아니게(=아니야, not), 무엇을 시험하는 것(try), 있던 곳에서 멀어지기로 되어 있는(=가기로 되어 있는, to go).」

- '톰은 어찌하지 않았어, 무엇을 시험하는 것을, 가기로 되어 있는 것.'
- '톰은 어찌하지 않았어(해보지 않았어), 가려고 하는 것.'이라는 내용이네요.

해석 톰은 가려고 하지 않았지.

4 ▶ There was **not** a moment to be lost.

「거기에(There) 있었지(was), 아니게(=아니야, not), 하나의(a) 순간(moment), 있기로 되어 있는(to be), 무엇을 잃은(상태)(lost).」

- ✓ 「거기엔 있지 않았어(=없었어), 하나의 순간이, 잃어버리기로 되어 있는.」
- ✓ '잃어버릴 한 순간도 없었다.' 즉 '주저할 시간이 없었다.'는 말이죠?
- **해석** 망설일 틈이 없었어.

5 ▶ Man is born to live and **not** to prepare to live.

「사람은(Man) 있다(is), 무엇을 담아낸(=태어난, born), 살기로 되어 있는(=살려고, to live), 그것에 이어(and), 아니게(=아니야, not), 준비하기로 되어 있는(=준비하는 것, to prepare), 살기로 되어 있는(to live).」

- ✓ 「사람은 태어난다, 살려고, 그러면서도, 아니다, 준비하려는 것, 살아가려고,」라는 의미네요.
- **해석** 사람은 삶을 준비하기 위해서가 아니라 살려고 태어난다.

6 ▶ I also think so, but maybe **not** 'everyone' would agree.

「나(I), 또한(also), 생각해(think), 그렇게(so), 그것과 다르게(=하지만, but), 아마(maybe), 아니게(not), 모두(everyone) 했을 것이다(would), 동의하는 것(agree).」

- ✓ '나 또한 그렇게 생각하지만, 아마도 모두는 아니었을 거야, 동의하는 것.'으로 이해할 수 있겠네요. 여기서도 '아니었을 거야'
- ✓ '아닐 거야로 해석할 수 있다는 건 알겠죠?
- **해석** 나 역시 그렇게 생각하지만, 모두가 동의하진 않을 거야.

★★★ often
자주

1. As is often the case with drinkers, he died of liver cancer.

「무엇과 같은(As), 있지(is), 자주(often), 그(the) 경우(case), 술꾼들과 함께(with drinkers), 그는 죽었어(he died), 무엇의 일부로(of), 간암(liver cancer).」

- ✅ 「무엇과 같은가하면, 자주 그러는 것, 술꾼들에 있어서, 그는 죽었지, 간암으로.」
- ✅ '술꾼들이 자주 그러는 것처럼, 그는 간암으로 죽었어.'라는 말이네요.
- **해석** 술꾼들이 흔히 그렇듯이, 그도 간암으로 죽었다.

2. More often than not though, they can look quite strange.

「더 많이(More), 자주(often), 무엇보다는(than), 아니게(not), 무엇에도 불구하고(though), 그것들은 할 수 있다(they can), 무엇을 보게 하는 것(look), 꽤 이상한(quite strange).」

- ✅ 「더 많이, 잦은, 아닌 것보다는, 무엇에도 불구하고, 그들은 보게 할 수 있다(=보일 수 있다), 꽤 이상하게.」
- ✅ '아닌 것보다는 더 잦은데도 불구하고(=제법 흔한데도), 그들은 꽤 이상해 보일 수 있다.'는 의미입니다.
- **해석** 그들이 아주 이상해 보일 때도 종종 있습니다.

3. German children are often named after their grandparents.

「독일의(German) 아이들(children)은 있다(are), 자주(often), 이름을 지어준(상태)(named), 무엇을 따라서(after), 그들의 조부모(their grandparents).」

- ✅ 「흔히 독일의 아이들은 있다. 이름을 지어준 상태, 그들의 조부모를 따라서.」라는 말이죠? 즉, 할아버지, 할머니의 이름을 따서 아이들의 이름을 짓는다는 이야기네요.
- **해석** 독일에는 조부모의 이름을 따서 아이들 이름을 짓는 경우가 많다.

only
무엇만으로

1. He bought the house only last week.

「그(He)는 무엇을 샀어(bought). 다른 것들과 구분되는 집(=그 집, the house). 무엇만으로(=바로, only). 지난주(last week)에.」

✅ '그는 (그) 집을 샀지, 바로 지난주에.'라고 이해하면 되겠네요.

해석 그는 바로 지난주에 집을 샀어.

2. I want to go to the party, only I don't have anything to wear.

「나(I)는 원하지(wan). 가기로 되어있는(to go). 어디에 도착하기로 되어있는(to). 그 파티(the party). 무엇만으로(=하필이면, only). 난 어찌하지 않아(I don't). 무엇을 가지고 있게 하는 것(have). 어떤 것(anything). 무엇을 입기로 되어있는(to wear).」

✅ 「나는 가고 싶다. 그 파티에. (그런데) 하필이면. 가지고 있지 않아. 어떤 것도. 입을만한..」

해석 그 파티에 가고 싶은데, 하필이면 입을 만한 게 하나도 없네.

3. I would go with you, only that I have a boyfriend.

「나(I)는 무엇을 했을 텐데(would). 있던 곳에서 멀어지는 것(=가는 것, go). 너와 함께(with you). 무엇만으로(=하필이면, only). 그건(that). 나(I)는 가지고 있게 하지(have). 하나의(=한 명의, a) 남자친구(boyfriend).」

✅ '난 너와 함께 갔을 텐데,(쉬었다가) 하필 나에겐 남자친구가 있네.'라는 의미입니다. 여기서 you까지 해석을 하고 나면, 잠시 쉬었다 only부터 해석해 나가면 됩니다. 구두점 역시 소홀히 취급해서는 안 되는 것이죠.

해석 남자친구만 없다면 너와 함께 갈 텐데.

4 ▸ You can use my notebook computer, only return it as soon as possible.

「너(You)는 할 수 있다(can), 무엇을 사용하는 것(use), 나의(my) 노트북 컴퓨터(notebook computer), 무엇만으로(=어떤 조건으로, only), 무엇을 되돌리는 것(=돌려주는 것, return), 그것(it), 가능한 한 빨리(as soon as possible).」

- 「너는 사용할 수 있다, 내 노트북 컴퓨터를, 어떤 조건으로, 그것을 돌려주는 것, 가능한 한 빨리.」
- '너는 내 노트북 컴퓨터를 쓸 수 있어, 가능한 한 빨리 돌려주는 조건으로.'
- **해석** 노트북 컴퓨터를 사용하는 건 좋지만 가능한 한 빨리 돌려줘야 해.

5 ▸ They only got here today.

「그것들(They), 무엇만으로(only), 어떤 과정을 거쳐 없던 것을 가졌다(got), 여기에 (있는 상태, here), 오늘(today).」

- 「그들은, 무엇만으로(=마침내), 여기에 있는 상태를 가졌다(=여기에 도착했다), 오늘.」이라고 파악하면 되겠네요.
- **해석** 우리는 오늘에서야 여기 도착했다.

6 ▸ I'd love to come, only I have to prepare for the exam.

「난(I) 무엇을 했을 텐데(would), 너무나 좋아하는 것(love), 함께하는 공간에 나타나기로 되어 있는 것(to come), 무엇만으로(=하필이면, only), 난(I) 무엇을 가지고 있게 하지(have), 준비하기로 되어 있는(to prepare), 무엇을 떠올리면서(for), 그 시험(the exam).」

- 「난 가는 것을 정말 좋아했을 텐데(=갔으면 좋을 텐데), 하필이면 난 가지고 있지, 준비하기로 되어 있는, 그 시험.」
- '갔으면 좋을 텐데, (하필이면) 준비해야 할 시험이 있어.'
- **해석** 시험 준비만 안 해도 된다면 꼭 가고 싶은데.

해석 독일에서는 조부모의 이름을 따서 아이들 이름을 짓는 경우가 많다.

★★★ otherwise
그 외에

1 ▶ The millionaire lent me the money. Otherwise, I couldn't have started my business.

「그(The) 백만장자(millionaire)는 빌려주었다(lent). 나(me). 그 돈(the money). 그 외에(=그렇지 않았다면, Otherwise), 난(I) 할 수 없었을 거야(couldn't). 가지고 있게 하는 것(have). 무엇을 튀어나가게 한(=시작한, started)(상태). 내 사업(my business).」

- ✓ 「백만장자는 나에게 돈을 빌려주었어. 그게 아니었다면, 난 시작할 수 없었겠지. 내 사업(을).」
- 해석 백만장자가 나에게 돈을 빌려주었어. 안 그랬으면 사업을 시작하지 못했을 거야.

2 ▶ Telling lies is one flaw in his otherwise perfect character.

「거짓말을 하는 것(Telling lies). 있잖아(is). 한 가지 흠(one flaw)이야. 어떤 공간 안에(in). 그의(his). 그 외에(=그것 말고는, otherwise). 완벽한(perfect). 자신만이 지니게 하는 것(=됨됨이, character).」

- ✓ 「거짓말을 하는 것은 한 가지 흠이야. 어떤 공간 안에(서). 그것 말고는 완벽한 그의 됨됨이.」라고 이해하면 되겠네요.
- 해석 거짓말 하는 것이 그의 유일한 흠이지.

3 ▶ We can laugh to death lots of worries we can't get rid of otherwise.

「우리(We)는 할 수 있다(can). 웃는 것(laugh). 끝장나게 하는(to death). 많은 것들(lots). 무엇의 일부로(of). 걱정거리들(worries). 우리가 할 수 없는(we can't). 어떤 과정을 거쳐 없던 것을 가지게 하는 것(get). 떼어낸 상태(rid). 무엇의 일부로(of). 그 외에(=다른 방법으로는, otherwise).」

- ✓ 「우리는 웃어서 많은 걱정거리들을 끝장낼 수 있다(=없앨 수 있다). 우리가 할 수 없는. 떼어내는 것(=없애는 것). 그 외의 방법으로는.」
- 해석 다른 방법으로는 손 쓸 수 없는 걱정거리를 웃음으로 없애버릴 수 있다.

★★★ out
~라는 공간 밖에

1. I'll finish my essay before the day is out.

「난(I) 할 거야(will). 무엇을 끝마치는 것(finish). 내(my) 에세이(=논문, essay). 무엇에 앞서(before). 다른 것들과 구분되는 날(=오늘, the day). 있지(is). 뭐라는(=어떤) 공간 밖에(out).」

- ✓ 「난 끝낼 거야. 내 논문. 무엇에 앞서(=무엇 하기 전에). 오늘이 있지. 어떤 공간 밖에(=하루가 끝난).」라고 파악하면 되겠네요.

해석 오늘 중으로 논문을 끝낼 겁니다.

2. When she heard the news about him, she passed out in shock.

「언제(When). 그녀(she)는 알아들었다(heard). 다른 것들과 구분되는 새로운 소식(the news). 그에 대한(about him). 그녀(she)는 지나가게 했다(passed). 어떤 공간 밖에(out). 충격이라는 공간 안에(=충격으로, in shock).」

- ✓ 「언제냐면. 그녀가 그에 관한 새로운 소식을 들었던. 그녀는 지나가더니 어떤 공간을 벗어났지(=의식을 잃었지). 충격으로.」
- ✓ '그에 관한 새로운 소식을 들었을 때, 그녀는 정신을 잃었지. 충격으로'

해석 그 여자가 그에 관한 새로운 소식을 듣더니 충격으로 쓰러졌다.

3. The labor union members went out on strike on Monday.

「다른 것들과 구분되는(The). 노동조합(labor union) 회원들(members)이 있던 곳에서 멀어지더니(went) 무언가에 달라붙는데(on). 그 대상이 파업(strike)인 거죠. 그리고는 다시 월요일에 붙은(=월요일에, on Monday).」

- ✓ '노동조합의 회원들이 어디론가 움직이더니 파업을 하게 되었다. 그것도 월요일에.'

해석 노조원들은 월요일에 파업을 했다.

4 ▸ He was knocked **out** in the second round.

「그(He)는 있었지(was). 무엇을 두들긴 상태(knocked). 어떤 공간 밖에(=정신을 잃은, out). 어떤 공간 안에(in). 다른 것들과 구분되는(the) 2라운드(second round).」

- '그가 두들긴 상태에 놓이더니(=두들겨 맞더니) 뻗어버렸지, 2라운드에.'
- '그는 2라운드에 뻗어버렸다'는 말이네요. 내가 (누군가를) 두들긴 것과 두들긴 상태에 놓여있는 것은 다릅니다.

해석 그는 2라운드에서 KO되었다.

5 ▸ The Queen said, "**Out** with the murderers!"

「다른 사람이 아닌(The). 여왕(Queen)이 생각을 말했지(said), "어떤 공간 밖으로(=내보내, Out)! 무엇과 함께하는(with). 다른 사람들과 구분되는(the) 살인자들(murderers)."」

- 「그 여왕은 외쳤다, "살인자들을 밖으로 내보내(=쫓아버려)!"」라는 의미가 됩니다. Out이 문장의 제일 앞에 나와서 명령문이 되었네요.

해석 여왕은 살인자들을 쫓아버리라고 명령했다.

6 ▸ The war broke **out** in the country 50 years ago.

「그(The) 전쟁(war). 무엇을 깨뜨렸어(broke). 뭐라는 공간 밖에(out). 어떤 공간 안에(in). 그 나라(the country). 50년(50 years) 전에(ago).」

- 「그 전쟁이 무언가를 깨뜨리고 바깥으로 나왔지(=발발했지). 그 나라에서. 50년 전에..와 같이 이해하면 되겠네요. break out은 무언가를 깨뜨리고(break) 밖으로 나오는(out), 즉 발생한다는 의미를 가지고 있습니다.

해석 50년 전, 그 나라에선 전쟁이 발발했지.

quite
상당히

1▶ Having a meal and watching tv simultaneously is quite common in Korea.

「가지고 있게 하는 중(Having), 한 끼의 식사(a meal), 그것에 이어(and), 무엇을 주시하는 중(watching), 텔레비전(tv), 동시에(simultaneously), 있잖아(is), 상당히(=꽤, quite) 공통적인(=흔한, common), 한국에서(in Korea).」

- ✓ 「(한 끼의) 식사를 하는 것과 텔레비전을 보는 것, 동시에, 있잖아, 꽤 흔한, 한국에서,」
- 해석 텔레비전을 보면서 밥을 먹는 것은 한국에서 꽤 흔한 일이다.

2▶ You'll be quite comfortable at my house.

「넌(You) 할 거야(will), 있는 것(be), 상당히(quite) 편안한(comfortable), 무엇을 콕 찍어서(at), 나의 집(=우리 집, my house).」

- ✓ 「넌 있을 거야, 상당히 편안한 상태로, 우리 집에서.」
  '넌 우리 집에서 상당히 편안할 거야.'라는 말이네요.
- 해석 우리 집에 오면 편하게 지낼 수 있을 거야.

3▶ I was quite surprised when Tom turned up.

「나(I)는 있었어(was), 상당히(quite), 놀라게 한 상태(surprised)(로), 언제(when), 톰(Tom)이 무엇을 돌게 했지(turned), 무엇의 위쪽으로 향하도록(up).」

- ✓ 「나는 상당히 놀란 상태였지, 언제냐 하면, 톰이 무언가를 돌게 하더니 위쪽으로 솟았을 때(=나타났을 때),」와 같이 되네요. turn up ▶ '무언가를 돌리더니 위쪽으로 솟아나는 것' ▶ '(어디선가 갑자기) 불쑥 나타나는 것'
- 해석 톰이 (불쑥) 나타났을 때는 많이 놀랐지.

★★★ rather
오히려

1 I would rather go out than stay at home.

「난(I) 무엇을 했을 텐데(would), 오히려(rather), 밖에 나가는 것(go out), 무엇보다는(than), 머물러 있는 것(stay) 집에(at home).」

✅ 「난 밖으로 나갔을 텐데, 오히려, 집에 머물러 있기보다는.」과 같이 이해하면 되겠네요. 그리고 '밖에 나갔을 텐데'는 '밖에 나갔으면 (좋겠다)' 즉 '밖에 나가고 싶다'는 말이 되는 거죠.

해석 집에 있느니 차라리 밖에 나가겠다.

2 Last night, or rather, early in the morning, about six, I got up.

「지난 밤(Last night), 아니면(or) 오히려(rather), 일찍(early), 아침에(in the morning), 무엇의 주변에(=대략, about), 여섯 시(about six), 난(I) 어떤 과정을 거쳐 없던 것을 가졌지(got), 무엇의 위쪽으로 향하도록(up).」

✅ 「지난 밤, 아니래(=좀 더 정확히 말하면), 아침 일찍, 6시 쯤, 난 위쪽으로 향하는 상태를 가졌지(=일어났지).」라는 내용이네요.

해석 지난 밤, 정확히 말하자면, 이른 아침 여섯 시쯤 일어났다.

3 "How about playing soccer tonight?" "Rather!"

「"어떻게(How)? 무엇의 주변에(=무엇에 관해, about), 각자 자기 역할을 하는 중(playing), 축구(soccer), 오늘밤(tonight)." "오히려(=그러자)!"」

✅ 「"어때? 축구를 하는 것에 대해, 오늘." "그러자(=좋지)!"」는 내용이네요. 오늘밤 축구하는 게 어떤지 물어보는 상황에서 '그러자'라며 대답을 하고 있네요.

해석 "오늘밤 축구하는 거 어때?" "좋지!"

Chapter 08. 부사 | 393

4 Our economy has responded to the policy rather better than expected.

「우리의(=우리나라의, Our) 경제(Our economy)는 가지고 있게 한다(has). 반응을 한 상태(responded). 그 정책에(to the policy). 오히려(=훨씬, rather). 더 나은(better). 무엇보다는(than) 예상한 (것)(expected).」

- 「우리나라 경제는 반응을 보인 상태를 가지고 있다(=반응을 보여 왔다). 그 정책에 대해. 훨씬 더 나은. 예상했던 것보다.」
- **해석** 경제가 예상했던 것보다 그 정책에 대해 훨씬 더 좋은 반응을 보이고 있다.

5 I rather suspect we're doing something wrong.

「난(I) 오히려(rather) 의심하고 있어(suspect). 우리(we)가 있잖아(are). 무언가를 어찌하는 중(doing). 무언가(something) 바르지 못한(=잘못된, wrong).」

- 「난 오히려 의심이 들어. 우리가 어찌하고 있진 않은지. 잘못된 무언가를..과 같이 파악하면 됩니다. '난 오히려 무엇을 의심한다.'는 '왠지 어딘가 잘못됐다는 생각이 든다.'는 말이지요?
- **해석** 왠지 우리가 잘못하고 있는 건 아닌가 하는 생각이 들어.

6 He studied at home rather than went out.

「그는(He) 무엇을 탐구했다(=공부했다, studied). 무엇을 콕 찍어서(at). 집(home). 오히려(rather). 무엇보다는(than). 밖에 나간 것(went out).」

- 「그는 공부를 했다. 집에서. 오히려. 밖에 나가기보다는..의 순으로 해석을 하면 되겠네요. 어렵지 않습니다. 정확한 단어의 의미만 알면 순서대로만 해석해나가면 되는 겁니다. 이 외에 다른 방법은 없어요.
- **해석** 그는 밖에 나가는 대신 집에서 공부했다.

★★★ seldom
드물게

1 Living far from an urban area, I seldom have visitors.

「사는 중인 상태(Living), 멀리(far) 어디로부터(from), 하나의(an) 도시구역(=도시권, urban area), 난(I) 드물게(seldom) 가지고 있게 하지(have), 방문객(들)(visitors).」

✓ 「멀리 떨어져 사는 중인, 도시권으로부터, 나에겐 드물지, 방문객이.」
해석 도시권에서 멀리 떨어진 곳에 살다보니 찾아오는 사람이 거의 없다.

2 My house is in a mess because I seldom clean it up.

「나의 집(=우리 집, My house)은 있어(is), 어떤 공간 안에(in), 하나의(a) 엉망인 상황(mess), 그 이유는(=왜냐하면, because) 난(I) 드물게(seldom) 깨끗이 치우지(=청소하지, clean), 그것(=나의 집, it)을, 무엇의 위쪽을 향하도록(=완전히, up).」

✓ 「우리 집은 엉망인데, 왜냐하면 내가 싹 청소하는 일이 좀처럼 없거든.」
해석 청소를 거의 하지 않다보니 집이 엉망이다.

3 The achievement that acquires fastest is seldom the best.

「다른 것들과 구분되는(The) 이루어낸 것(=성취, achievement), 그건(that), 무엇을 획득하는 것(acquire) 가장 빨리(fastest), 있잖아(is), 드물어(seldom), 단연(the) 최고(best).」

✓ 「다른 것들과 구분되는 성취, 그러니까, 가장 빨리 얻는, 드물지, 최고인 경우가.,라고 파악할 수 있겠네요.
해석 가장 빨리 얻는 성취치고 최고인 경우는 드물다.

★★★ so
그렇게

1 ▶ So far as I know, he is a genius.

「그렇게(So), 멀리(far), 무엇과 같은(as) 내가 알고 있는 것(I know), 그는(he) 있다(is), 한 명의(a) 천재(genius)로.」

- ✅ 「그렇게 먼, 내가 알고 있는 것처럼, 그는 있잖아, 한 명의 천재.」
- ✅ '내가 알고 있는 한, 그는 한 명의 천재로 있다(=천재다).'
- **해석** 내가 알기로 그는 천재다.

2 ▶ I had so many thoughts going on in my mind those days.

「나는(I) 가지고 있게 했지(had), 그렇게(so) 많은 생각들(many thoughts), 어딘가로 멀어지는 중(going), 어디에 붙은(on), 어떤 공간 안에(in), 내 마음(my mind), 그런 날들(=당시, those days).」

- ✅ 「난 가지고 있었지, 그렇게 많은 생각이 돌아다니는(=들어있는) 중으로, 내 마음 속에서, 그 당시에.」
- **해석** 그 당시엔 마음속에 너무나 많은 생각이 들어있었지.

3 ▶ He is not so much an artist as an athlete.

「그는(He) 있잖아(is), 아니야(not), 그렇게(so) 많이(much), 한 명의 예술가(an artist), 무엇과 같은(as), 한 명의 운동선수(an athlete).」

- ✅ 「그는 아니야, 그렇게까지 예술가인 것은, 운동선수인 것만큼.」
- ✅ '그가 그렇게까지 예술가인 것은 아니지, 운동선수인 것만큼.'이라는 의미이네요.
- **해석** 그는 예술가라기 보단 운동선수야.

4 ▶ So far, 13 countries have allowed intermarriage.

「그렇게(So) 멀리 떨어져(far), 13개국(13 countries)은 가지고 있게 해(have), 무엇을 허용한 상태(allowed), 근친결혼(intermarriage).」

✅ '그렇게 먼 상태(=여기까지 와보니), 13개국은 허용한 상태를 가지고 있지, 근친결혼을.'이라는 내용이네요. so far는 '그렇게 먼(상태)', '그렇게 멀어지고 나니' ▶ '돌아보니(=여기까지 와보니)' 즉 '현재'라는 의미가 되는 것이죠.

해석 현재, 전 세계에서 근친결혼을 허용하고 있는 곳은 13개국 정도야.

5 ▶ It was still raining so I took an umbrella with me.

「그것(It) 있었어(was), 여전히(still) 비가 오는 중(raining), 그렇게(=그래서, so), 난(I) 앞에 놓여있는 것을 가지게 했지(took), 하나의 우산(an umbrella), 나와 함께(with me).」

✅ 「그거 있었어, 여전히 비가 오는 중으로, 그래서 난 집었지, 우산 하나를..」의 순서대로 파악하면 되겠네요.

해석 여전히 비가 오고 있어서 우산을 챙겼지.

6 ▶ "But I gave you some advice so you wouldn't make a mistake!"

「"그것과 다르게(=하지만, But), 내가 줬잖아(I gave), 너(you), 어느 정도의 충고(some advice), 그렇게(so), 네가(you) 안했을 텐데(wouldn't), 실수를 저지르는 것(make a mistake)."」

✅ 「하지만 내가 조언을 좀 해줬잖아, 그렇게(=그래서), 네가 하지 않도록, 실수를 저지르는 것,」으로 이해하면 되겠네요.

해석 하지만 네가 실수하지 않도록 조언해 줬잖아!

★★★ soon
빠르게 다가오는

1▶ You'd better get out of here the soonest you can.

「넌(You) 가지고 있게 했다(had). 더 나은(better). 어떤 과정을 거쳐 없던 것을 가지게 하는 것(get). 어디에서 벗어난(out of) 여기(here). 다른 것들과 구분되는(the). 가장 빠르게 다가오는(soonest). 네가 할 수 있는(you can).」

- ✅ 「넌 가지고 있었을 텐데. 더 나은 상태. 이곳에서 벗어난 상태를 가지는 것. 가장 빠르게 다가오는(=최대한 빨리). 네가 할 수 있는.」
- ✅ '할 수 있는 한 최대한 빨리 이곳을 벗어난다면 더 나을 텐데.'
- **해석** 가급적 이곳을 빨리 벗어나는 게 좋을 거야.

2▶ It would be better for you to start soon to get there on time.

「그것(It) 했을 텐데(would). 있는 것(be). 더 나은 상태(better). 너를 떠올리면서(for you). 출발하기로 되어 있는(to start). 빠르게 다가오는(soon). 어떤 과정을 거쳐 없던 것을 가지기로 되어 있는(to get). 그곳(there)(에 있는 상태). 정시에(=제때에, on time).」

- ✅ 「그건 더 나았을 텐데. 네가 출발하는 것. 곧. 그곳에 도착하기로 되어 있는. 제때에.」
- ✅ '그곳에 제때에 도착하려면 곧 출발하는 것이 나을 텐데.'라는 내용입니다.
- **해석** 제때에 그곳에 도착하려면 곧 출발하는 편이 좋을 거야.

3▶ Soon got, soon gone.

「빠르게 다가오는(Soon). 어떤 과정을 거쳐 없던 것을 가지게 한(got). 빠르게 다가오는(soon). 있던 곳에서 멀어진(gone).」

- ✅ '빠르게 얻는 것은 빠르게 어딘가로 가버리지(=사라지지).'라는 의미가 되지요?
- **해석** 쉽게 얻은 것은 쉽게 잃지.

★★★ still
변함없이

1. You are still too young to be a power blogger.

「너(You)는 있잖아(are), 변함없이(still), 역시 젊은(=너무 어린, too young), 있기로 되어 있는(to be), 하나의(a) 파워블로거(power blogger).」

- ✓ '너는 변함없이(=여전히) 너무 어려, 한 명의 파워블로거로 있기에는.'
- ✓ '넌 여전히 너무 어려, 한 명의 파워블로그이기에는.'

해석 너는 여전히 파워블로거가 되기엔 너무 어려.

2. Although he died a long time ago, he still remains a cultural icon.

「무엇에도 불구하고(Although), 그가(he) 죽었다(died), 하나의 긴 시간(a long time) 전에(ago), 그(he)는 변함없이(still) 남아있어(remain), 하나의(a) 문화적 아이콘(cultural icon)으로.」

- ✓ '그가 하나의 긴 시간 전에(=오래전에) 죽었음에도 불구하고, 여전히 하나의 문화적 아이콘으로 남아있다.'는 말이네요.

해석 죽은 지 오래되었는데도, 그는 여전히 문화적 아이콘으로 남아있다.

3. I'm worried about the result of the exam, so I can't sit still.

「나(I)는 있잖아(am), 걱정하고 있는(worried), 결과에 대해서(about the result), 무엇의 일부로(of), 그 시험(the exam), 그렇게(=그래서, so) 난(I) 할 수 없어(can't), 앉아있게 하는 것(sit), 변함없이(=움직이지 않고, still).」

- ✓ '너무 걱정스러워, 시험결과가. 그래서 앉아있을 수가 없어, 움직이지 않고.'

해석 시험 결과에 대해 너무 걱정한 나머지 가만히 앉아있을 수가 없다.

then
앞의 내용을 이어받아

1 Poverty was not a major problem then.

「가난(Poverty)은 있었지(was), 아니야,(not) 하나의(a) 크고 중요한(major) 문제(problem), 앞의 내용을 이어받아(=예전에는, then),」

- 「가난은 아니었지, 주요한 문제가, 예전에는,,의 순으로 해석할 수 있네요. '앞의 내용을 이어받아' ▶ '그 당시에는' ▶ '그 때' 정도로 이해할 수 있습니다.
- **해석** 가난은 그 당시 큰 문제가 아니었다.

2 Then do you mean I am cheating on you?

「앞의 내용을 이어받아(=그러니까, Then), (무엇을) 어찌하고 있는 것(do), 당신(you), 무엇을 의미하는 것(mean), 나는 있지(I am), 속이는 중(cheating), 어디에 붙은(on), 너(you), (응)?」

- 「그러니까, 네가 의도하는 바는, 내가 속이고 있다는 거지? 너를,」
- '그러니까 내가 너 몰래 다른 사람을 만나고 있다는 말이야?' 정도가 되겠네요.
- **해석** 그러니까 내가 바람을 피우고 있다는 거야?

3 Just then she noticed something coming close to her.

「딱 맞게(Just), 앞의 내용을 이어받아(then), 그녀는 알아차렸지(she noticed), 무언가(something), 오고 있는 중(coming), 가까이(close), 그녀에게(to her),」

- 「바로 그 때, 그녀는 알아차렸지, 무엇이 다가오고 있다는 걸, 가까이, 자신에게로,,와 같이 파악하면 되겠네요. just then은 '딱 맞게/앞의 내용을 이어받아' ▶ '앞의 내용을 이어받자마자' ▶ '바로 그 때'가 되는 겁니다.
- **해석** 바로 그때 그녀는 무언가가 자신에게 가까이 다가오고 있는 것을 알았다.

4 **If you miss the bus then you'll have to get there on foot.**

「어떤 조건이냐면(If), 네(you)가 무엇을 비껴가게 하는 것(=놓치는 것, miss), 그 버스(the bus), 그 내용을 이어받아(=그러면, then), 넌 할 거야(you will), 가지고 있게 하는 것(have), 어떤 과정을 거쳐 없던 것을 가지기로 되어 있는(to get), 거기(there), 발에 붙은(=발로, on foot).」

✅ 「네가 그 버스를 놓친다면, 그러면, 넌 가지고 있을 거야, 거기에 도착한 상태를 가지기로 되어 있는, 발로(=걸어서).」

해석 그 버스를 놓치면 걸어서 거기까지 가야할 걸.

5 **"There are no seats here." "Then we'll have to go somewhere else."**

「"거기(There)에 있잖아(are), 부정하는(no), 이런저런 자리(seats), 여기(here)." "앞의 내용을 이어받아(=그러면, Then), 우리(we)는 할 거야(will), 무엇을 가지게 하는 것(have), 있던 곳에서 멀어지기로 되어있는(=가기로 되어있는, to go), 어딘가로(somewhere), 그밖에(else)."」

✅ 「"거기 있잖아(=그거 말이지), 자리가 없어, 여기에는." "그럼, 우리는 가질 거야, 가기로 되어있는 것, 어딘가 다른 장소로."」

해석 "여긴 자리가 없네." "그럼 다른 데를 찾아봐야 할 거야."

6 **That rule was made by the then principal.**

「그(That) 규칙(rule)은 있었지(was), 만들어낸 상태(made), 무엇을 바탕으로(by), 다른 것들과 구분되는(the), 앞의 내용을 이어받은(=그 당시, then), 교장(principal),」이라는 내용입니다. '다른 것들과 구분되는/앞의 내용을 이어받은/교장'은 '바로 그 당시의 교장' 즉 '당시의 교장'이 되는 것이죠.

해석 그 규칙은 당시의 교장이 만들었다.

too
역시

1 ▶ I'm not too sure if this is something to do.

「나(I) 있잖아(am), 아니야(not), 역시(too) 확신하는(sure), 어떤 조건이냐면(if), 이거 있잖아(this is), 무언가(something), 어찌하기로 되어 있는(to do).」

✅ '난 아니야, 그렇게 확신하는, 어떤 조건이냐면, 이게 무엇이라고, 하기로 되어 있는,,'이라는 의미네요.
해석 이것이 해야 할 일인지 (어떤지) 잘 모르겠다.

2 ▶ "Eventually, Japan did apologize." I should think so too!

「"결국(Eventually), 일본(Japan)은 어찌했어(did), 사과하는 것(apologize)." 난(I) 무엇을 하기로 정해져 있었지(should), 생각하는 것(think), 그렇게(so), 역시(too).」

✅ '"일본은 결국 사죄했어." 나 역시 그렇게 생각하기로 정해져 있었지(=그럴 줄 알았지).'
✅ '"일본은 결국 사죄했어." 나 역시 그럴 줄 알았지!'
해석 "일본이 마침내 사죄를 했어." 당연히 그래야지!

3 ▶ There is no time too late to do anything.

「거기에(There) 있잖아(is), 부정하는(no), 시간이 지나가는 것(time), 역시(too) 늦은(late), 어찌하기로 되어 있는(to do), 어떤 종류의 것(anything).」

✅ 「(거기) 있잖아, 시간이 지나가는 것(=시간은 없어, 너무 늦은, 어떤 것이든 하기에.」
✅ '어떤 것이든 하기에 너무 늦은 시간이란 없다.'는 말이네요.
해석 무언가를 하기에 너무 늦은 때란 없는 법이다.

★★★ usually
대개

1 Before you have a breakfast, what do you usually do?

「무엇에 앞서(Before). 당신(you)이 가지고 있게 하는 것(have). 하나의(a) 아침식사(a breakfast). 무엇(what)? 어찌하는 것(do). 당신이(you). 대개(usually). 무엇을 어찌하는 것(do).」

- ✓ '(당신이) 아침식사를 가지기에(=하기에) 앞서, (당신이) 대개 어찌하는 것은 무엇인가요?'라는 말입니다.
- **해석** 아침식사를 하기 전에 주로 뭘 하십니까?

2 My parents usually doesn't allow us to have a meal with watching TV.

「나의 부모님들(My parents)은 대개(usually) 어찌하지 않으셔(doesn't). 무엇을 허락하는 것(allow). 우리(us). 가지고 있게 하기로 되어 있는(to have). 한 끼의 식사(a meal). 무엇과 함께하는(with). 주시하는 중(watching). TV.」

- ✓ 「우리 부모님은 대개 허락하지 않으시지. 우리가 식사를 하는 것. TV를 보는 중인 상태로(=보면서).」라고 이해할 수 있겠네요.
- **해석** 우리 집에선 식사 중에 텔레비전을 볼 수 없어.

3 I could do it better usually.

「난(I) 할 수 있었을 텐데(could). 무엇을 어찌하는 것(do). 그것(it). 더 낫게(better). 대개(usually).」

- ✓ 「난 그것을 더 잘 할 수 있었을 텐데. 대개의 경우.」
- ✓ '대개의 경우(=평소 같으면) 난 그것을 더 잘할 수 있었을 텐데.'
- ✓ '평소 같으면, 그걸 더 잘할 수 있을 텐데.'라는 말이네요. '할 수 있었을 텐데'가 정확한 의미지만, 자연스러운 해석을 위해 '할 수 있을 텐데'로 바꾸어줄 수 있는 거죠?
- **해석** 평소엔 더 잘할 수 있는데.

very
바로 그렇게

1. Tom was caught in the very act of cheating.

「톰(Tom)은 있었다(was). 무엇을 붙잡은 상태(caught). 어떤 공간 안에(in). 다른 것이 아닌(the). 바로 그런(very) 행위(act). 무엇의 일부로(of). 남을 속이는 중(cheating).」

- ✓ 「톰은 붙잡힌 상태에 있었다(=들켰다). 어떤 공간 안에, 바로 그 행위, 남을 속이는 중이던.」
- ✓ 「톰은 남을 속이는, 즉 부정행위를 하던 중에 들켰다.」는 말이네요.
- **해석** 톰은 (시험에서의) 부정행위를 하다가 들켰다(=걸렸다).

2. The very thought of her made him feel panting.

「다른 것들과 구분되는(The). 바로 그런(very) 생각(thought). 무엇의 일부로(of). 그녀(her). 만들어냈지(made). 그(him). 무엇을 느끼는 것(feel). 숨을 가쁘게 하는 중(=가슴이 두근거리는, panting).」

- ✓ 「그녀에 대한 생각이 만들어냈지. 그가 무엇을 느끼도록. 가슴이 두근거리는 상태를.」
- **해석** 그녀를 떠올리자 그의 가슴은 두근거리기 시작했다.

3. I was very tired due to the time difference then.

「난(I) 있었지(was). 바로 그렇게(=너무, very). 피곤한(tired). 정해져 있는(due). 어디에 도착하기로 되어 있는(=무엇이 원인인, to). 다른 것들과 구분되는(the). 시차(time difference). 그 당시(then).」

- ✓ 「난 너무나 피곤했지. 다른 것이 아닌. 무엇이 원인인. 시차. 그 당시에.,와 같이 이해하면 되겠네요. **due to**는 '정해져 있는/어디에 도착하기로 되어 있는' 즉 '어디로 귀결되게끔 정해진(=무엇이 원인인)'의 의미입니다.
- **해석** 그 당시엔 시차 때문에 너무 피곤했다.

*** well
좋게

1. **Well**, no one really knows exactly when human being domesticated the dog.

「좋게(=그래, Well), 부정하는(no) 하나(one), 알고 있다(know), 정확히(exactly) 언제(when), 인간으로 존재하는 것(=인류, human being), 무엇을 길들였다(domesticated), 다른 것들과 구분되는(the) 개(dog).」

- ✅ '그래, 하나도(=한 사람도) 모르고 있지. 정확히 언제 인류가 개를 길들였는지.'라는 말이네요.
- **해석** 그러게, 인류가 언제부터 개를 길들였는지 정확히 아는 사람은 아무도 없지.

2. Whatever is worth doing at all is worth doing **well**.

「무엇이든(Whatever)지 있다(is), 가치가 있는(worth), 어찌하는 중(doing), 모든 것을 콕 찍어서(=어쨌거나, at all). 있잖아(is). 가치가 있는(worth), 어찌하는 중(doing). 좋게(=잘, well).」

- ✅ 「할 가치가 있는 것은 무엇이든지. (어쨌거나.) 있다. 가치가. 잘 할.」의 순으로 이해하면 됩니다. whatever는 'what(무엇)+ever(언제든)'로 '무엇이든지'
- **해석** 할 만한 가치가 있는 일이라면 잘 해볼 가치가 있지.

3. His novels always read **well**.

「그의(His) 소설들(His novels)은 언제나(always), (무엇을) 읽게 한다(read), 좋게(=잘, well).」

- ✅ '그의 소설은 언제나 잘 읽힌다.' 또는 '그의 소설은 읽기에 좋다' 즉 '그의 소설은 읽기 쉽다'는 말이 되네요.
- **해석** 그의 소설은 언제나 읽기 쉽다.

4 Tom may well be proud of his father.

「톰(Tom)은 무엇을 할 수도 있다(may), 좋게(well), 있는 것(be), 자랑스러워하는(proud), 무엇의 일부로(of), 그의 아버지(his father).」

- ✅ 「톰은 할 수도 있다, 좋게, 자랑스러워하는 것, 무엇의 일부로, 그의 아버지.」
- ✅ '톰은 (당연히) 그럴 수 있다. 자랑스러워하는 것, 그의 아버지를.'
- **해석** 톰이 아버지를 자랑스러워하는 것은 당연하다.

5 Whichever fits him well shall be his.

「어떤 것이든(Whichever), 어울리는 것(fits), 그(him), 좋게(well), 무엇을 하기로 정해져 있다(shall), 있는 것(be), 그의(his)(것).」

- ✅ 「어떤 것이든 그에게 잘 어울리는 것, 하기로 정해져 있다, 그의 것으로 있는 것.」
- ✅ '그에게 잘 어울린다면 어떤 것이든 그가 가지기로 되어 있다(=내가 줄 것이다)'는 의미네요.
- **해석** 잘 어울리는 것은 어떤 것이든 그에게 주겠다.

6 She likes pop songs and I do as well.

「그녀(She)는 좋아하지(like), 팝송들(=이런저런 팝송, pop songs), 그것에 이어(and), 나는(무엇을) 어찌하지(=좋아하지, I do), 무엇과 같은(as), 좋게(well).」

- ✅ 「그녀는 팝송을 좋아한다. 그것에 이어, 나는 좋아하지, 그런 식으로(=같은 식으로).」라는 말이 됩니다.
- **해석** 그녀는 팝송을 좋아하는데, 나 또한 그러하다.

★★★ yet
때가 안 된 상태에서

1 ▶ This is the most exciting game the New York Yankees have played yet.

「이건(This) 있잖아(is), 다른 것들과 구분되는(the) 가장 많은(=가장 많이, most), 흥분시키는(=짜릿한, exciting) 경기(game), 다른 것들과 구분되는(the) 뉴욕 양키스(New York Yankees)가 가지고 있게 하는(have), 어디 안에서 주어진 역할을 한(=경기를 펼친, played), 때가 안 된 상태에서(=이제까지는 없었던, yet).」

- 「이건 가장 짜릿한 경기야. 다른 팀도 아닌, 뉴욕 양키스가 펼쳐보였던. 이제까지는 없었던.」
- **해석** 이거야말로 이제껏 뉴욕 양키스가 펼쳐보였던 것 중 가장 짜릿한 경기지.

2 ▶ I told him not to lie to me, yet he did again.

「나(I)는 내용을 말했지(told), 그(him), 아니게(=하지 말라고, not), 거짓말하기로 되어 있는(to lie), 내게(to me), 때가 안 된 상태에서(=얼마 안 돼, yet), 그는 어찌했다(=거짓말을 했다, he did), 다시 한 번(again).」

- 「난 그에게 말했지, 거짓말 하지 말라고. 그런데 얼마 안 돼, 그는 다시 한 번 거짓말을 했지.」라는 내용이네요.
- **해석** 그에게 거짓말하지 말라고 했는데, (얼마 안 돼) 또 했다.

3 ▶ The truck driver isn't here yet.

「그(The) 트럭운전사(truck driver)는 있어(is) 아니야(not), 여기에(here), 때가 안 된 상태에서(=아직, yet).」

- '그 트럭운전사는 여기에 없어. 아직.'이라는 의미네요.
- **해석** 그 트럭운전사는 아직 안 왔어.

4 ▶ **Tom may yet get the chance.**

「톰(Tom)은 할 수도 있어(may), 때가 안 된 상태에서(yet), 어떤 과정을 거쳐 없던 것을 가지는 것(get), 그(the) 기회(chance).」

- ✅ 「톰은, 아직 때는 아니지만(=어쩌면 일찍), 할 수도 있어, 어떤 과정을 거쳐 없던 것을 가지는 것, 그 기회.」
- ✅ '톰이 예상보다 일찍 그 기회를 잡을지도 몰라.'
- **해석** 어쩌면 톰이 일찍 기회를 잡을지도 몰라

5 ▶ **A yet more exciting movie.**

「하나의(A), 때가 안 된 상태에서(yet), 더 많이(more) 흥분시키는(exciting) 영화(movie).」라고 파악할 수 있는데요, yet more movie는 '때가 안 된 상태에서/더 많이/흥분시키는/영화'

- ✅ '한층 더 흥분시키는(=짜릿한) 영화'라는 의미가 되는 겁니다.
- **해석** 한층 더 짜릿한 영화

6 ▶ **We have yet to discover any other inhabited planets in space.**

「우리(We)는 가지고 있게 하지(have), 때가 안 된 상태에서(yet), 발견하기로 되어 있는(to discover), 어떤 종류의(any) 다른(other), 생명체가 거주한 상태의(inhabited) 행성들(planets), 우주 안에서(in space).」

- ✅ 「우리는 아직 때가 안 되었다, 발견하기로 되어 있는 것, 어떤 다른, 생명체가 사는 행성, 우주에 있는,과 같이 이해하면 되겠네요. have yet to discover는 '때가 안 돼서 발견하지 못하고 있다'는 의미가 되는 겁니다.
- **해석** 아직까지는 생명체가 살고 있는 (다른) 행성을 발견하지 못했다